1969 — 2014   SINCE 2014

Kurt W. Leininger

90 JAHRE – SINCE 1926 – SALZBURG AIRPORT W.A. MOZART

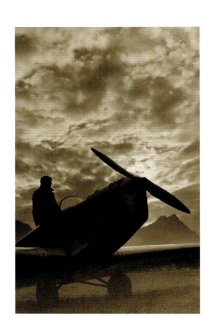

KURT W. LEININGER

90 JAHRE
SALZBURG AIRPORT
W. A. MOZART

SINCE 1926

LEYKAM VERLAG

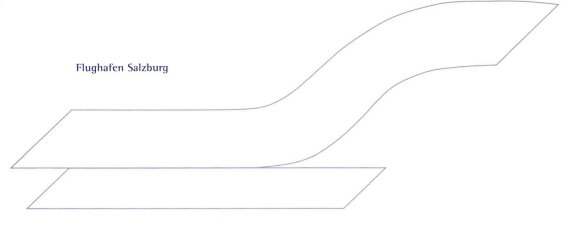

Flughafen Salzburg

Landeshauptmann
Dr. Wilfried Haslauer

Wenn Sie öfter fliegen, verbinden Sie mit der Abkürzung SZG unzweifelhaft den Salzburg Airport „Wolfgang Amadeus Mozart". Der dreistellige IATA-Code steht aber vor allem auch für das sympathische Tor Salzburgs zur großen, weiten Welt.

Die kontinuierliche Erfolgsgeschichte des Airports ist nicht nur an seinen stolzen Kennzahlen ablesbar, sondern auch an seiner ausgesprochenen Beliebtheit im gesamten Einzugsgebiet. Diese Geschichte hat denkbar bescheiden auf einem ehemaligen militärischen Übungsgelände vor den Toren der Stadt Salzburg begonnen: Ein ebenes Feld, eine Holzbaracke und einige Treibstofffässer reichten damals aus für ein paar „tollkühne Männer", um hier so etwas, wie einen ersten „Flugbetrieb" zu starten. Dass aus den „fliegenden Kisten" der Pionierzeit des zivilen Flugverkehrs einmal ein derart bedeutender Mobilitäts- und Wirtschaftsfaktor werden würde, das konnte vor 90 Jahren niemand auch nur erahnen.

Die weitere Entwicklung des Salzburger Flughafens liest sich dann wie eine Hintergrundstory für die stürmische Gesamtentwicklung Salzburgs. Die Jahre vor 1945 waren eher von der Flugbegeisterung einiger Weniger — Betreiber, wie Passagiere —, als von besonderer wirtschaftlicher Dynamik gekennzeichnet. Spätestens ab den 60er Jahren erlebte der Flughafen jedoch dieselbe schwunghafte Aufwärtsentwicklung wie das gesamte Bundesland. Neben der Faszination von moderner Technik und Internationalität zeigte die stadtnahe gelegene Einrichtung aber bald auch die Schattenseiten des modernen Flugbetriebes. Die einen feierten den Flughafen als Sinnbild des direkten Anschlusses Salzburgs an die Welt des modernes Reisens und der internationalen Geschäftstätigkeit, die anderen übten Kritik, weil früher etwa die legendären „Caravelles" der AUA oder anderer Fluglinien eben nicht nur elegant anzusehen, sondern auch weithin zu hören waren. Es ist nicht übertrieben, davon zu sprechen, dass die politisch Verantwortlichen und auch die jeweilige Geschäftsführer des Airports Pionierarbeit geleistet haben: Nicht nur, was die laufend modernisierte Flughafen-Infrastruktur anbelangt, sondern auch in punkto Umweltschutz und beim Dialog mit Anrainern und Betroffenen. Dieser letztlich für alle Beteiligten erfolgreiche Prozess stellt eine bleibende Herausforderung dar.

Angesichts dieser sensiblen Gemengelage von Interessen ist es umso wichtiger, dass der Salzburg Airport im Eigentum des Landes und der Stadt Salzburg ist und bleibt. Vor allem dadurch ist auch für die Zukunft gewährleistet, dass die Balance erhalten bleibt zwischen jenem zeitgemäßen Flugbetrieb, den die Urlaubsdestination und der Wirtschaftsstandort Salzburg brauchen, und jener Infrastruktureinrichtung, die die Menschen im Salzburger Zentralraum gerne akzeptieren und im Übrigen auch als Kunden überaus schätzen.

In diesem Sinne sind 90 Jahre Salzburg Airport „W.A. Mozart" ein Grund, stolz zurück und auch zuversichtlich nach vorne zu schauen.

Landeshauptmann-Stellvertreter und Vorsitzender des Aufsichtsrates des Salzburger Flughafens

Mag. Dr. Christian Stöckl

Der Salzburger Flughafen ist einer der wichtigsten Leitbetriebe in Salzburg und dient direkt und indirekt vielen Menschen aus der gesamten Region als Arbeits- und Erwerbsquelle. Zudem trägt der Flughafen ganz wesentlich zur wirtschaftlichen Entwicklung des gesamten Bundeslandes bei. Unternehmen legen heute viel Wert auf eine gute Verkehrsanbindung, wobei die Nähe zum Flughafen häufig ein entscheidendes Kriterium bei der Standortwahl ist. Zahlungskräftige Touristen und Geschäftsreisende, die über den Flughafen nach Salzburg kommen, bringen zusätzliche Kaufkraft in die Region. Besonders für das Tourismusland Salzburg ist es von enormer Bedeutung, einen funktionierenden Flughafen mit den entsprechenden Fluganbindungen zu haben. Mit den regelmäßig notwendigen baulichen Maßnahmen und Adaptierungen ist der Salzburger Flughafen auch ein potenter und verlässlicher Investor für die heimische Wirtschaft und trägt zur Sicherung von Arbeitsplätzen bei.

Der Salzburger Flughafen hat sich in den vergangenen Jahrzehnten wirtschaftlich stabil entwickelt und ist ein wichtiger Dividendenbringer für das Land. Damit der Salzburger Flughafen den vielen neuen Herausforderungen gewachsen ist, werden nachhaltige Strategien für die Zukunft entwickelt, die die Interessen des Unternehmens, des Umweltschutzes und der Anrainer gleichermaßen berücksichtigen und zum Ziel haben, dass Salzburg einen modernen, umweltorientierten und konkurrenzfähigen Flughafen hat.
Der Salzburger Flughafen kann auf eine lange Erfolgsgeschichte zurückblicken und mit Optimismus der Zukunft entgegensehen. Ich gratuliere dem Salzburger Flughafen zu den vergangenen 90 Jahren, bedanke mich bei allen, die zum Erfolg beigetragen haben und beitragen und wünsche alles Gute für die kommenden Jahrzehnte.

Bürgermeister der Stadt Salzburg
Dr. Heinz Schaden

Mit der Inbetriebnahme des Salzburger Flughafens vor 90 Jahren wurde ein wichtiger Schritt für die Entwicklung der gesamten Region gesetzt. Seit damals ist der Flughafen eine unverzichtbare Infrastruktureinrichtung nicht nur für die Stadt Salzburg, sondern für den gesamten Wirtschaftsraum Land Salzburg, Oberösterreich, das Tiroler Unterland und das benachbarte Bayern. Aus vielen Gesprächen mit den Verantwortlichen großer aber auch kleinerer Unternehmen weiß ich, dass der Flughafen als Verkehrsknoten eine Grundvoraussetzung bildet, um überhaupt erst eine ökonomisch vertretbare Niederlassung in der Region zu begründen. Gerade für den Sommer- und Winterfremdenverkehr — das Rückgrat der regionalen Wirtschaft — ist der Salzburger Flughafen von unschätzbarem Wert. Insofern ist der Flughafen auch Garant für die Schaffung und den Bestand zigtausender Arbeitsplätze im Wirtschaftsraum und trägt somit zum Erhalt des Wohlstands bei. Nicht zuletzt profitiert und freut sich auch die heimische Bevölkerung einen Flughafen als Ausgangspunkt für touristische Reisen in unmittelbarer Nähe zu haben.

Aufgrund der Stadtnähe des Flughafens ist es ein oberstes Leitprinzip der Betriebsführung die Auswirkungen auf die Umwelt möglichst gering zu halten. Beispielsweise konnten in den letzten Jahren durch eine Reduzierung der Flugbewegungen oder den Einsatz lärmärmerer Flugzeuge spürbare Verbesserungen für die anrainende Bevölkerung erreicht werden. Diese Bemühungen sind Gewähr dafür, dass der Salzburger Flughafen auch in Zukunft seiner Bedeutung als Wirtschaftsmotor und Wohlstandsgarant gerecht werden kann!

Direktor des Salzburger Flughafens

Mag. Karl Heinz Bohl

„*Das Durchschnittliche gibt der Welt ihren Bestand, das Außergewöhnliche ihren Wert*"
...diese Erkenntnis Oscar Wildes ist auch für den 90 jährigen Bestand des Salzburger Flughafens anwendbar und gültig.

Seit seiner Gründung 1926 ist der Flughafen von Salzburg integrativer Teil einer sich dem jeweiligen Zeitgeist, den technologischen Möglichkeiten und dem gesellschaftlichen Bedarf verändernden Verkehrsinfrastruktur.

Aus den Wurzeln einer Idee und dem Wunschtraum des Menschen, fliegen zu können, hat sich auch in Salzburg aus bescheidenen Anfängen etwas entwickelt, was wir heute in unserem modernen Leben als selbstverständlichen Anspruch an Mobilität und Freiheit nicht mehr missen wollen. Ein Regionalflughafen, der nicht nur seiner Aufgabe gerecht wird, sondern darüber hinaus seine Funktion weit über das eigentliche Kerngeschäft erweitert hat.

Der Salzburg Airport ist im 90. Jahr seines Bestehens der größte und der erfolgreichste Regionalflughafen in Österreich. Er ist ein stabiler Leistungsträger und unverzichtbar für die Region und die Volkswirtschaft des Landes Salzburg, aber auch der angrenzenden Regionen und Südbayerns. Er schafft Wohlstand, er beschäftigt Menschen und gibt Arbeit, er investiert in neue Projekte, und er verbindet Salzburg mit der Welt und die Welt mit Salzburg. Aber er polarisiert auch durch seinen Bestand und in seinem Rollenverhalten gegenüber seinen Anrainern und Nachbarn.

Verständnis für die Erfüllung einer Aufgabe und Verständnis für das gegenseitige Miteinander sind gefragt, wenn man möchte, dass diese Institution auch in Zukunft noch erfolgreich sein wird. Verständnis setzt aber voraus, dass man seine Vergangenheit und seine Geschichte kennt und versteht und sich mit ihr auch auseinandersetzt und beschäftigt. Dies war in erster Linie die Intention der Geschäftsführung, als sie den Auftrag zu diesem geschichtlichen Werk gab.

Flughäfen sind nicht nur hochkomplexe technische Einrichtungen, sie sind auch Dienstleister für den Menschen und erbringen diese Dienst-

leistungen mit den Menschen, die bei ihnen tätig und beschäftigt sind. Gerade diese Menschen, ob sie nun konsumieren oder reisen oder in ihrer täglichen Arbeit einer erstaunlichen Vielfalt von Tätigkeiten nachkommen, machen dieses Buch so interessant und wertvoll.

„Der Mensch steht im Mittelpunkt" einer Zeitreise in die Vergangenheit. Der Wandel der Zeit wird nirgendwo transparenter, als wenn wir uns vergleichen mit den Verhaltensweisen, den Einstellungen und den Attitüden unserer Vorfahren. Schicksale und Ereignisse, Weltpolitik und Banales, Stars und Massentourismus *„made in Salzburg"*.

Spannend und fesselnd, beginnend in den 20er Jahren über die Zeit der Ersten Republik, dem Anschluss an das Dritte Reich und mit der Wiederherstellung der Lufthoheit Österreichs in der Zweiten Republik bis hin zum 90. Geburtstag zieht der Autor einen Bogen, der die Geschichte aus der Perspektive des Flughafens Salzburg erzählt.

Wiederum sind es die Menschen, die uns faszinieren. Die Staatsbesuche und Präsidenten, die Könige und Päpste, die Schauspieler und Sänger, die Reichen und die Mächtigen der Welt, aber auch die Personen, die dieses Unternehmen im Laufe der Zeit prägten und gestalteten, angefangen von den Politikern, den Geschäftsführern, den Piloten und den vielen Generationen von Mitarbeitern in den unterschiedlichsten Unternehmen, ohne deren Einsatz unser Flughafen nicht denkbar ist.

„Wenn der Wind der Veränderung weht bauen die einen Mauern, die anderen Windmühlen." Lassen sie uns die Erkenntnisse und die Lehren aus der Vergangenheit dafür verwenden, eine Windmühle zu bauen, Danke für das Erreichte zu sagen und unsere gemeinsame Tatkraft als ein Versprechen dafür zu sehen, die Herausforderungen der Zukunft zu meistern.

Wir sind stolz, Ihnen dieses Buch präsentieren zu können, bedanken uns beim Autor und bei allen, die am Entstehen dieser Geschichte des Salzburg Airport mitgewirkt haben und wünschen allen interessierten Lesern viel Spaß an einer Zeitreise in die Vergangenheit der Luftfahrt in Salzburg.

Direktor des Salzburger Flughafens
Ing. Roland Hermann

Salzburg Airport: Was vor 90 Jahren mit einer Graslandebahn auf dem ehemaligen Exerzierfeld und einer Holzbaracke als Verwaltungsgebäude begonnen hat, ist heute eines der größten und wirtschaftlich stabilsten Unternehmen des Landes Salzburg. Die regionalwirtschaftliche Bedeutung als verlässlicher Dienstgeber für mehr als 330 Flughafen-Mitarbeiter und rund 60 am Airport tätige Unternehmen ist unbestritten. Neben vielen erfolgreichen international tätigen Firmen hat sich auch Red Bull mit der einzigartigen Architektur des Hangar7, der weit über die Grenzen Salzburgs hinaus seine Wirkung zeigt, in unmittelbarer Nähe zum Flughafen angesiedelt. Der Flughafen Salzburg ist nicht nur ein Ort, um als Passagier zu starten oder zu landen, er ist vor allem der „Flughafen der Salzburger und all seiner Nachbarn" und deren Tor in die weite Welt. Er verbindet Salzburg mit Menschen, Völkern und Kulturen. Durch das Destinationsnetz des Flughafens ist heute jeder Punkt auf der Welt nur Stunden entfernt und zum Greifen nahe.

Die Geschichte des "Flugplatz Salzburg-Maxglan" ist eine Erfolgsgeschichte, die schon Ende der 20er Jahre begonnen hat. Heute nimmt der „Salzburg Airport W.A. Mozart" seinen legitimen Platz als größter österreichischer Bundesländerflughafen ein und bringt der Stadt, dem Land Salzburg und der gesamten Region jährlich viele tausende Besucher. Damit garantiert er Wirtschaft, Tourismus und Industrie nicht nur Arbeitsplätze sondern auch gute Umsätze und für die Eigentümer Stadt und Land Salzburg eine sichere Dividende. Und das ist in Zeiten von geopolitischen Risiken und weltweiten Krisenherden keine Selbstverständlichkeit. Einen Regionalflughafen in der heutigen Zeit gewinnbringend zu betreiben, konnte durch umsichtige Strategien im Verkehrs- und Planungssektor erreicht werden. Die Verkehrsbilanz ist in den letzten Jahren stetig gestiegen, und über 1,8 Millionen Passagiere im Jahre 2015 zeigen, dass der gesetzte Kurs richtig war und ist. Wir haben uns seit jeher das Ziel gesetzt, den Salzburger Flughafen wirtschaftlich zu führen, allerdings immer nach dem Credo „Ökonomie und Ökologie müssen in einer guten Balance zum Vorteil der Menschen und der Region nebeneinander bestehen". Vertrauen und Verständnis, der offene Umgang mit Zahlen, Daten und Informationen ist die Basis für ein gutes Miteinander mit Anrainern, Stakeholdern und unseren Passagieren. Um das Vertrauen der direkten Flughafennachbarn in

den Flughafen Salzburg zu festigen, wurde 2014 ein BürgerInnenbeirat gegründet, in dem grenzüberschreitend die Anregungen, Wünsche und Bedürfnisse aller Interessensgruppen aufgenommen und diskutiert werden. Mit internationalen Umweltnormen wie ISO 14001, ISO 50001 und EMAS Ende der 90ger Jahre ist die Positionierung als umweltbewusster Flughafen auf allen Ebenen gelungen. Heute gilt Salzburg in diesem Bereich als Benchmark für viele Mitbewerber.

Verschiedene Trends in der Technik veränderten und verändern gerade heute die Luftfahrt nachhaltig, dabei hat der Flughafen Salzburg immer eine Vorreiterrolle eingenommen. Die Anpassung der Bewegungsflächen, Pisten und Rollwegsysteme, die Installierung von Europas erstem volldigitalisierten Instrumentenlandessystem ermöglichen Landungen auch bei schlechten Wetterbedingungen. Der neu erbaute Radarturm ist nicht nur ein weithin sichtbares Wahrzeichen vor den Toren Salzburgs geworden, sondern vor allem ist er ein Garant für höchste Flugsicherheit am letzten Stand der Technik. Moderne Luftfahrzeuge mit ökologischeren Triebwerkskonfigurationen ersetzen lautere und ältere Maschinen und der Anteil an lärmarmen Turboprop-Flugzeugen nimmt deutlich zu. Das Verbot lauter Kapitel III Jets, wie MD 80 und Tupolev 154, war 2008 ein Meilenstein in diese Richtung und einzigartig in Europa – ein positiver Trend, der sich in Salzburg auch Zukunft fortsetzen wird und eine Erleichterung der Lärmsituation mit sich bringt.

Aber auch die Veränderung des Urlaubsverhaltens der Menschen verlangt nach stetiger Anpassung der Unternehmensstrategie und lässt Flexibilität nicht nur ein Stichwort sein.

Salzburg Airport: Eine Erfolgsgeschichte. Diese Geschichte konnte ich in mehr als 30jähriger Flughafenzugehörigkeit, zuerst als Verkehrs- und Marketingleiter und heute als Geschäftsführer mitschreiben. Eine spannende Zeit, in der ich die Entwicklung des Tourismus und der Wirtschaft in Salzburg mitgestalten und mitentwickeln durfte. Die Zeit des touristischen Aufbaues in Salzburg werde ich immer in lebhafter Erinnerung behalten. Viele dieser Entwicklungsmeilensteine können Sie heute in dem vorliegenden Werk nachlesen.

Zum Abschluss wünsche ich Ihnen spannende Stunden bei „90 Jahre Flughafen Salzburg" und bleiben Sie uns als Gäste des Flughafens treu.

Inhaltsverzeichnis

	Von der Stagnation zum rasanten Aufschwung	14
	Erste Flugplatzpläne nach dem verlorenen Krieg	19
1925	Salzburg unter Zugzwang	21
1926	Salzburg ist bereit für Europa	24
1927	Erteilung einer Betriebsgenehmigung	34
1928	Allgemeiner Aufschwung	39
1929	Umwandlung in eine GmbH	42
1930	Das Flugplatzgebäude wird eröffnet	48
1931	Die Weltwirtschaftskrise erreicht auch Salzburg	52
1932	Folgenschwere Unfälle	54
1933	Schatten über Österreich	58
1934	Das jähe Ende des Flugplatzleiters	60
1935	Ein Jahr der wirtschaftlichen Erholung	62
1936	Im Zeichen des Sportflugs	65
	Ainring – Für elf Jahre Großdeutscher Kriegsflughafen	68
1937	Die Ruhe vor dem Sturm	72
1938	Der Salzburg Flugplatz nach der Machtübernahme	75
1939	Gruß aus Berlin	78
	Kurze Stagnation nach dem Krieg	88
1950	Salzburg wird „Tor zur Welt"	94
1951	Ein Schweizer Zwischenspiel	96
1952	Steigende Bedeutung des Flughafens in Salzburg	99
1953	Endlich Luftfreiheit für Österreich	101
1954	Neustart der Zivilluftfahrt in Salzburg	103
1955	Nach dem Staatsvertrag Gründung der Flughafen GmbH	106
1956	ÖFAG – eine innovative Flugunternehmung	111
1957	Der Beschluss zum Flughafenausbau	115
1958	Österreich erhält eine Verkehrsluftfahrt	118
1959	Bau der neuen Start- und Landebahn	121
1960	Erstmals landen Austrian Airlines-Maschinen in Salzburg	124
1961	Der Salzburger Flughafen wird für Schlechtwetter geeignet	128
1962	Salzburg wird Flugrettungs-Einsatzstelle	131
1963	Die Wiederaufnahme der Inlandsflüge	134
1964	Erstmals landen Jets in Salzburg	136
1965	Der Flughafen im Gegenwind	139
1966	Endlich entsteht ein neues Abfertigungsgebäude	142
1967	Eine neuerliche Standortdiskussion	147
1968	Eine Pistenverlängerung mit Hindernissen	150
1969	Kein Ende der Bautätigkeit	153
1970	Das Ende der Inlandsflüge	156
1971	Das Ende des Segelflugs am Flughafen Salzburg	160
1972	Der US-Präsident in Salzburg	163
1973	Der Flughafen als Störfaktor	167
1974	Ein deutliches Minus wegen der Ölkrise	170

Jahr	Titel	Seite
1975	Der Kniefall des US-Präsidenten Gerald Ford	173
1976	Die Absenkung der Wetterminima	176
1977	Erstmals werden Sicherheitschecks geplant	178
1978	Ein neuer Passagierrekord	181
1979	Vorfelderweiterung am Flughafen	184
1980	Einbrüche im Charterverkehr	188
1981	Neues Management – neue Strategie	192
1982	Ein neuer Name, besseres Image	195
1983	Endlich gibt es die Startbahnverlängerung	198
1984	Für die Flüsterriesen der Lüfte gerüstet	201
1985	Große Pläne für die Zukunft	204
1986	60 erfolgreiche Jahre Salzburger Flughafen	212
1987	Im Zeichen des Draken	216
1988	Das Jahr der Passagierzuwächse	224
1989	Optimierung der Abfertigungsqualität	228
1990	Airport im Zeichen Mozarts	230
1991	Jahr der Stagnation	234
1992	Flughafen im Wandel	238
1993	Erstmals über Millionengrenze	240
1994	Endgültig weniger Lärm	242
1995	EU Beitritt	245
1996	Salzburg Airport W.A. Mozart	248
1997	Fit für Schengen und den Wegfall der Passkontrollen	250
1998	Wieder ein neuer Passagierrekord	252
1999	Neustrukturierung	257
2000	Gut im neuen Jahrtausend gelandet	260
2001	Der 11. 9. und seine Nachwirkungen	265
2002	Wechsel der Besitzverhältnisse	268
2003	Jahr der unerfüllten Wünsche	271
2004	Durchstarten	276
2005	Aufstieg	278
2006	80 Jahre Erfolgsgeschichte Flughafen	280
2007	Knapp zwei Millionen Passagiere	282
2008	Die Finanzkrise bremste die Luftfahrtbranche	285
2009	Die Wirtschaftskrise erreicht die Luftfahrtbranche	289
2010	Nach der Krise leichter Aufschwung	292
2011	Weniger Flüge, mehr Passagiere	296
2012	Stabile Ergebnisse	300
2013	Zuwächse beim Linienverkehr	304
2014	Die AUA streicht den Frühkurs und Ticketschalter	308
2015	Die Sanierungen sind abgeschlossen	312
	Zeittafel	316
	Anhang	326

Flughafen Salzburg

Von der Stagnation zum rasanten Aufschwung
From stagnation to rapid expansion

Die Entwicklung der Luftfahrt im beginnenden 20. Jahrhundert verlief in Salzburg ebenso zaghaft und schwerfällig wie die Wirtschaftsentfaltung.

Die einst so wohlhabende Stadt Salzburg und ihr Umland litten unter der Angliederung an das Habsburgerreich der Österreich-Ungarischen Monarchie nach dem politischen Zusammenbruch des Salzburger Erzbistums.

Salzburg verkam zu einer unbedeutenden oberösterreichischen Kreisstadt. Tiefe Depression und wirtschaftlicher Niedergang prägten das Land bis ins ausgehende 19. Jahrhundert. Zu sehr hatte sich das Leben in der Habsburgermonarchie auf die Hauptstadt Wien konzentriert. Zwar rückte mit der Eröffnung der Bahnstrecke von Wien nach Salzburg im Jahr 1860 die Hauptstadt des Kaiserreichs erheblich näher, aber es sollte noch Jahrzehnte dauern, bis sich Salzburg wirtschaftlich einigermaßen erholen konnte. Inmitten des zaghaften Aufschwungs beendete der Erste Weltkrieg auch in Salzburg auf Jahre hinaus alle Expansionspläne. Was nach dem verlorenen Krieg übrig blieb, waren Armut, Zerstörung und tiefe Verzweiflung. Wieder galt es Fuß zu fassen und neue Visionen zu entwickeln. Wobei es enorme Hürden zu bezwingen galt, denn die Siegermächte waren bestrebt, Deutschland und Österreich wenige Freiräume zu belassen. So war nach den Friedensverträgen von Versailles und St. Germain neben einer Neuformierung der Luftwaffe auch der zivile Bau und Betrieb von Motorflugzeugen

The development of aviation in Salzburg in the early 20th century unfolded just as slowly and cautiously as the region's economic growth. The city of Salzburg and its surrounding region, once so wealthy, were still suffering from the consequences of the incorporation of the archdiocese of Salzburg into the Habsburg Empire after the archdiocese had disintegrated politically.

Consequentially Salzburg developed into a minor provincial town in Upper Austria. Profound depression and economic decline marked Salzburg's fate well into the late 19th century. Life within the Habsburg Monarchy had simply focused too much on its capital in Vienna. Even though the opening of a railway connection to Vienna in 1860 brought Salzburg closer to the capital of the Empire, it would take decades, until the city would recover somewhat. This cautious recovery was suddenly and definitely interrupted by the outbreak of the First World War. What remained after the lost war were only poverty, destruction and deep depression. Once again it was necessary to gather all courage and develop new ideas.

Enormous obstacles had to be overcome as the victorious Allies of the war had the intention to restrain Austria and Germany as much as possible. For instance, under the Peace Treaties of Versailles and St. Germain it was not only prohibited to re-form an Air Force but also any construction and use of civilian powered aircraft. As a consequence all plans for the construction of air fields had to be shelved for years. Additionally,

Die Anfänge im ausgehenden 19. Jahrhundert bis 1929

Salzburg im beginnenden 20. Jahrhundert
Salzburg at the beginning of the 20th century

untersagt. Konsequenz war, das auch Pläne zum Bau von Flugplätzen auf Jahre hinfällig waren. Zusätzlich waren die Fluggeräte des österreichischen Militärs, aber auch die wenigen zivilen Flugzeuge den Siegermächten zu übergeben oder zu vernichten. Erst 1922 wurde diese Verordnung aufgehoben, wiewohl sie schon davor mehrfach missachtet worden war, denn es war hin und wieder von Salzburg aus zu beobachten, wie einige von der Front zurückgekehrte Flugzeuge ihre Kreise am Himmel zogen.

Sie wurden von ehemaligen Feldpiloten bei Probe- und Propagandaflügen gesteuert. Als Start- und Landeplatz für die verbliebenen Kriegsflugzeuge diente das Exerzierfeld bei Maxglan. Am 7. März 1919 führten ehemalige Feldpiloten etliche, nicht ganz legale, Flüge über der Stadt durch. Diese Aktion sollte jedoch ein tragisches Ende nehmen: Einer der Brandenburger Doppeldecker verunglückte unmittelbar nach dem Start und stürzte in eine Baumgruppe. Der Pilot, Oberleutnant Jansky aus Hallein, erlag seinen schweren Verletzungen und gilt als erstes Todesopfer eines Flugunfalles in Salzburg. Natürlich waren diese ehemaligen Kampfflugzeuge vom Flugverbot des Friedensvertrages betroffen, damals kümmerte das aber niemanden. Sehr bald aber endeten derart illegale Flüge wegen mangelnder Treibstoffvorräte.

all aircraft of the Austrian Military and the few existing civilian planes had to be either turned over to the Allies or destroyed. This regulation was only abolished in 1922, even though it had already occasionally been observed that planes returning from the front had been flying over Salzburg. These were flown by former military pilots for test and propaganda purposes. Take-off and landing happened on the parade ground in Maxglan. On March 7th 1919 former military pilots undertook several, not entirely legal flights over the city. Events should take a tragic turn however, as one of the biplanes crashed into a group of trees after taking off. The pilot, Lieutenant Jansky from Hallein, succumbed to his grave injuries and is considered the first victim of an aircraft accident in Salzburg. These former fighter aircraft of course fell under the ban of the peace treaty, which at the time obviously didn't seem to concern anyone too much. As fuel supplies began to be exhausted however, these illegal flights ceased very soon.

The first thoughts about building an airfield in Salzburg go back all the way before the collapse of the Habsburg Monarchy. In a letter to the city

Flughafen Salzburg

1912 Schauflug Karl Illner mit Etrichmonoplan
1912: Exhibition flight of Karl Illner with the Etrich-monoplane

Erste Bestrebungen für einen Flugplatz in Salzburg gab es bereits vor dem Zusammenbruch der Monarchie. In einem Brief an die Gemeinde-Vorstehung berichtet das Stadtbauamt Salzburg am 17. September 1917 betreffend mögliche Plätze für einen Flughafen: „...betreffend die Beschaffenheit eines Platzes für den von der internationalen Luftverkehrs A.G. geforderten Flughafens berichtet das Stadtbauamt wie folgt: ...sind für einen Flughafen folgende Bedingungen notwendig: Nähe der Stadt, ein freier, tunlichst ebener Platz von 300 bis 500 Metern Breite und 500 bis 800 Metern Länge, gute Verbindung zur Stadt, Kanal und Wasserversorgung und Kraftquelle!" In dem Schreiben bedauert das Stadtbauamt, dass ein Grundstück dieser Dimension in Salzburg nicht verfügbar sei, verweist aber auf Alternativen im Nahbereich der Stadt: „In der nächsten Umgebung der Stadt fallen sofort zwei Plätze auf: der Trabrennplatz oberhalb der Stadt und der große Exerzierplatz am Walserfelde. Aber auch der erste Platz entspricht den Dimensionen nicht ohne großen Zukauf und Herrichtung des Grundes und der Exerzierplatz würde von einem so groß beanspruchten Grund nahezu ganz beschlagnahmt, was die Heeresverwaltung jedenfalls nicht zugeben wird." (*Brief an Stadtgemeinde-Vorstehung

council, dated September 17th 1917, the municipal planning and building office reports about possible locations for an airport: "... concerning the conditions of a location for an airport as demanded by the internationale Luftverkehrs AG (International Airtravel Corporation) we report the following: these conditions have to be met for an airport: proximity to the city, an open, even space of 300 to 500 m by 500 to 800 m, good transport connection to the city, sewage, water and power supply!" In its letter the office laments that there was no space of this dimensions to be found within the city, but suggests several other alternatives in the proximity. "In closest proximity two spaces immediately come to mind: the horse racing track above the city and the big parade ground in Wals. But the first option would not fulfill the space requirements without additional purchases and modifications and the parade ground would be occupied to an extent that the military administration would not approve of." (Letter to the city council, September 17th 1917, Salzburg City Archive)

Die Anfänge im ausgehenden 19. Jahrhundert bis 1929

v. 17. September 1917, Stadtarchiv Salzburg) Das war aber nicht die einzige Aufforderung an die Stadtverwaltung, denn nur wenige Wochen davor, am 19. Mai, beharrte der neu gegründete „Aero-Lloyd" auf seinen Plan zum Ausbau eines Flugplatzes. Eine Kostenaufstellung lieferte man mit einigen Forderungen gleich mit: *„Erwartet wird die kostenlose Benützung des Flugplatzes und diverse Subventionen, Abgabenfreiheit und Erleichterungen bei den Betriebskosten!"*

Nach dem Ende des Ersten Weltkriegs und der Auflösung der Monarchie setzten erst wieder 1920 ernstzunehmende Bestrebungen ein, das Exerzierfeld in Salzburg-Maxglan für einen Flugplatz zu adaptieren. Sogar der damalige Salzburger Landeshauptmann-Stellvertreter Dr. Franz Rehrl war von dem Plan fasziniert. Rehrl war ja technischen Errungenschaften gegenüber stets aufgeschlossen, eine Vorliebe, die er später mit dem Bau der Großglockner Hochalpenstraße unter Beweis stellte. Auch die Stadtgemeinde schloss sich den Bestrebungen an, indem die Bauabteilung des Magistrates wieder einmal Untersuchungen über mögliche Standorte eines

Oben: Ballonstart beim Gaswerk
Top: Balloon take-off at the gas power plant

Unten: Ballonfahrer in Gois um 1910
Bottom: Balloonist at Gois around 1910

Flughafen Salzburg

1912 Start zum ersten Motorflug über dem Maxglaner Exerzierfeld, Pilot Karl Illner,(l) Kzrt. Josef Klein, (r.) Sekretär Friedriech Gehmacher.
1912: First motorized flight above the Maxglan Parade Ground, Karl Illner (pilot), Josef Klein (left) and Secretary Friedrich Gehmacher (right)

Flugplatzes anstellte. Von drei in Frage kommenden Arealen fiel die Wahl — wie schon zuvor — auf den Exerzierplatz in Maxglan. Gleichzeitig wurden Überlegungen angestrengt, die Strecke der *„Gelben Elektrischen"* von der damaligen Endstelle an der äußeren Neutorstraße bis zum künftigen Flugplatzstandort zu erweitern. Die Stadt versuchte in der Folge, 35 ha für das Projekt von der Heeresverwaltung zu erwerben, was die Militärs jedoch vehement ablehnten, indem sie auf den Artikel 147 des Staatsvertrages von St. Germain verwiesen. Dieser besagt, dass Österreich nicht berechtigt sei, während einer auf unbestimmte Zeit verlängerten Verbotsfrist neue Flugplätze zu errichten. Trotzdem gab es bereits am 3. September 1919, neben dem Vorhaben zur Produktion von 10, 20 und 50 Heller-Scheinen als Notgeld, einen Grundsatzbeschluss des Salzburger Landtages: „Der Landtag beschließt die Errichtung eines Flugplatzes in Salzburg im Einvernehmen mit der Hauptstelle in Wien." *(*Landtagsprotokoll)*
Sechs Jahre sollten vergehen, bis Anfang 1925 mit der Gründung des *„Salzburger Fliegerverband"* — später eine Sektion des *„Salzburger Automobilclub"* –, das Flugplatzthema in Salzburg wieder aktuell wurde.

This was not the only letter concerning an airport. Several weeks before, on May 19th, the newly founded "Aero-Loyd" presented its plan to construct an airport, at the same time already presenting estimates for construction costs and demanding free use, various subsidies, freedom from taxes and support with operating expenses. After the end of the First World War and the end of the Austro-Hungarian Empire it took until 1920 to consider seriously modifying the parade ground for use as an airfield. Even the deputy governor at the time, Dr. Franz Rehrl, was fascinated by the plan. Rehrl was always open to new technological advances, as he would later show with the construction of the Großglockner High Alpine Road. The city of Salzburg joined the initiative by examining possible locations for the airfield once again. Out of three options, the parade ground in Maxglan was selected once again. At the same time it was considered to expand the line of the "Yellow Electric Tram" out to the location of the new airport. Subsequently the city tried to acquire 35 ha for the project from the military administration, which was violently opposed to it and invoked article 147 of the Treaty of St. Germain, which banned Austria indefinitely from constructing new airfields. Already on September 3rd 1919 the regional assembly of Salzburg, in addition to the decision of producing emergency currency, passed a basic resolution to "construct an airfield in Salzburg in accordance with headquarters in Vienna". (Protocol of the regional assembly). Six years were to pass until the topic resurfaced with the founding of the "Aviator's Association of Salzburg", later a sub-section of the "Automobile Association of Salzburg".

Die Anfänge im ausgehenden 19. Jahrhundert bis 1929

Erste Flugplatzpläne nach dem verlorenen Krieg
First Airfieldplans after the lost war

Dem Flugverbot zum Trotz führte die „Erste oberösterreichische Flug- und Motorboot-Verkehrsgesellschaft" am 2. August 1920 mit den Piloten Hanns Wannek und Josef Svec mit zwei Doppeldeckern eine spektakuläre Flugschau über Salzburg durch. Bei den Fluggeräten soll es sich um eigens adaptierte Militärmaschinen gehandelt haben. Einsetzendes Schlechtwetter zwang die Veranstalter, die Flugschau abzubrechen und um eine Woche zu verschieben. Trotz zahlreicher, gut bezahlter Rundflüge schloss die Veranstaltung in Maxglan mit einem satten Minus ab. Damit endeten für mehrere Jahre alle ernstzunehmenden Flugambitionen in Salzburg.
Im Juli 1922 übergaben die Alliierten die drei bereits ausgebauten Flugplätze Wien-Aspern, Graz-Thalerhof und Klagenfurt-Annabichl dem Österreichischen Staat und am 14. September 1922 ließ man die zivile Luftfahrt in Österreich wieder offiziell zu. Am 3. Mai 1923 setzte mit der Errichtung einer österreichischen Luftverkehrsgesellschaft die eigentliche Entwicklung der österreichischen Zivilluftfahrt ein. In Ko-

Disregarding the ban to fly, the "First Air- and Motor Boat Travel Corporation of Upper Austria" staged a spectacular flight show over Salzburg on August 2nd 1920 with two biplanes and the pilots Hanns Wannek and Josef Svec. The aircraft are said to have been modified military issue. Bad however, weather, forced the organizers to postpone the event by a week. Even though many well-paid scenic flights took place, the event failed to break even, which once again ended ambitions to fly for several years.
In July 1922 the Allies turned over the already constructed airfields in Vienna-Aspern, Graz-Thalerhof and Klagenfurt-Annabichl to the Austrian State. It took until September 14th, until civilian aviation was allowed again in Austria. On May 23th 1923 an Austrian Air Travel Corporation was founded which started the real development

1912 Etrich-Taube im Zelthangar vor dem ersten Motorflug
1912: Etrich-monoplane inside the tent hangar before its first motorized flight

Landewiese am Maxglaner Exerzierplatz mit Blick über die Reichenhaller Reichsstraße und Glanhofen. Links unten das Napoleonwäldchen.
Landing meadow at the Maxglan Parade Grounds with view over the Reichenhaller Reichsstreet and Glanhofen. Bottom left: Napoleon forest

operation mit den Deutschen Junkers-Werken wurde als eine der ersten Linienverbindungen die Strecke Wien–Budapest angeboten. Für den Salzburger Gemeinderat wieder einmal Anlass, über das Projekt eines Flughafens auf dem Exerzierplatz in Maxglan-Glanhofen nachzudenken. Immer mehr österreichische Unternehmen befassten sich mit dem Thema Luftfahrt, so auch die Österreichische Luftverkehrs A.G. (ÖLAG), die im März 1924 einen ersten Probeflug von Wien nach Salzburg geplant hat. Aufgrund einer Notlandung eines Flugzeuges wegen Schlechtwetters, scheiterte dieses Vorhaben. Auch der ÖLAG-Saisonerstflug der Linie Wien–München am 22. April 1924 endete wegen Wetterkapriolen mit einer Zwischenlandung in Straßwalchen und konnte erst am nächsten Tag fortgesetzt werden. Salzburg wurde in dieser Zeit, außer von wenigen Not- und Zwischenlandungen abgesehen, vom internationalen Luftverkehr gemieden. Obwohl das Stadtbauamt eine detaillierte Expertise über ein Flugplatzprojekt vorlegte, verstrich das Jahr 1924 ohne weitere Aktivitäten.

of Austrian civil aviation. In cooperation with the German Juncker factory a regular connection Vienna – Budapest was established. Once again this was the reason to consider the project of an airport in Salzburg. Several companies began to deal with aviation, among them the Austrian Air Travel Corporation (ÖLAG), which planned a test flight from Vienna to Salzburg for March 1924. An emergency landing, due to bad weather, prevented this however. The first flight from Vienna to Munich in April suffered the same fate and could only be continued one day later. In this period Salzburg was avoided by all international aviation apart from a few emergency landings and stopovers. Even though a detailed plan for the airfield-project was presented by the city council, 1924 passed without any further progress.

1925 Salzburg unter Zugzwang
1925 Salzburg under pressure

Ehemalige Feldpiloten, Flugtechniker und Flugsportliebhaber gründeten 1925 in Salzburg eine „Flugtechnische Arbeitsgemeinschaft". Neben dem späteren Flugplatzleiter Karl Woral waren damals in Salzburg 13 Piloten gemeldet, die alle aus der K&K Luftwaffe stammten. Gemeinsam mit dem zuvor ins Leben gerufenen „Salzburger Fliegerverband" forderte man den raschen Bau eines Flugplatzes. Salzburg stand wieder einmal unter Zugzwang, denn neben den bereits bestehenden Flugplätzen in Wien-Aspern, Graz-Thalerhof und Klagenfurt-Annabichl wurde am 13. April in Innsbruck-Reichenau ein völlig neues Flugfeld eröffnet. Im April konnte man am Reichenhaller Flugplatz Mayerhof-St. Zeno, der am 2. Mai 1925 offiziell eröffnet wurde, bereits an Rundflügen teilnehmen. Einige Wochen später bot die Bayrische Luftverkehrs AG einen regelmäßigen Luftverkehr zu den bayrischen Seen, Flugplatz Bad Reichenhall-Mayerhof an. Während in Salzburg noch immer über einen künftigen Standort diskutiert wurde, gab es bereits regelmäßigen Linienverkehr zwischen Wien, Graz und

In 1925, former military pilots, aviation technicians and enthusiasts founded the "Aviation-technical Working Group" in Salzburg. Apart from future airport director Karl Woral 13 pilots were registered in Salzburg, all of them former Imperial Air Force pilots. Together with the "Salzburg Aviation Association" a quick construction of an airfield was demanded. Salzburg came under pressure once again as, in addition to the pre-existing airfields in Vienna, Graz and Klagenfurt, a completely new airfield was opened in Innsbruck-Reichenau on April 13th. Also in May 1925 an airfield opened in Reichenhall, from where the Bavarian Air Travel Corporation started a regular connection to the Bavarian lakes several weeks later.

Flugplatz Bad Reichenhall-Mayerhof mit Hangar im Bau (r.), Herbst 1925
Airport Bad Reichenhall-Mayerhofen with hangar under construction (right) in the fall of 1925

Klagenfurt. Wollte Salzburg den Anschluss an die Welt nicht verlieren, waren rasche Entscheidungen gefordert. Im Frühjahr 1925 verhandelte die Stadt neuerlich mit der Militärverwaltung und konnte endlich 24 Hektar des Exerzierplatzes für ein Flugfeld übernehmen. Die Stadt Salzburg stellte vorerst 5.400 Schilling (der Schilling löste 1925 Krone/Heller als Währung ab) für die ersten Baumaßnahmen zur Verfügung. Die beiden Obmänner Karl Woral und Hans Zwink von der Sektion Aero des Salzburger Automobilclubs waren die treibenden Kräfte für ein künftiges Flugfeld in Salzburg und bekräftigten dieses durch schweißtreibende Arbeitseinsätze bei der Planierung des Exerzierfeldes und künftigen Landeplatzes in Maxglan im Frühsommer. Im August fand bereits die Kommissionierung für das provisorische Flugfeld statt. Der für das Bauwesen zuständige Vizebürgermeister Richard Hildmann verhandelte in der Folge mit dem Rechtsrat Emanuel Jenal die Übernahme des oben erwähnten 24 ha umfassenden Grundstücks in den Besitz der Stadtgemeinde. Erst durch den Tausch mehrerer Liegenschaften war die Einigung möglich. Die Reichspost berichtete am 28. Oktober 1925 aus Salzburg: "Die langwierigen Monate hindurch andauernden Bemühungen um die Errichtung eines Salzburger Flughafens in Salzburg sind nun

While Salzburg was still arguing about the future location a regular connection between Vienna, Graz and Klagenfurt had already been established. If Salzburg was to avoid losing connection to the world something had to be done. The city kept negotiating with the military and was finally able to purchase 24 hectares of the parade ground for an airfield.

5400 Schillings (which had superseded the Crown in 1925) were provided for construction by the city. The two chairmen Karl Woral and Hans Zwick of the section Aero of the Salzburg Automobile Association were the leading proponents of the airfield construction and proved this through their personal work efforts in levelling the parade grounds for the landing strip. In August the airfield was commissioned provisionally. Vice-mayor Richard Hildmann subsequently negotiated the takeover of the 24 ha into the property of the city, this was only possible by swapping several properties. The newspaper "Reichspost" reported from Salzburg on October 28th

Die „Hohe Geistlichkeit" zur Kur nach Bad Reichenhall geflogen, Herbst 1925
Fall 1925: High-ranking clergy flew to Bad Reichenhall for spa treatment

Die Anfänge im ausgehenden 19. Jahrhundert bis 1929

Salzburger Flughafen als Projekt von Franz Jung Ilsenheim
Salzburg Airport Project by Franz Jung Ilsenheim

in jenes Stadium getreten, daß mit der baldigen Verwirklichung des Planes gerechnet werden kann. Gegenwärtig finden beim Heeresministerium in Wien die Abschlußverhandlungen statt, die seitens der Stadtgemeindevertretung von Bürgermeister Preis geführt werden und bezwecken, das Gelände des ehemaligen Exerzierfeldes in Maxglan dauernd für die Stadtgemeinde zu erwerben. Die Verhandlungen dürften schon in den nächsten Tagen zu einem befriedigenden Abschlusse gelangen, so daß damit zu rechnen ist, daß die Durchführung des schon seit einiger Zeit fertiggestellten Bauprojektes nunmehr in Angriff genommen werden kann. Die Einbeziehung Salzburgs in den Weltflugverkehr scheint nach dem Stand der jetzigen Verhandlungen gleichfalls als gesichert".

Am 4. Dezember berichteten Zeitungen über die Eröffnung einer Wiener Flugschule, allerdings ohne Schulflugzeug. Noch Ende 1925 schlossen sich 14 Gemeinden zusammen und gründeten den „Österreichischen Aero Lloyd", der mit der Aufnahme einer Reihe neuer Fluglinien, vor allem mit der Strecke Salzburg—München, die Vormachtstellung der Österreichischen Luftverkehrs A.G. brechen wollte.

Ende 1925 wurde dann auch die Ausgestaltung des Maxglaner Exerzierfeldes zu einem Flugplatz offiziell genehmigt.

1925: *"the month-long attempts to build an airport in Salzburg have finally reached a stage were an imminent implementation of the plan is to be expected. Right now negotiations are taking place in the Department of Defense in Vienna in order to purchase the area of the former proving ground in Maxglan permanently for the city of Salzburg. These negotiations are expected to be concluded within the next few days, so that a realization of the construction project could be started now. The integration of Salzburg into Global Air Travel seems to be guaranteed as of now."*

On December 4th newspapers reported the creation of a flight school in Vienna, still without a plane. Still in 1925 14 municipalities cooperated to form the "Austrian Aero Lloyd" in order to break the dominance of the Austrian Air Travel Corporation by creating several new connections, mainly Salzburg—Munich. By the end of the year the transformation of the parade ground into an airfield was officially confirmed.

Flughafen Salzburg

1926 Salzburg ist bereit für Europa
1926 Salzburg is ready for Europe

Anfang Februar 1926 beauftragte die Stadtgemeinde die Baufirma Crozzoli mit den Planierarbeiten auf dem vorgesehenen Flugfeld. Am 7. Februar, drei Tage vor Arbeitsbeginn, landete Hans Guritzer mit einer Daimler-Klemm-Maschine bei einem Testflug für das Leichtflugzeug. Der gebürtige Linzer war als erfahrener Kriegsmarine-Flieger seit 1924 Testpilot bei Daimler Flugzeugbau in Sindelfingen und gewann 1925 den Anschlusswettbewerb um den Otto-von-Lilienthal-Preis. Am 15. Februar 1926 startete er in Begleitung von Dr. Ing. Werner von Langsdorff von Zell am See aus zu einem aufsehenerregenden Flug über den Großglockner und landete in Villach. Im März darauf wurde ein Modell eines Flughafenprojekts von Architekt Ludwig Hillinger offiziell präsentiert; ein Projekt, das allein wegen der knappen Mittel kaum Aussicht auf Realisierung hatte. Während man im Salzburger Gemeinderat über Flugverkehrsfragen diskutierte und die Errichtung eines Flugzeughangars in Aussicht stellte, war am 26. Mai eine neue Flugzeughalle

In early February 1926 the construction company Crozzoli was chosen by the city to carry out the levelling tasks on the planned airfield. On February 7th three days before works were scheduled to commence, Hans Gurlitzer landed during a test flight for a Daimler-Klemm light aircraft. As an experienced naval aviator he had been test pilot for the Daimler aircraft company in Sindelfingen since 1924 and won a competition over the Otto-von-Lilienthal prize. On February 26th he was accompanied by Dr. Ing. Werner von Langsdorff on a sensational flight that took off in Zell am See, crossed the alps and passed the Großglockner to land in Villach. In March a model of the airport project was officially presented by architect Ludwig Hillinger. This turned out to be a project that had little chances of becoming reality simply due to lacking funds. While the city council of Salzburg was still discussing questions

Treibstoff aus dem Kanister
Airplane fueling by canister

Die Anfänge im ausgehenden 19. Jahrhundert bis 1929

Familie Krupp in Bad Reichenhall gelandet, im Hintergrund Pilot Hans Zywina

Krupp Family landed in Bad Reichenhall with the pilot, Hans Zywina in the background

Deutscher Kunstflugweltmeister im Jahre 1926

German acrobatic flight champion in 1926

Flughafen Salzburg

in Reichenhall bereits feierlich eröffnet worden. Sie wurde notwendig, weil eine Linie München–Reichenhall im Vorjahr ausgesprochen erfolgreich gewesen war und zusätzlich 300 Rundflüge durchgeführt wurden. Salzburg verzeichnete in diesen Tagen im Gegensatz dazu lediglich eine Notlandung eines Amateurfliegers mit eigenem Fluggerät. Es handelte sich um den Lodenfabrikant Pischl, dem der Treibstoff ausgegangen war. Er musste das Benzin noch in der Stadt von einer Tankstelle holen lassen. Die Auflagen, die das Ministerium für Handel und Verkehr der Stadt Salzburg als Betreiber des Flugplatzes 1926 vorschrieb, wurden so formuliert:

Bundesministerium für den Handel und Verkehr
Flugplatz Salzburg

An die Stadtgemeinde Salzburg!
Indem das Bundesministerium für Handel und Verkehr angeschlossen die amtlich beglaubigte Abschrift der 1926 ausgefertigten Genehmigungsurkunde, betreffend den Betrieb des Flugplatzes Salzburg übersendet, teilt es mit, daß bis zur Erlassung anderwertiger Bestimmungen folgende Flugplatzbetriebsvorschriften zu beachten sind.
Um den Flugplatz kenntlich zu machen, ist in der Mitte des für Abflug und Landung bestimmten Flugplatzgeländes eine Bodenkennung in der Form eines Kreisrings von 2 m Breite und 20 m Außendurchmesser der Kalanwurf oder auf eine andere, die Unterscheidung vom Flugplatzgelände ermöglichende Weise derart anzubringen, daß das Rollen der Flugzeuge in keinerlei Weise behindert wird.
An einer gut sichtbaren Stelle des Flugplatzes ist zur Ersichtlichmachung der jeweiligen Windrichtung in entsprechender Höhe ein weißer oder weißer und roter Windsack von mindestens 2 m Länge und von 0,5 m größten Durchmesser anzubringen. Erforderlichenfalls können auch zwei oder mehr Windsäcke in der angegebenen Weise angebracht werden.
Auf dem für Abflug und Landung bestimmten Flugplatzgelände ist bei Tag dauernd eine weiße oder weiß und rote auf dem Boden entsprechend befestigte Landungsplache, die einen aus Leinwand oder einem anderen haltbaren Stoff angefertigte Plache in der Form eines lateinischen T mit den Abmessungen: Längsbalken 2x6 m und Querbalken anzulegen.
Die jeweils derart gelegt ist, daß der Längsbalken in der Windrichtung und der Querbalken an dem dem Winde zugekehrten Ende des Längsbalkens und senkrecht zur Windrichtung zu liegen kommt.
Die Landungsplache ist jeweils derart zu legen, daß der Längsbalken in der Windrichtung und der Querbalken an dem dem Winde zugekehrten Ende des Längsbalkens und senkrecht zur Windrichtung zu liegen kommt, und es ist hierfür jeweils eine Stelle des Flugplatzgeländes zu wählen, von der aus jedes Flugzeug nach Berühren des Bodens gefahrlos auszurollen vermag.
Flugzeuge dürfen nur landen, wenn der Flugplatz frei von Landungshindernissen ist. Im Falle der Behinderung einer Landung sind Linksrunden (entgegengesetzt der Uhrzeigerbewegung) außerhalb der Flugplatzgrenzen zu fliegen.
Beabsichtigen zwei oder mehrere Flugzeuge zu gleicher Zeit zu landen, so hat das tiefer fliegende Landungsvorrecht.
Flugzeuge, die Notzeichen geben, haben unbedingt Landungsvorrecht. Landungen haben ausnahmslos gegen den Wind zu erfolgen. Die jeweilige Landungsrichtung zeigen der Windsack und die T-förmige Landungsplache.
Der Abflug der Flugzeuge ist nur von der von der Flugplatzleitung jeweilig hierfür bestimmten Stelle des Flugplatzes, und zwar gegen die Windrichtung, gestattet. Kein Flugzeug darf vom Flugplatz abfliegen, bevor ihm von der Flugplatzleitung hierzu die Erlaubnis erteilt wurde.
Nach dem Abflug allenfalls nötige Runden sind in der Nähe des Flugplatzes in der Linksrichtung (entgegengesetzt der Uhrzeigerbewegung) außerhalb der Flugplatzgrenzen zu fliegen.
Der Zutritt zum Flugplatz und zu den auf ihm befindlichen Gebäuden und sonstigen Anlagen ist außer den behördlichen Organen nur dem dort selbst Beschäftigtem den Angestellten der den

Die Anfänge im ausgehenden 19. Jahrhundert bis 1929

of air travel and announced the construction of a hangar, a new airplane hall had already been opened in Reichenhall on May 26th. This had become necessary due to the success of the route Munich–Reichenhall in the preceding year and the more than 300 sightseeing flights that had been undertaken. In the same timeframe, Salzburg only had the emergency landing of a private pilot with his own plan to show. This was a Mr. Pischl, a manufacturer of Loden cloth who had run out of fuel. He still had to send someone into the city to get gasoline from a gas station.

The Federal Ministry for Commerce and Transportation issued following conditions to the city of Salzburg as the operator of the airport:

> To the City of Salzburg!
> The Federal Ministry for Commerce and Transportation is sending an official copy of the statement of approval concerning the operation of the Salzburg airfield, declaring that until further notice following operational rules for the airfield have to be respected.
> To mark the airfield a circular marker 2 m wide and 20 m in diameter has to be set up in the middle of the space, designated for takeoff and landing. This has to take place in a manner that does not inhibit the rolling of airplanes in any way.
> To indicate wind direction a white or red windsock of at least 2 m length and 0.5 m diameter is to be placed in an appropriate height in a part of the airfield where it is visible. If necessary two or more of these wind socks can be set up in the described manner.
> (...)

1926 Volksfeststimmung am Flugplatz   *1926: carnival atmosphere at the airport*

Flugplatz benützenden Luftfahrtunternehmen sowie den Fluggästen gestattet. Andere Personen können nach der Meldung bei der Flugplatzleitung erstattet werden. Sie sind verpflichtet, sich in dem ihnen zugewiesenen Raum aufzuhalten.

Das Betreten des für die Landung und den Abflug von Flugzeugen bestimmten Flugzeuggeländes ist jedermann strengstens verboten. Ausgenommen von diesem Verbot sind die behördlichen Organe, die Flugplatzbediensteten, das auf dem erwähnten Geländeteil beschäftigte Flugpersonal während der Dauer dieser Beschäftigung und die Fluggäste, falls sie in das Luftfahrzeug einsteigen oder dasselbe verlassen.

Das Betreten oder Befahren des Flugzeugplatzes durch unbefugte Personen ist durch entsprechende Verbotstafeln zu kennzeichnen.

Auch müssen durch entsprechende Vorkehrungen des Flugplatzunternehmers die in der nächsten Umgebung des Flugplatzes sich aufhaltenden Personen gegen die Gefährdung durch Flugzeuge geschützt werden, insbesonders betrifft das öffentliche Wege.

Die auf dem Flugplatz errichteten Gebäude sind durch Errichtung eines Zaunes gegen den Zutritt unbefugter Personen entsprechend abzusperren.

Die Einlagerung von Benzin oder anderen feuergefährlichen Flüssigkeiten in den Hangaren ist verboten.

Das Rauchen sowie das Eindringen und Arbeiten in den Hangaren mit offenem Feuer oder Licht ist verboten. Dieses Verbot ist bei Eingängen sowie auch an sonst geeigneter, leicht sichtbarer Stelle in deutlich sichtbarer und dauerhafter Weise anzuschlagen. Die unbedingte Einhaltung dieses Verbotes ist vom Flugplatzunternehmer genauestens zu überwachen.

Bezüglich der Lagerung der Betriebsstoffe sind die einschlägigen Vorschriften und die Verordnungen zu befolgen! Seit dem 23. Jänner 1901 betreffend den Verkehr und die Mineralöle ist in allen Betracht kommenden Punkten nachzukommen.

Die Flugplatzleitung hat vor jedem beabsichtigten Abflug und nach jeder erfolgten Landung eines Luftfahrzeuges den Zulassungsschein für das Luftfahrzeug und den Erlaubnisschein des Luftfahrzeug Führers und die Besatzung zu überprüfen. Bei ausländischen Luftfahrzeugen sind neben den erwähnten Scheinen entsprechende Ausweise Gegenstand der Überprüfung.

Die Flugplatzleitung hat über alle Flüge, und zwar über die Nationalität und Eintragungszeichen der Luftfahrzeuge, über Tag und Zeit des Abfluges und der Landung sowie über die Bestimmungen und den Herkunftsflugplatz (Abflugort) der Luftfahrzeuge eine genaue Aufzeichnung zu führen.

Diese Aufzeichnung ist mit Ablauf des Kalenderjahres abzuschließen; die Jahresaufzeichnungen sind mindestens drei Jahre gerechnet, vom Tage ihre Abschlusses aufzubewahren.

Die näheren Bestimmungen, in welcher Weise diese Aufzeichnungen und im Zusammenhang damit die Verkehrsstatistik zu führen sind, werden mit gesondertem Erlaß des Bundesministeriums für Handel und Verkehr bekanntgegeben.

Bei diesem Anlass wird aufmerksam gemacht, daß verkehrsbehördliche Erlässe und amtliche Mitteilungen, welche allgemeine Angelegenheiten des Luftverkehrswesens behandeln oder mehrere Luftverkehrsunternehmen gleichmäßig betreffen, (Bau, Prüfung, und Zulassung von Luftfahrzeugen, Prüfung und Zulassung der Führer und Zulassung von Luftfahrzeugen dgl. ebenso für Verkehrsangelegenheiten).

(*Landesarchiv Salzburg)

Am 16. August 1926 war es endlich so weit: Der städtische Flugplatz Salzburg wurde in Betrieb genommen. An diesem Tag, um 10 Uhr landete bei prächtigem Wetter eine Fokker FII der deutschen Luft-Hansa AG die mit der Strecke München–Salzburg–Bad Reichenhall und zurück den Linienbetrieb aufnahm. Die beiden Fluggäste wurden von der versammelten Politprominenz, allen voran Landeshauptmann Franz Rehrl, begrüßt. In

On August 16th 1926 the day had finally come: the municipal airport of Salzburg was operational. At 10° clock this day a Fokker FII of the German Luft-Hansa landed under blue skies and inaugurated the route Munich–Salzburg–Bad Reichenhall. The two passengers were welcomed by all local politicians of importance that had gathered for the occasion, led by governor Franz Rehrl. In a small ceremony they highlighted the

Die Anfänge im ausgehenden 19. Jahrhundert bis 1929

Flugplatz Eröffnung durch Landeshauptmann Franz Rehrl
Ceremonial opening of the airport by Governor Franz Rehrl

einem kleinen Festakt erwähnte man den Stellenwert Salzburgs als nunmehr fünften Flugplatz in Österreich. Wenige Tage später, am 19. August, beschwerte sich die Kammer für Handel, Gewerbe und Industrie, dass keine Vertreter zur Erstlandung eingeladen waren: *"...die Herren können ja nicht alle zufällig am Flugplatz anwesend gewesen sein...!"* Verständlicherweise beschwerte sich die Kammer, da sie ja ebenfalls ihren Beitrag zur Schaffung des Flugplatzes geleistet hatte.

importance of Salzburg as now having the fifth airport in Austria. A few days later, on August 19th the chamber of Commerce, Trade and Industry complained that no representatives had been invited to the first landing as "... all those gentlemen could not have all been present at the airport by chance!" The Chamber was understandably annoyed as they had also contributed to the creation of the airport.

Weihe des 1. Salzburger Kleinflugzeuges „Bonzo" bei Loig
Blessing of Salzburg's first small plane "Bonzo" at Loig

Endlich Eröffnung

Am 22. August folgte dann die offizielle Eröffnung des Salzburger Flugplatzes in Maxglan. Es sollte ein besonderer Festakt werden, zahlreiche Ehrengäste aus Politik, Flugtechnik und Wirtschaft waren geladen, jedoch sagten viele davon telegrafisch ab. Die wenigen, die zu dem Festakt erschienen, lobten die Bedeutung des Salzburger Flugplatzes. Stadtrat Jansen von München, der eigens zur Eröffnung aus München angereist war, bezeichnete den Salzburger Flugplatz „als vielleicht schönsten in ganz Europa". Im Zuge der Feierlichkeiten nahmen einige Ehrengäste an Rundflügen teil, so auch der Stiegl-Brauereibesitzer Heinrich Kiener, der von dem Flug sehr angetan war. Der Magistrat musste nun auch einen Flugplatzleiter bestellen, sechs ehemalige k.u.k. Feldpiloten aus Salzburg hatten sich um diese Stellte beworben. Die Wahl fiel auf Ing. Karl Woral, dem nur wenig Zeit zum Aufbau des Flugverkehrs in Maxglan blieb.

Im Zuge der Eröffnung des Flugplatzes musste auch das Verkaufsrecht von Benzin und Ölen geregelt werden. Den Zuschlag erhielt das Benzinunternehmen Shell. Allerdings bestand das Tanklager damals noch aus einer großen Men-

Opening Ceremony

On August 22th the official opening ceremony for the Salzburg airport in Maxglan took place. It was supposed to be a special event, numerous guests of honor, such as politicians and representatives of the airplane manufacturing and air travel sectors, had been invited, many of them however cancelled by telegram. Whoever came to the ceremony, underlined the importance of the airfield. Munich city councilman Jansen called the Salzburg airport *"maybe the most beautiful in Europe"*. During the festivities several guests participated in scenic flights, among them the owner of the 'Stiegl' brewery, Heinrich Kiener, who was impressed by the flight.

At this point the city council also had to appoint a head of operations for the airport. Six former field pilots of the Austrian-Hungarian Army from Salzburg had submitted their applications for the job. Karl Woral was selected and immediately felt the pressure of having very limited time to start operations at Maxglan.

With the opening of the airport it also had to be determined who should receive the concession to sell gasoline and oil at the airport. Shell was finally awarded the contract. At this time,

DAS
PRÄSIDIUM DES GEMEINDERATES DER LANDESHAUPTSTADT
SALZBURG

beehrt sich im Einvernehmen mit dem österreichischen Aero-Lloyd

EUER HOCHWOHLGEBOREN

zu der am Sonntag, den 22. August 1926, um halb 11 Uhr vormittags, stattfindenden feierlichen

ERÖFFNUNG DES SALZBURGER FLUGPLATZES IN MAXGLAN

bei Salzburg und der ständigen Luftverkehrslinien von Salzburg nach München und Reichenhall hiemit höflichst einzuladen.

Der Vorweis dieser Karte berechtigt zum Zutritte in den für die Ehrengäste reservierten Platz des Flughafens.

Für den österr. Aero-Lloyd: Für die Stadtgemeinde Salzburg:
Bürgermeister RUZICKA   Bürgermeister JOS. PREIS
(Mauer bei Wien)

Die Anfänge im ausgehenden 19. Jahrhundert bis 1929

ge von Kanistern und Fässern, die unter freiem Himmel aufgestapelt waren. Da auch die Kehlen durstiger Piloten und Fluggäste gut geschmiert werden mussten, vergab man zugleich auch die Gast- und Schankgewerbelizenz an Frau Betty Elshuber. Nicht nur der Nähe war es zu verdanken, dass die Gaststättenhütte von der angrenzenden Stieglbrauerei errichteten wurde. Auf den ersehnten Flugzeughangar sollte noch mehrere Jahre gewartet werden. Überhaupt stellte sich die gesamte Infrastruktur als äußerst bescheiden dar: Als das, was man heute einen Terminal bezeichnet, verstand man damals eine aufgelassene Werkzeugbaracke der Firma Crozzoli mit 22 Quadratmeter. Sie beinhaltete ein Flughafenbüro, einen Warteraum sowie das Pass- und Zollamt. Ein Feldtelefon, Handfeuerlöscher, Medikamentenkastl und eine Landeplache auf der Landewiese zählten ebenfalls zur Ausrüstung.

however, the fuel depot consisted only of a large number of barrels that were stacked in open air. As thirsty pilots and passengers also had to be taken care of a license to open a bar was issued to Ms. Betty Elshuber at the same time. Not just thanks to location the hut that would house the bar was built by the adjacent Stiegl brewery.

It would still take several years for the much-needed hangar to be built, and all in all the infrastructure consisted of the bare essentials. What nowadays would be considered a terminal was a converted tool shed of the Crozzoli company that offered 22 square meters of space. This shed contained an airport office, a waiting room and the passport and customs office. A field telephone, a fire extinguisher, a first aid kit and a tarp to mark the landing area made up the available equipment.

Karl Woral, Flugplatzleiter in Salzburg
Karl Woral, manager of the airport in Salzburg

Flugpionier Hans Guritzer

Am 19. September 1926 stand ein Großflugtag der Salzburger Alpenfluggesellschaft beim Napoleonwäldchen auf dem Programm. Der Flugzeugkonstrukteur Ingenieur Wilhelm von Nes landete mit einem Mark-Hochdecker, einem einsitzigen Kleinflugzeug, und führte seine Kunstflugdarbietungen vor tausenden Zuschauern durch, bis ihn ein Motorschaden zur Aufgabe zwang.
Eine andere Attraktion, das Ballonabschießen, veranlasste das Publikum zu Lachsalven, da keiner der Ballons aufgestiegen war. Als Veranstalter fungierte der Flugpionier Hans Guritzer, der mit van Nes und Eduard Kuhn Anfang Oktober 1926 das Unternehmen „Alpenflug, Salzburg–Bad Reichenhall" gründete. Die Fliegerschule sollte später mit Eigenbauflugzeugen betrieben werden.

Die zwei Gesellschafter der „Flugunternehmung und Flugzeugbau Guritzer und van Nes".

Pioneer of Flight Hans Guritzer

On September 19th 1926 a special flight show by the Alpine Flying Company of Salzburg was scheduled. The aircraft designer and engineer Wilhelm von Nes landed a Mark high-wing aircraft, a small one-seater and performed an acrobatics performance in front of an audience of thousands until he was grounded by engine failure. Another attraction — baloon shooting — was cause for much amusement among the audience as none of the baloons had actually taken off. The event was hosted by Hans Guritzer — a pioneer of flight in Salzburg. Together with van Nes and Eduard Kuhn he founded the 'Alpine Flying Company Salzburg–Bad Reichenhall' in early October 1926. The flight school would later be operated by self-built airplanes. First Kuhn had to quit his job as the head of operations of the airport in Bad Reichenhall, however. As he had no pilot's license his partners held a special training course for him in Bad Reichenhall. In addition Guritzer engaged in airplane construction. His contacts to

Two shareholders of "Airline and airplane construction company Guritzer and van Nes"

Die Anfänge im ausgehenden 19. Jahrhundert bis 1929

v. l.: Flugzeugkonstrukteur Wilhelm von Nes, Flugunternehmer Hans Guritzer, Flug(platz)-leiter Karl Woral
Airplane builder Wilhelm von Nes (left), airline entrepreneur Hans Guritzer (middle) and airport manager Karl Woral (right)

Kuhn musste zuvor seinen Posten als Flugplatzleiter von Reichenhall quittieren.
Da er keinen Pilotenschein hatte, wurde er deshalb eigens in Reichenhall von Guritzer und van Nes eingeschult.
Zusätzlich widmete sich Guritzer dem Flugzeugbau. Seine guten Kontakte zu Prof. Ferdinand Porsche trugen wesentlich zur rasanten Entwicklung des Flugwesens in Österreich bei. Im Holzwerk der Firma M. Gstür in der Reichenhallerstraße baute Guritzer nach Plänen des Ingenieurs van Nes sein erstes Motorflugzeug, das Erzbischof Ignaz Rieder am 21. Mai 1927 in Anwesenheit von Landeshauptmann Franz Rehrl einweihte. Der Segen währte allerdings nur bis zum 20. August, als van Nes das Fluggerät bei einer unsanften Landung zerstörte. Der große Materialverschleiß ließ Guritzer im März 1928 in den Konkurs schlittern, der Versuch einer Firmengründung scheiterte 1929 ebenfalls. 1932 bot Guritzer wieder Rundflüge an, diesmal aber in Vöcklabruck. Ein Soloflug mit seiner zweiten Eigenbaumaschine endete mit einem Absturz, bei dem Guritzer ums Leben kam.
Das erste Fliegerjahr 1926 brachte dem jungen Salzburger Flugplatz noch bescheidene Ergebnisse: 410 Flugbewegungen und etwa 800 Passagiere wurden registriert, von denen am neuen Flugplatz nur 300 ein- oder ausstiegen.

Professor Ferdinand Porsche significantly boosted the rapid development of aircraft industry and airline operations in Austria. He constructed his first own motor aircraft, using van Nes' plans in the woodshop M. Gstür. On May 21th 1927 the archbishop of Salzburg Ignaz Rieder blessed the plane while governor Franz Rehrl was also present. The plane would not last long, however, as it got destroyed by van Nes in a crash landing on August 20th. This high consumption of material led to Gulitzer's bankruptcy in March 1928. Another endeavour failed in 1929 and in 1932 he was back to offering scenic flights, this time in Vöcklabruck. A solo flight with his second self-built plane ended in tragedy as the plane crashed and killed Guritzer.
The first year of operations on the new airport in Salzburg yielded very modest results. 410 flight movements amounted to about 800 passengers, of which only 300 boarded or got off in Salzburg.

1927 Erteilung einer Betriebsgenehmigung
1927 Awarding of the operating permit

Das Jahr 1927 begann für den Magistrat Salzburg mit einem peinlichen, gerichtlichen Nachspiel. Wegen der widerrechtlich verwendeten Bauhütte als Abfertigungsgebäude mussten in einem Gerichtsvergleich der klagenden Baufirma Crozolli 600 Schilling bezahlt werden.

Salzburg wurde vorwiegend von Maschinen der Österreichischen Luftverkehrs-AG. (ÖLAG) und der deutschen Luft-Hansa angesteuert, wobei die Hochsaison im Luftverkehr in den Sommermonaten, vor allem aber in der Festspielzeit, zu verzeichnen war. Flugreisen waren in dieser Zeit allerdings nur einer wohlhabenden Bevölkerung vorbehalten. Für einen einfachen Flug von Salzburg nach Wien waren 60 Schilling zu entrichten, das entsprach etwa dem Wochenlohn eines Facharbeiters. Salzburg—Innsbruck war schon um 30 Schilling zu erreichen.

Der Flugplatzleiter Karl Woral konnte sich über Arbeitsmangel nicht beklagen, übernahm er doch im März zusätzlich die Aufgaben des Flugleiters. Ihm wurde zur Entlastung allerdings ein Monteur zur Seite gestellt; einen Helfer sowie das Treibstoffdepot stellte die ÖLAG.

Das Bundesministerium für Handel und Verkehr erteilte am 14. April 1927 die vorläufige Betriebsbewilligung für den Flugplatz Salzburg. Es folgte der Beitritt Salzburgs zum Verband Österreichi-

1927 began with an embarrassing legal setback for the city council. As the construction shed had been used as a terminal building illegally, the city had to pay 600 schillings to the suing construction company Crozolli.

Salzburg primarily saw landings of aircraft of the Austrian Air Transport Corporation (ÖLAG) and the German Luft-Hansa. High season proved to be during the summer months, particularly during the Salzburg Festival.

At the time air travel remained a privilege of the wealthy, as a single flight from Salzburg to Vienna cost 60 Schillings, about the weekly salary of a specialized worker. Salzburg to Innsbruck was slightly cheaper at only 30 Schillings. Head of operations Karl Woral was kept busy, as he had to take over duties as head of flight operations in March as well. To reduce his workload he was supported by an engineer, while a supporting staff member and the fuel depot were provided by ÖLAG.

On April 14th 1927 the Federal Ministry for Commerce and Traffic issued the preliminary operating permit for the airport in Salzburg. Salzburg therefore joined the assocation of Austrian airports and the Salzburg airport company was incorporated the same day. On the following Easter Monday the Austrian Air Traffic Corporation officially inaugurated their link Vienna—Salzburg—Innsbruck. The arrival of the aircraft A-29 (a Junkers F 13), which had a 250/400 hp BMW-engine and space for six passengers, proved to be an event that the people of Salzburg did not want to miss. Thousands of people and many prominent figure from the city and the region had come to Maxglan.

Flugplatzbaracke mit drei Räumen, v. l.: Warteraum, Zollamt und Passabfertigung, Flugleitung. Im Hintergrund die Flugplatzrestauration
Airport shed with three rooms (left to right): waiting area, customs office and passport control, airport management; airport restaurant in the back

FLUGPLÄNE.

Wien-Prag-Dresden-Berlin.
In Betriebsgemeinschaft mit der Deutschen Luft Hansa A. G. Berlin u. d. Tschechoslowakischen Luftverkehrsgesellschaft Praha.

km				
	6·30 ab	Budapest	an	—
—	8·45 ab	Wien	an	18·20
254	10·45 an	Prag	ab	16·20
	12·40 an	Chemnitz	ab	14·40
	13·40 an	Leipzig/Halle	ab	13·40
	15·45 an	Hannover	ab	11·35
	16·50 an	Bremen	ab	10·30
254	11·00 ab	Prag	an	16·00
374	12·10 an	Dresden	ab	14·50
374	12·35 ab		an	14·30
535	13·50 an	Berlin	ab	13·15
	16·10 an	Lübeck	ab	11·00
	18·15 an	Kopenhagen	ab	9·00
	18·50 an	Malmö	ab	8·30
	16·50 an	Hamburg	ab	9·20

Wien-Graz-Klagenfurt-Venedig.
In Betriebsgemeinschaft mit der Transadriatica S. A. Venezia.

km				
—	8·30 ab	Wien	an	17·45
155	9·30 an	Graz	ab	16·45
	7·05 ab	Budapest	an	19·15
155	9·45 ab	Graz	an	16·30
280	10·45 an	Klagenfurt	ab	15·30
280	11·15 ab		an	15·00
500	13·15 an	Venedig	ab	13·00
	17·00 an	Rom	ab	8·30

Wien-Salzburg-Innsbruck-Bregenz/Lindau.*

6·30 ab	Berlin	an	19·25
9·15 ab	Breslau	an	16·40
10·55 ab	Gleiwitz	an	15·00
12·50 ab	Brünn	an	13·05
7·30 ab	Warschau	an	
8·40 ab	Budapest	an	15·55

km				
—	14·20 ab	Wien	an	11·30
262	16·35 an	Salzburg	ab	9·15
262	16·50 ab		an	9·00
410	18·05 an	Innsbruck	ab	7·45
410	18·20 ab		an	7·30
557	19·25 an	Bregenz/Lindau	ab	6·15

*) Der Verkehr auf der Strecke Innsbruck-Bregenz/Lindau wird zu einem späteren Zeitpunkt aufgenommen.

Graz-Budapest.
In Betriebsgemeinschaft mit der Ungarischen Luftverkehrs A. G. Budapest.

8·30 ab	Rom	an	17·00
13·00 ab	Venedig	an	13·15
15·30 ab	Klagenfurt	an	10·45

km				
—	16·50 ab	Graz	an	9·30
290	19·15 an	Budapest	ab	7·05

---

scher Flughäfen, und am gleichen Tag wurde das Unternehmen Flugplatz in das Handelsregister eingetragen. Am darauf folgenden Ostermontag eröffnete die Österreichische Luftfahrt AG offiziell den Flugverkehr Wien—Salzburg—Innsbruck. Die Ankunft des Flugzeuges A-29 (Junkers F 13 de), die mit einem BMW 250/300 PS-Motor ausgestattet war und Platz für sechs Passagiere hatte, wollten sich die Salzburger nicht entgehen lassen, tausende Zuschauer und viel Prominenz aus Stadt und Land pilgerten deshalb zum Flugfeld Maxglan.
Am 13. Juni übermittelte das Ministerium dann die endgültige Genehmigung für die Salzburger Flugplatzbetriebsordnung. Für die Verbindung vom Verkehrsbüro in der Stadt zum Flugplatz erhielt das Taxiunternehmen Hanns Eckl die Konzession. Detail am Rande: Eine von dem deutschen Pilot Hans Bauer gesteuerte Junkers G-24 legte auf der Strecke Wien—Berlin in Salzburg eine außerordentliche Zwischenlandung ein. Auf dem kleinen Flugplatz musste die Maschine dann von Hand in die Startrichtung gedreht werden. Ein übereifriger Helfer wollte sich beim Start nicht mehr von dem Flugzeug trennen und entschwand am Leitwerk hängend in luftige Höhen. Durch Leuchtkugeln konnte der Pilot über die

Die ersten Flugpläne entstanden
The first flight schedules start

On June 13th the ministry finally issued the official confirmation for the operational rules of the airfield. The taxi company Hanns Eckl was issued a concession to operate the connection between the airport and the city.
As a side note: A Junkers G-24, piloted by the German pilot Hans Bauer made an unscheduled stop in Salzburg on the route Vienna—Berlin. For takeoff the plane had to be turned by hand on the small airfield. An overeager helper did not let go of the plane in time and got stuck hanging on to the fuselage while the plane was taking off. The pilot was alerted to the predicament of the stowaway by flares, fired from the ground. After a second landing, the passenger was rescued unharmed. Later Hans Bauer gained questionable fame as Hitler's pilot.
In May the first Austrian "flight academy Kuhn and Stowasser" was incorporated and only two days later the "air company" with airplane construction of Gurlitzer and van Nes followed. Both companies trained pilots and offered passenger service as well as scenic flights. An intense rivalry between the two began, where Kuhn should ul-

Flughafen Salzburg

Der ÖLAG Monteur Rudolf Kusebauch (r.) und sein Helfer Ludwig Moser
OELAG technician, Rudolf Kusebauch (right) and his helper Ludwig Moser

A-30/1, das erste in Salzburg gebaute Motorflugzeug, 1927
A-30/1 – the first motorized plane built in Salzburg in 1927 (bottom)

timately have more success. Eduard Kuhn's name remains firmly connected to the history of sport aviation in Salzburg.

In early October Kuhn finished pilot training in Vienna and on 31th October his "Austrian Flight School Salzburg" began operations. Objections of the "Austrian Air Corporation" were dismissed due to lack of flight operations. The hangar of the flight school was approved a few days later

missliche Lage seines blinden Passagiers gewarnt werden. Nach der neuerlichen Landung hat man den ungebetenen Fluggast unverletzt geborgen. Später erlangte Hans Bauer als Flugkapitän von Adolf Hitler zweifelhafte Bekanntheit.

Im Mai wurde die erste Österreichische Fliegerschule Kuhn & Stowasser ins Handelsregister eingetragen und nur zwei Tage später folgte das Flugunternehmen mit Flugzeugbau von Guritzer und van Nes mit der Eintragung als Offene Handelsgesellschaften. Beide Unternehmen bildeten auch das Flugpersonal aus und führten nach Bedarf Passagier- und Schauflüge durch, wobei Kuhn der Erfolgreichere dabei war. Es entwickelte sich ein beinharter Konkurrenzkampf zwischen den beiden. Eduard Kuhns Name ist fest verankert in der Geschichte der Sportfliegerei Salzburgs.

Anfang Oktober absolvierte Kuhn in Wien die Pilotenausbildung, und am 31. Oktober nahm seine „Österreichische Fliegerschule Salzburg" ihren Betrieb auf. Einsprüche der „Österreichischen Fluggesellschaft" aus Wien wurden mangels Flugbewegungen abgewiesen. Die Kollaudierung des Hangars der Fliegerschule fand wenig später, am 19. November statt. Mit 16 x 20 Metern wies der Hangar bereits beachtliche Ausmaße auf. Für das Jahr 1927 bilanzierte man am 15. Oktober einschließlich des Durchgangsverkehrs 2065 Fluggäste. 1504 Fluggäste stiegen in Salzburg ein oder aus!

on 19th November. At 16 by 20 meters the hangar was already quite large for its time.
For all of 1927 the total of passengers including transit was put at 2065. 1504 people boarded or disembarked in Salzburg.

Eduard Kuhn 1928

Flughafen Salzburg

Die Trümmer des mit van Nes abgestürzten Flugzeuges A-30/1 (oben)
Wreckage of van Nes' airplane after the crash

Die erste Flugzeugführerprüfung in Salzburg, v. l. die beiden Prüfungskommisäre, Flugschüler, Marga Kuhn, Flugschüler, Eduard Kuhn, Gendarm Josef Paradeiser (Mitte)
first pilot examination in Salzburg (left to right) – examiner, student pilots Marga Kuhn and Eduard Kuhn, police officer, Josef Paradeiser in 1928

1928 Hangar der österr. Fliegerschule am Salzburger Flugfeld (unten)

Hangar of the Austrian Flight Training School at Salzburg Airport

1928 Allgemeiner Aufschwung
1928 Growth all around

Der Luftverkehr in Salzburg konnte sich zumindest für einige Jahre prächtig entwickeln. Nach der damals noch obligaten Saisonpause — in den Wintermonaten ruhte normalerweise der Flugverkehr — wurde mit der Linie Wien–Salzburg–Innsbruck die erste rein österreichische Streckenführung aufgenommen. Bedient wurde die Strecke täglich, außer Sonntag. Die Linie Wien–Salzburg–Innsbruck ist am 21. Mai über Konstanz bis Zürich verlängert worden. Am 5. Juli landete erstmals ein richtiges Großflugzeug, und am 31. Juli wurde die Verbindung nach Klagenfurt, mit Möglichkeiten zum Weiterflug nach Laibach und Susak, dem heutigen Rijeka, aufgenommen. Schon ein Monat später kam mit der Verbindung von Reichenhall über Salzburg nach München eine weitere Linie hinzu. Diese Strecke wurde täglich außer Sonntag geflogen.

In diesem Jahr zog erstmals ein Reklameflugzeug am Salzburger Himmel. Immer kreativer wurden die Ideen, um Botschaften werbewirksam der staunenden Salzburger Bevölkerung am Erdboden zu vermitteln. So konnte ein Flugzeug durch selbständig erzeugtes Licht auch in der Nacht Reklameflüge absolvieren. Beworben wurde zum Beispiel Schuhcreme von Schmoll. Neu war auch ein Flugzeug, das in 4000 m Höhe mit Hilfe von Chemikalienrauch den Waschmittelnamen Persil in den Himmel schrieb. Eduard Kuhn flog ebenfalls solche Werbeflüge, startete seine Albatros A-35 vollgepackt mit Schuhpasta Werbezetteln, die er aus der Luft verteilte. Im August zwang ihn eine Notlandung bei Vöcklabruck, das Flugzeug unbeaufsichtigt zu lassen, dabei steckten es Nachtwächter aus Unachtsamkeit in Brand.

Mit Erscheinen des Sommerflugplanes 1928 jubelte die regionale Presse, dass künftig 34 Städte im Tagesanschluss von Salzburg aus erreicht werden können. Vom *„Bedeutendsten Provinzialflugplatz"* wurde sogar berichtet. Abgesehen vom desolaten Abfertigungsgebäude entwickelte sich der Flugplatz prächtig, und es herrschte reger Flugbetrieb. Immerhin war Salzburg 1928 — neben Reichenhall und Innsbruck — die meistfrequentierte Stadt. Der Flugverkehr

For a couple of years air travel in Salzburg was to see steady growth. After a seasonal break — winter operations were not possible yet — the first intra-Austrian domestic service Vienna–Salzburg–Innsbruck was inaugurated. It was operated daily except on Sundays. On May 21st the line was extended to Zurich by way of Konstanz. On July 5th a "real" wide-body aircraft landed for the first time. On July 31st a connection was opened to Klagenfurt with the option to continue on to Ljubljana and Rijeka. A connection to Munich via Bad Reichenhall joined only a month later. This service operated daily with the exception of Sundays.

Also in 1928 an advertising plane appeared in the skies above Salzburg for the first time. The ideas to deliver effective advertising to the astonished people of Salzburg on the ground became more and more creative. For instance through the installation of a light on the plane, advertising flights at night became a reality. Among other things shoe polish was advertised in this way. Also new was a plane that wrote the name of the laundry detergent "Persil" into the sky, using chemical smoke. Eduard Kuhn also undertook such advertising flights, his Albatros A-35 took

Eduard Kuhn

Flughafen Salzburg

zu Bad Reichenhall und München wurde erneut aufgenommen. Schon im Mai konnte man die Strecke Wien–Salzburg–Innsbruck–Konstanz bis Zürich ohne Umzusteigen fliegen. Von Salzburg nach Klagenfurt in 1 Stunde und 25 Minuten, lautete die Werbebotschaft, als am 31. Juli drei Mal die Woche die Verbindung durch die ÖLAG aufgenommen wurde. Geflogen wurde mit einer Junkers- Limousine Hahn A22 mit 360 PS. In Salzburg landete mit der Junkers G31 A-46 der ÖLAG erstmals auch ein Großflugzeug mit 15 Passagieren, mit Küche, Waschraum und Toilette. Zum Wohle der Passagiere begleitete erstmals eine Stewardess die Passagiere. Zu dieser Zeit wurden in Salzburg bereits Landungen von 95 Verkehrsflugzeugen registriert, zehn Sportflugzeuge sowie 174 Schul- und Rundflüge starteten vom Flugplatz. Die Ausdehnung des Flugangebots in internationale Destinationen machte es notwendig, dass das Bundesministerium für Finanzen den Flugplatz Salzburg per 28. Juli 1928 zum Zollflugplatz erklärte. Bald wurde den Verantwortlichen aber klar, dass die Zustände am Flugplatz nicht mehr zu akzeptieren waren. Das Provisorium in einer aufgelassenen Bauhütte war einer Stadt wie Salzburg unwürdig. Es fehlten sanitäre Anlagen ebenso, wie ausreichende Warteräume oder jegliche Art der Verpflegung. Beim legendären Salzburger Schnürlregen mussten wartende Fluggäste ihren Aufenthalt bis zum Abflug wegen Platzmangels im Freien verbringen.

Die nebenan gelagerten Öl- und Benzinfässer bildeten ein großes Risiko. Ebenso schlecht stand es um die Arbeitsbedingungen des Flugplatz-

1927 Flugdienst Wien–Salzburg–Innsbruck–Konstanz
1927: flight connection Wien–Salzburg–Innsbruck–Constance

off filled with leaflets for shoe polish which he subsequently dropped from the skies. In August a forced landing in Vöcklabruck had him leave the plane unattended overnight, where a night guard carelessly set it on fire.

As the summer schedule for 1928 came out, regional media excitedly reported that from now on 34 cities were accessible from Salzburg within a day. They even reported Salzburg as "the most important provincial airport". Apart from the decrepit terminal building the airport was becoming more and more successful. All in all in 1928 Salzburg was the city with the highest connection frequency together with Bad Reichenhall and Innsbruck. The service to Bad Reichenhall and on to Munich was restarted. Already in May it became possible to travel from Vienna to Salzburg, Innsbruck, Konstanz and Zurich without changing planes.

"From Salzburg to Klagenfurt in 1 hour and 25 minutes", was the message, under which the connection opened on July 31st, that was to be serviced three times a week by ÖLAG. The plane, used for these flights, was a Junkers Hahn A22 with 360 hp. When the ÖLAG Junkers G31 A-46 with 15 passengers, kitchen and lavatory landed in Salzburg, it saw a wide-body aircraft for the first time. To cater to the needs of passengers, a stewardess accompanied the flight for the first time. Around this time Salzburg already regis-

personals. Deshalb entschloss man sich, endlich ein neues Abfertigungsgebäude zu errichten. Architekt Ludwig Hillinger, der Jahre zuvor bereits ein utopisches Flugplatzprojekt vorgestellt hatte, erarbeitete dafür ein neues, realisierbares Projekt, das er im Rahmen einer Ausschreibung erhalten hatte. Es sollte ein freundlicher Zweckbau werden, mit Toiletten, Waschräumen und einem Buffet. Der errechnete Finanzaufwand für das Gebäude betrug 90.000 Schilling, wobei ein Teil von der Stiegl-Brauerei übernommen werden sollte. Im September herrschte große Aufregung, als das Luftschiff „Graf Zeppelin" die Stadt Salzburg überflog.

Auch die Österreichische Fliegerschule Salzburg entwickelte sich rasant weiter. Am 1. März legten die ersten Flugschüler vor Vertretern des Ministeriums für Handel und Verkehr ihre Prüfungen zum Flugzeugführer ab. Ausgebildet wurden neben Verkehrsfliegern auch das Flugzeugpersonal wie Wärter und Monteure. Zusätzlich bot man Ausbildungen zu Flugzeugfotografen, Funkern und Beobachtern an.

V. l.: Gendarm, Flugplatzleiter Karl Woral, die ÖLAG Piloten Hans Mandl und Ludwig Hautzmayer, ÖLAG Monteur Rudolf Kusebauch
Left to right: police officer, airport manager Karl Woral, OELAG pilots, Hans Mandl and Ludwig Hautzmayer, OELAG technician, Rudolf Kusebauch

tered landings of 95 passenger planes, while 10 sports planes and 174 training and scenic flights also took off from the airport. When the scheduled services began to expand to international destinations it became necessary for the Federal Ministry of Finances to declare the airport of Salzburg an airport with customs clearance. Soon it was realized, however, that the current conditions at the airport were simply untenable. The provisional solution of occupying a former construction shed was deemed unworthy of a city like Salzburg. There was a distinct lack of sanitary facilities as well as a waiting room or any sort of food. Due to the cramped nature of the facilities, passengers, waiting for departure, had to stand outside in the legendary Salzburg drizzling rain. The drums of oil and gasoline, stored nearby, posed an additional, enormous risk. Similarly precarious were the working conditions of the airport ground staff.

All this contributed to the decision to construct a new terminal building. The architect Ludwig Hillinger, who had already proposed an unrealistic airport project years before, elaborated a more realistic proposal. The plan envisioned a friendly, but functional building, including bathrooms and a small restaurant. The cost for this endeavor was estimated at 90.000 Schillings with a part to be covered by the Stiegl brewery. In September Salzburg was filled with excitement, when the airship "Graf Zeppelin" flew over the city.

Flughafen Salzburg

1929 Umwandlung in eine GmbH
1929 Conversion to a Limited Liability Company (LLC)

Im Jahr 1929 verlief der Flugverkehr in Salzburg nahezu reibungslos. Dass Piloten damals noch besonders experimentierfreudig waren, bewies eine neuartige Landevariante. Dem besonders kalten und schneereichen Winter zum Trotz landete am 2. März das Luft-Hansa Flugzeug D-743 auf Schneekufen. Der Direktflug von München nach Wien musste in Salzburg unterbrochen werden, um die Maschine aufzutanken.

Eduard Kuhn versuchte schon vorher Landungen auf Eis mit angebrachten Landungsskiern. Am 16. Februar 1929 landete er auf einigen zugefrorenen Seen, wie dem Wallersee, Abtsdorfer See und dem Wagingersee; einen Tag später landete er auf der Eisdecke des Königsees. Auch ein Wintersportmeeting auf dem Wallersee hatte Kuhn organisiert. Unermüdlich warb Kuhn

In 1929 operations in Salzburg continued smoothly and practically without incidents. This is remarkable, given how open to experiment pilots at the time still were. This is shown by a new way to land that was attempted, when the Luft-Hansa plane D-743 landed on skis on March 2nd. The direct flight from Munich inbound to Vienna had to land in Salzburg to refuel.

Eduard Kuhn had already tried landing on ice with skis before. On February 16th 1929 he landed on several frozen lakes such as the Wallersee, Abtsdorfer See and Wagingersee, a day later he landed on the ice of the Königsee. He also organized a winter sports meeting on the Wallersee

Graf Zeppelin über Salzburg
Graf Zeppelin over Salzburg

Die Anfänge im ausgehenden 19. Jahrhundert bis 1929

Eduard Kuhn landet am zugefrorenen Zeller See
Eduard Kuhn lands on frozen Lake Zeller with a UDET-Flamingo A-41

für die Fliegerei und hielt auch Lesungen über die Praxis und Techniken des Fliegens. Als Werbung für das nationale Flugwesen entwickelte sich die bereits zweite Österreich-Rundfahrt des Luftschiffes „*Graf Zeppelin*". Wie schon beim ersten Besuch staunten tausende Menschen, als die Riesenzigarre beinahe lautlos am Himmel über Salzburg schwebte.

Als am 16. Mai 1929 die Gaisbergstraße eröffnet wurde, stellte Hans Guritzer in St. Johann bereits sein drittes Flugzeug fertig, die van Nes-Konstruktion wurde später an den Waschmittelkonzern *Schicht* weiterverkauft.

and did not tire to promote flying at every chance he got, also giving lectures about techniques of flying.

Beneficial to the air transport system was the second tour of Austria of the airship "Graf Zeppelin". Just like at its first visit, thousands marveled at the giant zeppelin, hovering silently in the sky. When the road onto the Gaisberg Mountain was opened on May 16th 1929, Hans Guritzer was already able to complete his third plane in St. Johann. The model constructed by van Nas was to be sold to the laundry detergent company "Schicht" later on.

Die Fallschirmspringerin Tusna
Parachutist, Tusna

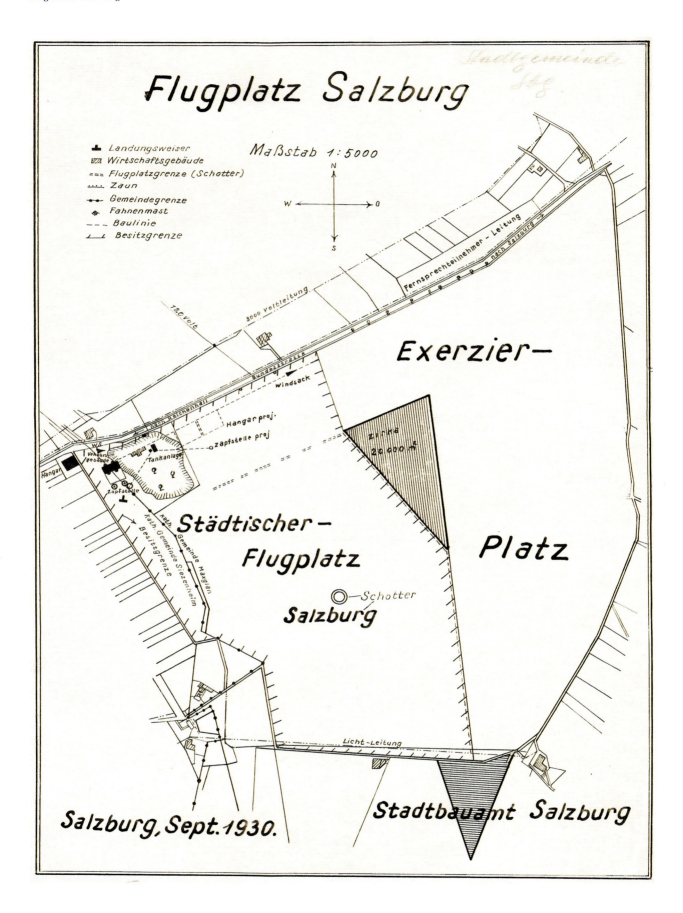

Die Anfänge im ausgehenden 19. Jahrhundert bis 1929

Pläne für ein neues Flughafengebäude

Zur Verbesserung der Infrastruktur des Flugplatzes wurden 1929 die Weichen gestellt: Das von Architekt Hillinger eingereichte Projekt für ein neues Flughafen-Verkehrsgebäude erhielt den Zuschlag. Zur Bauausführung hatte man den Maxglaner Baumeister Georg Ramsauer bestellt. Am 24. Juni konnte mit den Aushubarbeiten begonnen werden. Die veranschlagten Kosten wurden nun schon auf 130.000 Schilling beziffert, wovon als zusätzliche Subvention vom Land ein Betrag von 10.000 Schilling bewilligt wurde. Für eine reibungslose Kommunikation zwischen den österreichischen Flugplätzen wurde zeitgleich ein Kurzwellensender errichtet. In Mitteleuropa setzte eine wahre Flugplatz-Euphorie ein. Bestehende Flugplätze wurden ausgebaut und neue errichtet. Dadurch entwickelte sich ein immer dichteres Streckennetz. Auch in Wien-Aspern wurde am 15. April 1929 ein neues Flughafengebäude in Betrieb genommen. Sieben internationale Luftfahrtunternehmungen, die Wien anflogen, verliehen ihm den Beinamen „Internationaler Europa Flughafen". Daher mussten ständig Vergrößerungen und Modernisierungen durchgeführt werden. Wie Salzburg, Graz und Klagenfurt, sollte bald auch Linz einen modernen Flughafen erhalten.
Der Sommerflugverkehr auf dem Salzburger Flugplatz konnte 1929 gesteigert werden.

Plans for a new terminal building

1929 also brought preparations for the improvement of infrastructure at the airport as the project, proposed by architect Hillinger, was selected as the winner of the public tender. The Execution of the construction work was tasked to the local builder Georg Ramsauer. On June 24th excavation works began. Costs were now already estimated at 130.000 Schillings, with an additional subsidy of 10.000 Schillings, granted by the Salzburg regional government.
Around the same time a short-wave transmitter was installed to ensure a smooth communication among all Austrian airports. An euphoric airport boom began to develop in Europe, existing airfields were expanded and new ones were being constructed. A tighter and more frequent network of connections was the result. Also in Vienna—Aspern, a new terminal building opened on April 15th 1929. Seven international air travel companies that serviced this airport named it "International Europe Airport". As a result to this boom, expansions and modernizations had to be carried out on a constant basis. Just like Salz-

Entwurf für Abfertigungsgebäude
Plans for the passenger terminal

Ferdinand Graf Starhemberg mit seinem Hund
Ferdinand Graf Starhemberg with his dog

Am 2. September 1929 gab es eine Eilverbindung von Wien–Innsbruck–Konstanz–Zürich. Neu für Salzburg waren auch die vielen internationalen Fluggäste. So berichtete etwa das Salzburger Volksblatt am 19. Juli über ein neues Phänomen: „... der Salzburger Flugverkehr weist schon jetzt gegenüber dem Vorjahr eine bedeutende Steigerung auf. Es sind derzeit täglich etwa 50 an- und abfliegende Flugpassanten zu vermerken. Unter den Fluggästen sind vor allem Amerikaner, Reichsdeutsche und Wiener". Es landeten 1929 erstmals zwei Junkers F24 Charterflugmaschinen, mit jeweils 16 Fluggästen und von Innsbruck kam als Herausforderung erstmals

1928 Linienflugzeuge der Luft-Hansa und ÖLAG
Airplanes of Luft-Hansa and OELAG in 1928

burg, Graz and Klagenfurt, Linz was soon to get its own modern airport.

The summer schedule for 1929 brought a new high in air traffic for Salzburg. On September 2nd 1929 an express service Vienna–Salzburg–Innsbruck–Konstanz–Zurich was inaugurated. Another new experience for Salzburg were the numbers of international passengers. The "Salzburger Volksblatt", a local newspaper reported on July 19th: "... *air travel in Salzburg has already grown substantially, compared to last year. About 50 passengers arrive and depart every day. Among the passengers are mostly Americans, Germans and Viennese.*"

For the first time two chartered Junkers F24 with 16 passengers each landed in Salzburg, and also in 1929 the first paraplegic passenger was received from Innsbruck, an additional logistic challenge.

The flight school was equally busy. On one day Kuhn took 20 passengers on scenic flights of 15 minutes for 20 Schillings each. Later Kuhn was promoted to First Lieutenant and subsequently to captain. However, this did not keep him from painting his plane in a flashy flamingo-colored scheme and flying it under one of the main bridges of Salzburg in front of an amazed crowd of spectators.

Eduard Kuhn repeatedly criticized the Austrian authorities for their lack of support for sports aviation and Austrian technological developments. He went on to complain about the exorbitant customs tariff of 45 percent on the purchase of airplanes, which proved to be a serious obstacle for flight schools. In turn they could not keep up with the massive demand for new pilots. Most civil and commercial pilots still were former mil-

Die Anfänge im ausgehenden 19. Jahrhundert bis 1929

Städtischer Rechtsrat Emanuel Jenal
City Legal Counsellor, Emanuel Jenal

ein Rollstuhlpassagier an. Die Fliegerschule hatte ebenfalls Hochbetrieb. An einem einzigen Tag chauffierte Kuhn 20 Rundfluggäste für je eine Viertelstunde um jeweils 20 Schilling durch die Lüfte. Später wurde Kuhn zum Oberleutnant und danach zum Hauptmann befördert, was ihn nicht hinderte, mit neuer, noch auffälligerer Bemalung seiner Flamingo-Maschine vor einer großen Menge staunender Zuseher unter der Staatsbrücke durchzufliegen.

Der erfahrene Flieger Eduard Kuhn bemängelte immer wieder die fehlende Unterstützung des Österreichischen Flugsports durch die Behörden. Daneben würden auch österreichische Neuentwicklungen nicht gefördert. Kritisiert hat Kuhn auch den mit 45 Prozent viel zu hohen Zolltarif beim Erwerb eines Flugzeugs; ein großes Hindernis für Flugschulen, die der Pilotenausbildung im geforderten Ausmaß nicht nachkommen könnten, waren doch die wenigen Privat- und Verkehrspiloten fast nur ehemalige Kriegspiloten, viel zu wenige, um den zu erwartenden Bedarf abzudecken.

Die Stadtgemeinde Salzburg errichtete am 21. Oktober mit dem Städtischen Rechtsrat Dr. Emanuel Jenal eine Gesellschaft mit beschränkter Haftung, die unter dem Namen *Salzburger Flugplatz Unternehmungs-Gesellschaft mit beschränkter Haftung* in das Handelsregister eingetragen wurde. Die Stammeinlage betrug 99.000 Schilling. Im Dezember 1929 ist das neue Österreichische Luftverkehrsförderungsgesetz in Kraft getreten und endlich das neugebaute Flugplatzgebäude fertiggestellt worden. War zwar der Innenausbau noch unfertig, konnten Flugleitung, Wetterdienst und Funk schon ihre Positionen einnehmen. Die Gesamtkosten für den Bau des neuen Flugplatzgebäudes betrugen 191.000 Schilling, wovon 11.000 Schilling aus Eigenmitteln aufgebracht wurden. 80.000 Schilling kamen als Subventionen von Bund und Land, den Rest finanzierte man über einen Sparkassenkredit.

Ferdinand Graf Starhemberg (l.) als Flugschüler von Eduard Kuhn (r.)
Ferdinand Graf Starhemberg (left), student pilot of Eduard Kuhn (right)

itary pilots, far too few to fill all jobs becoming available.

On October 21st the city of Salzburg and their legal counsellor Dr. Emanual Jenal created a limited liability company which was entered as Salzburg Airport Limited Liability Company into the commercial registry. The registered capital for the new entity was set at 99.00 Schillings.

In December the new Austrian Air Transport Promotion Act was passed and the new terminal building was finally completed. Interior construction still had to be finalized, but air traffic control, weather service and radio operations were already able to move in. Altogether costs for the construction added up to 191.000 Schillings, 11.000 of which were self-financed, 80.000 were subsidies from the federal and regional governments and the rest was taken up as a bank loan.

Flughafen Salzburg

1930 Das Flugplatzgebäude wird eröffnet
1930 The terminal building opens

Die Österreichische Verkehrsluftfahrt erlebte 1930 einen gewaltigen Aufschwung. Dank staatlicher Subventionen sowie der Kooperation der ÖLAG mit ausländischen Fluglinien erlebte das Flugaufkommen eine beachtlichen Steigerung. Wien-Aspern wurde bereits von zehn Nationen angeflogen. Sogar die Linie Indien—London machte in Wien Zwischenlandung. Aber auch im benachbarten Bayern tat sich einiges, neben

In 1930 air travel in Austria experienced a massive growth. Thanks to state subsidies and the cooperation of ÖLAG with foreign airlines the traffic volume expanded substantially. The Vienna airport in Aspern was the destination of flights from ten nations. Even the connection India—London stopped over in Vienna. Similar things took place across the border in Bavaria, where in addition to several new connections

Das neue Betriebsgebäude, im Vordergrund die später entfernte Baracke
New operations building and in front the shed which was later removed

einer erheblichen Anzahl neuer Linien wurde im August der neue Flughafen München-Oberwiesenfeld seiner Bestimmung übergeben. Für den Flugplatz Salzburg begann ebenfalls ein neues Zeitalter: Mit Beginn der Flugsaison 1930 wurde endlich das neue Flugplatzgebäude in Betrieb genommen.

Das neue Flughafengebäude war neben den notwendigen Einrichtungen für die Infrastruktur, wie Abfertigung und Warteraum, mit einer Kurzwellen-Sende- und Empfangs-Anlage und einer Gastwirtschaft mit Schankgewerbekonzession ausgestattet. Natürlich vergaß man auch nicht auf Toiletten und Waschräume, die bisher komplett gefehlt hatten. Am 19. April 1930 verfügte der Magistrat Salzburg, dass die Bad- oder Brausebenützung im neuen Abfertigungsgebäude für Fluggäste, Piloten, Monteure und das Personal ermöglicht sein müsse. Die Benützungsgebühr für ein Vollbad betrug 2 Schilling, wovon dem Hausmeister 50 Groschen zustanden. Duschen war mit 50 Groschen erheblich günstiger.

Sogar das Personal wurde aufgestockt: Der gleichzeitig als Flugplatz- und Flugleiter amtierende Karl Woral erhielt ab sofort eine Sekretärin zur Seite gestellt, und ein eigens adaptierter Au-

the new airport in Munich-Oberwiesenfeld was opened. A new age also dawned in Salzburg: the new terminal building was finally opened with the beginning of the 1930 season.

Besides the necessary infrastructure, such as counters and a waiting area, the terminal was equipped with short-wave radio-equipment and a restaurant with a liquor license. Also sanitary facilities, such as bathrooms and showers, completely absent until now, were finally available. On April 19th 1930 the Salzburg city council decided that the bath- and shower-facilities should be open to passengers, pilots, engineers and ground staff. The price for a full bath was set at 2 Schillings, of which the janitor was to get 50 Groschen. Showering at 50 Groschen was substantially cheaper.

Staff was also expanded. Karl Woral, who was both director of the airport as well as flight operations director, received a secretary. A custom-modified bus became available for transport of

Flughafen Salzburg

*Zwischenlandung der Teilnehmer
des Österreichischen Pfingstfluges
Stopover of participants
of the Austrian Whitsun Flight*

tobus stand für Fracht-, Post- und Gepäcktransporte bereit. Ein Obermonteur und sein Monteur kümmerten sich um die Wartung und allfällige Reparaturen der Maschinen. Im April 1930 erfolgte die Wiedereröffnung der Linie Wien–Salzburg–Innsbruck, ab 2. Juni flog die Luft-Hansa München–Salzburg–Reichenhall, zusätzlich gab es Direktflüge Salzburg–Klagenfurt–Venedig. Eine Schnellfluglinie Wien-Innsbruck-Zürich, mit Bedarfslandung bis zum 30. September in Salzburg, wurde ebenfalls eingerichtet. Eduard Kuhn ließ keine neue Geschäftsidee aus. Neben seinen Rundflügen bot er Taxiflüge an. Eine Besonderheit waren seine Therapieflüge mit Kindern, die unter Keuchhusten litten. Anlässlich dieser Flüge entstanden etwa 3.000 Luftaufnahmen, von denen Kuhn viele als Postkarten produzieren ließ.
Am 16. August verunglückte der Flieger A-95 mit dem Namen Brachvogel bei Schlechtwetter in der Nähe von Weiler im Allgäu. Die beiden Fluggäste überlebten mit Verletzungen, der Pilot, Hauptmann Gustav Rubritius, erlag im Krankenhaus seinen schweren Verletzungen. Im Oktober 1930 besuchte mit Eduard Heinl der Bundesminister für Handel und Verkehr den Flugplatz Salzburg. Nachdem zu den Feierlichkeiten anlässlich der Inbetriebnahme des neuen Abfertigungsgebäudes gefehlt hatte, sollte dieser Besuch mit Rundflug von Kuhn Ersatz dafür sein. Am Ende der

cargo, mail and luggage. A head engineer and an engineer took charge of the maintenance and repairs of planes.
In April 1930, the service Vienna–Salzburg–Innsbruck was restarted, from June 2nd Luft-Hansa operated Munich–Salzburg–Bad Reichenhall, in addition there was a direct connection Salzburg–Klagenfurt–Venice. An express service Vienna–Innsbruck–Zurich with stops in Salzburg, as required, also became operational.
Eduard Kuhn did not fail to try to capitalize on every possible business idea. Apart from his scenic flights he therefore began to offer taxi flights as well as special therapeutic flights for children suffering from whipping cough. During these flights he took about 3.000 photographs, many of which he made into postcards.
On August 16th the plane A-95, registered as "Brachvogel", crashed near Weiler in Allgäu in southern Germany, due to bad weather. The two passengers survived their injuries, but the pilot, Captain Gustav Rubritius, succumbed to his injuries in the hospital.
In October 1930 Eduard Heinl visited Salzburg Airport as minister of commerce and transportation to make up for missing the opening ceremony for the new terminal building. Subsequently he enjoyed a scenic flight, piloted by Kuhn. After the 1930 season was over, it was once again time to look at the performance of the year. The airport had been the destination of 930 planes, in addition to 1604 scenic flights. From November 1930 on gliders also became licensed to operate from Salzburg airport. The development of glid-

Flugsaison 1930 zog man Bilanz. Der Flughafen wurde von 930 Flugzeugen angeflogen, zusätzlich verbuchte man 1604 Rundflüge.

Ab November 1930 waren auch Segelflugzeuge am Salzburger Flugplatz zugelassen. Die Entwicklung der österreichischen Segelfliegerei nach dem Ersten Weltkrieg ging zu einem erheblichen Teil von Salzburg aus und sollte wenige Jahre später von den Nationalsozialisten sowohl in Salzburg als auch im wenige Kilometer entfernten Ainring akribisch weiterentwickelt werden. Bemerkenswert war, dass der Segelflugsport in den späten 1920er-Jahren fast ausschließlich auf Deutschland und Österreich beschränkt war. In Österreich erlebte die Entwicklung des Segelflugsports am Beginn der 1930er-Jahre ihre Hochblüte. Aber auch in anderen Regionen begann man mit der Suche nach geeigneten Stellen. Neben dem Gaisberg in Salzburg erschloss man die Gerlitzen in Kärnten und den Spitzerberg im östlichen Niederösterreich für den Segelflugsport. Die eigentliche Entwicklung des Segelflugsports in Salzburg basiert auf der Gründung einer Ortsgruppe des Flugtechnischen Vereins. Ihr Obmann, Johann Pittner, versuchte über die Neugründung einer eigenen Sektion dem Segelflugsport in Salzburg mehr Popularität zu verschaffen. Chronischer Geldmangel zwang die Freunde des Gleitens zur Selbsthilfe. Nach Bauplänen der beiden deutschen Konstrukteure Stamer und Lippisch konnte nun in Salzburg das Gleitflugzeug „Zögling" im Eigenbau hergestellt werden. Entstehen sollte das Fluggerät in der ehemaligen Großtischlerei und Parkettfabrik Preimesberger, wo den Brüdern Heinrich und Wilhelm Soyka Werkstatt und Material zur Verfügung standen. Die Fertigstellung verzögerte sich allerdings mehrfach, weil neben anderen Pannen irrtümlich zwei rechte Tragflächen angefertigt wurden. Doch am 2. November war es soweit: Der Pilot Hans Wolf steuerte eben diesen *„Zögling"* zum ersten Zielflug von der Gaisbergspitze zum Flugplatz.

ing in Austria after World War I was centered to a large part in and around Salzburg and was to be encouraged enthusiastically a few years later by the Nazis, both in Salzburg as well as in Ainring, only a few kilometers across the border. Remarkably gliding as a sport remained virtually limited to Austria and Germany in the 1920s. In Austria the development of this sport reached a first peak in the early 1930s. During this time the search for suitable spots also reached other regions in Austria. Apart from the Gaisberg, close to Salzburg, also the Gerlitzen Mountain in Carinthia as well as the Spitzerberg in the east of Lower Austria were developed for gliding.

In Salzburg the real development of the gliding sport began with the foundation of a local affiliate of the "Aero-technical Association". Its leader, Johann Pittner, attempted to make the gliding sport more popular by placing it into its own section within the association. As there was a notorious lack of funds the gliding enthusiasts had to be creative and help themselves. Using blueprints of the German designers Stamer and Lippisch they managed to construct the glider "Zögling" in Salzburg. The aircraft was supposed to be manufactured in the former carpentry workshop Preimesberger, where the brothers Heinrich and Wilhelm Soyka had tools and construction material at their disposal. Completion, however, was delayed multiple times due to multiple mishaps such as the construction of two right wings. Finally on November 2nd the plane was completed and pilot Hans Wolf flew the "Zögling" from the top of the Gaisberg to the airport.

Abtransport des Schulgleiters vom Flugplatz, links stehend Hans Wolf, am Steuer Robert Munz, auf dem Dach v. l.: Marino Munz, Richard und Mitzi Haas, Sepp Brehm und Guido Widerin
Removal of the training glider plane from the airport, left standing Hans Wolf, driver Robert Munz, on the roof (left to right): Marino Munz, Richard and Mitzi Haas, Sepp Brehm and Guido Widerin

1931 Die Weltwirtschaftskrise erreicht auch Salzburg
1931 The Great Depression hits Salzburg

Die Weltwirtschaftskrise brachte eine Reduzierung der staatlichen Subventionen für die Verkehrsluftfahrt. Deshalb musste etwa die Strecke Wien–Innsbruck–Zürich eingestellt und die Saison auf wenige Monate drastisch verkürzt werden. Im Sommerflugplan blieben die Linien von Innsbruck über Salzburg nach Wien und Reichenhall–Salzburg–München bestehen. Eingeführt wurde am 6. Juni die Bedarfslinie Innsbruck–Salzburg–Klagenfurt. Nicht unter Finanz-

„Großer Flugtag" v. l.: Kameramann, Monteur Moser, der wenig später tödlich abgestürzte Fallschirm-Artist Markgraf und Eduard Kuhn vor dem Ndet-Flamingo A-41
Big Flight Day" (left to right): cameraman, technician Moser, parachutist Markgraf who a bit later fatally crashed and Eduard Kuhn in front of a Ndet-Flamingo A-41

The global economic crisis caused a reduction in the state subsidies for commercial air travel. As a result the connection Vienna–Innsbruck–Zurich had to be scrapped and the flight season had to be shortened dramatically to a few months. During the summer flight schedule the connections Innsbruck to Vienna via Salzburg and Reichenhall–Salzburg–Munich remained operational. On June 6th Innsbruck–Salzburg–Klagenfurt was opened on an on-demand basis.
The German Zeppelin Air Travel Corporation (DELAG) remained seemingly unaffected by the general economic situation. Its airship LZ 127 was sent to fly over big cities in central Europe again and again. Therefore on May 15th 1931 the airship "Graf Zeppelin" appeared in the skies over Salzburg already for the fifth time.
On May 27th the Swiss physicist Professor Auguste Piccard undertook the first stratospheric

1930 bis zum Ende des Zweiten Weltkriegs

Kuhn mit der österreichischen Schönheitskönigin Lisl Goldarbeiter
Kuhn with the Austrian beauty queen Lisl Goldarbeiter

nöten litt scheinbar die *Deutsche Luftschifffahrt Aktiengesellschaft* (DELAG). Sie ließ ihr Luftschiff LZ 127 als Attraktion immer wieder über große Städte in Mitteleuropa schweben. So tauchte am 15. Mai 1931 das Luftschiff Graf Zeppelin bereits zum fünften Mal über den Dächern Salzburgs auf. Am 27. Mai 1931 führte der Schweizer Physiker Professor Auguste Piccard den ersten Stratosphärenflug bis zu einer Höhe von 15.781 Meter durch und landete wohlbehalten am Ötztaler Gletscher. Hülle und Gondel wurden vom Tiroler Jäger-Regiment geborgen. Am 2. August stand in Salzburg wieder einmal ein *„Großer Flugtag"* auf dem Programm. Etwa 10.000 Besucher waren gekommen, die Flugkünste der Piloten Kuhn, Eisenpropst und Graf Starhemberg zu bewundern. Überschattet wurde die Veranstaltung von einem tödlichen Unfall. Weil sich der Fallschirm nicht geöffnet hatte, stürzte der Artist Markgraf ungebremst in die Tiefe. Nach diesem Unglück wurde die Veranstaltung sofort abgebrochen.

Die mit Jahresende auf der Fremdenverkehrstagung aufgestellte Statistik offenbarte einen drastischen Rückgang des Luftverkehrs. Zusätzlich stellte die Deutsche Luft-Hansa ihre bisher so erfolgreiche Fluglinie München–Salzburg–Reichenhall für immer ein. In den Sommermonaten zuvor probierten einige Piloten Versorgungsflüge für abgelegene Schutzhütten im Wilden Kaiser, um nach Möglichkeit Rettungsaktionen im alpinen Gelände mit Flugzeugen durchzuführen.

Die Piloten v. l.: der „Salzburger" Eduard Kuhn, der „Bayrische" Willi Stör, der „Linzer" Veß Wanneck
Pilots (left to right): Eduard Kuhn, native of Salzburg, Willi Stoer, native of Bavaria, Vess Wanneck, native of Linz

balloon flight to an altitude of 15.781 meters and landed safely on the Ötztal Glacier. The balloon envelope and the gondola were recovered by a regiment of Jägers of the Austrian Army. On August 2nd Salzburg airport hosted a big flight show once again. About 10.000 spectators had gathered to marvel at the skills of the pilots Kuhn, Eisenpropst and Count Starhemberg. The event, however, would be overshadowed by a fatal accident, when the parachute of one of the participants failed to open and he plunged to his death. After this the event was immediately cancelled.

At the end of 1931 the statistic, created by the yearly meeting of the tourism board, noted a dramatic reduction in air traffic. In addition the German Luft-Hansa cancelled its successful connection Munich–Salzburg–Reichenhall permanently. During the summer several pilots attempted resupply flights for some remote alpine huts and around the Wilder Kaiser mountain range to evaluate rescue missions with airplanes in alpine terrain.

Flughafen Salzburg

1932 Folgenschwere Unfälle
1932 Fateful accidents

So ein Ernstfall ereignete sich am 15. Juli 1932. Eduard Kuhn stürzte mit seinem Flugschüler Karl Nather beim Landeanflug auf den Flugplatz Salzburg über Pointing-Himmelreich ab. Beide waren sofort tot, der Albatros Doppeldecker A-42 war total zertrümmert. Der Absturz dürfte auf eine Fehlbedienung des Flugschülers gelegen haben. Kuhn scheint es allerdings im letzten Moment gelungen zu sein, die Zündung auszuschalten und so eine Explosion zu verhindern. Kuhn, geboren 1893 in den USA, war gerade erst 39 Jahre alt. Mit ihm starben auch sein Unternehmen und der visonäre Fliegergeist in Salzburg. Am 18. Juli wurde Kuhn in Bad Reichenhall im Beisein einer riesigen Anzahl an Trauergästen aus nah und fern zu Grabe getragen. Der Unglückspilot Karl Nather wurde in St. Pölten begraben. Kuhns Witwe versuchte, mit der Konzessionsübernahme die Fliegerschule zu behalten, es blieb aber beim Versuch.
Im gleichen Jahr, am 28. August 1932, musste der Salzburger Flugsport den nächsten tragischen Verlust hinnehmen. Der mittlerweile mittellose Flugpionier Hans Guritzer stürzte beim Landeanflug bei Vöcklabruck in den Tod. Er wurde im Familiengrab seines Schwiegervaters im Stadtfriedhof Maxglan beigesetzt. In Salzburg erinnern

An emergency of this kind occurred on the 15th of July 1932. Eduard Kuhn together with his flight student Karl Nather crashed on the approach to Salzburg airport in Pointing-Himmelreich. Both were killed instantly as the plane was completely obliterated. The crash is believed to have been caused by a pilot error of the flight student. Apparently Kuhn still managed to kill the ignition before crashing, thereby preventing an explosion. Kuhn was only 39 years old, he had been born on August 12th 1893 in America. His death also ended his companies and the positive spirit of flight in Salzburg. On July 18th Kuhn was buried in Bad Reichenhall with an enormous crowd in attendance. His unlucky flight student Karl Nather was buried in St. Pölten. Kuhn's widow attempted to take over the concession for the flight school but was ultimately unsuccessful.
Later in the same year, on the 18th of August 1932 civil aviation in Salzburg was dealt another heavy blow. The pioneer of flight Hans Guritzer, destitute by this point, died in a crash while landing in Vöcklabruck. He was buried in the family

Absturz Kühn 15. 7. 1932
Plane crash of Kuehn on Juli 15th 1932

Daimler-Motoren Chefpilot Hans Guritzer
Daimler-Motors chief pilot Hans Guritzer

sowohl die Eduard-Kuhn-Straße als auch die Guritzer-Straße an die salzburger Flugpioniere. Nach dem Tod von Kuhn gab es vom Salzburger Flugplatz aus für einige Zeit keine gewerbsmäßigen Rundflüge mehr. Jedoch stellte der Flughafenleiter Karl Woral die an manchen Nachmittagen freie Junkers F 13 für Rundflüge bereit, um wenigstens einige Rundflüge anbieten zu können. Fünf Fluggäste konnten so zum Gesamtpreis von 40 Schilling die Stadt von oben bewundern.

Chronische Geldnot

1932 musste der Flughafen wieder vergrößert und den ständig wachsenden Anforderungen angepasst werden. Bereits im Jänner kommentierte die Flugplatzunternehmung Ges.m.b.H. in einem Brief an das Ministerium für Handel und Verkehr eine Klage der ÖLAG so: *„...so daß eine Erweiterung des Platzes dringend erwünscht wäre; um die Einschwebmöglichkeiten zu verbessern, soll daher ein Teil des an der Südgrenze des Flugplatzes stehenden Waldes beseitigt werden."* Im selben Schreiben rechnet man den Beamten im Ministerium vor, dass die Auslagen für den Flugplatzbetrieb und den Ausbau im Jahr 1931 an die 900.000 Schilling betrugen, demgegenüber standen Einnahmen von nur 208.000 Schilling.
Beschwerden der Deutschen Lufthansa widerlegt man weiters mit der Feststellung: *„Wir glauben, dass die Befürchtungen der Deutschen Luft-Hansa A.G. hauptsächlich darauf zurückzuführen sind, dass deren Vertretung in München noch der Meinung ist, es seien die Schützengräben am Südrande des Flugplatzes noch nicht eingeebnet!"*

tomb of his father in law, Deggendorfer, in the municipal cemetery of Maxglan. Guritzerstraße, a street in Salzburg was named after him to honor his memory. He was commonly taken to have been a victim of the ruthless competition with Eduard Kuhn.
After Guritzer's death scenic flights from Salzburg airport stopped for some time. On some afternoons, however, the airport director Karl Woral would use the available Junkers F13 to offer at least some scenic flights. Five passengers were thereby able to see the city from above for a total price of 40 Schillings.

Notorious financial trouble

In 1932 the airport had to be expanded one more time to be able to cope with the constantly growing needs of a modern airport. In January the Salzburg airport company commented on a complaint by ÖLAG in a letter to the ministry of commerce and transportation *"...and that an enlargement of space would be urgently needed. To improve final approach a part of the forest on the south side of the airfield should be cleared."* The same letter also contained calculations that showed that expenses for operation and the enlargement of 1931 were at around 900.000 Schillings, while operations only generated a revenue of 208.000 Schillings.

Fliegen war nicht nur Männersache
Flying was not only a man's thing

Mitte: *Eduard Kuhn (Mitte) im Hangar der österr. Flugschule*
Middle: *Eduard Kuhn (middle) at the hangar of the Austrian Flight Training School*

Unten: *Schmoll Reklameflugzeug Albatros A-35*
Bottom: *Schmoll advertising plane, Albatros A-35*

Am 11. März erhielt der Flugplatz die Zusage für einen Beitrag in der Höhe von 10.000 Schilling, die dringend anstehende Investitionen ermöglichten. Um die gewünschte Rolllänge von 800 Meter zu erreichen planierte man 30.000 Quadratmeter Exerzierfeld neben der Landewiese. Eine Grube östlich des Verkehrsgebäudes wurde mit 6.000 Kubikmeter Müll aufgefüllt, um sie einzuebnen. Für das darauf folgende Jahr sollten weitere 50.000 Quadratmeter planiert werden, um auch in der Ost-West-Richtung die Rollfläche von 430 auf 600 Meter Länge zu verlängern. Zu den Investitionsmaßnahmen zählte u. a. auch die Vertreibung von Wühlmäusen.

Im November konnte die Flugplatzpeilstation fertig gestellt und als Empfangsanlage in Betrieb genommen werden. Mit der Errichtung der neuen Sendeanlage im Frühjahr 1933 entsprach der Flugplatz endlich auch funktechnisch den internationalen Normen.

Noch im Dezember 1932 wurde die „Österreichischer Alpenflug-Lanz&Schechner", in das Handelsregister eingetragen, als Geschäftszweck waren Rund- und Sonderflüge angegeben. Eigentümer waren der salzburger Unternehmer Josef Lanz und der Flugpilot Josef Schechner.

In der Peilerhütte am Bischofswald, 1933
In the direction finder's hut at the Bischofs forest in 1933

Complaints made by the German Lufthansa were countered with the following statement: *"We believe that the concerns voiced by the German Luft-Hansa corporation are mainly based on the fact that the office in Munich still believes that the trenches on the south side of the airfield have not been filled in yet!"* On March 11th the airport received a guarantee for a contribution of 10.000 Schillings to finance urgently needed investments. To achieve the desired runway length of 800 meters 30.000 square meters of parade ground were levelled. A pit to the east of the terminal building was filled in with 6.000 cubic meters of garbage. For the following year a levelling of a further 50.000 square meters was planned to increase the runway length from 430 to 600 also in an east-west direction. Part of the investments was also the control of the vole population under the runway.

In November a direction finding station was completed and became operational in receiving mode. When the transmitter was installed in the spring of 1933 the airport had finally caught up to modern international radio standards.

Still in 1932 the company "Austrian Alpine Flight Lanz & Schechner" was incorporated. The purpose of this business would be scenic and special flights. Founders were the local businessman Josef Lanz together with pilot Josef Schechner.

1933 Schatten über Österreich
1933 Dark clouds over Austria

Die Machtergreifung von Adolf Hitler in Deutschland warf lange und dunkle Schatten auch auf Salzburg. Die Landung eines Sportflugzeuges mit der Aufschrift *"Danzig bleibt Deutsch"* auf der Unterseite der Tragfläche sollte die Tragweite des neuen Regimes deutlich machen. In vorauseilendem Gehorsam wurden die beiden Piloten von Landeshauptmann und Bürgermeister sowie von Führern einer NSDAP-Staffel begrüßt. Noch vor der Machtübernahme am 28. Jänner 1933 wurde per Bescheid des Bundesministeriums für Handel und Verkehr die Festsetzung der Flughafenzone Salzburg verfügt.

Am 15. September 1933 wurde der Reichsflughafen Bad Reichenhall-Berchtesgaden in Ainring eröffnet.
On September 15th, 1933, the Reichsairport Bad Reichenhall-Berchtesgaden was opened in Ainring.

The rise to power of Adolf Hitler in Germany soon began to cast a long and dark shadow over Salzburg. The arrival of a sports plane with *"Danzig remains German"*, written on its wing, was to show the reach of this new regime. In anticipatory obedience the two pilots were welcomed by the governor, mayor and leaders of the local Nazi party. Still before Hitler came to power the ministry of commerce and transportation decreed the creation of a Salzburg airport zone.

A state of panic resulted when it became public that the Chancellor had decided to avoid Salzburg airport and build a new one in Ainring, only a few kilometers away on the other side of the border. Hitler was in fact determined to build a border airport in Ainring close to Freilassing. This crushing blow for the airport in Salzburg resulted in a letter to the city council, urging to invite Hitler to "use our airport". An added complication arose when the so-called "1000-Mark- blockade" was instituted by the Reich government over

1930 bis zum Ende des Zweiten Weltkriegs

Bundeskanzler Dr. Dollfuß landet nach der Entdeckung eines in der Schottergrube neben dem Flugplatzgebäude versteckt gelagerten Sprengstoffes (aufgefunden am 10. 5. 1933)
Chancellor Dr. Dollfuss arrived following the discovery of an explosive at a quarry next to the terminal (discovered on May 10th 1933)

Gewissermaßen Feuer am Dach war, als bekannt wurde, dass der Reichskanzler beschloss, den Salzburger Flugplatz zu meiden und stattdessen einen neuen im wenige Kilometer entfernten Ainring erbauen zu lassen. Hitler in Verfolgung seiner außenpolitischen Pläne, war fest entschlossen, in Ainring bei Freilassing einen Grenzflughafen zu errichten. Der vernichtende Schlag für den Salzburger Flugplatz war Anlass, dem Stadtmagistrat in einem Brief die missliche Lage darzustellen und ihn aufzufordern, Hitler einzuladen, „unseren Flugplatz zu benützen". Die sogenannte Tausend-Mark-Sperre, die wenig später von der Reichsregierung am 27. Mai 1933 über Österreich verhängt wurde, führte de facto zum Zusammenbruch des Reiseverkehrs und machte den erhofften Erfolg zunichte. Deutsche Staatsbürger waren bei der Einreise nach Österreich zur Zahlung von 1000 Mark verpflichtet. Nach heutiger Währung ein Betrag von etwa 4.200 Euro! Hintergrund war die Destabilisierung der Regierung Dollfuß durch Schwächung der Österreichischen Wirtschaft.
Da war es eine positive Randerscheinung, als in diesen Tagen der Forscher Martin Hell über sensationelle Altertumsfunde auf dem Salzburger Flugfeld berichtete.
Bei Ausgrabungen wurde neben anderen Funden aus der Römerzeit die obere Hälfte einer Venus-Statue entdeckt.
Die Flugsaison wurde am 1. Mai wieder eröffnet. Die Deutsche Luft-Hansa startete die Saison mit der Wiederaufnahme der Linie Wien–Salzburg–München–Zürich, die täglich in beide Richtungen geflogen wurde, zusätzlich konnte wieder ein Flugpendelverkehr nach Innsbruck aufgenommen werden. Für einen verbesserten Funkverkehr wurde in Salzburg ein Langwellensender mit 500 Watt errichtet.
Um Luftraumverletzungen zu verhindern, wurde in Salzburg eine Grenzflugstaffel stationiert.

Der Flugplatzbus zum Österreichischen Verkehrsbüro Schwarzstraße 1
The airport bus to the Austrian tourist office at the Sachwarzstraße

Austria which led to an effective collapse of air travel. German citizens were obligated to pay 1000 Mark upon crossing the border to Austria. In modern currency this would be equivalent to about 4.200 Euro! This policy was an attempt to destabilize the government of Chancellor Dollfuß by weakening the Austrian economy.
In this light the positive news that the archeologist Martin Hell discovered sensational antique artifacts on the airfield were only a minor development. During excavations the top half of a Venus statue was found in addition to other artifacts from a Roman settlement.
Flight was reopened on May 1st. The German Luft-Hansa kicked off the season with the reopening of the connection Vienna–Salzburg–Munich–Zurich which was operated daily in both directions. In addition the shuttle service to Innsbruck was also taken up again. To improve radio communications, a 500-watt long wave transmitter was set up in Salzburg. To discourage violations of airspace, a border patrol squadron was stationed at the airport as well.

Flughafen Salzburg

1934 Das jähe Ende des Flugplatzleiters
1934 The sudden end of the airport director

Mit der Ernennung Adolf Hitlers zum Reichskanzler am 30. März 1933 änderte sich die Position der österreichischen NSDAP grundlegend. Bereits bei den Landtagswahlen in Wien, Niederösterreich und Salzburg am 24. April 1932 hatte die NSDAP erhebliche Gewinne erzielt und war erstmals in die Landtage als nunmehr drittstärkste Partei eingezogen. Bei der Gemeinderatswahl in Innsbruck am 23. April 1933 wurde die NSDAP mit rund 40 Prozent sogar stimmenstärkste Partei. Mit Unterstützung Berlins bzw. Münchens kam es in der Folgezeit zu zahlreichen gewalttätigen Auseinandersetzungen der NSDAP mit Anhängern der Regierung sowie der sozialdemokratischen Opposition, die zahlreiche Verletzte und Tote forderten.
Nach einem nationalsozialistischen Bombenanschlag gegen eine Gruppe christlich-deutscher

The election of Adolf Hitler as Reichs-Chancellor on March 30th, 1933, changed the position of the Nazi Party significantly. The party had already gained significant support at the state elections in Vienna, Lower Austria and Salzburg on April 24th, 1932, and had become the third strongest party in the provincial government. At the city government elections in Innsbruck on April 23rd, 1933, the party succeeded with 40 percent to gain the voting majority. In the month that followed, several violent confrontations took place between the Nazi party and supports of the

Ulrich Fürst Kinsky vor der Kamera der „Wochenschau", 21. 5. 1934
Ulrich Fuerst Kinsky in front of the camera of the "Wochenschau" on May 21st 1934

1930 bis zum Ende des Zweiten Weltkriegs

Turner in Krems mit einem Toten und 29 Verletzten am 19. Juni 1933 erfolgte das Verbot der NSDAP. Die nunmehr illegale NSDAP intensivierte mit Rückendeckung aus Berlin ihren Kampf gegen die Regierung Dollfuß durch zahlreiche Bombenanschläge mit dem Zweck, den Fremdenverkehr in Österreich zu schädigen. Begleitet wurden diese Aktionen durch die vom Deutschen Reich am 1. Juni 1933 verhängte Tausend-Mark-Sperre, die den österreichischen Fremdenverkehr schwer treffen sollte. Besonders im grenznahen Bereich zu Deutschland waren die Auswirkungen erheblich. Die österreichische NSDAP ging nach gescheiterten Bemühungen um eine Beteiligung an der Regierung schließlich noch einen Schritt weiter, indem sie Attentate gegen führende Repräsentanten der Bundesregierung, vor allem Bundeskanzler Engelbert Dollfuß, plante.

Ein erster Anschlag wurde auf dem Salzburger Flughafen 1934 geplant, wo Dollfuß landete, um an eine Großkundgebung der Vaterländischen Front teilzunehmen.

Der Flugverkehr in Österreich litt unter den Subventionskürzungen und der Tausend-Mark-Sperre. So musste die beliebte Strecke Salzburg–Susak (Rijeka) gestrichen werden. Im Gegensatz zum Salzburger Flugplatz, der große Rückschläge verkraften musste, entwickelte sich, nur wenige Kilometer entfernt, die befürchtete Konkurrenz prächtig. In Ainring waren das Gästehaus und der Hangar nahezu fertig, als am 28. August Adolf Hitler erstmals auf dem neuen Flugplatz landete, übrigens mit dem bereits erwähnten Piloten Hans Bauer.

In Ainring entwickelte sich ein reger Flugverkehr, der nicht selten Ausgangspunkt für die zum Obersalzberg weiterreisende Politprominenz war. Währenddessen sich Ainring über ständige Zuwächse im Flugverkehr freute, musste das Flugplatzrestaurant in Salzburg wegen zu geringer Auslastung geschlossen werden. Am 30. November ging für Karl Woral eine acht Jahre lange und erfolgreiche Karriere als Flugplatzleiter zu Ende. Auf Betreiben der „*Vaterländischen Front*" musste er schon zuvor seinen Dienst als ÖLAG-Flugleiter beenden und wegen seiner regierungskritischen Einstellung wurde er vom Magistrat fristlos entlassen. Woral hatte es abgelehnt, Mitglied der Vaterländischen Front zu werden, seine Abfertigungsansprüche wurden angesichts seiner deutschnationalen Gesinnung vom Gericht abgelehnt. Danach emigrierte der frustrierte Woral nach Deutschland. Sein Posten als Flugplatzleiter wurde vorübergehend mit dem ÖLAG-Piloten Karl Luft besetzt.

government and the social democratic opposition with numerous injured and dead people. These riots were supported by Berlin and Munich, respectively.

Following a bomb attack organized by the Nazis targeting a group of Christian-German gymnasts in Krems which resulted in dead and 29 injured people led to the prohibition of the Nazi party. The now illegal Nazi party intensified its battle against the Dollfuss government with support from Berlin and organized numerous bomb attacks to create instability in Austria with the goal to damage tourism. Aggravating the situation for tourism in Austria was the introduction of the 1000 German Marks embargo on June 1st, 1933. Especially for border communities the results were devastating. The Austrian Nazi Party went even further when it was not allowed to elect representatives to the cabinet. It started planning assassination attempts targeting members of the government and specifically Federal Chancellor Engelbert Dollfuss.

The first assassination attempt was scheduled to take place at Salzburg Airport in 1934 when Dollfuss arrived for a large rally of the Patriotic Front. Air traffic continued to suffer from reductions in subsidies and the "1000-Mark-blockade". As a consequence the popular connection Salzburg-Rijeka had to be cancelled. In contrast to the struggling airport in Salzburg the competition across the border was growing massively, confirming Salzburg's fears.

In Ainring the hotel and a hangar were almost completed, when on the 28th of August the Chancellor of the Reich Adolf Hitler landed on the new airfield for the first time, piloted by the aforementioned Hans Bauer.

Ainring saw lively air traffic which oftentimes resulted from politicians travelling to the nearby Obersalzberg. While Ainring was booming and growing steadily, Salzburg had to close the airport restaurant due to lack of customers. On November 30th a successful eight-year-long career as director of the airport ended for Karl Woral. On intervention of the "Patriotic Front", the only power in this one-party state, he had already been removed as head of flight operations of ÖLAG and was now removed by the city council with immediate effect. Woral had refused to join the "Patriotic Front" and his demands for a severance payment were dismissed by court due to his German nationalist views. After this a frustrated Woral emigrated to Germany. His position as airport director was temporarily filled by the ÖLAG pilot Karl Luft.

Flughafen Salzburg

1935 Ein Jahr der wirtschaftlichen Erholung
1935 A year of economic recovery

Am Salzburger Flugplatz stand wieder einmal ein Personalwechsel an: Am 1. März wurde Hauptmann a. D. Max Schoßleitner von der Stadt zum neuen Flugplatzleiter befördert. Den Posten als ÖLAG-Flugleiter übernahm während der Sommermonate der ehemalige Hauptmann Josef Novy. Gleich nach Arbeitsbeginn forderte der neue Flugplatzleiter dringend notwendige Maßnahmen für einen zeitgemäßen Flugbetrieb ein. Zu diesen Maßnahmen gehörte auch die Landewiese, die in einem schlechten Zustand war, und auch die Medien beschäftigte. Geld für etwaige Sanierungen war aber chronisch knapp. Trotz des Sparkurses konnten auch geringfügige Neuerungen im Flugplatzgebäude eingeführt werden, wie etwa ein Buffet. 1935 verbuchte die Salzburger Flugplatzleitung sogar eine leichte Aufwärtsentwicklung, weil die meisten der im Vorjahr eingestellten Linien 1935 wieder beflogen werden konnten. Auch gesamtösterreichisch war ein weiterer Linienausbau geplant und man beschloss die Änderung des Hoheitszeichens für Österreichische Flugzeuge. Anstelle des bisher gebräuchlichen „A" musste

Once again a change in leadership took place at the airport in 1935. On March 1st retired Captain Max Schoßleitner was promoted to airport director by the city council of Salzburg. The position of head of flight operations of ÖLAG went to retired Captain Josef Novy. Upon taking his position the new director immediately demanded long overdue measures to achieve a modern standard of operations. The catastrophic condition of the grass landing strip was among the complaints, a topic that was a constant target of media attention. Funds for these renovations were always difficult to obtain, however. Still even with limited resources some minor improvements such as a buffet could be made to the terminal building. 1935 even saw a slight upwards trend, as most of the connections that had been canceled during the previous season were taken up again. An expansion of routes was

Bergung eines in den Wallersee gestürzten Militärflugzeuges der Type De Havilland (OE-DIO)
Recovery of a military airplane, De Havilland (OE-DIO), which had crashed into Waller lake

Hangar der Österreichischen Fliegerschule
Hangar of the Austrian Flight Training School

künftig die Buchstabenkombination „OE" angegeben werden. Durchzuführen war die Änderung bis Jahresende.

Zwischenzeitlich nahm der Salzburger Redakteur Ferdinand Eisenprobst, einst kritischer Berichterstatter über die Salzburger Fliegerei, mit seinem zweisitzigen Flugzeug zahlreiche Rundflüge mit Freunden und Segelflugkameraden auf. Der Name des Redakteurs Ferdinand Eisenprobst taucht etwas später, kurz nach dem Anschluss im Jahr 1938 wieder auf, als er in Funktion als Gaupresseleiter im Salzburger Volksblatt über „Adolf Hitler, den Schöpfer des großen deutschen Volksheeres" jubelte.

Einige bislang eingestellte Fluglinien, wie Wien–Salzburg–München wurden wieder aufgenommen, die Linie Salzburg–Klagenfurt–Graz kam neu in den Flugplan. Die geplante Strecke Salzburg–Innsbruck–St. Gallen ist hingegen nie zustande gekommen. Der Salzburger Flugplatz kämpfte nach wie vor mit dem schlechten Zustand der Landewiese.

Die Kritik kam natürlich auch von den Luftfahrtunternehmern und den Piloten. So wurde kritisiert, dass die Landewiese nicht ausreichend gemäht und wichtige Einrichtungen, wie Rauchofen, Landeplane und Windsäcke, schlecht angeordnet wären. Die Flugplatzleitung konterte mit dem Argument, keine finanzielle Unterstützung von der Stadt zu erhalten. Als Fortschritt wurde aber erwähnt, dass ein Buffet anstelle der veralteten Bauhütte errichtet worden sei, genauer gesagt war es ein Buffet im Inneren der Bauhütte.

Im gleichen Jahr veranstaltete man einen Pfingstflug, bei dem 30 Teilnehmer mit ihren Flugzeugen teilnahmen. Wenige Wochen später begann am 20. Juli der erste Alpine Segelflug Wettbewerb,

planned all over Austria. Prior to that Austria had already changed its aircraft registration from the previously used letter "A" to "OE". This change was supposed to be implemented until the end of the year. For some time the local journalist Ferdinand Eisenprobst, once a critical voice on flying in Salzburg, undertook numerous scenic flights with friends and fellow glider pilots in his two-seat plane. His name reappears not long afterwards in 1938 when promoted to regional press director of the Salzburg People's newspaper he celebrated "Adolf Hitler, the creator of the great German people's army".

Some of the previously cancelled routes such as Vienna–Salzburg–Munich were taken back up, the connection Salzburg–Klagenfurt–Graz came as a new addition. The planned route Salzburg–Innsbruck–St. Gallen never materialized, however. The miserable condition of the grass landing strip remained an ongoing problem for the airport. Criticism obviously also came from the airlines and their pilots. Among other things they complained about insufficient mowing of the grass and that some of the orientation aids such as the windsock were set up badly. The airport countered these complaints by citing the lack of financial support from the city. They noted as an improvement, however, that the buffet had replaced the outdated tool shed, in fact the buffet was installed inside the tool shed.

Around Pentecost of the same year a flight event was held where 30 pilots participated with their planes. A few weeks later on July 20th the first

Flughafen Salzburg

Sonnenbad vor Militärflugzeug Fiat A-120
Sunbathing in front of a military plane, Fiat A-120

der für 14 Tage anberaumt war. Veranstalter waren der Österreichische Aero Club, der Österreichische Luftfahrt-Verband und die Segelfliegerschule Gaisberg. 27 Segelflieger mit insgesamt 43 Segel-Flugzeugführern stürzten sich abwechselnd von der Gaisbergspitze aus in die Tiefe. Bereits vor Beginn des Wettbewerbs überschattete der tödliche Absturz eines Segelfliegers aus Steyr in den Wald unterhalb der Gaisbergwände die Veranstaltung. Zwei Tage nach dem Start des Wettbewerbs verunglückte der nächste Segelflieger. Der Salzburger Pilot Herbert Gründler flog sein Fluggerät mit hoher Geschwindigkeit in den Gaisberghang, wo es in den Bäumen zerschellte. Er konnte ebenfalls nur noch tot geborgen werden. Trotzdem wurde der Segelflugwettbewerb am Gaisberg fortgesetzt. Die Serie der Flugunfälle ging am 27. August weiter, als ein Flugzeug mit zwei Militärpiloten in den Wallersee stürzte.

Zwischenzeitlich konnte mit der Verlegung der Kabel für den Fernschreibverkehr zwischen dem Salzburger und Innsbrucker Flugplatz begonnen werden und der Flugsicherungsdienst im Juni aufgenommen werden. Für das zu Ende gehende Geschäftsjahr bilanzierte die Flugplatzgesellschaft 430 Landungen von Verkehrsflugzeugen sowie 700 Landungen insgesamt, dazugerechnet werden Sport- und Militärflugzeuge. Die Bundessubvention für den Flugplatz im Jahr 1935 betrug nicht mehr als 3.000 Schilling. Trotzdem ging man bei den Verantwortlichen am Salzburger Flugplatz von einer geringfügigen Steigerung aus, und auch die ÖLAG plante für das kommende Jahr neue, ganzjährig beflogene Linien von Wien aus.

alpine gliding competition kicked off, set to last 14 days. It was hosted by the Austrian Aero Club, the Austrian Air Transport Association and the gliding school Gaisberg. 27 gliders with 43 pilots took turns to lift off from the summit of the Gaisberg. Even before the competition started it was overshadowed by the deadly crash of a pilot from Steyr who plunged into the forest under the mountain face of the Gaisberg. Two days later the next glider pilot died. The local pilot Herbert Gründler crashed into the side of the Gaisberg at high speed and died on the scene. Nevertheless the gliding competition went on. The series of air crashes continued on August 27th when a plane with two military pilots crashed into the Wallersee lake.

By now the installation of a cable connection between the airports of Innsbruck and Salzburg had been completed and a telex connection for air traffic control was established in June. At the end of the year the airport authority registered 430 landings of passenger planes and 700 landings in total. This included sports and military aviation. Subsidies from the federal government for the airport in 1935 did not exceed 3.000 Schillings. Still, the airport leadership expected a slight growth and also ÖLAG planned new lines from Vienna to be operated year-round for 1936.

1936 Im Zeichen des Sportflugs
1936 Characterized by sports aviation

Das Jahr begann mit einem Jubiläum, denn am 6. Jänner 1936 feierte die Deutsche Luft-Hansa das 10. Jahr ihres Bestehens. Am 1. Februar stand ein Wechsel an der Spitze der Segelfliegerschule an. Der Weltkriegspilot Major a.D. Karl von Banfield löste den bisherigen Leiter Robert Munz ab. In seiner nur knapp mehr als ein Jahr dauernden Amtszeit, bemühte sich Banfield, den Schleppstart attraktiver zu machen.

Als Banfield sein Amt zurücklegte, trat der österreichische Segelflugpionier, Fregattenleutnant a. D. Kapitän Fritz Aigner, an seine Stelle. Unter seiner Führung verdoppelten sich die Lehrgänge gegenüber dem Vorjahr. Die Teilnehmer kamen nicht nur aus Wien und den anderen Bundesländern, auch aus dem Ausland kamen viele

The year started with an anniversary, as the German Luft-Hansa celebrated ten years of operations on January 6th 1936. On February 1st a change in leadership took place at the gliding school. The World War I pilot, retired Major Karl von Banfield replaced Robert Munz. During his mandate that lasted only little over one year Banfield intended to make the tow launch more attractive for gliding. When Banfield stepped down, the Austrian gliding pioneer, retired Captain Fritz Aigner took over. Under his leadership the number of training sessions more than doubled, compared to the year before.

Der 1934 erbaute Zistel-Hangar
1934: the new Zistel Hangar

Flug über Bayerisch-Gmain
Flight over Gmain, Bavaria

Flugschüler. Die Euphorie der Fliegerei verbreitete sich wie ein Lauffeuer bis ins Innergebirge. Bald hatte sich eine neue Segelfliegergruppe in Zell am See zusammen gefunden. Georg Oberschneider, Schifffahrtsunternehmer aus Zell am See, der auch an der Gründung einer Ortssektion des Flugtechnischen Vereins mitwirkte, errichtete in Zeller Moos einen provisorischen Flugplatz. Oberschneider war auch jener Auftraggeber, der Hans Guritzer 1928 als Pilot für Rundflüge beschäftigte.

Der 16. März war wieder einmal ein ereignisreicher Tag in der Luftfahrt: Während in Salzburg zum sechsten Mal ein Luftschiff, diesmal verziert mit Hakenkreuz und den Olympischen Ringen, über Salzburg auftauchte, musste auf der Kärntner Saualpe die ÖLAG Junkers JU 52 beim Linienflug Wien–Rom in einem Schneesturm notlanden. Die Passagiere konnten in 2000 Meter Seehöhe leicht verletzt geborgen werden, die Maschine hingegen musste als Totalverlust abgeschrieben werden.

In Salzburg konnte am 7. April 1936 der Fernschreiber für den Flugmeldedienst zwischen Salzburg und Wien in Betrieb genommen werden. Nach der Eingemeindung von Maxglan übernahm am 20. April die Kriminalabteilung der Bundespolizei die Passkontrollen und ab November die Sicherheitswache den Platzdienst.

Die im Mai in Wien tagende, internationale Luftverkehrskonferenz befasste sich in erster Linie mit der Verkehrssicherheit und Möglichkeiten der Verbesserung.

Participants did not only come from Vienna and the other regions of Austria, but many came from all over Europe. The euphoria of flying spread like a wildfire even to remote mountainous regions. Soon a new group of glider pilots came together in Zell am See. Georg Oberschneider, owner of a shipping company from Zell am See, who was also a co-founder of the local section of then Aero-technical association" constructed a makeshift airfield in the city. Oberschneider was also the client that employed Hans Guritzer as the pilot for scenic flights in 1928.

March 16th once again was a busy day for aviation: While for the sixth time an airship appeared over Salzburg, this time with a swastika and the Olympic rings, an ÖLAG Junkers JU 52 on the Vienna–Rome flight had to make an emergency landing in Carinthia, due to a snowstorm. The passengers were evacuated with minor injuries in an altitude of 2000 meters but the plane was damaged beyond repair.

In Salzburg the telex connection with Vienna for air traffic control was established on April 7th. After Maxglan had become part of the city of Salzburg the Federal Police took over passport control duties on April 20th and in November also any duties related to the security of the airport.

In May an international aviation conference was held in Vienna, primarily discussing safety in aviation and measures to improve it. Sports aviation became more and more a political question, regardless of enormous public interest. Just like before and also later on, companies from Vienna received preferential treatment. For instance federal subsidies for 1936 basically only went to the "Austrian Flight School" founded in Vienna in 1935.

1930 bis zum Ende des Zweiten Weltkriegs

Start von der Gaisbergspitze
Take-off from the peak of the Gaisberg

Die Sportfliegerei in Österreich kam trotz immenser Nachfrage immer mehr ins politische Fahrwasser. Wie schon so oft zuvor und auch noch danach wurden Unternehmungen aus Wien bevorzugt. So kamen die staatlichen Subventionen im Wesentlichen nur der im Jahr 1935 gegründeten Österreichischen Fliegerschule in Wien zugute.

Am 30. Mai 1936 landeten beim Österreichischen Pfingstflug in Salzburg 28 Sportflugzeuge. Tausende Zuseher und Mitglieder der Heimwehr bejubelten Fürst E.R. Starhemberg. Im Mittelpunkt standen jedoch die neuen Messerschmitt-Flugzeuge, die eine sensationelle Reisegeschwindigkeit von 280 km/h erreichten. Der zweite Teil des Fluges führte am 2. Juni von Wien zurück nach Salzburg. Die 46 Maschinen aus neun Nationen flogen nach ihren Zwischenlandungen in Salzburg in die Schweiz weiter.

War die Sportfliegerei in Salzburg in einen wahren Höhenflug geraten, stagnierte der Motorflugverkehr am Flugplatz Salzburg. Im benachbarten Ainring hingegen freute man sich über den ständigen Anstieg der Flugbewegungen. Waren früher die Salzburger noch auf die Landewiese in Maxglan gepilgert, um die tollkühnen Piloten zu bewundern, so fuhren sie jetzt nach Ainring, denn dort gab es immer die neuesten Flugzeuge zu sehen und die Möglichkeit, selbst an einem der billigen Rundflüge teilzunehmen. In der zweiten Hälfte des Jahres war aber auch in Salzburg eine leichte Steigerung im zivilen Luftverkehr zu bemerken. Möglich wurde das durch die Aufhebung der Tausend-Mark-Sperre am 24. August 1936. Trotz der leichten Aufwärtstendenz wollte beim Städtischen Flugplatz keine Freude aufkommen. Noch immer fehlte ein Hangar und aus diesem Grund blieben sowohl die Anzahl der Rundflüge als auch die Aktivitäten der Sportflieger weit hinter den Erwartungen zurück.

Einige Bauvorhaben wurden trotzdem verwirklicht: Der holprige Platz vor dem Verkehrsgebäude konnte planiert und notdürftig gewalzt werden, und das Rollfeld wurde in Richtung zum ärarischen Exerzierplatz begradigt. Eine wichtige Neuerung war die Verlegung eigener Fernschreiberkabel von Salzburg nach Wien und München. Dadurch verfügte die Flugfunkstelle Salzburg neben Innsbruck nun über eine direkte Fernschreibverbindung nach Wien und München.

On May 30th 1935, on the occasion of the Pentecost flight, 28 sports planes landed in Salzburg. Thousands of spectators and members of the "Heimwehr", the paramilitary group of the fascist party, celebrated Colonel Count E.R. Starhemberg. At the center of attention were the new Messerschmitt planes with an astonishing cruising speed of 280 kph. The second leg of the flight returned to Salzburg from Vienna on June 2nd. A total of 46 planes from nine countries continued their flight after a stopover in Salzburg on to Switzerland.

While sports aviation was booming in Salzburg, commercial aviation was stagnating. The border airport in Ainring was still experiencing solid growth, however. While in earier years the people of Salzburg had gone to Maxglan to see the pilots and their fearless maneuvers, now they drove to Ainring, as the newest planes were always there to see and cheap scenic flights were also available. The second half of the year, however, also meant a small growth in civil aviation for Salzburg as well. This became possible, when the "1000-Mark-blockade" was finally lifted on August 24th 1936. Nevertheless the airport administration did not look into the future with a positive outlook. A hangar was still missing which resulted in the number of scenic flights as well as the activities of sports aviators remaining well below expectations.

Some construction projects were completed nonetheless: The bumpy ground in front of the terminal building was finally flattened and the runway was straightened in the direction of the parade ground. An important innovation was also the installation of separate cables from Salzburg to Vienna and Munich. Consequentially the air traffic control of Salzburg now had direct telex connections to Innsbruck as well as Vienna and Munich.

Flughafen Salzburg

Ainring – Für elf Jahre Großdeutscher Kriegsflughafen
Ainring - War-airport for eleven years

Der Flughafen Reichenhall-Berchtesgaden im bayerischen Ainring-Mitterfelden sollte den Nationalsozialisten als Regierungsflughafen für den Obersalzberg zur Verfügung stehen. Zusätzlich zur Reichskanzlei in Berlin ließ Hitler 1937 nahe Bischofswiesen einen neuen Regierungssitz einrichten, um seine Regierungsgeschäfte auch während seiner Anwesenheit auf dem Obersalzberg weiterführen zu können. Davor war sein Stab in beengten Pensionen und im Haus „Alexandra" eingemietet. Ab Juli 1937 wurde auch in Bischofswiesen bzw. Berchtesgaden Weltgeschichte geschrieben. Zahlreiche Nebengebäude umgaben die großzügige Anlage, eine 600 Meter lange Bunkeranlage soll bis zur Bahn nach Berchtesgaden geführt haben. Generalfeldmarschall

The airport Reichenhall-Berchtesgaden in Ainring-Mitterfelden was planned as the government airport for the Obersalzberg headquarters of the Nazis. In addition to the Reichskanzlei Hitler ordered the construction of a second seat of government in 1937 near Bischofswiesen in order to be able to govern during his stays on the Obersalzberg. Prior to that his staff had rented space in several small guest houses such as the house "Alexandra". Starting in July 1937, world history was being made in Bischofswiesen/ Berchtesgaden. Several secondary buildings surrounded

Hitler in Ainring mit Flugkapitän Hans Baur, 1934
Hitler in Airing with aircraft captain Hans Baur, 1934

Wilhelm Keitel und das Oberkommando der Wehrmacht bezogen in dieser Anlage Stellung, solange Hitler auf dem Berghof wohnte.
Die von Hitler angeordneten Sondierungen für ein taugliches Flugplatzgelände gingen bereits auf das Jahr 1933 zurück. Es sollte möglichst nahe seines zweiten Regierungssitzes am Obersalzberg bei Berchtesgaden sein. Weder der bestehende und nächstgelegene Flughafen Mayerhof in Bad Reichenhall, noch der in Salzburg-Maxglan erfüllten die gestellten Anforderungen. Erst ein Erkundungsflug mit Hitler an Bord brachte die Entscheidung. Auf einem weitläufigen Feld nahe der Gemeinde Ainring sollte der neue Flugplatz entstehen. Am 1. August 1933 fand eine erste Begehung vor Ort statt, und schon am 16. August entschied Hitler, das Gelände zu kaufen und zum Flughafen auszubauen. Der Umstand, dass bereits am 15. September eine erste Versuchslandung im Auftrag der Deutschen Lufthansa erfolgte, zeigt, wie eilig es die Nationalsozialisten hatten. Ab dem 7. Oktober erhielt der Flugplatz die irreführende Bezeichnung „Sportflugplatz" und wurde am 21. Januar 1934 offiziell seiner Bestimmung übergeben. Der Flugplatz war mit einem Leuchtturm auf dem Eschlberg und einer Lautsprecheranlage ausgestattet, die laute Propagandaparolen über die Saalach nach Österreich verbreitete. Mit mehr als 600.000 Quadratmetern übertrumpfte der Flugplatz in Ainring den nahen Flugplatz Salzburg bei weitem. Auf Anordnung Hermann Görings war der neue Flugplatz bis 24. Juni 1934 eine fixe Station des Deutschlandrundflugs. Am 28. August landete erstmals Hitler mit seinem Flugzeug in Ainring, drei Tage später, am 31. August, startete eine Maschine mit Hermann Göring an Bord vom Flughafen Reichenhall-Berchtesgaden nach Berlin. Sein Flugzeug stand ab sofort im Hangar jederzeit startbereit zur Verfügung. Am 6. und 7. Oktober 1934 war das im Heimatstil errichtete Flughafengebäude während der Eröffnungsfeier allgemein zu besichtigen. Nach dem Einmarsch und der Machtergreifung der Nationalsozialisten in Österreich ging aber die Verwendung des Flughafens Ainring von ziviler in militärische Hoheit über. 1939, wenige Tage vor Beginn des Zweiten Weltkriegs, flog Außenminister Joachim von Ribbentrop von Ainring nach Moskau zur Unterzeichnung des „Nichtangriffspaktes" mit Außenminister Molotov. Mit Beginn des Zweiten Weltkriegs wurde der Regierungsflughafen Reichenhall-Berchtesgaden zum Fliegerhorst der Luftwaffe mit verschiedenen hier stationierten Kommandos. Zudem war die Deutsche Forschungsanstalt für

Der neue Flugplatzkommandant Oberleutnant Gustav Hauck
The new airport commander, First Lieutenant Gustav Hauck

the large complex, a 600-metre- long bunker is said to have led all the way to the train station in Berchtesgaden. Field Marshal Wilhelm Keitel and the Supreme Command of the Wehrmacht operated from this complex whenever Hitler spent time at the Berghof.
Scouting for a suitable location for this new airport already began in 1933. The main priority was proximity to the new second seat of government on the Obersalzberg in Berchtesgaden. Neither the closest existing airport Mayerhof in Bad Reichenhall nor the airport in Salzburg fulfilled the necessary criteria. Only a reconnaissance flight with Hitler aboard finally enabled a decision. It was decided to construct the airfield on a larger field in the municipality of Ainring. On August 1st 1933 a first visit to the site took place and already on August 16th Hitler decided to purchase the property and begin construction. The fact that the first test landing already took place on September 15th highlights how urgently the Nazis wanted to complete construction. From October 7th on the airfield was referred to as "sports airfield" to hide its real purpose. On January 21st the airport was finally declared operational. The equipment also included a beacon on the Eschlberg mountain with a powerful loudspeaker that blasted Nazi propaganda across the river Saalach and the border into Austria. With a surface area of over 600.000 square meters the new airport was substantially larger than the close Salzburg airport.

Segelflug dort angesiedelt worden. Bis in die letzten Kriegsmonate wurden Neuentwicklungen der Luftfahrt und Raketen dort getestet. Im Juni 1940 zog die, vom legendären Testflieger Ernst Udet geleitete DFS („Deutsche Forschungsstelle für Segelflug") von Braunschweig nach Ainring und testete dort den antriebslosen Me280, den Höhenaufklärer DFS228, den Prototyp der V-1 und diverse Raketenjäger. Dafür standen ihm ein Windkanal, Triebwerkstestanlagen und hochspezialisierte physikalische Laboratorien zur Verfügung. In Ainring testeten die Nationalsozialisten auch Lastenabwürfe, Huckepack-Verfahren, Personenabwurfbehälter, Stratosphärenflüge, revolutionäre neue Verfahren für Autopiloten und Fernseh-Blindlandeverfahren.

Im Mittelpunkt der Forschungen stand der Luftfahrtpionier Eugen Sänger, der in Ainring das Lorin-Staustrahlrohr („Ramjet") weiterentwickelte, das später in verschiedene Bombertypen eingebaut wurde. Die von Sänger entwickelte Raketentechnik wurde sogar noch im „Space Shuttle" verwendet. Auch die Fliegerin Hanna Reitsch testete in Ainring einige der neu entwickelten Fluggeräte. Tragische Unglücksfälle sollten jedoch nicht ausbleiben: Der kurz zuvor noch von Hitler mit dem Ritterkreuz an Brillanten in Schloss Kleßheim dekorierte Generaloberst Hans Hube startete in der Nacht vom 20. April 1944 bei Schlechtwetter und zerschellte kurz danach auf dem Högl. Er galt damals als einer der wichtigsten Generäle Hitlers. Spekuliert wurde über die Möglichkeit von Sabotage, nachdem er Hitler gegenüber die missliche Lage im Osten sehr emotionell beschrieb.

On orders of Hermann Göring the new facility became a stop in the scheduled "flight- around-Germany" event. On August 28th Hitler landed on the airport for the first time, Göring followed three days later when he took off on a flight to Berlin. From then on his plane was held in the hangar ready to take off at all times. During the opening ceremonies on October 6th and 7th the terminal building constructed in the traditional "Heimat-"style was open for the public for the first time. After the annexation of Austria however operation of the airport transferred from civil to military authorities. In 1939 only a few days before the outbreak of World War II, Foreign minister von Ribbentrop flew to Moscow from Ainring in order to sign the non-aggression pact with the Soviet Union. With the beginning of the war the government airport Reichenhall-Berchtesgaden became an air base of the Luftwaffe with several commands stationed there. Additionally the German institute for glider aviation research had been based at the airport. Until the last months of the war innovations in aviation and even rockets were tested. The institute with its legendary director Ernst Udet was moved from Braunschweig to Ainring in June 1940. There they tested the engineless Me (HE??) 280, the high-altitude reconnaissance plane DFS 228, the prototype of th V-1 and several rocket fighters. A wind tunnel, engine test benches and highly specialized physics laboratories were constructed to enable these tests. In Ainring the Nazis also experimented with cargo drops, "piggyback" configurations, containers to drop people, stratospheric flights, revolutionary autopilot systems and TV-assisted zero-visibility landing devices. A large part of research also focused on aviation pioneer Eugen Sänger who advanced research on the Lorin ramjet engine which was used later on in several types of bombers. This technology developed by Sänger was still used in the Space Shuttle program. Also Hanna Reitsch tested some of the newly developed planes in Ainring. Some tragic accidents were also not to be avoided however. General Hans Hube, only recently decorated with the Knight's Cross of the Ircon Cross with

Erstflug Linz–Salzburg–Innsbruck, v. l.: Gretl Watzenböck, ÖLAG Pilot Wilfried Seemann mit Frau, Flugleiter Ebenbach von Linz.
First flight Linz–Salzburg–Innsbruck (left to right): Gretl Watzenboeck, OELAG pilot Wilfried Semann with his wife, flight manager Ebenbach of Linz

1930 bis zum Ende des Zweiten Weltkriegs

Flugkapitänin Hanna Reitsch in Salzburg
Flight captain Hanna Reitsch in Salzburg

Am 21. April 1945 landeten in Ainring einige Ju-52 Transportflugzeuge mit den verbliebenen Größen der Reichsregierung, offiziell, um die „Alpenfestung" zu verstärken, inoffiziell, um den anrückenden Alliierten zu entkommen. Noch wenige Tage vor Kriegsende starteten Teile des „Jagdgeschwaders 300" zu Einsätzen gegen die vorrückenden Amerikaner. Trotzdem verwarfen die Alliierten Pläne zur Bombardierung des Flughafens, da sie den Fliegerhorst als nicht kriegsentscheidend einstuften. Außerdem war es ihnen wichtig, die Forschungseinrichtung unbeschädigt übernehmen zu können. Nach der kampflosen Einnahme durch die US-Armee wurden in den verlassenen Baracken des DFS jüdische und andere ehemalige KZ-Insassen einquartiert, die mit Ende 1947 die Lager verließen. Da die Amerikaner den weiteren Betrieb des Flugplatzes untersagten, zog die Deutsche Polizeischule in das Areal ein. Heute weisen nur noch das Flugleitungsgebäude und das Peilerhäuschen auf die Existenz des einstigen „Adolf-Hitler-Flughafens" hin. Am 5. September 1955 fand auf dem ehemaligen Flugfeld ein allerletzter, aber erfolgreicher Versuch mit Segelflugzeugen im Windenschlepp statt. Eine neuerliche Zulassung als Segelfluggelände wurde abgelehnt, schon alleine deshalb, weil sich um den ehemaligen Flugplatz Ainring der Ortsteil Mitterfelden entwickelte.

Oak Leaves, Swords and Diamons, one of Nazi Germany's highest military decorations, took off from Ainring on April 20th 1944 in bad weather and crashed on a hill nearby. He was seen as one of Hitler's most important generals at the time. There were speculations about sabotage after he had described the dire situation on the Eastern Front to Hitler in a very emotional way.
On April 21st several Ju-52 transporters landed in Ainring with some of the remaining leaders of the Reich government, officially to strengthen the "Alpine Fortress", in fact to flee from the approaching allies. Just days before the end of the war, parts of the Luftwaffe JG 300 fighter wing took off to attack the advancing Americans. Nevertheless the Allies opted against bombing the air base as they did not see it as being decisive in ending the war. In addition they were interested in seizing the research facilities intact. After the US Army had seized the base without a fight the empty barracks were used to house Jewish and other former prisoners of the KZs which moved out until 1947. As the American administration banned a further use as an airfield, the German police based an academy there. Nowadays the tower and a radio building are the only remaining signs of the former "Adolf Hitler Airport". On September 5th 1955 one last, unsuccessful attempt was started with gliders launched by a winch. A certification as a gliding airfield was denied also due to the fact that the new "Mitterfelden" neighborhood was being developed around the former airfield.

Flughafen Salzburg

1937 Die Ruhe vor dem Sturm

1937 Calm before the storm

Relativ geruhsam ging es 1937 am Salzburger Flugfeld zu. Die unzulänglichen Zustände hatten sich kaum verbessert und die Klagen darüber wurden angesichts der bevorstehenden „ISTUS" Tagung wieder lauter. Kritisiert wurde die unzulänglich gemähte und schlecht planierte Landewiese. Neben dem noch immer fehlenden Hangar war der mangelhafte Bodenwindanzeiger ein besonderer Schwachpunkt in Salzburg. Die Flughafenleitung konterte, indem sie erneut auf die fehlenden Subventionen seitens Stadt und Land Salzburg verwies. Außerdem waren die Einnahmen aus dem regulären Flugbetrieb zu gering, um auch nur die laufenden Kosten zu bestreiten.
Am 7. Jänner konnte eine in Bergnot geratenen Seilschaft durch Abwürfe von Decken und Lebensmitteln aus dem Flugzeug gerettet werden. Die deutsche Seilschaft geriet beim Versuch einer Winterdurchsteigung der Watzmann-Ostwand in erhebliche Schwierigkeiten und konnte so von der alpinen Flugrettung vor einem größeren Unglück bewahrt werden.
Am 19. Jänner wurde die Bilanz für das Jahr 1936 veröffentlicht. Man beschrieb starke Rückgänge bei innerösterreichischen Verbindungen und im Sportflug. Die Bilanz beschrieb auch geringe Investitionen wie die notdürftige Einebnung des Vorplatzes, die Erweiterung der Tankanlage und die Herstellung von Fernschreibverbindungen mit Innsbruck, Wien und München. Kritisiert wurde wieder einmal die fehlende Unterstützung des Flugsports durch den Bund. Zwischenzeitlich wurde die Segelflugschule Gaisberg auf Weisung des Österreichischen Aero-Clubs stillgelegt und formierte sich am 5. April als „Segelfliegergruppe Nr. 401" neu.
Am 6. Mai stellte eine weit entfernte Tragödie das weltweite Flugwesen infrage. Das Luftschiff LZ 129 Hindenburg streifte in New Jersey/Lakehurst mit 97 Personen an Bord während der Landung einen Mast und ging in Flammen auf. 36 Menschen verloren dabei ihr Leben.
Ab 22. Mai wurde die Linie Innsbruck—Salzburg bis Linz verlängert, in Verwendung standen Junkers F13, die vier Passagiere befördern konnten.

1937 turned out to be a relatively calm year for the airfield in Salzburg. Nothing had changed about the inadequate conditions and criticism was ongoing, particularly before the upcoming "ISTUS" meeting. Among the major complaints were still the inadequately mowed grass and bumpy surface of the landing strip. These were weaknesses of the airport in addition to the still inexistent hangar, and the poor indicator for ground winds. The airport administration always countered by citing the lack of financial support from the city and regional governments. Moreover the revenue from regular flight operations was too small to even cover the running costs.
On January 7th a group of mountaineers was saved by airdrops of blankets and food. The German group had run into trouble in their attempt to scale the eastern face of the Watzmann mountain in winter and was saved from catastrophe by the air ambulance service.
On January 19th the yearly review for 1936 was published. It included a serious decline of domestic connections in Austria and of sports aviation. The reports also describes minor investments such as the makeshift flattening of the landing strip, an improvement to the refueling equipment and the installation of telex connections to Innsbruck, Munich and Vienna. Once again criticism was aimed at the lack of funding for aviation on the side of the federal government. For some time the gliding school on the Gaisberg mountain was also inactivated on orders from the Austrian Aero Club until it restarted operations on April 5th as "Gliding Group 401".
On a global scale aviation was drawn into question on May 6th as a result of a national tragedy. The airship LZ 129 "Hindenburg" hit a mast upon landing in Lakehurst, New Jersey and went up in flames. Out of 97 people on board, 36 lost their lives.
Starting on May 22nd the connection Innsbruck-Salzburg was extended to Linz, using a Junkers F13 with a passenger capacity of four. In the meantime Austria was beginning to prepare for turbulent times. Due to the unstable times

1930 bis zum Ende des Zweiten Weltkriegs

ISTUS in Salzburg, 31 Flugzeuge, vorne links Musger 9, dahinter Austria III, vorne rechts Rhönadler
ISTUS in Salzburg, 31 airplanes, front left: Musger 9, behind: Austria III, front right: Rhoenadler

In Österreich bereitete man sich in der Zwischenzeit auf unruhige Zeiten vor. Aufgrund der instabilen Lage wurden bereits 1930 erste zivile Luftschutzorganisationen und 1934 eine eigene Luftschutztruppe in Zusammenarbeit mit den Luftstreitkräften des Österreichischen Bundesheeres ins Leben gerufen. In der Stadt Salzburg war die Luftwarnzentrale in der damaligen Polizeidirektion, der heutigen juristischen Fakultät, eingerichtet.

Ein bemerkenswertes Projekt wurde laut Salzburger Chronik von 1937 vom damaligen Direktor des Naturkundemuseums „Haus der Natur", Paul Tratz, der Salzburger Bevölkerung vorgestellt. In Kooperation mit dem Österreichischen Bundesheer sollte im Mönchsberg ein großes Schaubergwerk errichtet werden, das im Kriegsfall als Luftschutzstollen genutzt werden konnte. Nach dem Anschluss Österreichs an das Deutsche Reich im März 1938 wurde diese halbfertige Stollenanlage im Mönchsberg zum „Befehlsstollen" für den Luftschutz im Reichsgau Salzburg ausgebaut. Die oberirdische Kommandozentrale war im heutigen Kolleghof des Erzstiftes St. Peter untergebracht. Diese Gebäude waren 1938 im öffentlichen Interesse einfach beschlagnahmt und die Mönche zum größten Teil unsanft vertrieben worden. Heute dienen Teile der Luftschutzstollen als Parkgaragen. (Universität Salzburg, Luftschutz in Salzburg, Dr. Gerhard L. Fasching)

the civil air-raid protection organizations were founded in 1930. In 1934 a dedicated air defense was established in cooperation with the air forces of the Austrian military. In Salzburg the center for civil air defense was based in the police headquarters, the building that now houses the university. A remarkable project was announced to the people of Salzburg by the director of the museum of natural science "House of Nature" when he proposed the construction of a mining museum inside the Mönchsberg which could be used as an air raid shelter in times of war. After the "Anschluss" in March 1938 this partially completed tunnel complex was expanded into a control bunker for the regional air defense headquarters of the region of Salzburg. Facilities of this headquarters above ground were housed in what is today part of the monastery of St. Peter. In 1938 these buildings were seized citing "public interest" and the monks were evicted. Parts of the air raid shelters now house parking garages.

Deutschlandflug, 29. 5. 1938
Flight to Germany, May 29th, 1938

Zwischenzeitlich wurden auf Antrag der Stadtgemeinde die Einkünfte des ehemaligen Flugplatzleiters Karl Woral beschlagnahmt. Woral lebte seit seiner fristlosen Entlassung in München. Zu einer schweren Missstimmung kam es im August 1937, als die Zollbehörde durchreisenden Fluggästen das Betreten des Buffets und damit den Zugang zur einzigen Toilette verbot.

Also in 1937 the salary of the former director Karl Woral began to be seized on orders of city council. Woral had been living in Munich since his dismissal. A source for major complaints arose on August 1st when the customs authorities on the airport banned transferring passengers from entering the buffet and thereby from access to the only available bathroom.

1938 Der Salzburg Flugplatz nach der Machtübernahme
1938 The airport after the „Anschluss"

Die Salzburger Chronik berichtete im Februar 1938 über eine illegale NS-Organisation in Salzburg: *„Wie die Polizeibehörde in Erfahrung brachte, wurde mit der Deutschen Reichsbahn unter Mithilfe reichsdeutscher Eisenbahnorgane „waggonweise" nationalsozialistisches Propagandamaterial nach Salzburg geschmuggelt, vom Bahnhof wurde es per Handwagen weitertransportiert. Insgesamt wurden 7 oder 8 Personen verhaftet".* Am 16. 2. erschien im selben Blatt folgende Meldung: *„Die in Salzburg kursierenden Gerüchte über Truppenkonzentrationen in Bayern und einen bevorstehenden Einmarsch in Österreich sind falsch"*, und weiter: *„Die Truppenkonzentration habe ihre Ursache in Schießübungen im Watzmanngebiet, sowie in der Eröffnung einer Kaserne in Laufen".*

Im März 1938 löschten die Nationalsozialisten den Staat Österreich von der Landkarte. Den Einmarsch Deutscher Truppen am 12. März 1938 begleiteten Flugzeuge der deutschen Luftwaffe, die Flugzettel mit der Überschrift *„Der Führer Adolf Hitler holt seine Heimat heim ins Großdeutsche Reich!"* über der Stadt Salzburg abwarfen. Sie setzte sich damit über das langbestehende Verbot von Flugzettelabwürfen über der Altstadt hinweg, das von den Behörden natürlich auch nicht verfolgt wurde.

Die Salzburger Volkszeitung schrieb am 13. März auf der Titelseite: *„Deutsche Soldaten überschreiten Grenze! Um 11:04 Uhr überschreiten deutsche Soldaten die Grenze „und sind bei ihren Brüdern in Österreich!"* (Meldung des Deutschen Nachrichtenbüros). Nach Verbreitung der Nachricht, Seyß-Inquart habe um die Entsendung von deutschem Militär nach Österreich zur *„Aufrechterhaltung der Ruhe und Ordnung"* gebeten, begeben sich hunderte Nationalsozialisten aus Salzburg und Umgebung in der Nacht auf den 12. 3. an die Grenzstellen am Walserberg und Freilassing, um die einmarschierenden Truppen zu begrüßen. Auf

The chronicle of Salzburg reports on an illegal Nazi organization in Salzburg in February 1938: "As police investigations uncovered, several wagons full of Nazi propaganda material were smuggled into Salzburg with the help of German railway officials. From the train station the material was transported by hand carts. A total of seven or 8 people were arrested." On February 16th the same paper ran the following report: "The rumors on troop concentrations in Bavaria and an imminent invasion of Austria are wrong. The concentrations are results of shooting exercises in the Watzmann mountain range and the inauguration of barracks in Laufen."

In March 1938 the Nazis wiped the state of Austria off the map. The invasion of German troops on March 12th 1938 was accompanied by planes of the Luftwaffe dropping leaflets over Salzburg stating: "The Führer Adolf Hitler brings his homeland back into the Reich!" This was in violation of a longstanding ban on dropping leaflets over

Adolf Hitler landet in Salzburg
Adolf Hitler's landing in Salzburg

den Zollämtern werden Hakenkreuzfahnen gehisst und das Horst-Wessel-Lied gesungen."

Beim Österreichischen Aeroclub übernahm ab sofort das nationalsozialistische Fliegerkorps den Motor – und Segelflugsport in Österreich.

Die Salzburger Volkszeitung berichtete am 23. März: *„Der „Reichsführer SS" Heinrich Himmler ist am 22. 3. von Innsbruck kommend, am Flughafen Salzburg eingetroffen. Am SS-Sportplatz nimmt er eine Flaggenparade der 743 Mann starken SS-Standarte ab. Im Hotel Österreichischer Hof speist er gemeinsam mit Gauleiter Wintersteiger, der Landesregierung, den Führern von Polizei, Gendarmerie, SS und SA zu Mittag. Am Nachmittag reist Himmler wieder ab."*

Am 13. April sickerte ein Plan der neuen Machthaber durch, in dem von der Errichtung zweier hochmoderner Flughäfen in Salzburg die Rede war. Die bestehende Landewiese sollte ausgebaut und ein zweiter Flughafen nordwestlich davon, die Reichsautobahn tangierend, errichtet werden. Einer der beiden Flughäfen sollte der Sportfliegerei vorbehalten bleiben.

Der noch immer bescheidene Flugplatz Salzburg entwickelte sich indes zu einem Segelflughafen mit Schleppbetrieb. Das bisher größte luftsportliche Ereignis der Welt begann mit dem Start von 390 Flugzeugen, einer Art Sternflug, auf 15 Flugplätzen innerhalb des Großdeutschen Reiches mit dem Ziel Wien. Für den *Deutschlandflug 1938* vom 22. bis 29. Mai waren in Salzburg zwei neue Führungskräfte, der Flugplatzkommandant Oberleutnant Gustav Hauck und als Flugplatzleiter Hauptmann a. D. Josef Novy verantwortlich. Sie koordinierten die freiwilligen Dienste der Ordner, Tankhilfe und viele andere wichtige Bereiche. Am 28. Mai 1938 wurden im benachbarten Ainring und in Salzburg jeweils etwa 150 landende Flugzeuge gezählt, in Salzburg verbrachten mehr als 50 Flugzeuge die folgende Nacht.

Die Verkehrsluftfahrt der Ostmark erfuhr durch den Umbruch einen gewaltigen Auftrieb. Die Deutsche Lufthansa übernahm die ÖLAG *(Österreichische Luftverkehrs A.G)*. die Verbindung Berlin–Wien wurde nun auch mit dem Großflugzeug Focke Wulff Condor beflogen. Am 18. Juni 1938 wurde am Großflughafen München-Riem das Richtfest gefeiert. In diesen Tagen wurde der langjährige Mentor des Salzburger Flughafens, Landeshauptmann a.D. Franz Rehrl, wegen Steuerhinterziehung und anderer Delikte angezeigt. Am 22. Juli kam Reichsminister Göbbels in Salzburg im Rahmen einer Repräsentationstour an und flog am 24. Juli vom Flugplatz Salzburg-Maxglan wieder weiter.

the old town, obviously the authorities did not act on this. The Salzburg People's newspaper ran the headline on March 13th: "German Soldiers cross the border! At 11.04 German troops cross the border and are 'with their brothers in Austria'! On reports that chancellor Seyß-Inquart had requested the deployment of German troops to Austria to "maintain law and order", hundreds of Nazis from Salzburg went to the border crossings at Walserberg and Freilassing to welcome the invading troops. Swastika flags were raised on the customs offices and the Horst-Wessel-Lied sung."

At the Austrian Aero-Club the Nazi flying corps took over gliding and powered aviation in Austria immediately. The Salzburg People's newspaper reported on March 23rd:" Reichsführer SS Heinrich Himmler arrived on March 22nd on Salzburg airport on his way from Innsbruck. At the SS sports complex he inspected a flag parade of a 743-strong SS unit. He then had lunch in the hotel "Österreichischer Hof" with governor Wintersteiger, the regional government, and the leaders of the police forces, SS and the SA. In the afternoon Himmler departed."

On April 13th the plan of the new regime becomes public to construct two state-of-the-art, modern airports in Salzburg. The existing landing strip was to be extended and a second airport to be constructed to the northeast, adjacent to the highway. One of the airports was to remain reserved for sports aviation.

In the meantime Salzburg airport, still at a modest size, developed into a gliding airport with towed take-off operations. The largest aviation event ever up to this point started with the take-off of 390 planes from various airports throughout the Reich with destination Vienna. Two new officers, airport commander Lieutenant Gustav Hauck and as airport director retired Captain Josef Novy were responsible for this "Germany Flight 1938". They coordinated the voluntary services of marshals, refueling staff and many other important support functions. On May 28th 1938 about 150 plans each were counted in Salzburg and Ainring with more than 50 of them spending the night in Salzburg.

Commercial aviation in the "Ostmark", the Nazi name for Austria, received an enormous boost through the regime change. The German Luft-Hansa absorbed ÖLAG, the connection Berlin-Vienna was now serviced by the large passenger plane Focke-Wulff "Condor". On June 18th 1938 the major airport Munich-Riem passed its roofing ceremony. Also during this time the longtime

1930 bis zum Ende des Zweiten Weltkriegs

Schleppwinde am Flugplatz
Towing winch at the airport

Die Lufthansa, die zusammen mit Sabena die Strecke London–Brüssel–Frankfurt–München–Wien flog, landete bei Bedarf auch in Salzburg.
Am 15. September 1938 landete der britische Premierminister Neville Chamberlain in Salzburg, um am Obersalzberg Gespräche mit Hitler über die Abtretung sudetendeutscher Gebiete von der Tschechoslowakei an Deutschland vorzubereiten. Vor seinem Rückflug versicherte Chamberlain dem Betreiber der Flughafenkantine, dass kein Krieg bevorstünde. Damit sollte der Premier nicht recht behalten.

supporter of the airport project in Salzburg, former governor Franz Rehrl was accused of tax evasion and other crimes. On July 22nd Reich Minister Goebbels arrived in Salzburg during a representative tour and left from the airport on July 24th. Lufthansa which operated a London–Brussels–Frankfurt–Munich–Vienna flight together with Belgian Sabena, landed in Salzburg as needed.
On September 15th 1938 British Prime Minister Neville Chamberlain arrived in Salzburg to prepare negotiations with Hitler over the cession of German-speaking parts of Czechoslovakia to Germany. Prior to his return flight Chamberlain assured the owner of the airport restaurant that no war was imminent. The Prime Minister was not to be right with his assessment.

Flughafen Salzburg

1939 Gruß aus Berlin
1939 Greetings from Berlin

Am 24. Februar 1939, um die Mittagszeit, lagen dicke Rauchwolken über der Gaisbergspitze, denn das weithin sichtbare Hotel stand im Vollbrand. Lange Zeit rankten sich Gerüchte, dass der Brand von SS-Einheiten gelegt wurde, um das Gipfelplateau für militärische Forschungen frei zu bekommen. Das beim Brand vollkommen zerstörte Hotel wurde nicht wieder aufgebaut. Adolf Hitler landete mehrfach mit einer JU-52 in Salzburg, die meist von Flugkapitän Bauer gesteuert wurde. Bauer drehte vor dem eigentlichen Start grundsätzlich eine Proberunde, ehe der Führer an Bord ging. Mit der neuen Führung ging es im Flugverkehr zumindest vorübergehend steil bergauf. Immerhin konnte Salzburg laut Bilanz bei den Fluggästen im Jahr 1938 gegenüber dem Vorjahr eine Steigerung von über 1.700 Passagieren verzeichnen.

Adolf Hitlers JU-52 in Salzburg
Adolf Hitler's airplane in Salzburg

On February 24th 1939 around noon, thick plumes of smoke covered the top of the Gaisberg mountain, as the hotel that was visible from afar had caught on fire. Rumors persisted for a long time that units of the SS had deliberately started the fire to clear the summit plateau for military research. The hotel burned to the ground and was not to be reconstructed.
Hitler made several landings in Salzburg in his official airplane, a JU-52, usually piloted by his pilot, Franz Bauer. Bauer always performed a test takeoff before Hitler went on board.
Under the new leadership air traffic in Salzburg picked up at least temporarily. In its yearly report an increase of more than 1.700 passengers was noted in 1938, compared to the previous year. Still, the new regime had even bigger plans in mind for Salzburg. Among other things a "Gaucenter" was to be constructed on the Kapuzinerberg mountain as a counterweight to the ancient fortress overlooking the city. Also the city's infrastructure had to be improved as fast as possible,

Kritische Blicke der neuen Herren, rechts der neue Flughafenkommandant Gustav Hauck
Questioning glances of the new patrons, to the right the new airport commander, Gustav Hauck

Die neuen Machthaber hatten mit Salzburg aber noch viel größere Pläne, unter anderem sollte auf dem Kapuzinerberg mit dem „Gau-Zentrum" eine Art Gegenburg zur Festung gebaut werden. Aber auch die Infrastruktur, wie etwa der Flughafen, musste schleunigst verbessert werden, lauteten die Signale aus Berlin.

Der Salzburger Flughafen sollte — nach Jahren der Stagnation — im Großdeutschen Reich wieder eine größere Rolle spielen. Auch die Anbindung vom Flugplatz Salzburg zum Obersalzberg musste überdacht werden und sollte schnellstmöglich über Autobahn und Schnellstraße erfolgen. So reagierten die Machthaber in Berlin, als sie erkannt hatten, dass das Flugfeld in Ainring mit dem Anschluss Österreichs an Bedeutung verloren hatte. In einem Brief vom 12. Juni 1939 an den Reichsminister für Finanzen forderte der Reichsminister der Luftfahrt Göring: „*Der Verkehrsflughafen Salzburg muss erheblich vergrößert und ausgebaut werden. Ich beabsichtige eine Flughafengesellschaft zu gründen, an welcher, dem Wunsche der Gauleitung und der Stadt entsprechend das Reich und die Stadt Salzburg beteiligt werden sollen...!*"

Im selben Schreiben findet sich folgender Vermerk: „*Der Ausbau der Flughäfen in der Ostmark ist im Gange. Ebenso wie in Graz soll nunmehr auch in Salzburg die Vergrößerung des Verkehrsflughafens ... in die Wege geleitet werden.*

Berlin decided. After years of stagnation, Salzburg Airport was to play a larger role again within the German Reich. The connection of Hitler's airport to his headquarters on the Obersalzberg had to be redesigned and was to include the construction of a highway as soon as possible. This was the reaction, when the regime in Berlin realized that the airfield in Ainring had lost relevance with the annexation of Austria. In a letter, dated June 12th 1939 to the Reich Finance Minister, the Reich Minister for Aviation made the following demands: "The airport in Salzburg has to be enlarged and improved substantially. I intend to create an airport operations company in which, according to wishes of the local administration and the city, the Reich and the city of Salzburg should participate!". The same letter includes the following remark: "The expansion of airports in the Ostmark (formerly Austria) is progressing. The same way as in Graz, Salzburg should now see an expansion of their airport as well. The Reich-owned airport in Ainring has ceased civil operations and has moved into military control. Therefore it won't be usable to the current extent as an airport for the Obersalzberg. An expansion

Flughafen Salzburg

Schulflug in Koppl, Meinhard Leitich
Training flight in Koppl, Meinhard Leitich

Der unmittelbar bei Salzburg gelegene reichseigene Verkehrsflughafen Ainring ist als Zivilflughafen aufgehoben und an die Truppe übergegangen. Er kann daher – wenigstens nicht mehr in dem bisherigen Umfang – als Flughafen für den Obersalzberg benutzt werden. Ein Ausbau des Flughafens Reichenhall kommt wegen seiner äußerst ungünstigen Lage und seiner geringen Ausdehnungsfähigkeit nicht in Betracht. Infolgedessen bleibt nur der Ausbau des Hafens Salzburg, an dem übrigens wegen des nahegelegenen Obersalzberg auch der Führer besonderes Interesse nimmt!" Beigefügt wurde dem Brief auch gleich der Entwurf eines Gesellschaftsvertrags, der vom Reichsminister für Finanzen umgehend gebilligt wurde. Bemerkenswert ist, dass man das erste Geschäftsjahr rückwirkend, und zwar mit 31. März 1939, beenden wollte. Das Gesellschaftskapital sollte, wie auch bei den Flughäfen von Graz, Innsbruck und Klagenfurt, 100.000 Reichsmark betragen, wovon 80.000 RM als Beteiligung vom Reich und 20.000 RM von der Stadt Salzburg kommen sollten.

(Deutsches Bundesarchiv)

Am 22. Juni wurde die Städtische Flugplatzunternehmung in die Salzburger Flughafengesellschaft m.b.H. umgewandelt und als Geschäftsführer der ehemalige Bürgermeister Richard

of the airport in Bad Reichhall is impossible due to its unsuitable placement and restricted space around it. Therefore an expansion of Salzburg Airport is the only remaining option, an option, in which the Fuehrer is particularly interested, due to the proximity of the Obersalzberg!" Attached to this letter was already a draft for a partnership-agreement which was immediately approved by the Ministry of Finance. Remarkably, the first fiscal year was to be ended retroactively by March 31st 1939. Just like with the airports in Graz, Innsbruck and Klagenfurt, registered capital was supposed to be set at 100.000 Reichsmark, 80.000 of which were to come from the Reich government and 20.000 RM to come from the city of Salzburg.

Already on June 22nd, the municipal airport company was transformed into the Salzburg Airport Operations LLC,. As the CEO of the company former mayor Richard Hildmann was replaced by his successor as mayor Anton Giger.

Immediately after the outbreak of World War II on September 1st 1939 the airport was closed for civilian operations and attached to Air Command XVII in Vienna. As a consequence the gliders had to leave Salzburg Airport and were moved to the

Hildmann von seinem Amtsnachfolger Anton Giger abgelöst.

Unmittelbar nach Kriegsausbruch am 1. September 1939 wurde der Flughafen für den zivilen Luftverkehr gesperrt und dem Luftkommando XVII in Wien unterstellt.

Aus diesem Grund mussten auch die Segelflieger das Salzburger Flugfeld räumen und wurden in die Reichssegelschule für hochalpinen Segelflug nach Zell am See verlegt. Gleichzeitig wurden auch die Lehrgänge im Segelfluglager Koppl erheblich intensiviert.

Im Sommer 1940 nahm in Zell am See die Reichssegelflugschule für hochalpinen Segelflug die vormilitärische Ausbildung des Luftwaffennachwuchses auf. Am 28. August trafen sich am Flugplatz Außenminister Joachim von Ribbentrop und der mit einer italienischen Militärmaschine angereiste Außenminister Graf Ciano, um über die Festlegung neuer Grenzen von Ungarn zu Rumänien zu verhandeln. Am Tag darauf landete Hitler in Ainring, um ebenfalls an den Verhandlungen teilzunehmen.

Am 5. März 1941 wurde im Zuge der Erweiterung des Salzburger Flughafenareals die Sperre des Fahrweges zum Scherzerbauer angeordnet. Eine Werbewoche für die Luftwaffe begann am 23. April mit Vorführungen und zur Schau gestellten Kampf- und Jagdflugzeuge. Für Zivilisten waren ausnahmsweise u.a. Do 225, Hs 126, HE 111 und Fieseler Storch zu besichtigen. Die Salzburger Zeitungen berichteten, dass die Veranstaltung mit einem Standkonzert des Musikkorps

Reich School for Alpine Gliding in Zell am See. At the same time courses in gliding were intensified in the gliding base Koppl.

In the summer of 1940 the Alpine Gliding School in Zell am See started with pre-military training for Luftwaffe cadets. On August 28th the Minister of Foreign Affairs, Joachim von Ribbentrop, and his Italian counterpart, Count Ciano, met on the airfield to discuss the redrawing of borders for Hungary and Romania. On the next day Hitler landed in Ainring to take also part in the negotiations.

On March 5th 1941 an access road into the airport perimeter was closed as part of the scheduled expansion. On April 23rd a weeklong event to promote the Luftwaffe started with an exhibition of fighter planes. As an exception, civilians were able to see among others Do 225, Hs 126, He 111 and Fieseler Storch planes. Newspapers in Salzburg reported that the event was opened with a concert by the marching band of an air base. At the center of the propaganda event was the lecture of the fighter pilot, Lieutenant Gaude, on April 24th, in the famous Salzburg festival theater.

On August 2nd 1941 Goebbels arrived on the airport to formally open the theater festival he had created for the troops. On opening day the head-

Flocke Wulf 200 Condor am Flugplatz Ainring. Bildmitte von links: Georgii, Hitler, Baur
Flocke Wulf 200 Cndor at Airport Ainring: in the middle from left – Georgii, Hitler, Baur

Flughafen Salzburg

Reichspropagandaminister Goebbels wird vom Salzburger Gauleiter Rainer zur Eröffnung der „Soldaten-Festspiele" empfangen
Secretary of Propaganda Goebbels and the Gauleiter of Salzburg Rainer are welcomed at the opening of the Soldiers' Festival

eines Fliegerhorstes eröffnet wurde. Im Mittelpunkt der Werbewoche stand ein Vortrag des Kampffliegers, Oberleutnant Gaude, am 24. April im Festspielhaus.

Am 2. August 1941 traf Reichspropagandaminister Goebbels am Salzburger Flughafen ein, um die von ihm eingeführten „Festspiele für Soldaten" zu eröffnen. Am Eröffnungstag stand es in der Salzburger Landes Zeitung zu lesen: *„Festspiele für unsere Soldaten! 10.000 Männer der Wehrmacht erleben Meisterwerke deutscher Kunst".*

Während sich am Salzburger Flugplatz ein normaler Flugbetrieb entwickelte, ging im benachbarten Ainring die Entwicklung der *„Deutschen Forschungsanstalt für Segelflug (DFS)"* mit größten Anstrengungen weiter. Unter der Leitung von Professor Walter Georgii entwickelte und erprobte man in Ainring militärische Lastensegler für zehn Mann samt Ausrüstung. In der Folge entwickelten die Techniker Raketenantriebe und Steuerungen für die „Wunderwaffen" V1 und V2.

In einem Bericht der Deutschen Revisions- und Treuhand-Aktiengesellschaft Berlin über die bei der Salzburger Flughafengesellschaft mbH. vorgenommenen Prüfung des Jahresabschlusses 1941 zum 31. März 1942 heißt es unter anderem: *„Der für das Berichtsjahr vorgesehene Um- und Ausbau der Startplatte des von der Gesellschaft betriebenen Flughafens konnte aus Mangel an Arbeitskräften und wegen ungenügender Rohstoffzuteilung nur zu einem geringen Teil durch-*

line in the regional newspaper of Salzburg was: "Theater festival for our soldiers! 10.000 men of the Wehrmacht experience masterpieces of German art".

While in Salzburg a certain routine in flight operations set back in, neighboring Ainring continued the development of the "German Research Center for Gliding Aviation" (DFS). Under guidance of Professor Walter Georgii, the facility in Ainring developed and tested a military glider, capable of carrying 10 men and equipment. Subsequently the engineers developed rocket engines and guidance systems for the "wonder weapons" V1 and V2.

In a report prepared by a German auditing firm on the 1941 annual report of the Salzburg Airport Operations LLC, dated March 31st 1942 the following statement was made: "The scheduled conversion and expansion work for the runway of the airport operated by the company, could only be undertaken to a small extent, due to the lack of manpower and insufficient allocation of resources. Of the budgeted RM 15.000 only 3.500 were used. All in all the airport has been a frequent

geführt werden. Von den zur Verfügung stehenden RM 15.000,-- wurden daher nur rd. 3.500,-- verbraucht." ...

"Im übrigen ist der Flugplatz im Berichtsjahr im starken Maße von Schulflugzeugen der Wehrmacht zum Tanken angeflogen worden, so daß der Gesellschaft größere Einnahmen aus der Abgabe von Brennstoff als im Vorjahr zugeflossen sind. Für das neue Jahr ist hier allerdings mit einem größeren Rückgang zu rechnen, da die Benzinzuteilungen für den Flugplatz nur noch gering sind." Die Prüfer bescheinigten den Verantwortlichen ordnungsgemäß geführte Bücher und bestätigten einen erzielten Reingewinn von RM 2.000,--. In dem besagten Geschäftsbericht findet sich dieser bemerkenswerte Passus: *"... Da alle 3 Flughafenbediensteten ständig mit Flugbenzin zu tun haben, dem Bleitetraäthyl beigemengt ist, wurden sie zur Konstatierung allfälliger Bleivergiftungen im März d. J., also vor Beginn des stärkeren Flugverkehrs, ärztlich untersucht und dabei als gesund und der Blutabstrich normal, ohne Anzeichen einer Bleischädigung, befunden".*

(Quelle: Bundesarchiv Berlin)

Am 6. März 1942 übernahm Obermagistratsrat Josef Brenner die Geschäftsleitung der Flughafengesellschaft. Es gelang ihm während des Krieges, den Verkauf des städtischen Grundeigentums an den Reichsfiskus zu verhindern.

Im gleichen Jahr wurde am Flugplatz Zell am See das neue Fliegerheim mit Wirtschaftsgebäude und Hangar in Betrieb genommen.

1943 unterstellte man den Salzburger Flughafen dem Luftgaukommando VII München. Gleichzeitig rüstete man sich gegen Luftangriffe, indem zum Schutz der Stadt Vernebelungsapparate und Fliegerabwehrbatterien aufgestellt wurden.

In einem Geschäftsbericht vom 31. Mai 1943 beschwert sich die Flugplatzleitung über die angespannte Personalsituation: *„... Im Flughafen beschäftigt sind: Der Obermonteur: Rudolf Kusebauch (54 Jahre alt). Die Arbeiter: Mathias Bischofsreiter (64 Jahre alt), Mathias Reisinger (37 Jahre alt). Letzterer wurde am 27. Februar 1943 zur Wehrmacht eingezogen. Diese Einberufung hat den Betrieb empfindlich getroffen, da Reisinger sehr zuverlässig und voll eingearbeitet war, 2 Voraussetzungen, die auf einem solch verantwortungsvollen Posten unbedingt verlangt werden müssen. Ein geeigneter Ersatz für ihn konnte trotz mehrmaliger versuchsweiser Einstellungen nicht gefunden werden. Der Zustand, daß für die Flughafenbedienung nur 2 Mann zur Verfügung stehen, ist auf die Dauer unhaltbar.*

destination for training flights of the Wehrmacht to refuel, therefore the company received more revenue from the distribution of fuel. For the new year a substantial decline is to be expected, however, as the fuel allocations for the airport are very limited." The auditors confirmed proper bookkeeping and a profit of RM 2.000. The aforementioned yearly report also includes a curious passage: "... as all 3 airport employees constantly work with aviation fuel which contains lead, they were subjected to a medical check in March, before the onset of major flight operations, in order to detect possible lead poisonings. All blood tests came back clean, without signs of damage from lead exposure."

On March 6th 1942 municipal advisor Josef Brenner took over as CEO of the Airport Operations company. During the war he managed to prevent a sale of municipal property to the Reich Ministry of Finance. Later the same year, accommodation

Die Flughafenflak
Airport flak

facilities, a maintenance building and a hangar were constructed at the airfield in Zell am See.
In 1943 Salzburg Airport was put under regional Air Command VII in Munich. At the same time preparations against air raids were started, fog machines and Flak batteries were set up to protect the city.

In the 1943-annual report airport management complains about the tight manpower situation: "... Working on the airport are: Mechanic Rudolf Kusebauch (54 years old), the workers Mathias Bischofsreiter (64 years old) and Mathias Re-

Flughafen Salzburg

Wetterdienst-Höhenwindmessung mit Theodolit und Pilotballon
Weather service's upper wind determination with Theodolit and pilot balloon

isinger (37 years old). Reisinger was drafted into the Wehrmacht on February 27th 1943. This hit the operations hard, as he was very reliable and well trained, two conditions, that have to be met in such an important position. A suitable replacement was not to be found even after several attempts. The state that only 2 men are available for the operations of the entire airport is untenable in the long run. Attempts, to get Reisinger's posting at the airport, classified as war critical and have him returned, have so far been unsuccessful, but will not be given up."

A remarkable legal framework was in place for expenses of the airport during the war: "Due to an agreement that the association of airports has concluded with the Luftwaffe, the latter will not pay for services received per se, but will only provide subsidies to the extent to which current expenses are higher than revenue. Losses, due to depreciation, and wear of the facilities used will only be compensated after the end of the war... The transfer to Munich's authority has been smooth after all. The initial fear that the airport in Salzburg could get into a rivalry or dependence with the military airport in Ainring has been proven wrong. In fact, just the opposite occurred, when Hitler decreed in early 1943 that the entire diplomatic and government air traffic for Klessheim and Obersalzberg would be based on Salzburg Airport." Results still turned out to be sobering, however. In 1942 19 government and 1.267 military planes took off and landed, so approximately 1.500 planes less than 1941. As a consequence, less fuel and oil had to be distributed as well.

Airport management noted almost triumphantly that repeated landings of the Fuehrer and other high-ranking officials finally disproved the belief that Salzburg Airport was not even suited for such operations. They were certain that the city and the company would do everything in their power to achieve a wartime expansion for the airfield, particularly for the length and width of the runway and the necessary additional buildings. The management also welcomed the Fuehrer's decision, taken in July 1942, to expand the airport in Salzburg after the end of the war not into a military but into a major civilian airport. "With this the construction of an airport that is appropriate for Salzburg's role as a center

Alle Bemühungen für Reisinger, der gvh ist, die Uk-Stellung zu erreichen, sind bis jetzt ohne Erfolg geblieben; sie werden jedoch nicht aufgegeben."

Bemerkenswert ist die Gesetzeslage, die die kriegsbedingten Abgänge am Flughafen betrafen: *„Aufgrund einer über den Reichsverband Deutscher Flughäfen mit der Luftwaffe getroffenen Vereinbarung leistet diese an die Gesellschaft für die Inanspruchnahme an sich keine Vergütung, sondern leistet nur Betriebszuschüsse in dem Ausmaße, als die laufenden Betriebsausgaben die laufenden Betriebseinnahmen übersteigen. Für Verluste durch Wertminderung, für die Abschreibungen und Abnützungen der in Anspruch genommenen Anlagen wird die Gesellschaft erst nach Beendigung des Krieges nach Zurückziehung der Anforderung entschädigt werden. ... Die Umstellung auf München hat sich in jeder Beziehung reibungslos und glatt vollzogen. Die anfänglich, auf Grund gewisser Anzeichen gehegte Befürchtung, es werde durch die Regelung etwa der Salzburger Flughafen gegenüber dem Militärflughafen in Ainring in eine unerwünschte Rivalität oder gar Abhän-*

gigkeit geraten, hat sich bis jetzt als unbegründet erwiesen. Im Gegenteil, gerade zu Beginn des Betriebsjahres 1943 trat eine für die Entwicklung des Salzburger Flughafens entscheidende Wende ein, indem seit dieser Zeit über Befehl des Führers der gesamte Diplomaten- und Regierungsverkehr für Klessheim und Obersalzberg über dem Salzburger Flughafen abgewickelt wurde".

Die Bilanz allerdings war ernüchternd: Im Geschäftsjahr 1942 sind 9 Regierungsmaschinen und 1267 Militärmaschinen gelandet und gestartet; das sind um rund 1.500 Maschinen weniger als im Jahre 1941. Dementsprechend wurde auch weniger für Benzin und Öl ausgegeben.

(Quelle: Bundesarchiv Berlin)

Nahezu triumphierend vermerkten die Flughafenbetreiber in dem Bericht, dass die wiederholten Landungen des Führers und anderer hoher Persönlichkeiten das Vorurteil ausgeräumt hätten, der Salzburger Flughafen sei für solche Landungen überhaupt nicht geeignet.

Man beschwor, dass die Stadt und die Gesellschaft alles daransetzen würde, um trotz der Kriegsgeheimnisse einen vorläufigen kriegsmäßigen Ausbau des Flugplatzes durchzuführen und alles, was an Länge und Breite der Rollbahn und an Gebäuden und Einrichtungen fehlt, zu ergänzen. Nachträglich begrüßte die Flugplatzleitung in ihrem Bericht das bedeutendste Ereignis seit dem Umbruch, die bei der letzten Generalversammlung im Juli 1942 gefällte Entscheidung des Führers, den Salzburger Flughafen nach Kriegsende nicht als Militärflughafen, sondern als zivilen Verkehrsflughafen auszubauen. *„Damit ist dem von der Stadt seit jeher angestrebten Ziel, der Schaffung eines der Bedeutung Salzburgs als Fremdenverkehrszentrum angemessenen Verkehrsflughafens, der zugleich auch mit Rücksicht auf Obersalzberg und Klessheim, Regierungs- und Diplomatenflughafen sein soll, freie Bahn gegeben worden."*

(Quelle: Bundesarchiv Berlin)

Der propagierte Endsieg war mittlerweile vollkommen unrealistisch geworden, an die vielgepriesene, vernichtende Wirkung der deutschen Wunderwaffen glaubten nur mehr die Hardliner. Am 16. Oktober 1944 bombardierten amerikanische Flugzeuge erstmals die Stadt Salzburg. 244 Tote waren damals zu beklagen, Salzburg sollte jedoch das Ziel von weiteren 14 Angriffswellen werden, bei denen an die 6.000 Bomben fielen. Insgesamt mussten bis zum Kriegsende 531 Todesopfer und stark oder gänzlich beschädigte

Im Vordergrund das Gaisbergplateau, darüber am Stadtrand der Flugplatz mit Scherzerwald (l.) und Bischofswald (r.)
In the front the the plateau of the Gaisberg, above at the border of the city the airport with the Scherzer forest (left), and Bischof forest (right)

of tourism as well as for the needs of a diplomatic and government airport for Obersalzberg and Klessheim is finally possible."

The desired final victory had become completely unrealistic by now, however, the decisive, destructive impact of the new German "wonder weapons" was a propaganda lie that only diehard Nazis were willing to believe at this point. On October 16th 1944 American planes for the first time targeted Salzburg with bombs. 244 dead were the result, but Salzburg was to be the target of another 14 attacks, with a total of about 6.000 bombs dropped. All in all 531 people died until the end of the war and many buildings were destroyed or severely damaged. The airport however escaped unscathed, only innumerable unexploded bombs especially around the train station continue to pose a permanent danger, even today.

The area around Salzburg was to be the scene for final attempts of resistance during the war. For some time three night fighters operated out of Salzburg to protect the skies over Munich. In a final surge the production of airplane engines was started in a newly-built tunnel south of Hallein. In Abtenau a Manganese mining operation was planned.

Even though the airport seemed unimportant militarily the surface area was expanded to 80 hectares and the runway was converted to a concrete surface, measuring 60 by 1.200 me-

Gebäude verzeichnet werden, der Flughafen allerdings blieb vollkommen unbehelligt. Unzählige Blindgänger, vor allem im Bereich des Hauptbahnhofs, verursachen als latente Gefahr bis heute Probleme.

Der Raum Salzburg war Schauplatz letzter Kriegsanstrengungen. Vom Flughafen stiegen eine Zeitlang drei Nachtjäger auf, um den Münchner Luftraum abzusichern. Als letztes Aufbäumen wurde im neu ausgebrochenen Bergstollen im Süden von Hallein die Produktion von Flugzeugmotoren aufgenommen (Grill-Werke), und bei Abtenau war der Betrieb eines Manganbergwerks geplant.

Trotzdem der Salzburger Flughafen militärisch als unbedeutend galt, wurde als letzte Maßnahme das Flugfeld auf 80 Hektar erweitert und die Start- und Landepiste im Ausmaß von 60 Meter Breite und 1.200 Meter Länge betoniert. Errichtet wurden auch ein großer Hangar mit 35 Meter Frontlänge in der Nähe des Kugelhofs und ein kleinerer Hangar beim Karolingerwald, die Flugsicherungsanlagen wurden optimiert und das Treibstofflager auf 50.000 Liter erweitert. Zusätzlich hatte man eine betonierte Rollpiste zu getarnten Flugzeugabstellplätzen im Scherzerwald (zwischen Eichet und Kendlersiedlung) hergestellt.

Der Salzburger Flugplatz war in den letzten Kriegstagen weniger Regierungsflughafen, als Anlaufstation kriegsmüder NS-Parteigrößen, die den „Endkampf" aus sicherer Entfernung erleben wollten. Generäle, Piloten und andere NS-Funktionäre waren gelandet und hatten ihre ehemals kriegswichtigen Flugzeuge in Salzburg abgestellt. Abgestellt wurden auch 26 Turbo-Jäger vom Typ Me 262, die ersten Düsenflugzeuge des Jagdbomberverbandes 44, wobei einer davon nach der Landung unsanft von einem Kieshaufen abgebremst wurde. Er entging somit dem Schicksal der restlichen 25 Jagdbomber, die alle von Soldaten gesprengt wurden. Angeblich hatte ein einziger SS-Soldat vor den anrückenden Amerikanern die Maschinen mit Handgranaten in die Luft gejagt. Die übriggebliebene Maschine wurde später von den Amerikanern zerlegt und in die USA verbracht. Noch Wochen nach Kriegsende stand am Flugplatz ein viermotoriges deutsches Kampfflugzeug vom Typ Junkers Ju 290, und gegen Gois zu lagerte ein erbeuteter amerikanischer Liberator B 24 Bomber, der später am Flughafenrand ausgeschlachtet wurde. Auch in Zell am See gab es kurz vor Kriegsende regen Flugbetrieb, wo bereits am 20. April Marschall Kesselring das Hauptquartier der Heeresgruppe West nach Ma-

ters. A new hangar measuring 35 meters in the front near the Kugelhof, was built in addition to a smaller one at the Karolingerwald forest. Air traffic control was also optimized and fuel storage increased to 50.000 liters. A concrete path was constructed to camouflaged aircraft shelters in the Scherzerwald forest.

During the last days of the war Salzburg was less a government airport but more a destination for high-raking Nazi officials that wanted to watch the last stand of Hitler's Reich from a safe distance. Generals, pilots and others landed in Salzburg and left their formerly war-critical aircraft in Salzburg. Among those were 26 jet fighters Me 262, the first jet planes of Fighter Bomber Squadron 44. One of these jets landed in a pile of gravel and thereby escaped the fate of the other 25 which were all blown up. Reportedly one SS soldier destroyed them all with hand grenades ahead of the approaching Americans. This one plane, relatively intact, was then disassembled and shipped to the U.S. Weeks after the war a four-engine bomber Junkers Ju 290 was still parked on the tarmac in addition to a captured American B-24 Liberator bomber, which was later scrapped on the edge of the airfield.

Also Zell am See saw busy activity before the war came to an end, already on April 20th Marshall Kesselring had moved the headquarters of the Army Group West to Maria Alm. A few days before the end the Wehrmacht High Command was set up in Niedernsill, where the commanders Keitel, Jodl, Schorner and other leaders of politics awaited the end of the Third Reich.

On April 25th 1945 the American bombardment of the Obersalzberg was visible from Salzburg, the next night Freilassing fell victim to a hail of bombs. Salzburg was also bombarded in large areas, but no bombs hit the airport. In 15 American bombing runs on Salzburg, that started in October 1944, the dome and almost half of the houses in the city were destroyed. A complete destruction was averted when the moderate governor Gustav Scheel and local military commander Colonel Hans Lepperdinger negotiated a surrender of the city to American troops against orders from high command. This offer was extended by Lepperdinger on May 4th on the railway bridge over the Saalach in Freilassing. Around 10 am the first American tanks entered the city on the Maxglaner Hauptstraße and through the Neutor gate. With the surrender of the Wehrmacht on May 8th 1945 Salzburg Airport was officially taken over by the Americans. An epilog took place in Zell am See, where on this 8th of May Captain

1930 bis zum Ende des Zweiten Weltkriegs

ria Alm verlegte. Noch wenige Tage vor Kriegsende, am 28. April 1945 war das Oberkommando der Wehrmacht in Niedernsill untergebracht, in dem die ehemals so stolzen Befehlshaber Keitel, Jodl, Schörner und andere wichtige Größen der Politik das Ende des Dritten Reiches erwarteten.
Am 25. April 1945 konnte man bei bester Sicht von Salzburg aus das Bombardement der amerikanischen Luftwaffe auf den Obersalzberg beobachten, und in der darauffolgenden Nacht versank Freilassing im Bombenhagel. Zwischendurch wurde auch Salzburg großflächig bombardiert, aber keine einzige Bombe fiel auf den Flughafen. Die 15 Bombenangriffe der Amerikaner auf die Stadt Salzburg, die im Oktober 1944 einsetzten, zerstörten den Dom und beinahe die Hälfte aller Wohnobjekte. Die gänzliche Zerstörung konnte verhindert werden, indem der gemäßigt agierende Gauleiter, Gustav Scheel, und der Kampfkommandant, Oberst Hans Lepperdinger, gegen den Widerstand der Heeresführung die kampflose Übergabe der Stadt Salzburg an amerikanische Truppen durchsetzten.
Am 4. Mai überreichte Lepperdinger an der Eisenbahnbrücke über die Saalach bei Freilassing den Amerikanern das Friedensangebot einer kampflosen Übernahme der Stadt.
Gegen 10 Uhr morgens fuhren die ersten amerikanischen Panzer über die Maxglaner Hauptstraße und durch das Neutor in die Stadt. Mit der Kapitulation der deutschen Wehrmacht am 8. Mai 1945 wurde der Salzburger Flugplatz auch offiziell von den Amerikanern übernommen. Ein Nachspiel gab es noch in Zell am See, als an eben diesem 8. Mai Flugkapitänin Hanna Reitsch mit dem letzten Oberbefehlshaber der deutschen Luftwaffe, Feldmarschall Ritter von Greim, landete, bevor auch dort das amerikanische Fallschirm-Infanterie-Regiment 506 den Flugplatz mit den abgestellten deutschen Kriegsflugzeugen übernahm. Feldmarschall Greim wurde verletzt in ein Salzburger Lazarett überstellt und beging dort Selbstmord.

Fallschirm-Übungssprung
Parachute training jump

Hanna Reitsch landed with the last commander of the Luftwaffe, Field Marshall Ritter von Greim. Subsequently also this airfield together with the parked planes was taken by the American 506th Parachute Infantry Regiment of the 101st Airborne Division. Field Marshall Greim was moved to a field hospital in Salzburg where he committed suicide.

Flughafen Salzburg

Kurze Stagnation nach dem Krieg
Short stagnation after the war

Mit der Kapitulation am 8. Mai 1945 übernahm die amerikanische Armee den Flugplatz und bewachte den zurückgeblieben und kaum beschädigten Messerschmitt Me 262 Düsenjäger, um ihn später in zerlegtem Zustand für Studienzwecke in die USA zu transportieren. Ähnlich verfuhr die US-Army mit einem in Zell am See beschlagnahmten Hubschrauber WNF 342. Bei dem Prototyp handelte es sich um einen Doblhof-Helikopter, dem ersten flugfähigen, mit Düsen angetriebenen Rotor.

Noch im Sommer begann sich in Salzburg die bisher gleichgeschaltete Medienlandschaft neu zu formieren. Mit Unterstützung der 12. US. Heeresgruppe erschien am 7. Juni die erste Ausgabe der Salzburger Nachrichten. Nach und nach kamen ehemals Vertriebene in ihre Heimat zurück, jedoch weit bedächtiger, als einstige Nationalsozialisten das Land verließen. Ein verdienter Heimkehrer war der ehemalige Landeshauptmann Franz Rehrl, der am 10. August aus der Berliner Haft, gesundheitlich schwer angeschlagen, nach Salzburg zurückkehrte, wo er am 23. Jänner 1947 verstarb. In der Zwischenzeit (Oktober 1945) versuchte die amerikanische Militärregierung alle noch verfügbaren Forscher und Techniker der Deutschen Luftwaffe aufzuspüren, denn die

With the unconditional surrender on May 8th the U.S. Army took over control of the airfield and guarded the remaining and barely damaged Me 262 jet fighter to move it later to the U.S. to study its technology. Similar procedures were put in place for a helicopter type WNF 342 that had been seized in Zell am See. This was a prototype for the Doblhof helicopter, with the first airworthy, jet-powered rotor.

Still in the summer Salzburg's media diversity which had been under government control, began to re-emerge. With support from the 12th US Army Group the first edition of Salzburger Nachrichten was published on June 7th. Very gradually displaced persons returned to their homes, at a much slower pace, however, than the Nazis leaving the country. Among the ones returning was former governor Franz Rehrl, who returned from imprisonment in Berlin on August 10th but with heavily deteriorated health. He died in Salzburg on January 23rd 1947. In the meantime (October 1945) the American Military Government tried

Eine Me 262 fiel den Amerikanern am Salzburger Flugplatz fast unbeschädigt in die Hände
A Me262 was captured by the Americans totally intact at Salzburg Airport

Me 262 – „Schwalbe" in Lechfeld 1944/45
Me 262 – "Swallow" ("Schwalbe") at Lerchfeld, 1944/45

Fähigsten unter ihnen sollten in den USA an der Weiterentwicklung der Luftfahrt mitwirken.

Wie nach dem Ersten Weltkrieg musste Österreich auch nach dem verlorenen Zweiten Weltkrieg heftige Einschnitte hinnehmen. Der Alliierte Rat, bestehend aus den Hoch-Kommissaren aller Alliierten Parteien, erließ am 10. Dezember 1945 für alle österreichischen Staatsbürger ein generelles Luftfahrtverbot. Damit waren auch Konstruktion, Bau, Betrieb und Besitz von Motor- oder Gleitflugzeugen untersagt.

Zwischenzeitlich hatte man auf dem Salzburger Flughafen, der nun als Salzburger Airport geführt wurde, die Kriegsreste beseitigt und ihn wieder betriebsbereit gemacht. Bei dem Absturz eines amerikanischen Jagdflugzeuges in Leopoldskron kam am 25. Oktober der Pilot ums Leben.

Der militärische Flugbetrieb der Amerikaner war in den Nachkriegsmonaten sehr gering, lediglich einige, hier stationierte einmotorige Verbindungs-Flugzeuge benützten fallweise den Flughafen. Manchmal erschien sogar eine zweimotorige DC-3 am Flugplatz, eine davon ging während der Landung in Flammen auf, doch die Passagiere blieben unverletzt. Ein von den Amerikanern bewilligter, sogenannter Keuchhustenflug, endete sowohl für den kranken Buben, als auch für seinen Vater und den Piloten tödlich, nachdem ihr Flugzeug, ein Fieseler Storch, am Hohen Göll abgestürzt war.

their best to find all remaining engineers and technicians of the Luftwaffe in order to send the best among them to the U.S. to assist in aviation development.

Just like after the First World War Austria had to face severe terms. The Allied Council comprised of high commissioners from all allied powers issued a general aviation ban for all Austrian citizens on December 10th 1945. With this all design, construction, operation and ownership of powered or unpowered aircraft were banned.

In the meantime all remains of the war had been removed from the airfield in Salzburg which was now officially operating as Salzburg Airport. On October 25th the crash of an American fighter plane in Leopoldskron cost the pilot his life.

American military operations remained very limited in the first months after the war, only some single-engine liaison aircraft occasionally used the airport. Sometimes even a twin-engine DC-3 appeared on the airport, one of them even went up in flames upon landing, but the passengers remained unharmed. Another so-called "whipping cough flight" that had been approved by the Americans, however, ended in tragedy for the sick boy as well as his father and the pilot, when their plane, a Fieseler Storch, crashed on the Hohen Göll mountain.

„Werden wir fliegen?"

Diese Frage stellte das Demokratische Volksblatt am 24. Mai 1946 zur Zukunft des österreichischen Flugverkehrs in seiner Glosse: *„Österreich kann seinen Bürgern und Handelspartnern den wirtschaftlichen Vorsprung, den das heute schnellste Verbindungs- und Transportmittel des Luftverkehrs bietet, nicht vorenthalten. Wie gut unterrichtete Kreise nun verlauten, besteht größte Gefahr, dass dem österreichischen Volk die eigenen Flugplätze und Luftverkehrschancen völlig entgleiten und durch die Invasion ausländischen Kapitals für alle Zukunft der eigenen Nutzung entzogen werden..."*

Von den Alliierten wurde die Salzburger Flughafengesellschaft m.b.H. auf Grund des hohen reichsdeutschen Kapitalanteils dem deutschen Eigentum hinzugerechnet. Obermagistratsrat Josef Brenner, der seit 1942 als Geschäftsführer tätig war, wurde per Dekret von der amerikanischen Militärregierung am 17. Juli 1946 zum öffentlichen Verwalter bestellt. Von den Amerikanern eingesetzt, gelang es ihm sogar, von ihnen eine Miete für die Flugplatzbenützung zu erlangen.

Die Folgen des verlorenen Krieges spürte die Zivilbevölkerung immer wieder. So mussten ab September 1946 wegen fehlender Reifen die Verkehrsbetriebe der Stadt an Sonntagen den Obusverkehr vorübergehend einstellen.

Im Oktober 1946 kam der Oberbefehlshaber der alliierten Truppen in Europa und spätere Präsident der USA, Dwight D. Eisenhauer in die „Hauptstadt" der US-Zone Österreichs. Der General inspizierte die Einrichtungen der Besatzungsmacht.

Den zivilen Flugverkehr nach Kriegsende in Österreich eröffnete „*PAN AMERICA WORLD AIRWAYS*" (PAA) mit der Erstlandung am 16. Juli 1946 in Tulln-Langenlebarn. Eine Douglas DC-3 der gleichen Fluggesellschaft landete als erstes ziviles Verkehrsflugzeug ein Jahr später, am 10. August 1947 mit Festspielgästen in Salzburg. Begrüßt wurden die Kulturfreunde von Bürgermeister Anton Neumayr. Er wünschte sich weitere Flüge von Brüssel nach Salzburg. Auch der englische Alpenverein unternahm ab Herbst einige Flüge nach Salzburg, Innsbruck und Klagenfurt. Die Sportler reisten mit einer viermotorigen Avro 685 York der Skyways Fluggesellschaft von London an. Nicht immer waren die ankommenden Passagiere bester Laune. Ein rumänisches Verkehrsflugzeug einer Sowjet-Rumänischen Luftfahrtlinie landete am 17. Juni 1948 mit 20 Passagieren und Besatzung

Will we fly?

This question was asked by the Democratic People's Newspaper on May 24th 1946 about the future of aviation in Austria in a commentary. "Austria cannot withhold the economic advantage that is created through the fastest means of transportation offered by air travel for her citizens or her trade partners. As well-connected individuals have indicated, there is a grave danger that the Austrian people could lose control over their airfields and future opportunities in air travel entirely. An invasion of foreign capital could remove these facilities from our own use for all future..."

The Allies counted the Salzburg Airport Operations company as German property due to the high German equity stake in the company. Municipal advisor, Josef Brenner, who had been CEO since 1942, was appointed as public administrator by decree of the American Military government on July 17th 1946. Appointed by the Americans he was even able to receive service fees for them using the airport.

The aftermath of the war caught up with the civil population time and time again, for instance from September 1946 the public transport company had to suspend bus operations on Sundays, due to a lack of tires.

In October 1946 the Supreme Commander of Allied Forces in Europe, future U.S. president Dwight D. Eisenhower visited the "capital" of the U.S.-occupied zone of Austria. The general inspected the facilities of the occupation forces.

Civil aviation in Austria after the war was restarted by Pan American World Airlines (PanAm) by landing in Tulln on July 16th 1946. A year later, on August 10th 1947, a Douglas DC-3 of the same airline landed with guests for the Salzburg Festival Theater. These culturally interested guests were welcomed by Mayor Anton Neumayr, who also wished for more flights from Brussels to Salzburg. Also the British Alpine Club undertook several flights to Salzburg, Innsbruck and Klagenfurt starting in fall. The mountaineers travelled with a four-engine Avro 685 York of Skyways Airlines from London. Passengers were not always in the best mood in these days. A Romanian plane of a Soviet-Romanian airline landed at the airport on June 17th 1948 with 20 passengers and crew. Two refugees wished for a return to Romania.

Apart from the landing of a British airliner on May 30th with the musicians of an orchestra and the departure of Jewish refugees for Palestine in

Hochkommissar General Mark W. Clark (r.) begrüßt den obersten Befehlshaber der Alliierten Streitkräfte in Europa, General Dwight D. Eisenhower(l.), am Salzburger Flughafen, 2. September 1946

High commissioner General Mark W. Clark (right) welcomes the highest ranking officer of the Allied Forces in Europa, General Dwight D. Eisenhower (left), at Salzburg Airport on September 2nd, 1946

auf dem Maxglaner Flughafen. Zwei der Flüchtlinge wünschten sich eine Rückkehr nach Rumänien. Außer der Landung einer englischen Verkehrsmaschine am 30. Mai mit den Musikern eines Orchesters und der Abreise jüdischer Flüchtlinge nach Palästina im November waren 1948 keine weiteren zivilen Flugbewegungen zu verzeichnen. Den Flugsicherheitsdienst der militärischen Luftfahrt betreuten mit Fritz Heusch und Reinhard Spatzek, zwei Österreicher, die von den Amerikanern ab Mitte Juli eingesetzt worden waren.

Am 13. Dezember 1948 beschloss die Salzburger Landesregierung, im Einvernehmen mit der Stadtgemeinde, die Fusionierung der Flughafenverwaltung als Liegenschaft und der Salzburger Flughafen ges.m.b.H. Diese Maßnahme sollte umgesetzt werden, falls die Bemühungen der österreichischen Bundesregierung um eine Wiederaufnahmen des Zivilflugverkehrs nicht mehr an der Ablehnung der Russen scheitern würden. Das Verbot der zivilen Luftfahrt erhielt nach und nach Risse, denn am 5. September startete die Jugend Salzburgs — mit Genehmigung der Amerikaner — vom Gaisberg aus den ersten Österreichischen Modellflug-Nachwuchswettbewerb nach dem Krieg, und im November stieg mit Billigung der Alliierten für die Österreichische Kinderdorfvereinigung „Pro Juventute" der Freiballon HB-BIS Helvetia in Vöcklabruck zum ersten Ballonpostflug nach dem Krieg auf.

Die Benützungsbewilligung für den Salzburger Flughafen wurde am 24. August 1949 mit Bescheid des Bundesministeriums für Verkehr und verstaatlichte Betriebe erteilt. Nachdem die Alliierten auch die „Civil Aviation Regulations" erlassen haben, war die Benützung militärisch besetzter Flughäfen in den Bundesländern durch ausländische Fluggesellschaften gewährleistet. In Salzburg waren sowohl für die Flugsicherung als auch für die Gesamtaufsicht die US-AIR FORCES verantwortlich, für den Bodendienst und die Abfertigung des zivilen Flugbetriebes mussten vorerst die Luftverkehrsgesellschaften selbst sorgen.

November, no civil operations were registered for 1948.

Air traffic control for military aviation was performed by two Austrians, Fritz Heusch and Reinhard Spatzek, who had been appointed by the Americans in mid-July.

On Decmber 13th 1948 the regional government of Salzburg, together with the city government, decided to merge administration of the property on which the airport was with the Airport Operations Company. This measure was to take place as soon as the attempts of the Austrian Federal Government to recommence civil aviation in Austria would not be blocked by Soviet veto any more. The ban on civil aviation was beginning to fracture more and more, on September 5th the youth of Salzburg started the first Austrian postwar youth model airplane competition on the Gaisberg, under permission from the Americans. In November the first postwar postal balloon flight took place in Vöcklabruck, under permission of the Allies and benefitting the charitable children's village association "Pro Juventute".

The operating permit for Salzburg Airport was issued on August 24th 1949 by the Federal Ministry for Traffic and Nationalized Businesses. After the Allies had passed "Civil Aviation Regulations", the use of military-occupied airports in the regions

Flughafen Salzburg

*Die erste Gruppe jüdischer Emigranten wird von Salzburg nach Israel geflogen,
25. November 1948*
The first group of Jewish immigrants is transported from Salzburg to Israel on November 25th, 1948

Geschäftsführer Josef Brenner verhandelte mit den Amerikanern, um die für die Abfertigung erforderlichen Räumlichkeiten in der Wehrmachtsbaracke zu erhalten.
Der Alliierte Rat genehmigte am 22. Dezember 1949 die Wiederaufnahme des Segelflugs, *„da sie keine Gefahr für die Besatzungstruppen bedeuten"*. Im darauffolgenden Jahr wurden deshalb mehrere Fliegervereine gegründet, so etwa der Luftsportverein Zell am See, der Österreichische Flugsportverband oder der Österreichische Aero-Club-Landesverband Salzburg. Noch während der amerikanischen Besatzungszeit wurde also der Salzburger Flughafen wieder Teil der internationalen Luftfahrt. Obwohl österreichische Motorflüge strikt untersagt waren, konnte 1954 mit Einverständnis der US-Militärregierung die Pilotenausbildung für den Wiederaufbau der zivilen Luftfahrt in Österreich aufgenommen werden.

by foreign airlines became possible. In Salzburg both air traffic control as well as overall control was in the hands of the U.S. Air Forces, while ground services and operating of civil air traffic was left to the airlines themselves for now. Director Josef Brenner negotiated with the Americans to get the necessary rooms in the old Wehrmacht barracks.
On December 22nd the Allied Council approved the resumption of gliding aviation as they "posed no threat to occupation forces". The following year several air sports associations were founded, for instance the air sports association Zell am See, the Austrian Air Sports Association or the Austrian Aero Club Regional section Salzburg. Still during American occupation Salzburg Airport became part of international aviation again. Even though Austrian powered aviation was strictly banned, under agreement with the U.S.-military government pilot training was resumed in 1954 to enable the reconstruction of civil aviation in Austria.

Erste Linienflüge nach Salzburg

First scheduled flights to Salzburg

Nachdem die belgische Fluglinie SABENA am 17. Juni 1950 ihren regulären Liniendienst von Brüssel über Frankfurt nach Salzburg aufgenommen hatte, eröffnete sie am 16. Dezember des gleichen Jahres ein Stadtbüro beim Mönchsbergaufzug. 1950 nahm auch die niederländische KLM den Liniendienst zwischen Amsterdam und Salzburg über Innsbruck auf. Die Schweizer SWISSAIR folgte dann am 26. Mai 1951 und hielt ihren Liniendienst bis zu ihrem Konkurs im September 2001 aufrecht.

Die Entwicklung der Luftfahrt in Salzburg lief auf Hochtouren. Am 28. Mai 1950 fand die Segelflug-Premiere am Gaisberg mit einer vom Luftsportverband organisierten, zehntägigen Veranstaltung statt. Dazu wurden am Residenz- und am Mirabellplatz Segelflugzeuge ausgestellt. Höhepunkt war der erste Start eines Segelfliegers vom Gaisberg nach dem Krieg, mit Hans Wolf in der Pilotenkanzel. Am 28. Juli begann in Salzburg der „*Erste Österreichische Luftfahrertag*", und am 8. Oktober bildete das Segelflieger-Treffen am Gaisberg den Saisonabschluss. Das Hochleistungs-Segelflugzeug „*Olympia Meise*" wurde eingeweiht und danach erfolgte der erste Start.

After the Belgian airline SABENA started their regular service from Brussels to Salzburg via Frankfurt on June 17th 1950 it also opened a city office at the elevator to the Mönchsberg in December. Also in 1950 the Dutch airline KLM started service to Salzburg from Amsterdam via Innsbruck. Swiss Swissair followed suit on May 26th 1951 and maintained its connection until going bankrupt in 2001.

The development of aviation in Salzburg was not to be stopped again, for instance on May 28th 1950 gliding celebrated its postwar premiere on the Gaisberg during a 10-day event, hosted by the local air sports association. Gliders were on public display on Mirabell and Residenz squares. The highlight was the first takeoff of a glider on the Gaisberg after the war, with Hans Wolf in the cockpit. The "First Austrian Aviator's Day" on July 28th and the glider's meeting on October 8th respectively started and ended the season. The high-performance glider "Olympia Meise" was inaugurated and then took off.

Erste Landung der KLM
First landing of KLM

Flughafen Salzburg

1950 Salzburg wird das „Tor zur Welt"
1950 Salzburg becomes the „gate to the world"

Salzburg schaffte den Wiedereinstieg in den europäischen Linienflugverkehr noch vor den anderen Bundesländerflughäfen in Österreich. Die belgische Luftverkehrsgesellschaft *SABENA*)* erhoffte sich mit der Verlängerung ihrer Linienflüge von München nach Salzburg gute Auslastungen ihrer Überseeflüge ab Brüssel und Amsterdam. War Salzburg doch der zentrale Behördensitz der amerikanischen Besatzungsmacht.
Belgische Touristen und Luftfracht waren ebenso Teile der Geschäftsprognose.

Salzburg achieved reentering European domestic aviation business before any other Austrian province. The Belgian airline *SABENA*)* anticipated increasing passenger volumes for transatlantic air services from Brussels and Amsterdam when extending domestic service from Munich to Salzburg. After all, Salzburg was the main office of the American occupying forces. Belgian tourists and air freight were also part of the business prospects.

Erster Anflug der SABENA
First landing of SABENA

1950 bis 1960

Am 17. Juni 1950 war es dann soweit, als in Anwesenheit zahlreicher begeisterter Besucher erstmals eine viermotorige *DC-4* landete. Danach flog *SABENA* ab Juli zweimal wöchentlich mit einer *DC-3* und einer *Conviar 240* die Stecke Brüssel—Frankfurt—München—Salzburg bis zum 21. Oktober. Der Ticketpreis für einen einfachen Flug betrug damals stolze 650 Schilling.

In der Zwischenzeit musste der Flughafen wieder einmal als Paradeplatz für die amerikanischen Besatzer herhalten. Am 12. Oktober verabschiedeten die hier stationierten Amerikaner am Flughafengelände General Keyes, den US-Hochkommissar für Österreich. Zum Zeichen ihrer Stärke marschierten ganze Regimenter auf, Jeeps, schwere Lastautos und 36 Panzer machten der Piste des Flughafens schwer zu schaffen. Als Krönung flogen vier Jagdstaffeln im Tiefflug über die Tribüne. Auch die Militärmusik hatte ihren Auftritt, sie spielte einen Wiener Walzer.

Bis Ende Oktober wurden in Salzburg 91 Landungen mit 2.445 Fluggästen registriert, zu denen auch das Londoner Reisebüro INGHAM einen erheblichen Anteil beitrug, indem es viele englische Charterfluggäste nach Salzburg brachte. Zur Festspielzeit zählten die Landungen von französischen, holländischen und Schweizer Sonderflugzeugen bereits zur Tradition.

*) Soci`et`e Anonyme Belge d'Explotiation de la Navigation A'erienne

DC-3

On June 17th, 1950, a four-engine *DC-4* landed in the presence of numerous enthusiastic spectators for the first time. Thereafter, *SABENA* serviced the route Brussels—Frankfurt—Munich—Salzburg with a *DC-3* and a *Conviar 240* twice weekly until October 21st. Back then the price for a one-way ticket to Salzburg amounted to rather remarkable 650 Austrian Schillings.

In the meantime, the airport had to serve as parade grounds for the American occupying forces. On October 12th, the locally stationed American Forces saw off General Keyes at the airport who was the US High Commissioner for Austria. In support of their power, whole regiments, Jeeps, heavy trucks and 36 tanks paraded which all damaged the runway of the airport. As main attraction, four fighter squadrons flew over the stands at low altitude. Even military music had an appearance by performing a Viennese waltz.

Until the end of October, 91 airplane landings with 2,445 passengers on board were registered in Salzburg. The London travel agency INGHAM contributed considerably through several British charter flights to Salzburg. For the Salzburg Festival, French, Dutch and Swiss special flights were already tradition.

*) Societé Anonyme Belge d'Explotiation de la Navigation Aérienne

1951 Ein Schweizer Zwischenspiel

1951 A Swiss interlude

Zu Jahresbeginn setzte die Abteilung für zivile Luftfahrt, korrekt *„Civil Aviation Branch"* des *US Commissionier of Austria* mit Hans Meßner erstmals einen österreichischen Civil-Airport Administrator ein, der im Juli seinen Dienst antrat. Nach einer, vor den Russen getarnten Einschulung, bei PAA*) in Langenlebarn und dem österreichischen Amt für Luftfahrt, war es Österreichern gestattet, in Salzburg und Linz als Verwalter des zivilen Luftverkehrs tätig zu sein. Für die Abwicklung jedoch waren die Amerikaner selbst zuständig.

Die *SAS**)* bescherte am 22. Februar mit ihrem Erstflug von Linz nach Rom dem dritten Bundesländerflughafen eine Auslandsverbindung. Bereits im Vorjahr konnte sich Innsbruck über Wochenendflüge der *KLM***)* zum Saison Wochenende zwischen Innsbruck und Amsterdam freuen. Im *SABENA*-Sommerflugplan standen ab 15. April wöchentlich zwei Kurse Salzburg–München–Frankfurt–Brüssel zur Auswahl und am 26. Mai landete erstmals eine *DC-3* der *SWISSAIR* zur Aufnahme des Saisondienstes Zürich–Innsbruck–Salzburg mit der Verlängerung bis Linz. Die Strecke Salzburg–Zürich konnte man um 580.- Schilling buchen.

Die amerikanischen Militärs feierten am Tag der US-Army wieder einmal Mal sich selbst und luden mit Josef Klaus und Heinrich Gleißner die Landeshauptleute von Salzburg und Oberösterreich ein, an dem Spektakel teilzunehmen. Erstmals überflogen auch amerikanische Düsenjäger Salzburg. Österreichische Piloten durften aber nur vom Boden aus zusehen, bestenfalls die Landschaft vom Segelflieger aus betrachten.

Schwierige Verhandlungen mit den US-Besatzern führten wenigstens zur Zustimmung der Flugplatzbenützung in Zell am See. Am 18. August veranstaltete der Welser Segelfliegerclub auf dem Alpenflugplatz in Zell am See eine Flugleistungs- Woche. Die Salzburger Segelflieger transportierten zu diesem Anlass ihren alten Hangar vom Gaisberg zum Alpenflughafen, wo sie ihn bis 4. November in mühevoller Kleinarbeit am Ostrand des Flugplatzes in Zell am See wieder

At the beginning of the year, the *Civil Aviation Branch* of the *US Commissioner for Austria* employed with Hans Messner an Austrian as civil airport administrator in July. Following training, hidden from the Russians, by PAA*) in Langenlebarn and through permission from the Austrian Aviation Administration, Austrians could serve in administrative positions for civil aviation in Salzburg and Linz. Operations were still the responsibility of the Americans.

The *SAS**)* granted an international connection to the third provincial airport with a first flight from Linz to Rome on February 22nd. Already the previous year, *KLM**)* had started a weekend connection from Innsbruck to Amsterdam until the end of the season. *SABENA's* summer schedule offered two weekly connections from Salzburg via Munich and Frankfurt to Brussels starting on April 15th, and a *DC-3* operated by *SWISSAIR* started the seasonal route from Zurich via Innsbruck to Salzburg with continuation to Linz on May 26th. An airline ticket for the route Salzburg to Zurich cost 580 Austrian Schillings.

The American military celebrated itself on US-Army Day yet again and invited the Governor of Salzburg, Josef Klaus, and the Governor of Upper Austria, Heinrich Gleissner, to participate at this event. American fighter jets flew over Salzburg for the first time. Austrian pilots were only permitted to observe on ground, or at best they could use glider planes.

Difficult negotiations with the US occupying forces succeeded in the use of the alpine airport of Zell am See at least. On August 18th, the Wels Glider Airplane Club arranged a flight show week at the alpine airport of Zell am See. On this occasion the glider pilots of Salzburg transported their old hangar from Geissberg to the alpine airport, where in a labor intensive process they reassembled the hangar at the eastern border of the airport of Zell am See. Several men were present who later contributed to the creation of national civil aviation. One year prior, Major Gustav Hauck, the Central Inspector of the Security Guards, had already founded a department for

Erste Landung der SAS
First landing of SAS

aufstellten. Viele Männer waren damals dabei, die noch später am Aufbau der österreichischen Luftfahrt mitwirkten. Schon ein Jahr davor hatte Major Gustav Hauck, Zentralinspektor der Sicherheitswache, im Salzburger Polizeisportverein die Sektion Segelflug gegründet und damit die Basis zur Ausbildung von Exekutivbeamten geschaffen. 1931 übrigens zählte jener Hauck, damals noch Leutnant, zu den ersten Wiener Polizeipiloten und war maßgeblich am Aufbau der Luftfahrt nach dem Ersten Weltkrieg beteiligt. Es folgten erste Segelflugkurse mit Franz Erbler als Fluglehrer und ein, teilweise am Dachboden der Polizeidirektion, in Eigenregie gebautes Segelflugzeug.

Da die *US-Forces in Austria (USFA)* das alte Flugplatzgebäude fast zur Gänze beanspruchten, stand für die Abfertigung der zivilen Fluggäste nur ein kleiner Teil der im Krieg errichteten Holzbaracke zur Verfügung. Dem Sachverwalter des Magistrates gelang es kurzfristig, zumindest die Adaptierung der Räume zu erreichen.

Fluggäste waren bei Pass- und Zollkontrollen von nun an nicht mehr den Wetterunbilden ausgesetzt. Die Kosten dafür musste die Stadt Salzburg tragen, da die Flughafengesellschaft bislang keine Einnahmen aus dem zivilen Luftverkehr erhielt. Im Gegenzug bezahlten die Amerikaner aber Miete für die Flughafenbenützung an die Stadt.

Der luftfahrttechnische Dienst für den Zivilverkehr und für die Flugzeuge der amerikanischen Besatzungsmacht wurde der *Österreichischen Fahrzeug AG („ÖFAG")* übertragen.

glider flights at the Salzburg police sport club which was the basis for training of law enforcement officers. In 1931, Hauck, a lieutenant back then, was one of the first Viennese police pilots and had considerable involvement in the development of aviation after World War I. The first glider airplane courses were offered with Franz Erbler as flight instructor on a self-made glider airplane which was constructed in the attic of police headquarters.

Since the *US Forces in Austria (USFA)* almost completely occupied the old airport terminal, only a small wooden barrack from the war was available for processing of civil airline passengers. The trustee of the municipal authorities succeeded in short-term adaptation of the rooms. Passengers undergoing passport and customs inspection were no longer exposed to changing weather conditions. The expenses had to be covered by the City of Salzburg because the airport management company had no income from civil aviation. In return, the Americans paid rent to the city for the use of the airport.

The aeronautical service for civil aviation and for the airplanes of the American occupying forces was transferred to the *Austrian Vehicle Holding (OFAG)*.

In the city office at the Monchsberg elevator, flights to Dusseldorf, operated by *SABENA* could

Flughafen Salzburg

Im Stadtbüro beim Mönchsberglift konnten ab 16. Dezember während des Winters auch Flüge der SABENA nach Düsseldorf gebucht werden.

Zum Jahresende berichteten die Salzburger Medien erstmals über jene Problematik, die Jahre später die Erweiterung des Flughafens mit sich bringen würde. Anrainer wurden durch Mitteilungen aufgeschreckt, dass mehrere Häuser abgerissen werden müssten. Zur Bestätigung wurden auch Baugenehmigungen für Wohnhäuser erteilt, obwohl das für eine langfristige Flughafenplanung nicht förderlich war.

Die Flughafenbilanz zum Jahresende fiel recht zufriedenstellend aus, hatten doch zunehmend Chartermaschinen den Weg nach Salzburg eingeschlagen, außerdem wurde Salzburg vermehrt von Sportflugzeugen angeflogen.

Neben dem alltäglichen Flugbetrieb wurde auf dem Flughafen an den archäologischen Fundstätten noch immer gegraben und geforscht. Der Landesarchäologe, Martin Hell, fand am Platzrand, neben vielen anderen antiken Gebrauchsgegenständen, einen römischen Keramikbrennofen.

Für das kommende Jahr standen Verbesserungen der Fluggastabfertigung und der Flugsicherungseinrichtungen an. Geplant war auch eine Bedarfshaltestelle der Linie „S" der Salzburger Verkehrsbetriebe.

*) Pan American World Airways, kurz Pan Am
**) Scanidnavian Airlines System
***) Koninklijke Luchtvaart Maatschappij

Erstlandung einer SABENA DC-4
First landing of a DC-4 operated by SABENA

be booked during the winter starting on December 16th.

At year-end the media of Salzburg revealed for the first time the problems which in later years would challenge the expansion of the airport. Local residents were startled by revelations that buildings had to be demolished. The immediate response issued indicated that this was an unforeseeable event. Maybe in support, several building permits for residential buildings were issued despite obstructing long-term airport planning.

The Year-end balance of the airport was quite satisfactory because charter flights had increasingly made their way to Salzburg, and Salzburg was targeted by sport airplanes more frequently as well. In parallel to routine flight operations, archeological sites were further explored. The state archeologist, Martin Hell, discovered in addition to several other antique utensils, the Roman ceramic furnace at the edge of the airport.

For the next year, improvements for passenger processing and air traffic control facilities were scheduled. An on-request stop of the "S-line" operated by the Salzburg Transportation Authority was also in planning.

*) Pan American World Airways, in short Pan Am
**) Scanidnavian Airlines System
***) Koninklijke Luchtvaart Maatschappij

1952 Steigende Bedeutung des Flughafens in Salzburg

1952 Importance of Salzburg airport increases

Für den 1. April war in Salzburg, in Anbetracht der positiven Entwicklung des Flughafens, die Tagung der Interessenvertretung aller in Österreich agierenden Fluggesellschaften *(ARBA)* anberaumt.

Salzburg weckte seiner Bedeutung wegen bald auch das Interesse anderer Fluggesellschaften. Etwa die der SAS Kopenhagen, welche am 21. Februar mit einer DC-3 die Linie Frankfurt–Salzburg aufnahm. Es folgten am 28. Mai die KLM mit der Linie Amsterdam–München–Salzburg. Sie flog mit *Convair 240* und am 29. Juni 1952 die *JAT**), die mit einer *DC-3* von Rijeka über Graz nach Salzburg flog. Nicht zu vergessen, die britischen Chartermaschinen von Inghams und Airworkers, die britische Alpenvereinsmitglieder nach Salzburg brachten.

Allerdings bescherte die Swissair mit der Einstellung ihres Saisondienstes Salzburg einen bitteren Wermutstropfen. Ein herber Verlust von 1.300 Passagieren war die Folge. Die Eröffnung der SAS-Fluglinie offenbarte dann auch das Dilemma der völlig ramponierten Betonpiste. Diese war nur

For April 1st, the meeting of the Advocacy Group for all Austrian airline companies *(ARBA)* was scheduled to take place in Salzburg as a result of the positive airport developments.

Salzburg became interesting to other airline companies as well. *SAS* Copenhagen, as one example, started operations with a DC-3 on the route Frankfurt to Salzburg on February 21st. This was followed by KLM with a connection from Amsterdam via Munich to Salzburg with a *Convair 240* on May 28th. On June 29th, 1952, *JAT**) followed with a *DC-3*, offering the connection Rijeka via Graz to Salzburg. Not to forget, the British Alpine Club brought a British charter flight by Inghams and Airworkers to Salzburg.

The termination of seasonal flights by Swissair lowered Salzburg's expectations, though. A loss of 1,300 passengers was the result. The initiation of SAS-airline revealed the dilemma of a completely damaged concrete runway. The surface

Erste Landung der JAT, 1952
First landing of JAT, 1952

"Abfertigungshalle"
"Passenger Terminal"

20 Zentimeter stark und aus minderwertigem Beton hergestellt, der witterungsbedingt mehr und mehr zerbröselte. Für die verantwortlichen Amerikaner Grund genug, Landungen von Zivilflugzeugen zu verweigern.
Durch die Mitfinanzierung des Bundes konnte vorerst die Sanierung der halben Pistenbreite und deren Verlängerung um 300 Meter durchgeführt werden. Mit dem Anbau der Wehrmachtsbaracke wurde ein größerer Abfertigungsraum von 10 x 11 Meter geschaffen. Östlich davon errichtete man eine neue Baracke von 8 x 20 Meter für Werkstätten, Fracht und Büros; dafür stellten Stadt, Land und Bund eine weitere Million Schilling zur Verfügung. Die US-Streitkräfte USFA errichteten für sicherere Nachtlandungen einen Stahlturm mit einem Drehscheinwerfer.
Am 28. Mai übernahmen die städtischen Verkehrsbetriebe im Auftrag der Flughafengesellschaft den Ramp-Service. Da diese Dienste im Verantwortungsbereich des zivilen Flughafens eingebunden waren, mussten die erforderlichen Geräte, wie Treppen, Gepäckswagen und ein Aggregat zum Anlassen der Motoren angeschafft werden.
Saisonabschluss am Salzburger Flughafen war bereits Ende September, im Winter flogen Salzburg nur mehr *SABENA* und *KLM* an. In Erwartung steigender Passagierzahlen eröffneten, neben den bestehenden, nun auch *SAS* und *KLM* Stadtbüros in Salzburg.

*) Jugoslovenski Aero Transport

was only 20 centimeter thick, constructed of second-rate concrete, and was crumbling due to changing weather conditions. This was reason for the American authorities to deny permission for landing of civil airplanes.
Co-financing offered by the Federal Government led to the renovation of half of the runway width and to the elongation by 300 meters. Expansion of the World War II barrack resulted in an increase of the processing area by 10 x 11 meters. East of this building, a new barrack of 8 x 10 meters in size was constructed for workshops, cargo and offices, which cost the city, province and Federal Government another million Austrian Schillings. US Armed Forces, USFA, erected a steel tower with a rotary headlight for safe nighttime landings. On May 28th, Urban Transportation Authority took over ramp service on behalf of the airport management company. Since these services were now the responsibilities of the civil airport, equipment such as stairways, trolleys and units to start the engines had to be purchased.
The end of the season for Salzburg Airport was already at the end of September and during the winter only *SABENA* and *KLM* serviced Salzburg. In anticipation of increasing passenger volumes, *SAS* and *KLM* also opened city offices in Salzburg.

*) Jugoslovenski Aero Transport

1953 Endlich Luftfreiheit für Österreich
1953 Finally airspace autonomy in Austria

Österreich forderte in diesem Jahr mehrfach die Luftfreiheit. Bisher war das ja nur den lautlosen Segelfliegern vorbehalten. Bei einer am 18. April in Salzburg abgehaltenen Vorstandsitzung des Österreichischen Aero-Clubs wurde überlegt, ob der Erwerb zweier Hubschrauber für den Bergrettungsdienst Sinn machen würde. Zu dieser Zeit war Oberstleutnant Hauck, Zentralinspektor der Salzburger Polizei, im Begriff, im Ausland eine Art Luftpolizei auszubilden. Motiviert zu diesem Schritt haben Hauk fünf Salzburger Segelflieger, die kurz davor in Italien die ersten internationalen Motorfliegerscheine erwerben konnten. Außer in Österreich durften sie damit in sämtlichen westeuropäischen Staaten Sportmaschinen pilotieren. Der Alliierte Kontrollrat in Wien blockierte jedoch all diese Bestrebungen, die den österreichischen Motorflugbetrieb legalisieren könnten. Im Gegenzug zeigten Ende April die Amerikaner bei einer Parade zum Abschied von General Hays am Salzburger Flughafen wieder ihre Macht. 20 F48-Düsenjäger der *Air-Forces* donnerten über die Köpfe von *NATO* General Ridgway, General Hays und die zur Verabschiedung angetretenen Truppen.

Im Juni gab die Schneeschmelze am Dachstein Reste einer *US-AIR Force* Maschine frei, deren Pilot im Gebirge die Orientierung verloren hatte. Unterstützt wurden die Bergungsmannschaften von in Salzburg stationierten Flugzeugen.

Der zivile Flugzeugverkehr verzeichnete weiterhin steigende Tendenz. In der Hauptsaison landeten pro Woche insgesamt zehn Verkehrsmaschinen, mehrheitlich von SABENA, die viermal in Salzburg ankam, gefolgt von KLM mit drei und Transair LTD London, ebenfalls mit drei Salzburg-Flügen.

Im Rahmen der planmäßigen wöchentlichen *SABENA*- und *KLM*-Winterflüge, landete am 4. November erstmals eine vollbesetzte zivile *Constellation* der *SABENA*. Etwa zur gleichen Zeit wollte der Cafetier Winkler einen Bedarfsverkehr mit Hubschraubern vom Mönchsberg zum Gaisberggipfel einrichten. Ein entsprechendes Konzessionsansuchen wurde beim Magistrat

Austria demanded airspace autonomy several times this year. Up to now, only silent glider planes were permitted to fly. At an executive meeting of the Austrian Aero-Club on April 18th, the purchase of two helicopters for mountain Rescue Services was considered. At this time, Lieutenant Colonel Hauck, Central Inspector of the Salzburg police, was in the process of training aviation police abroad. Five glider pilots from Salzburg motivated him to pursue this idea, after they had successfully obtained the first motorized plane licenses in Italy. Except for Austria, they were permitted to operate sport planes in all western European countries. The Allied Authorities in Vienna, however, blocked all attempts to legalize motorized plane operations in Austria. In return, the Americans flexed their muscles again with a farewell parade at the Salzburg Airport honoring General Hays at the end of April. Twenty F48 *Air Force* fighter jets roared above the heads of *NATO* General Ridgway, General Hays and assembled troops.

In June, the melting snow on the Dachstein revealed the remnants of an *US Air Force* plane which crashed after the pilot had lost orientation. Rescuers were supported by airplanes stationed at Salzburg.

Civil aviation continued to increase. During the main season, ten airplanes per week landed in Salzburg primarily operated by *SABENA* with four flights, followed by *KLM* with three, and *Transair LTD London* also with three flights.

As part of the weekly scheduled *SABENA* and *KLM* flights during the winter, a fully occupied civil Constellation plane operated by *SABENA* landed for the first time on November 4th. At the same time, the coffee-house owner Winkler wanted to establish an on-demand helicopter connection from the Monchsberg to the peak of the Gaisberg. An application was submitted to the municipal authorities. The application as well as the idea did not amount to anything. At the end of the year, the incumbent Secretary of Transportation Karl Waldbrunner demanded from the Allied Forces restoration of the Austrian air

eingereicht, aber nie verwirklicht. Am Ende des Jahres forderte der amtierende Verkehrsminister Karl Waldbrunner von den Alliierten die Wiederherstellung der österreichischen Lufthoheit und gab zugleich die Gründung der *Wiener Flughafen- Betriebs- G.m.b.H.* bekannt. Schon ab 1. Jänner 1954 sollte die Verwaltung des Flughafens Wien-Schwechat von den britischen Besatzern übernommen werden. Von der Öffentlichkeit weitgehend unbemerkt waren bereits im Vorfeld positive Entscheidungen über die Wiederaufnahme der österreichischen Luftfahrt getroffen worden. Im Einvernehmen mit dem Amt für Zivilluftfahrt wurde auch für Salzburg die Lage einer neuen Piste, sowie der zugehörige Flughafenbezugspunkt festgelegt. Für die Randbereiche des Flughafens verhängte man überdies einschneidende Baubeschränkungen.

Von den im Jahr 1953 beförderten 8.842 Fluggästen stammte fast die Hälfte aus England. *SABENA* war mit der Linie Brüssel–Frankfurt–Salzburg hauptsächlich daran beteiligt, danach kam KLM mit der Strecke Amsterdam–München–Salzburg. Ein im Dezember in Oberndorf-Lindach errichteter, 35 Meter hoher Mast des NDB*) sollte die Anflughäufigkeit von Verkehrsflugzeugen verbessern. Bei der 800 Watt starken Sendeanlage der Funkfeuerstation handelte es sich um ein sogenanntes ungerichtetes Funkfeuer, dessen Signale annähernd bis Frankfurt reichten. Zugleich wurden auf dem Flughafen eine Blinkfeueranlage und eine provisorische Pistenbefeuerung in Betrieb genommen. Mit dem Jahresende ging auch die seit fünf Jahren gewährte Luftraumbenützung des Flughafens für die Modellflieger zu Ende. Es sollten aber noch zehn Jahre vergehen, bis sie in Kraiwiesen bei Eugendorf eine neue Heimat erhielten. Bis dahin standen für Training und Meisterschaften aber noch genug unbebaute Flächen zur Verfügung.
*) Non Directional Beacon

space sovereignty and announced the founding of the *Vienna Airport Management Company LLC* at the same time. On January 1st, 1954 already, management of Vienna-Schwechat Airport was transferred over from the British occupying forces. Behind closed doors, positive developments had already occurred regarding restoration of Austrian civil aviation. In agreement with the Office of Civil Aviation, Salzburg received the location of a new runway and assignment of an airport reference point. Strict building restrictions were imposed for areas bordering the airport

Half of the 8,842 airline passengers transported in 1953 were from England. *SABENA* was the main contributor with the connection Brussels–Frankfurt–Salzburg and KLM came in second with the route Amsterdam–Munich–Salzburg. A 35 meter high mast, erected in Oberndorf-Lindach in December, was supposed to improve the decent frequency of airliners. The 800-watt-strong transmission system of the beacon station produced a non-directed radio-beacon which almost reached as far as Frankfurt. In parallel, a blinking beacon station and a provisional runway beacon system were put into operations. At the end of the year, the five-year permission for model airplane pilots to use the airport's air space was ending. It would take another ten years for them to get a new home at Kraiwiesen at Eugendorf. Until then, sufficient undeveloped area was available for training and championships.
*) Non Directional Beacon

1954 Neustart der Zivilluftfahrt in Salzburg

1954 Civil aviation gets started in Salzburg

Bereits ein Jahr vor der Wiedererlangung der österreichischen Lufthoheit arbeitete man in Salzburg am Wiederaufbau der österreichischen Luftfahrt, ähnlich der Entwicklung nach dem Ersten Weltkrieg in Wiener Neustadt. Schon frühzeitig begann Hubert Pölz mit Erlaubnis der amerikanischen Militärregierung, Piloten auf die nationale und zivile österreichische Luftfahrt vorzubereiten. Hubert Pölz, ein Flugzeugbauingenieur, der im Zweiten Weltkrieg als Kommandant einer Luftkampfgruppe hochdekoriert war, hatte in den Nachkriegsjahren in Salzburg die Firma ÖFAG*) aufgebaut. Zwar waren die Flugzeuge noch mit Schweizer Kennzeichen unterwegs, aber erstmals konnten die von den Eidgenossen gelieferten Sportflugzeuge wieder von österreichischen Piloten gesteuert werden.

Already one year before reestablishing Austrian air space sovereignty, Salzburg worked on renovating Austrian aviation which was similar to the development in Wiener Neustadt after World War I. Early on Hubert Polz, with permission from the American Military Government, started training pilots for national and civil aviation in Austria. Hubert Polz was an airline engineer who was highly decorated as the commander of an air combat group in World War II. He founded the company *OFAG**) in Salzburg after the war. The airplanes were still equipped with Swiss license plates but the sport planes delivered by the Swiss were already operated by Austrian pilots.

Flight Section United States Forces in Austria

Für Österreichs wichtigsten Bundesländerflughafen forderten Experten wiederholt die Anlage einer neuen Piste samt Unterführung der Innsbrucker Bundesstraße. Dem stand aber das Projekt einer Großsiedlung in Taxham gegenüber. Es folgten wilde Diskussionen über den Standort. Mögliche Verlegungen des Flughafens nach Seekirchen oder gar Freilassing waren ebenso ein heißes Thema, wie auch die Länge der Piste. Hatte man ursprünglich von 1.700 Meter Länge gesprochen, so wurde auf einmal von 2.100 Meter gesprochen. Trotz aller Streitereien ebbte das starke Publikumsinteresse am Flughafenbetrieb nicht ab. „Gemma Flugzeug schaun", entwickelte sich zum Ausflugstipp ersten Ranges. Die Kehrseite des regen Interesses war, dass sich Besucher gefährlich nahe an die Flugzeuge heranpirschten. Die Sicherheitsdirektion verschärfte deshalb die Überwachung des Betretungsverbotes am Flugfeld.

Ende März fand in Innsbruck der Österreichische Luftfahrertag statt. Bei diesem Anlass wurde die Österreichische Rettungsflugwacht gegründet und dem Aero-Club stand laut Erlass ab sofort nur mehr der Flughafen in Graz-Thalerhof für die Ausbildung von Fallschirmspringern zu Verfügung. Wenig später tagten in Klagenfurt die österreichischen Flughafenverwalter, wobei ein Entwurf für ein Luftfahrt-Kompetenz-Gesetz ausgearbeitet wurde.

For Austria's most important provincial airport, experts demanded several times construction of a new runway with underpass of the Innsbrucker Bundesstrasse. This project was in opposition to plans for a large residential settlement at Taxham. The location was heavily discussed. Relocation of the airport to Seekirchen or even Freilassing was a hot topic, same as the length of the runway. Initially a length of 1,700 meters was considered but later 2,100 meters were discussed. Despite all controversy, the public's interest in airport operations did not subside. "Let us watch airplanes" was the primary motivation for a trip. The disadvantage of the lively interest was that the visitors were dangerously close to the airplanes. Therefore, the security office increased surveillance for no-trespassing enforcement of the air field.

At the end of March, the Austrian Aviation Day took place in Innsbruck. On this occasion, the Austrian Air Rescue Operation was founded and an official ruling demanded that the Aero-Club only used the Graz-Thalerhof airport for training of parachutists. Slightly thereafter, the Austrian airport managers met in Klagenfurt to develop a proposal for a law for aviation jurisdiction.

Schaulustige bei der SABENA-Landung
Spectators observing landing of SABENA

1950 bis 1960

MEA-Maschine am Vorfeld
MEA-airplane on the ramp

Der Alliierte Rat beriet am 30. April über die Aufhebung des Visumszwanges für ankommende Gäste aus bestimmten Ländern Europas. Die Russen lehnten dieses, wie auch das Ansuchen zum Betrieb von Hubschraubern für die alpinen Rettungsdienste, zum Ärger der Österreicher kategorisch ab. Ausgleichend dafür kündigten die Amerikaner an, ihre freiwilligen Rettungsdienste mit einem größeren, in Salzburg stationierten Hubschrauber, auszustatten.

Die Amerikaner hatten übrigens Ende April bei der tagelangen Suche und Bergung der zehn, am Dachstein erfrorenen Heilbronner Schüler und ihrer drei Lehrer tatkräftig mitgeholfen.

Am 21. Mai startete die *BEA**)* zu einem Testflug mit einer *DC-3* nach Salzburg, um die künftige Fluglinie London–Salzburg vorzubereiten. Im Juli bot *SABENA* halbstündliche Rundflüge für das Salzburger Publikum an. Für ihre neun Linienflüge je Woche setzte *SABENA* an Stelle der alten *Convair 240* immer öfter die größere *Convair 340* für 44 Passagiere ein.

Der Segelflugbetrieb wurde durch die an der Ostseite des Platzes neu eingerichteten Werkstätten mit den dort gebauten Segelflugzeugen wesentlich aufgewertet. Auch bei der Alpinen Segelflugschule in Zell am See herrschte reger Saisonbetrieb. Immer mehr Ausländer nutzten den Alpenflugplatz. Da dieser aber noch immer vom amerikanischen Militär mitbenützt wurde, konnten, außer dem Hangar, noch immer keine Gebäude freigegeben werden.

*) Österreichische Fahrzeugbau AG
**) British European Airways

The Allied Authorities discussed eliminating visas for passengers arriving from specific European countries. The Russians denied elimination of visas and also rejected the application to use helicopters for alpine Rescue Services, which aggravated the Austrians. In effort to balance the situation, the Americans announced that voluntary rescue missions would be supported by a bigger helicopter which would be stationed in Salzburg. Over several days the Americans supported a search and rescue operation involving ten students from Heilbronn and three teachers who were found frozen to death on the Dachstein.

On May 21st, the *BEA**)* started a trial connection with DC-3 planes to Salzburg in order to prepare for the future route London–Salzburg. In July, *SABENA* offered half-hour-long scenic flights for Salzburg's crowd. Now SABENA more frequently used the larger *Convair 340* for 40 passengers in replacement of the old *Convair 240* for their nine weekly scheduled flights.

Glider plane operations were improved by newly equipped workshops for building of glider planes on the eastern end of the area. The Alpine Glider Flying School in Zell am See also showed lively seasonal operations. Since this airport was still used by the American military, none of the buildings could be released for use except for the hangar.

*) Austrian Vehicle Construction Holding
**) British European Airways

Flughafen Salzburg

1955 Nach dem Staatsvertrag Gründung der Flughafen GmbH

1955 Foundation of the airport LLC following the State Treaty

Erst mit der Unterzeichnung des Staatsvertrags, am 15. Mai 1955 konnten die österreichischen Behörden selbständig tätig werden. Das betraf auch die für den Flughafen Salzburg verantwortlichen Stellen, obwohl bereits 1953 eine luftfahrtpolitische Lockerung durchgesetzt worden war. Dennoch sollte es bis zum 21. Oktober dauern, bis die Generalversammlung die Änderung des Namens auf „Salzburger Flughafenbetriebs Ges.m.b.H." beschloss. Man glich damit den Namen an die anderen österreichischen Flughafengesellschaften an. *„Die Stadt hat mit Notariatsakt vom 2. August 1955 den 80%-igen deutschen Anteil an der Flughafengesellschaft erworben und mit einem neuerlichen Notariatsakt vom 27. September 1955 50% der Anteile an das Land Salzburg verkauft. Daher sind ab damaligen Zeitpunkt die Gemeinde und das Bundesland Salzburg mit je 25 % und die Republik Österreich mit 50 % des Stammkapitals laut Handelsregistereintragung Gesellschafter der Salzburger Flughafengesellschaft"**)

So gesehen begann für den Salzburger Flughafen das Jahr 1955 recht vielversprechend. Mit *SABENA* kam erstmals eine große Gruppe ausländischer Reisemanager nach Salzburg, die im Kampf um neue Wintersport-Gäste heftig umworben wurden.

Am 30. Jänner begann der erste Testeinsatz der österreichischen Rettungsflugwacht. Vom Flughafen Salzburg aus setzte eine *Fokker F12* in zwei Anflügen sechs Fallschirmspringer über den Radstädter Tauern ab. Zur Abwechslung gab es wieder einmal Auseinandersetzungen um die Kompetenzen, diesmal aber nicht zwischen Rettungsflugwacht und Rettungsdienst, die ihr Kriegsbeil begraben hatten, sondern mit dem Innenministerium. Anlass dazu waren die vom Alliierten Rat im April genehmigten sechs Flugzeuge für den österreichischen Rettungsdienst. Bei der am 7. Mai stattfindenden Generalversammlung

Only after the signing of the State Treaty on May 15th, 1955, Austrian authorities acted independently. This also included operations of the Salzburg Airport, although aviation regulations had already been relaxed since 1953. It would still take until October 21st for the general assembly to change the name to *"Salzburg Airport Management Company LLC".* The name was adjusted to the other Austrian airport management companies. *"The city acquired 80 percent of the German shares of the airport management company which was notarized on August 2nd, 1955. Thereof 50 percent were sold to the Province of Salzburg which was notarized on September 27th, 1955. Therefore, the Municipality and the Province of Salzburg owned 25 percent and the Republic of Austria 50 percent of the original shares of the Airport Management Company according to the commercial register".**)

Thus, Salzburg Airport had a good start into 1955. SABENA transported a large group of foreign travel managers to Salzburg for the first time, who were heavily courted in competition for winter visitors.

On January 30th, the first trial mission of the Austrian Air Rescue Operations launched. A *Fokker F12* took off from Salzburg Airport transporting six parachutists in two separate flights to the Radstadter Tauern. For a change, an altercation arose over competency, but this time not between Air Rescue Operations and Rescue Services who had recently resolved their issues, but rather with the Department of the Interior. The reason was the six airplanes for Rescue Services which had been approved by the Allied Authorities in April. A consensus on collaborating at the federal level was found at the general assembly of the Austrian Air Rescue Operations on May 7th.

On April 22nd, BEA launched a scheduled flight directly from London to Salzburg with first operation by a DC-3. During the main season, the

Wetter-Offizier Maj. Franz R. O'Black Jr. (l.), United States Forces in Austria und Briefs lt. Gen. William H. Arnold, USFA Commanding General
Weather officer Major Franz R. O'Black, Jr. (left), US Forces in Austria and Briefs Lt. Gen. William H. Arnold, USFA Commanding General

der Österreichischen Rettungsflugwacht konnte dann doch ein Konsens über die Zusammenarbeit auf Bundesebene gefunden werden.

Am 22. April eröffnete die BEA mit dem Erstflug einer DC-3 den direkten Linienflug von London nach Salzburg. Während der Saison flog sie die Strecke dreimal und später sogar viermal je Woche. Das Stadtbüro der BEA in der Gstättengasse warb in Zeitungen für den Hin- und Rückflug zum Tarif von 2.564 Schilling. Anfang Mai startete eine Air Force-Constellation zum ersten Transatlantik-Direktflug von Salzburg nach Neufundland.

Der weiterhin ungebrochene Publikumsansturm am Flughafen störte bisweilen sogar den Flugbetrieb. Vom Kontrollturm aus konnte immer wieder beobachtet werden, wie Fußgänger mit Kinderwagen, Radfahrer und sogar Autos die Piste benutzten. Das Gelände war zu dieser Zeit noch völlig frei zugänglich, und so kam es unter anderen zu dieser kritischen Situation: Bei ganz schlechten Sichtverhältnissen gerieten amerikanische Manövereinheiten mit rund 50 Lastkraftwagen und 20 Panzern irrtümlich auf die Piste und blockierten diese für längere Zeit.

Aus Gründen der Flugsicherheit wurde überlegt, den Segelflugbetrieb auf dem Flughafen einzustellen und nach Koppl zu übersiedeln. Für immer

flight was offered three times per week and later even four times weekly. The city office of BEA in the Gstattengasse advertised roundtrip tickets for 2,564 Austrian Schillings in newspapers. At the beginning of May, an Air Force Constellation took off for the first transatlantic flight directly from Salzburg to Newfoundland.

The still undiminished interest in the Salzburg Airport disrupted airport operations occasionally. The tower often observed pedestrians with strollers, cyclists or even cars on the runway. The area had completely free access at that time which led to critical situations at times: Due to poor visibility, 50 trucks and 20 tanks of an American combat unit accidently got on the runway and blocked it for an extended period of time.

For safety reasons, the elimination of glider flying operations and transfer to Koppl was considered. Flight operations were eliminated for good at Reichenhall-Mayerhof on March 30th because continuous building of settlements decreased the

Flughafen Salzburg

eingestellt wurde am 30. März der Flugbetrieb in Reichenhall-Mayerhof, denn die fortschreitende Besiedelung fraß sich unaufhörlich in die Landewiese, bis der Platz für einen Flugbetrieb nicht mehr ausreichte. Da der Versuch, den Flugplatz Ainring mit einem Segelflugbetrieb wieder zu beleben fehlschlug, fand man in der Gemeinde Marzoll eine Ersatzlösung. Am bereits 1953 errichteten Flugplatz Weißbach-Obermühle wurde schließlich die Alpenflug-G.m.b.H. Bad Reichenhall aus der Taufe gehoben.

Am 15. Mai erlangte Österreich wieder seine Lufthoheit. Der Alliierte Rat hob als eine seiner letzten Entscheidungen alle Beschränkungen für die Luftfahrt auf, und die Amerikaner übergaben am 20. Juli den zivilen Flughafenbetrieb an die Salzburger Flughafengesellschaft. Lande- und Bodendienstgebühren wurden wieder nach österreichischen Tarifen eingehoben. Bisher von den Besatzern erledigte Aufgaben, wie Feuerwehr, Schneeräumung und andere Bodendienste wanderten nun in den Verantwortungsbereich des Salzburger Flughafens. Einziger Wermutstropfen dieser erfreulichen Entwicklung: Die Amerikaner zahlten 1955 zum letzten Mal Miete für die Flughafenbenützung.

Eines der ersten Zeichen setzte man mit der Umbenennung von „Flughafen Salzburg" auf „Salzburg Airport". Erster österreichischer, in Salzburg gelandeter Pilot nach dem Kriegsende war Hubert Pölz, der am 25. Mai mit einer Cessna 180 mit Schweizer Hoheitszeichen in Salzburg landete.

Als erster Staatsgast im wieder souveränen Österreich konnte der indische Ministerpräsident

size of the runway as much so that the size of the runway was no longer suitable for airplanes. An attempt to reactivate the Ainring airport for glider flight operations failed, but the Municipality of Marzoll was chosen as a replacement. The Weissbach-Obermuhle, already in existence since 1953, became the home of the Alpine Flight LLC Bad Reichenhall.

On May 15th, Austria regained air space sovereignty. The Allied Authorities lifted all restrictions for aviation as one of their last decisions. The Americans transferred authority for civil airport operations to the Salzburg Airport Management Company on July 20th. From now on landing and ground processing fees were collected based on Austrian tariffs. Responsibilities until recently performed by the occupying forces were now transferred over to the management of the Salzburg Airport, which included the fire station, snow plowing and other ground processing operations. The only disadvantage was that the Americans paid rent for the use of the airport one last time in 1955.

The renaming of the airport from "Airport Salzburg" to "Salzburg Airport" was the first signal. Hubert Polz was the first Austrian pilot who landed in Salzburg after the end of the war. He arrived in Salzburg with a Cessna 180, registered in Switzerland, on May 25th.

The first official visit of a politician to the now independent Austria was performed by the Prime Minister of India, Jawaharlal Nehru, who was

US-Air Force Maschine

Jawaharlal Nehru von einer Salzburger Delegation begrüßt werden. Er flog am 30. Juli an Bord einer *JAT-Convair*-Sondermaschine nach Belgrad weiter.

US-General Orval Ray Cook landete Ende August, um den Abzug der Besatzungstruppen nach Italien zu organisieren. Der Salzburger Flughafen war nun auch offen für private Unternehmen. Der 19. Oktober steht für den Beginn eines neuen, modernen Salzburger Flughafens. Bei der konstituierenden Generalversammlung der neuen „Salzburger Flughafen Betriebs G.m.b.H." beschloss man eine Stammkapitalerhöhung von 100.000 auf 1,5 Millionen Schilling. Als neuer Geschäftsführer wurde Hans Deutsch ernannt, der mit dem Abflug der letzten amerikanischen Militärflugzeuge am 25. Oktober seinen Dienst am Flughafen antrat. Am 26. Oktober nahm die ÖFAG als erstes privates österreichisches Flugunternehmen mit drei Cessna den Flugtaxibetrieb auf und bildete Piloten aus. Die zivile Wiedereinschulung von Piloten musste ohnehin dringend vorangetrieben werden.

Die noch bis Mitte November vom Betriebsleiter durchgeführte luftbehördliche Abfertigung wurde danach vom Flugsicherungsdienst des Bundesamtes für Zivilluftfahrt übernommen, Hans Meßner, bisher Civil-Airport-Administrator, übernahm dabei die Stelle als Flughafenbetriebsleiter. Am 21. Dezember wurden die Ausbaupläne für eine neue Piste bekannt, die nur mit einer Unterführung oder Umfahrung der Innsbrucker Bundesstraße zu realisieren waren. Die kürzlich

Auswanderungstransport
Transport of immigrants

welcomed by a delegation from Salzburg. He continued his journey to Belgrade on a *JAT-Convair* specially scheduled flight on July 30th.

At the end of August, US General Orval Ray Cook arrived to oversee the withdrawal of allied troops to Italy. Salzburg Airport was now available for private businesses as well. October 19th is the starting date for a new, modern airport in Salzburg. At the constitutive general assembly of the new "Salzburg Airport Management Company LLC" an increase of the share capital in the amount of 100,000 to 1.5 million Austrian Schillings was decided. Hans Deutsch was appointed as the new managing director who reported for duty at the airport after the last American military airplane had taken off on October 25th. On October 26th, the OFAG as the first private Austrian airline business took up its roosk that started flight service with three Cessnas and training of pilots. It was necessary to speed up training of civil pilots.

Until mid-November, the managing director was responsible for processing which was then transferred to the air traffic control services of the Federal Bureau of Civil Aviation. The civil airport administrator, Hans Messner, took over as airport manager. On December 21st, the plans for expansion of a new runway were disclosed which were only feasible with an underpass or a detour of the Innsbrucker Bundesstraße. The only recently

Flughafen Salzburg

Schneefräse auf Unimog montiert
Snow plow attached to a Mercedes-Unimog

abgeschlossene Sanierung der Betonpiste konnte nicht darüber hinwegtäuschen, dass die Start- und Landebahn in die Jahre gekommen und überdies schlecht errichtet war. In kleinen Schritten größtmögliche Effizienz zu erreichen, war die Devise. Im Oktober wurde die Aufnahmebaracke neu adaptiert, eine Schneefräse gekauft, außerdem wurde ein modernes Feuerlöschfahrzeug bestellt. Bis dahin war die städtische Feuerwehr bei Landungen von Verkehrsflugzeugen vor Ort und einsatzbereit.

In der kommenden Saison musste auch die Vergrößerung des Vorfeldes auf knapp 6.000 Quadratmeter fertig sein, wobei unzählige, gelochte Stahlplatten verlegt wurden. Schon im Hinblick auf die bevorstehenden Landungen der größeren *Convair 440* der *SABENA* waren diese Maßnahmen erforderlich. Am Flughafen waren erstmals mit *Sl-51* und *Bell-47* zwei Hubschrauber stationiert. Gebraucht wurden sie vor allem zu Bergrettungsflügen.

Im Liniendienst flogen *SABENA*, *KLM und BEA* wie bisher; die *BEA* nahm Anfang November zusätzlich einen regelmäßigen Luftfrachtverkehr zwischen London und Salzburg auf.

*) Dissertation Maria Franziska Wiesinger „Die Entwicklung des Flugverkehrs in Salzburg"

remodeled concrete runway could not hide that the airstrip was aging and, furthermore, was poorly constructed. The main interest was to gain the biggest efficiency in the smallest increments possible. The passenger processing barrack was newly adapted and a snow plow was purchased. Furthermore, a modern fire extinguisher was ordered. Until then the urban fire fighters were on duty for landing of airliners. For the upcoming season, the ramp had to be expanded by 6,000 square meters which necessitated the installation of perforated steel plates. In anticipation of the landing of a bigger *Convair 440*, operated by *SABENA*, these changes were necessary. Two helicopters, a *Sl-51* and a *Bell-47*, were stationed at the airport for the first time. They were used for mountain rescue fights and for the relief of pertussis.

Scheduled flights were operated by *SABENA*, *KLM and BEA* just as before; the *BEA* started a regular connection between London and Salzburg at the beginning of November.

*) Dissertation by Maria Franziska Wiesinger "The Development of Air Traffic in Salzburg"

1956 ÖFAG – eine innovative Flugunternehmung
1956 OFAG – an innovative airline company

Mit der wiedererlangten Neutralität und Lufthoheit sollte künftig ein nationales Luftfahrtunternehmen als stolzes Symbol der eigenen Identität in aller Welt präsent sein. Damit beschäftigten sich die höchsten Gremien im Staat nur wenige Monate nach der Unterzeichnung des Staatsvertrags. Daraus entstanden, dem damaligen und noch heute üblichen Proporz in Österreich entsprechend, zwei Fluggesellschaften, nämlich die Air Austria und Austrian Airways. Erst zwei Jahre später sollte die Vernunft siegen und man vereinte die beiden Gesellschaften zur *AUSTRIA AIRLINES*, heute als *AUA bekannt*.

Nach 18 Jahren gab es auf dem Salzburger Flughafen endlich wieder ein Treffen internationaler Sportflieger. Jedoch traf man sich nur zu Zwischenlandungen während eines Sternflugs von 30 Maschinen, auf dem Weg nach Wien zur *FAI*-Tagung*). Die Segelflieger richteten in der frei

With the regaining of neutrality and air space sovereignty, a national airline company would be the proud symbol of identity all over the world. This issue occupied the highest bodies in the country only a few months following the signing of the State Treaty. It resulted in the founding of two airline companies according to the former and present Austrian proportional principle, which were Air Austria and Austrian Airways. It took two more years for reasoning to succeed when the two companies were merged to create *AUSTRIA AIRLINES*, in short *AUA*.

After 18 years another meeting of the international sport pilots took place at Salzburg Air-

Renovierte Empfangshalle im alten Flugplatzgebäude
Renovated entrance hall of the old airport terminal

gewordenen US-Motorpoolhalle eine Werkstätte ein, und die Flugsportler des Luftsportverbandes demonstrierten während des ersten Flugtages am 15. Juli in Salzburg ihr umfangreiches Können. In Zell am See wurde in diesen Tagen der Flugplatz auch für den Motorflug kommissioniert und freigegeben. Damit war für die ÖFAG der Weg frei für ihre seit langem geplanten Alpenrundflüge vom Zeller Alpenflughafen aus. Ein Versuch des ÖFAG-Flugdienstes, Kurgäste im Anschluss an Intercontinental-Flüge in einer Art Luftbrücke von den Großflughäfen direkt nach Gastein zu fliegen, blieb allerdings beim Versuch. Trotzdem standen die sechs Flugzeuge seit der offiziellen Eröffnung der *ÖFAG-* Fliegerschule am 1. Februar im Dauereinsatz. Sie standen nicht nur zu Schulungsflügen, sondern auch zu Fallschirmabsprüngen der Rettungsflugwacht zur Verfügung und unterstützten Gefechtsübungen des Bundesheeres.

Langsam setzten sich auch die Jets im zivilen Flugverkehr durch; so überquerte eine englische *Comet-3* in einer geradezu sensationellen Zeit den Atlantik.

Für den Salzburger Flughafen war das Jet-Zeitalter aber noch lange kein Thema, vielmehr musste man sich mit kleineren Problemen beschäftigen. Da lief etwa an 31. Mai der Ramp-Vertrag mit den städtischen Verkehrsbetrieben aus. Zwar fertigten die planmäßig anfliegenden Fluggesellschaften selbst ab, für den Charterbetrieb und Bedarfsflüge musste aber ein eigener Passagier-Abfertigungsdienst eingerichtet werden. Weil nun auch eine eigene Betriebsfeuerwehr aufgestellt und eingeschult war, konnte der Vertrag mit der städtischen Feuerwehr aufgekündigt werden. Dafür sollte auch noch die Feuerwehrgarage für neue Fahrzeuge erweitert werden. Zur Firma *Shell,* bisher allein für die Betankung der Maschinen mit Treibstoff verantwortlich, gesellte sich der Treibstoffriese *BP,* der die zweite Unterflurtankanlage pachtete. Der Ausbau des Salzburger Flughafens polarisierte weiterhin. Eine Unterführung der Innsbrucker Bundesstraße war der Wirtschaftskammer zu teuer und gegen die Verlegung derselben protestierte die Kaufmannschaft. Wenig entschlossen agierte auch die Politik.

Die Geschäftsleitung des Flughafens hatte mit einer Unzahl an Provisorien zu tun. Da wurde mit Beton und gelochten Stahlplatten das Vorfeld erweitert, die nördliche Pistenhälfte an der Oberfläche saniert und die Parkplätze mit einer Schwarzdecke überzogen. Am 16. August konnten das Flughafen Restaurant und das Fliegerstüberl eröffnet werden. Wenigstens konnte man aus Sicherheitsgründen das Flughafenareal mit

port. It was, however, only a stopover during a star flight formation of 30 airplanes on their way to the *FAI*-meeting*) in Vienna. The glider pilots set up a workshop in the now vacated former US-motor pool hall and the sport pilots of the Aviation Sport Association showed off their extensive skills during the first flight day at the airport on July 15th. The airport at Zell am See was approved for engine aircrafts around this time. Thereby, the way was cleared for the OFAG to launch alpine scenic flights from the Zeller Alpine Airport which it had already considered for a long time. The OFAG-Airline Services attempted to establish a shuttle service to transfer spa guests from intercontinental flights landing at large airports directly to Gastein, which never came to fruition. Nevertheless, the six airplanes had been in continuous use since official launch of the *OFAG Flying School* on February 1st. They were not only in service for training flights but were also used by Air Rescue Operations for parachutists, and were available for combat training of the Armed Forces.

Slowly jets took over civil aviation; an English *Comet-3* crossed the Atlantic Ocean within a sensational timeframe. The Salzburg Airport was not bothered by jet-planes for quite some time longer but had to deal with much smaller problems. The contract with Urban Transportation Authorities regarding the ramps was discontinued on May 31st. Scheduled airplanes were processed by the airlines themselves but charter flights and on-demand flights required a passenger processing service which had to be set up separately. The opening of an airport fire station and the training of fire fighters resulted in the cancellation of the contract with the urban fire fighters. The fire station was also equipped with more fire trucks. *Shell* was until recently the only company available to fill the gas tanks of airplanes but was now accompanied by the larger company *BP* which rented the second underground gas tank. Expansion of Salzburg Airport was still a contentious topic. Construction of an underpass for the Innsbrucker Bundesstrasse was too expansive for the Chamber of Commerce and merchants protested against rerouting the street. The politicians remained undecided.

Airport management had to deal with numerous temporary installations. The ramp was expanded with concrete and perforated steel plates, half of the northern runway was renovated superficially and the parking lot was covered with black coating. The airport restaurant and the "Fliegerstueberl" were newly opened on August 16th. The en-

Eine DC-3 der BEA am Vorfeld
A DC-3 of BEA at the ramp

einem günstig erstandenen Maschendraht einfrieden, obwohl große Flächen davon nur angemietet waren.

Jetzt durften auch deutsche Reisegruppen wieder nach Österreich fliegen, wie etwa am 4. Juli, als eine gecharterte *DC-3* mit Urlaubern aus Hamburg landete. An diesem Tag kam es auch zu der Erstlandung einer *Convair CV 440 Metropolitan* der *SANENA*, einen Tag später kam das österreichische Bundesheer zu einem vielbeachteten Einsatz, als drei von den Russen „geerbte" Militärmaschinen vom Typ *Jakowlew Jak 11*, unter dem Kommando von Oberstleutnant Gustav Hauck in Salzburg landeten.

Am 25. August feierte man das 30-jährige Bestehen des Salzburger Flughafens. Es wurden zwar salbungsvolle Reden gehalten, Geschenke hatten die Festredner aber keine mitgebracht. Im Zeichen des Wiederaufbaus genügte wohl der Status eines kleinen Provinzflughafens mit nur wenigen Fluggästen pro Jahr und die Privat- bzw. Sportfliegerei fand mit dem Wenigen ohnedies das Auslangen.

Im Sommer-Flugplan kam ab Ende April die KLM und SABENA jeweils zweimal wöchentlich nach Salzburg, BEA sogar täglich.

Platz- Rund- und Fernflüge nahmen Mitte der 1950iger Jahre beachtlich zu. Fliegen wurde zu einem Statussymbol. Produzenten von Flugzeugen führten ihre neuesten Erzeugnisse in Salzburg den interessierten Piloten vor. Anfang Oktober schloss die ÖFAG ihre erste Saisonbilanz positiv ab. Unter den bisher 86 ausgebildeten

tire airport was fenced in with barbed wire even though large areas were only rented.

Now German tour groups were allowed to fly to Austria, and on July 4th a *DC-3* landed with vacationers from Hamburg on board. The same day, a *Convair CV 440 Metropolitan, operated by SABENA*, landed for the first time. The following day, the Austrian Armed Forces had a highly regarded assignment when three military planes, *Jakowlew Jak 11*, inherited from the Russians, landed in Salzburg under the command of Lieutenant Colonel Gustav Hauck.

On August 25th, the 30th anniversary of Salzburg Airport was celebrated. Honorary speakers gave gracious presentations but no gifts were exchanged. To show signs of continuous rebuilding, a small provincial airport with a few airline passengers per year was sufficient and the private and sport pilots were content with whatever they had anyway.

The summer schedule of KLM and SABENA brought two weekly flights to Salzburg starting at the end of April and the BEA flew daily.

Local, scenic and long-distance flights increased considerably in the mid-1950s. Flying became a status symbol. Airplane companies revealed their newest productions to interested pilots in Salzburg. At the end of October, the OFAG concluded

Piloten war erstmals auch eine Salzburgerin, die den Motorflugschein erworben hatte. Rundflüge wurden in Wien, Linz, Salzburg und Klagenfurt angeboten. Im Oktober flog der ÖFAG-Flugdienst aufgrund der Ungarnkrise Hilfsgüter nach Ungarn. Die Jahresbilanz verzeichnete 740 gelandete Maschinen mit 5.154 angekommenen und 5.197 abgeflogenen Passagieren. Salzburger und Tiroler Wintersportorte wollten für ihre Gäste aus Skandinavien gleiche Bedingungen schaffen, wie sie in der Schweiz bereits vorhanden waren. Immer öfter wurde eine Verstärkung des Charterflugverkehrs gefordert, wobei sich die Piste für die neue Generation viermotoriger Flugzeuge als nicht ausreichend herausstellte.

Gegen Jahresende wurde die „*Salzburger Flughafenbetriebs Ges.m.b.H*" in das Handelsregister eingetragen und als erstem österreichischen Flughafen die Salzburger Flughafen-Benützungsverordnung durch das Amt für Luftfahrt genehmigt.

*) Fèderation Aeronautique International

the season with a positive balance for the first time. A woman from Salzburg obtained a license to fly engine aircrafts for the first time among a group of 86 fully-trained pilots. Scenic flights were offered in Vienna, Linz, Salzburg and Klagenfurt. The OFAG-airline service flew relief supplies to Hungary during the Hungarian crisis.

The year-end balance recorded 740 landed airplanes with 5,451 arriving and 5,197 departing passengers. Skiing resorts in Salzburg and Tyrol wanted to create the same conditions for their guests from Scandinavia as in Switzerland. More frequently, reinforcement for charter flights was demanded but the runway turned out to be unsuitable for the next generation of four-engine aircrafts. At the end of the year, the *"Salzburg Airport Management Company LLC"* was registered in the commercial register and Aviation Administration accepted the regulations for the use of an airport for the first Austrian airport.

*) Fèderation Aeronautique International

Geräteschau zum 30. Jahresjubiläum des Flugplatzes

For the 30th anniversary of the airport: equipment and vehicles of the company

1957 Der Beschluss zum Flughafenausbau
1957 The decision to expand the airport

In diesem Jahr waren in Österreich 41 Motorflugzeuge luftfahrtbehördlich zugelassen. Registriert waren auch zwei Hubschrauber. Der Aufwärtstrend im Flugverkehr war ungebrochen. Die Salzburger Handelskammer bezweifelte, allen positiven Prognosen zum Trotz, in einer Aussendung am Anfang des Jahres die zwingende Notwendigkeit des Flughafenausbaus. Erstaunlich war, dass ein von der Kammer ein Vierteljahr später in Auftrag gegebenes Gutachten ein genau entgegengesetztes Ergebnis brachte. Natürlich gab es so kurz nach der Wiedererlangungen der Souveränität relativ wenig Bautätigkeit auf Österreichs Flughäfen. Der Fokus lag am Wiederaufbau. Schon gar nicht waren entscheidende Beschlüsse zu gravierenden Ausbauten zu erwarten. Die Zukunft von Innsbruck und Klagenfurt war ebenso unsicher wie die von Salzburg. In Innsbruck war zumindest das Einsatzflugzeug des Innenministeriums stationiert, um von dort aus Rettungseinsätze auch im Salzburger Raum durchzuführen.

Neben dem spärlichen internationalen Flugverkehr und den privaten Fliegern, musste sich Salzburg mit regionalen Versorgungs- und Rettungsflügen begnügen. Die Wetterwarte auf dem Sonnblick musste noch immer aus der Luft versorgt werden, ein verletzter Skifahrer konnte durch eine Kufenlandung am Tappenkarsee gerettet werden. Die Piloten der Flugrettung, Josef Haas und Franz Erbler, wurden mit ihren waghalsigen Einsätzen zu Legenden. Für den Obmann der Salzburger Segelflieger, Johann Trenke, und seinen Begleiter gab es allerdings keine Rettung mehr. Seine Sportmaschine stürzte wegen eines Motorschadens bei Seekirchen ab.

Mitte April begann wieder die Saison für die wöchentlichen Flüge. *KLM* flog zweimal von Amsterdam und *SABENA* dreimal via Brüssel, *BEA* flog während der Hauptreisezeit sogar täglich direkt von London.

Zaghaft wurden am Flughafen die Arbeiten zum weiteren Ausbau aufgenommen. So begann man im Frühjahr endlich mit dem Bau eines neuen

Forty-one engine aircrafts and two helicopters were registered in Austria this year. The upward trend in aviation was undeterred. Despite positive predictions, the Salzburg Chamber of Commerce questioned the need for expansion of the airport in a press release at the beginning of the year. Surprisingly, a report, commissioned by the Chamber three months later, contradicted its point of view. Construction activity in Austria was low of course immediately after regaining sovereignty. The main focus was rebuilding. Decisions on expansions were not be expected. Innsbruck's and Klagenfurt's future was equally as uncertain as was Salzburg's. Airplanes of the Department of the Interior to deploy for rescue operations were stationed in Innsbruck which also serviced the area of Salzburg.

Besides little international air traffic and private flights, Salzburg mainly settled for regional supply and rescue flights. The weather station on the Sonnblick had to be supplied through the air still. An injured skier could be rescued by skid landing on the Tappenkarsee. The pilots of Air Rescue Operations, Josef Hass and Franz Erbler, became legends because of their daredevil missions. The chairman of Salzburg's glider pilots, Johann Trenke, and his companion could not be rescued when his sport plane crashed close to Seekirchen because of engine failure.

In mid-April, weekly seasonal flights were launched again. *KLM* flew from Amsterdam twice weekly and *SABENA* from Brussels three times per week. *BEA* even serviced London with a daily direct flight during the main season.

Timidly, projects for airport expansion were restarted. Finally in spring, the construction of a new tower in replacement of the old air traffic control building was started. A discussion, masked as a big conference, took place at the congress center on July 12th which provided politicians with arguments in favor of airport expansion. Civil servants, representatives of associations, airline companies, hotel manager and business people supported a generous expansion of the

Towers als Ersatz für die alte Flugsicherungskanzel. Eine als „Groß Enquete" getarnte Aussprache am 12. Juli im Kongresshaus sollte der Politik als Entscheidungshilfe zum Ausbau des Flughafens dienen. Beamte, Vertreter von Verbänden, Fluggesellschaften, Hotelmanager und Wirtschaftstreibende sprachen sich mehrheitlich für einen großzügigen Ausbau aus. Trotzdem erhoben kurz danach wieder jene ihre Stimmen, die einen Ausbau des Flughafens als wirtschaftlichen Unsinn bezeichneten. Ihr Argument war, dass ja nur 0,15 Prozent des Salzburger Fremdenverkehrs über den Luftweg abgewickelt würde.

All das konnte das private Flugunternehmen ÖFAG kaum beeindrucken. Im Gegensatz zu der allgemein herrschenden Unsicherheit expandierte das Unternehmen weiter und verfügte bereits über zehn Flugzeuge. Als besondere Auszeichnung betrachtete man den staatlichen Auftrag, Beamte des Flugsicherungsdienstes, des Amtes für Luftfahrt, Angehörige der Polizeistaffel und ehemalige Luftwaffenoffiziere, die in die österreichische Fliegertruppe übernommen werden sollten, auszubilden.

Zwei englische DC-3 im Hintergrund die alte Ost/West-Piste
Two English DC-3 with the old east/west runway in the background

airport. Shortly thereafter, people spoke out who considered the expansion of the airport economic nonsense. They argued that only 0.15 percent of all of Salzburg's tourism was fulfilled by air.

The private airline company *OFAG* was not impressed. In contrast to all uncertainty, the company had expanded further and was already equipped with ten airplanes. A federal contract was considered an honor to provide training for civil servants of the Air Navigation Services, Aviation Administration, members of the police squadron and former Air Force officers to be integrated into the Austrian pilot squad.

Booking of business and vacation flights expanded this year. A beach vacation to the Lido in Venice was offered for 1,200 Austrian Schillings per person. It was a major success for sport pilots when the airport at Zell am See was declared a public airport. Famous conductor "Maestro" Herbert von Karajan graced the Salzburg Airport with noise as well as with media turmoil. Karajan was a licensed pilot and owned a Cessna which he piloted himself. Later he acquired a Dassulat Falcon 10 (Mystère 10), too, which he also piloted himself.

On September 30th, a real royal couple, Paul and Friederike of Greece, landed in Salzburg on board of a *DC-3* of the Greek Air Force. The founding of *Austrian Airlines (AUA)* was an important event for Austrian aviation that same day. The merger

Gepäckschalter, oben
Wartehalle, unten
Top: baggage counter
Bottom: waiting area

In diesem Jahr stiegen die Buchungen der Geschäfts- und Reiseflüge. Um 1.200 Schilling pro Person wurden etwa Badeausflüge an den Lido von Venedig angeboten. Die Sportflieger hatten ein Erfolgserlebnis zu verzeichnen, als ihnen zugesichert wurde, den Flugplatz Zell am See zum öffentlichen Verkehrsflugplatz zu erklären. Stardirigent „Maestro" Herbert von Karajan beehrte den Salzburger Flughafen ebenfalls und das mit viel akustischem und medialem Getöse. Karajan besaß ja eine Privatpilotenlizenz und flog seine Cessna meist selbst. Später erwarb er zusätzlich eine Dassault Falcon 10 (Mystère 10), die er ebenfalls selbst pilotierte.

Am 30. September landete an Bord einer *DC-3* der griechischen Luftwaffe mit Paul und Friederike von Griechenland auch ein echtes Königspaar in Salzburg. Ein wichtiges Ereignis für die Österreichische Luftfahrt war am gleichen Tag die Gründung der *Austrian Airlines (AUA)*. Damit hatte der kostspielige Luftkampf zweier parteinaher Fluglinien ein positives Ende gefunden. Sogar über die Verwendung der Flugzeugtype konnte man sich einigen.

Am 27. September war es dann auch für Salzburg soweit: Bei der Generalversammlung der Flughafenbetriebs Ges.m.b.H. konnte eine Grundsatzentscheidung getroffen werden. Aufsichtsräte und Gesellschafter beschlossen den Ausbau des Flughafens unter Bezugnahme auf das geprüfte und vom Verkehrsministerium genehmigte Projekt. Hauptbestandteil des Projekts war die Verlängerung der Piste auf mindestens 2.000 Meter. Diese war aber wegen der vorhandenen Flughindernisse in eine andere Richtung, als die bestehende, zu verlegen. Zusätzlich musste die Innsbrucker Bundesstraße als Tunnel unter die neue Piste verlegt werden, der Baubeginn wurde mit 15. August 1959 festgelegt.

Der signifikante Rückgang des Charterverkehrs der vergangenen drei Jahre von 71 auf elf Landungen im Jahr wurde im Jahresbericht der Geschäftsführung mit Wehmut vermerkt. Mit je einem Anflug pro Woche versahen *SABENA* und *KLM* den planmäßigen Winter-Flugdienst. Die *KLM* warb zusätzlich in Anzeigen für Anschlussflüge zu ihren Interkontinentalverbindungen in die USA mit der neuen *DC-7C*.

ended the costly battle of two national airlines. They even agreed on the same airplane type.

At the general assembly of the Salzburg Airport Management Company LLC on September 27th, a policy decision could be reached. Board members and shareholders decided on the expansion of the airport in reference to the project which had been examined and approved by the Department of Transportation. The main component of this project was the extension of the runway to 2,000 meters. Due to obstacles for runway extension, the location for the expansion had to be changed. In addition, an underpass for the Innsbrucker Bundesstrasse had to be constructed. Start of construction was scheduled for August 15th, 1959. The year-end report of management sadly acknowledged the decline in charter flights from 71 to eleven landings per year. *SABENA* and *KLM* offered one flight each per week during the winter season. *KLM* also advertised transatlantic connections to the US with a new *DC-7C*.

Flughafen Salzburg

1958 Österreich erhält eine Verkehrsluftfahrt
1958 Austria receives commercial aviation

Mit 1. Jänner 1958 trat das erste umfassende Österreichische Luftfahrtgesetz nach dem Zweiten Weltkrieg in Kraft, und wenige Wochen später, am 31. März, eröffnete die neu gegründete Fluggesellschaft *Austrian Airlines (AUA)* die Österreichische Verkehrsluftfahrt. 13 Jahre nach Kriegsende und drei Jahre nach Wiedererlangung der nationalen Lufthoheit nahm die nationale Luftlinie mit der Strecke Wien–London ihren ersten Linienflug auf. Es folgten in kurzen Abständen die Verbindungen nach Frankfurt, Zürich, Stuttgart, Paris, Rom und Warschau. Geflogen wurde mit vier gecharterten neuen Turboprop-Flugzeugen der Type *Vickers Viscount-779*.

Leider wurden die Bundesländerflughäfen anfangs von der *AUA* weitgehend ignoriert. Zumindest landete am 27. März als erstes Verkehrsflugzeug mit österreichischem Hoheitszeichen eine *DC-3* des *AUSTRIA FLUGDIENSTES (AFD)* auf dem Salzburger Flughafen.

Zwischenzeitlich erfolgte am 13. Februar der Beschluss von Bund, Land und Stadt zum Neubau der Landepiste 16/34 mit einer Länge von 2.200 Meter, einhergehend mit dem Bau einer Unterführung der Innsbrucker Bundestraße. Der Anstieg

On January 1st, 1958, the first comprehensive aviation act after World War II became law, and on March 31st, the newly founded airline company *Austrian Airlines (AUA)* started commercial aviation in Austria. Thirteen years after the end of the war and three years after the reissuing of national air space sovereignty, the national airline took on its first scheduled connection between Vienna and London. Shortly thereafter, connections to Frankfurt, Zurich, Stuttgart, Paris, Rome and Warsaw followed. The airline operated with four chartered turboprop aircrafts of the type *Vickers Viscount-779*. Unfortunately, AUA ignored the provincial airports initially but landed the first Austrian airplane, a *DC-3* of the *AUSTRIA AIR SERVICE (AFD)*, with Austrian license at Salzburg Airport on March 27th.

In the meantime, the Federal Government, the Province and City of Salzburg decided the new construction of runway 16/34 with a length of

Kinder spielen am Pistenrand
Children at the side of the runway

BEA Maschine, dahinter der Untersberg
BEA planes with the Untersberg in the back

an Reiseflügen, sowie Sport- und Schulflügen ließ beide Projekte realisierbar erscheinen. Der Beschluss konnte aber nicht darüber hinwegtäuschen, dass es nach wie vor gravierende Auffassungsunterschiede bezüglich der Vermischung eines Sportflugplatzes mit einem Verkehrsflughafen gab. Vorbehalte gab es auch hinsichtlich der Lage des Flughafens mit seiner Nähe zu den Wohngebieten und dem Wohnsiedlungsprojekt Taxham.

Es passte aber gut zur Aufbruchsstimmung, dass ÖFAG-Inhaber Hubert Pölz*) noch im Februar das Projekt eines Motor- und Sportflugzentrums vorlegte, das beiderseits der Innsbrucker Bundesstraße zwischen dem Stieglgleis und dem ehemaligen Motorpool angesiedelt werden sollte.

Die Sommer-Saison sollte sich sehr gut entwickeln, mit Anfang Mai landete zweimal wöchentlich the *BEA* mit einer *DC-3* von Brüssel kommend, und im Wochenendcharter brachte *TRANSAIR SWEDEN* mit einer *Curtiss C-46* Urlaubsgäste aus Stockholm. Allerdings hatte *KLM* ihre Flüge nach Salzburg mit Ende der Wintersaison endgültig eingestellt.

Der neue Kontrollturm wurde am 1. August offiziell seiner Bestimmung übergeben. Damit konnten der Flugsicherungsdienst und die Wetterwarte ihre neuen Räumlichkeiten benützen. Leider hatten gravierende Mängel beim Zubau des Kontrollturms immer wieder Änderungen notwendig gemacht. Große Probleme verursachte auch die Spiegelung in der Kanzelverglasung. Diese Unzulänglichkeiten waren dann auch für die extrem lange Bauzeit von 15 Monaten verantwortlich.

2,200 meters and additionally, the construction of an underpass for the Innsbrucker Bundesstrasse. The increase in vacation flights, as well as sport and training flights made both projects seem realistic. The decision was not able to hide that there were considerably differences in opinion on whether or not to combine a sport airport with a commercial airport. Reservations also involve the location of the airport because of its proximity to residential areas and because of the planned settlement in Taxham.

The optimism was supported by the owner of the OFAG, Hubert Polz **), who submitted a project for an engine airplane and glider plane center, located on both sides of the Innsbrucker Bundesstrasse between the Stiegl tracks and the former motor pool. The summer season evolved well. At the beginning of May, the *BEA* serviced two weekly flights from Brussels with a *DC-3*, and on weekends the charter company *TRANSAIR SWEDEN* transported vacationers from Stockholm with a *Curtiss C-46*. *KLM* discontinued all flights to Salzburg by the end of the winter season, though.

The new air traffic control tower was officially opened on August 1st. Now air traffic control services and the meteorological services could use the new building. Serious shortcomings of the renovated control tower necessitated several al-

Wie alle öffentlichen Betriebe des Landes wurde auch der Flughafen laufenden Überprüfungen durch den Landesrechnungshof unterzogen. Die Landeskontrollbeamten kritisierten die Verschwendung öffentlicher Mittel, indem sie die rückläufigen Verkehrsflüge der Beschäftigtenanzahl gegenüberstellten. Dazu Stellung nehmen musste aber nicht Geschäftsführer Hans Deutsch, der am 23. September bei einem Verkehrsunfall verletzt wurde, sondern Senatsrat Josef Brenner, der ihn kurzfristig vertreten musste. Zur Klärung betonte Brenner, dass das Verwaltungspersonal seit Jahren gleichzeitig auch für das Flugzeug-Ramp-Handling eingesetzt wurde und 600.000 Schilling für die Beseitigung der Frostschäden an der desolaten Piste aufzuwenden waren.

Im Winter 1958/1959 gab es keinen einzigen Linienflug nach Salzburg, für BEA und SABENA war Salzburg damals unrentabel. Viel schlimmer war, dass auch der Winter-Charterverkehr zum Erliegen kam. Am 12. Oktober herrschte kurzfristig Großbetrieb, als die Rettungsflugwacht einen Großflugtag mit Kunst- und Verbandsflügen sowie Fallschirmabsprünge organisierte.

Das Jahresende war geprägt von zwei existenziellen Entscheidungen für den Salzburger Flughafen, die in wenigen Jahren den bisherigen Salzburger Start- und Landeplatz zu einem internationalen Flughafen aufwerten würden. Der genehmigte Neubau der Start- und Landepiste sollte gewährleisten, dass auch die neueste Generation viermotoriger Langstreckenflugzeuge, beziehungsweise künftiger zweistrahliger Mittelstrecken-Jets Salzburg problemlos anfliegen konnten. Als Baubeginn war das Frühjahr 1959 festgelegt; die Finanzierung des 80 Millionen Schilling Projekts war gesichert. Die zweite Entscheidung betraf Wilhelm Spazier, der zum neuen Geschäftsführer der Flughafenbetriebs G.m.b.H. ernannt wurde. Dies wurde umgehend kritisiert. Spazier, der bisher Betriebsleiter der städtischen Verkehrsbetriebe war, sprach man die fachliche Eignung für seinen neuen Posten schlichtweg ab. Gleichzeitig wurde bemängelt, dass die Bewerbung des erfahrenen Flughafenbetriebsleiters Hans Meßner unberücksichtigt geblieben wäre. Spazier trat am 1. Februar 1959 seinen Dienst als Geschäftsführer an.

*) Hubert Pölz zog sich in den 1980-iger Jahren vollkommen aus dem Geschäftsleben zurück und ist am 7. Jänner 1992 während eines Spanienaufenthaltes spurlos verschwunden. Er wurde 2002 amtlich für tot erklärt. Die ÖFAG wurde 1986 in Aerotechnik GmbH umbenannt und ist bis heute in der Luftfahrtbranche tätig.

terations. Big problems were also caused by the reflection of the glazing of the control center.

Just like all other public companies of the province, the airport was under continuous surveillance by the Provincial Court of Auditors. The control officers criticized the waste of public funds when they contrasted the decline in flights with the number of employees. A response was issued not by the general manager, Hans Deutsch, who was injured in a car accident on September 23rd, but by the Senate Chancellor Josef Brenner who replaced him on short notice. Brenner explained that the airport's employees also performed the handling of the airport ramp, and that 600,000 Austrian Schillings were used to repair the frost heaves on the damaged runway. There were no scheduled flights to Salzburg during the winter of 1958/1959. For BEA and SABENA Salzburg had become unprofitable. Even worse, charter flights were also discontinued during the winter. For a brief moment, there was high activity at the airport when Air Rescue Operations organized a flight day with exhibition and association flights and parachutists.

The end of the year was characterized by two decisions determining the future of the airport in Salzburg; one targeted the take-off and landing areas which had to be adjusted to meet international standards for the years to come. The already approved construction of a new runway ensured that four-engine long-distance planes of the newest generation and also two-engine mid-range jets could approach Salzburg without problems. The construction was scheduled to start in spring of 1959; financing of this 80 million Austrian Schillings project was secured. With the second decision Wilhelm Spazier was appointed to managing director of the Airport Management Company LLC, but his appointment was heavily criticized. Spazier served as manager for the Urban Transportation Authority and was criticized of not being sufficiently qualified for this position. At the same time it was criticized that the application of Hans Messner, who was an experienced airport manager, was never considered. The controversial Spazier reported for duty on February 1st, 1959.

*) Hubert Polz completely withdrew from business in the 1980s and vanished without a trace during a vacation in Spain on January 7th, 1992. He was officially declared dead in 2002. OFAG was renamed Aerotechnik LLC and is still in the airline business today.

1950 bis 1960

1959 Bau der neuen Start- und Landebahn
1959 Construction of a new runway

Mitte Jänner veröffentlichten die Salzburger Nachrichten den Kontrollbericht von Stadt und Land Salzburg. Auch darin wurden die hohen Personalkosten für 18 Mitarbeiter der Gesellschaft kritisch hinterfragt, wobei die weiteren 19 Personen, die den Bundesstellen für Flugsicherung und Flugwetterdienste zugerechnet wurden, von der Kritik ausgenommen waren. In einer Stellungnahme des Aufsichtsrates verteidigte man den hohen Personalstand, obwohl man

In mid-January, the newspaper "Salzburger Nachrichten" published the inspection report of the City and Province of Salzburg. The high payroll costs for 18 employees of the company were critically questioned, but the 19 people, employed by the Federal Office of Air Traffic Control and Meteorological Services, were

Die Piste 16/34 kurz vor der Fertigstellung
Runway 16/34 immediately before completion

Flughafen Salzburg

Erstlandung auf der neuen Piste mit BEA-Vickers Viscount
First landing of a BEA-Vickers Viscount on the new runway

gleichzeitig betonte, ihn zwischenzeitlich von 18 auf 12 Mitarbeiter reduziert zu haben.
Auch in Wien gab es Ärger, als es um die Finanzierung der in Turbulenzen geratenen *AUA* ging. Etwa zeitgleich intervenierten Salzburgs Landeshauptmann Josef Klaus und Bürgermeister Alfred Bäck beim Finanzminister, um die vereinbarten Bundesanteile zur Finanzierung des Flughafenausbaues zeitgerecht zu sichern. Mussten doch die Gründe der Bauern von Loig, Glanhofen und Wals abgelöst werden, die aber nur dann dazu bereit waren, wenn im Gegenzug die Enteignung ihres Bodens durch das Deutsche Reich endlich rückgängig gemacht oder Ersatzgründe angeboten würden.
Die *SABENA* nahm ihre Flüge mit Beginn der Sommer-Saison wieder auf und ab 16. Mai gab es tägliche Flüge mit der *BEA* von und nach London. Für Aufregung sorgte am Vortag die Landung von vier Düsenflugzeugen des Typs *Fouga Magister* des österreichischen Bundesheeres, die auf dem Weg von Toulouse nach Linz-Hörsching in Salzburg eine Zwischenlandung einlegten.
Am 16. Mai fand auch die feierliche Eröffnung des renovierten Fliegerheims und der neuen, 500 Meter langen Piste am Flugplatz Zell am See statt. Mit dem Bescheid des Amtes der Salzburger

excluded from criticism. A statement of the board of directors defended the high headcount although it was pointed out at the same time that the number of employees had already been reduced from 18 to 12 people.
Even for Vienna trouble was brewing when the *AUA* needed additional financial subsidization. Simultaneously, the Governor of Salzburg Josef Klaus and the Mayor Alfred Back intervened with the Secretary of Finances to secure the already agreed upon financial resources for the expansion of the airport in a timely manner. The farmland surrounding Loig, Glanhofen and Wals had to be paid off. However, the farmers were only willing to sell their properties in exchange for properties which were expropriated during the Third Reich or for replacement farmland.
SABENA resumed its flight schedule with the beginning of the summer season, and on May 16th, *BEA* also offered daily connections to and from London. Rather exciting was the landing of four *Fouga Magister* jet-airplanes of the Austrian Armed Forces which landed in Salzburg for a stopover on their way from Toulouse to Linz-Horsching.
On May 16th, the ceremonial opening of the newly renovated hangar and the new 500 meter long runway took place at the airport of Zell am See. A notification of the Office of the Provincial Government of Salzburg permitted the Alpine Glider Training School to operate a civil public engine plane airport.
On July 17th, the construction of the new runway 16/34, including an underpass for the Innsbruck-

Elly Beinhorn und Sohn am 29. April 1959 mit Super-Cub (DEGIN) am Flughafen Salzburg gelandet.
Elly Beinhorn and son landed with Super-Cub (DEGIN) at Salzburg Airport on April 29th, 1959

Landesregierung wurde der Alpinen Segelflugschule die Bewilligung zum Betrieb eines zivilen öffentlichen Motorflugfeldes erstellt.
Am 17. Juli war offizieller Baubeginn für die neue Piste 16/34 samt Unterführung der Innsbrucker Bundesstraße. Die neue Piste, sollte nun in Nord/Süd-Richtung erfolgen und mit einer Länge von 2.200 und einer Breite von 45 Meter den internationalen Anforderungen entsprechen. Die neue Landerichtung von 160° zu 340° wurde gewählt*), um künftig Instrumentenanflüge zu ermöglichen; dies war auf der alten Piste 100° zu 280° nicht umsetzbar.
Während das Gelände Mitte August bereits zur Großbaustelle anwuchs, veranstaltete eine Burda „Fliegerstaffel" gemeinsam mit den Salzburger Fallschirmspringern noch einmal eine Art Flugshow. Auch die, während der Hochwasserkatastrophe in Salzburg rettenden Hubschraubereinsätze konnten vom verbliebenen Rumpfflughafen noch abgewickelt werden.
Für die kleineren Flugzeuge der *ÖFAG* reichten die im Westen verbliebenen 500 Meter der 17 Jahre alten Piste. Als aber am 18. Oktober die *SABENA Convair 440* Kursmaschine abhob, war die bisherige Piste 10/28 Geschichte. Am 25. Dezember feierte Igo Etrich, österreichischer Flugpionier und Flugzeugkonstrukteur, seinen 80. Geburtstag. Etrich, der in Salzburg lebte, wurde bei diesem Anlass geehrt und ausgezeichnet.

*) Zur Erklärung:
Hat eine Landebahn wie in Salzburg eine magnetische Richtung zwischen 155 und 164 Grad, wird sie deshalb mit 16 (gerundet auf 160 Grad) bezeichnet. Das ist beim Salzburg Airport im Norden der Piste der Fall, im Süden sind es zwischen 335 und 344 Grad (34). Daraus resultiert der Pistenname 16-34. Die Piste wurde 1960 eröffnet und löste die Piste 10-28 ab.
Das Magnetfeld der Erde verschiebt sich laufend. Der nördliche Magnetpol wandert von Kanada in Richtung Russland. Das Wandern des Pols hängt mit den geologischen Aktivitäten im Erdinneren zusammen. Aufgrund einer Gradverschiebung musste die Lande- und Startbahn 16-34 ab 23. August 2012 auf 15-33 umbenannt werden. Es ist dies die erste Umbenennung der bisherigen Salzburger Lande- und Startbahn 16-34.
Die Kennzeichnung der Piste mittels Leuchttafeln dient dazu, dass Piloten wissen, welche Richtung sie am Rollweg einschlagen müssen, um die von der Austro Control vorgegebene Startrichtung einzuhalten.

er Bundesstrasse, was officially started. The new runway was designed in a north/south direction with a length of 2,200 meters and a width of 45 meters which met international standards. The new landing direction from 160 degree to 340 degree was chosen*) to facilitate future instrument flights which would not have been possible on the old runway with a direction from 100 degrees to 280 degrees.
When in the mid of August the area resembled a construction site, the Burda "Flight Formation Group" organized an air show together with parachutists from Salzburg. Even the helicopter rescue missions during a flood disaster in Salzburg were successfully carried out on the downsized airport.
For smaller airplanes of the *OFAG*, the 17-year-old runway in the west with 500 meters in length had to suffice. When on October 18th, a *Convair 440* scheduled flight operated by *SABENA* took off, the current runway 10/28 became history. On December 25th, Igo Etrich, the Austrian aviation pioneer and airplane builder, celebrated his 80th birthday. Etrich, who lived in Salzburg, received multiple awards and honors.

*) Explanation
When a runway such as in Salzburg had a magnetic direction from 155 to 164 degrees, it is referred to as 16 (round up to 160 degrees). This is true for the north of the runway at Salzburg Airport but in the south it is from 335 to 344 degrees (34). Thus, the name of the runway is 16-34. This runway was opened in 1960 and superseded the runway 10-28.
The magnetic field of the earth constantly changes. The northern magnetic pole moves from Canada toward Russia. The movement of the pole depends on the geological activities in the earth's interior. Due to a degree shift, the runway 16-34 had to be renamed to 15-33 in August 2012. This is the first renaming of the runway 16-34 in Salzburg.
Identification of the runway with illuminated panels serves to inform pilots, which direction to take on the ramp to comply with the Austro Control's preset take-off direction.

Flughafen Salzburg

1960 Erstmals landen Austrian Airlines-Maschinen in Salzburg

1960 Austrian Airlines airplanes land in Salzburg for the first time

Die erste Ausbauetappe für den neuen Salzburger Flughafen wurde im Winter ohne Unterbrechung weitergeführt. Am 28. März wurden in Wien-Schwechat vier neue, von den Austrian Airlines erworbene, Turboprop-Verkehrsflugzeuge vom Typ *Vickers-Viscount 837* getauft. Mit den beiden Maschinen des gleichen Typs, die nachgeliefert wurden, sollte später der Binnenflugverkehr aufgenommen werden.

Vorausschauend auf den bald fertigen Flughafenausbau in Salzburg, eröffnete die *AUA* ein neues Stadtbüro im Jetzelsbergerhaus am Makartplatz.

Nicht nur in Salzburg wurde eifrig gebaut, auch in Wien-Schwechat wurde ein neues Flughafengebäude errichtet, das am 18. Juni eröffnet wurde.

In Salzburg konnte bereits am 3. Juni ein Teil der Unterführung benützt und im Zuge der Bauarbeiten auch das unterirdische Tanklager erweitert werden.

Am 1. Juli wurde nach der erfreulich kurzen Bauzeit die neue Start- und Landebahn ihrer Bestimmung übergeben und mit der Landung einer *BEA Vickers-Viscount* im Saison-Flugdienst von London nach Salzburg einer ersten Bewährungsprobe unterzogen. Gleichzeitig wurden der Zurollweg und 12.000 Quadratmeter Abstellfläche für die an- und abfliegenden Flugzeuge fertiggestellt und mit der Adaptierung des Senders in der

The first construction stage of the Salzburg Airport was continued through the winter without interruption. On March 28th, four turboprop aircrafts, *Vickers-Viscount 837* newly purchased by Austrian Airlines were named at Vienna-Schwechat. With two more planes of the same type, domestic air traffic was later started. In anticipation of the soon to be remodeled airport in Salzburg, *AUA* opened a new city office at the Jetzelsbergerhaus at Makartplatz.

Not only in Salzburg several constructions were ongoing, but Vienna-Schwechat also built a new terminal, which was opened on June 18th. On June 3rd, the underpass was ready for use in Salzburg and the underground tanks were expanded. On July 1st, the new runway was put into service and the landing of a *BEA Vickers-Viscount* seasonal flight from London to Salzburg was its first test. At the same time, the taxiway and the 12,000 square meter large ramp for arriving and departing airplanes was finished and with the adjustment of the transmitter at the Moosstrasse, even the last aviation obstacle had been removed. Salzburg could now be approached by mid-range and short-range airplanes using visual flight navigation as well as instrument flight navigation during bad weather. On December 29th, the last leg of the underpass of the Inns-

Erstes Verkehrsflugzeug der AUSTRIAN AIRLINES in Salzburg
First commercial airplanes of AUSTRIAN AIRLINES in Salzburg

Moosstraße auch das letzte Luftfahrthindernis entfernt. Salzburg war somit für alle Mittel- und Kurzstreckenflugzeuge sowohl im Sichtflug als auch bei Schlechtwetter mit Hilfe des Instrumentenlandesystems erreichbar. Am 29. Dezember wurde die vorläufig letzte Etappe der Baumaßnahmen, die 373 Meter lange Flughafenunterführung der Innsbrucker Bundesstraße, auch Bundesstraße 1 genannt, eröffnet.

Nach Aufnahme der *BEA*-Saisonflüge London–Salzburg mit vier wöchentlichen Landungen landete zwei Tage später auch die *SABENA* mit dem Erstanflug einer *DC-6B* in Salzburg, um die Linie Brüssel–Düsseldorf–München–Salzburg für zweimal in der Woche wieder aufzunehmen. Im Zuge einer weiteren Erstlandung kam am 4. Juli die *AUA* mit einer Vickers-Viscount auf der Linie Klagenfurt–Salzburg–Frankfurt erstmals in Salzburg an. Diese Route stand dreimal wöchentlich auf dem Flugplan. Noch am gleichen Tag testete die heimische Fluglinie auf ihrem Erstflug Wien–Salzburg–Genf die neue Salzburger Piste. Am 11. Juli taufte der Salzburger Erzbischof Andreas Rohracher eine *Vickers-Viscount OE-LAL der AUA* auf den Namen W.A. Mozart, und nur Tage später eröffnete die AUA die Linie Wien–Salzburg–Stuttgart–Paris, die sie viermal wöchentlich flog. In elf Sonderflügen der ICEM*) transportierte die

brucker Bundesstraße with 373 meters in length called Bundesstraße 1, was opened.

The start of the seasonal *BEA* flights between London and Salzburg four times per week was followed two days later by *SABENA* with a first flight by a *DC-6B* to Salzburg, which established the route Brussels–Dusseldorf–Munich–Salzburg twice weekly again. Another first landing was accomplished by *AUA* with a Vickers-Viscount for the connection Klagenfurt–Salzburg–Frankfurt on July 4th. This route was scheduled three times per week. The same day, the domestic airline tested also the route Vienna–Salzburg–Geneva. On July 11th, the Archbishop of Salzburg Andreas Rohracher named the *Vickers-Viscount OE-LAL of AUA* as W.A. Mozart and only a few days thereafter, AUA started the connection Vienna–Salzburg–Stuttgart–Paris four times weekly. With eleven specially scheduled flights, ICEM*) transported hundreds of potential Austri-

Flughafen Salzburg

Die SABENA nahm den Linienflug Brüssel–Salzburg wieder auf (Douglas DC-6B)
SABENA reinstated the connection Brussels–Salzburg (Douglas DC-6B)

australische Fluggesellschaft QUANTAS mit *Bristol-Britannia* und *Super Constellation* hunderte auswanderungswillige Österreicher nach Australien.

Am 26. September stürzte der AUA-Flug 901 im Landeanflug auf den Flughafen Moskau-Scheremetjewo ab. Bei dem Unglück der AUA-Maschine „Joseph Haydn" waren 31 Tote zu beklagen und nur fünf Passagiere und eine Stewardess überlebten das Unglück. Als Unfallsache wurde eine falsche Anzeige oder eine Fehleinschätzung der Flughöhe verantwortlich gemacht.

Als direkte Konsequenz aus dem Unglück stellte die AUA noch im selben Jahr die Flüge von Salzburg nach Klagenfurt und Stuttgart ein.

Im Winter-Flugplan blieb nur die Linie Wien–Salzburg–Genf zweimal je Woche aufrecht. *SABENA* stellte die Salzburg-Flüge vorübergehend ein, und für *BEA* waren die Winter-Flüge unrentabel. Da Salzburg im Winter von den Chartergesellschaften nicht angeflogen wurde, blieb es trotz Millioneninvestitionen in den neuen Flughafen für Monate wieder sehr ruhig. Entgegen des tristen Eindrucks wies die Jahresstatistik immerhin 375 Landungen von viermotorigen Verkehrsflugmaschinen und eine Verdoppelung des Frachtumsatzes aus. Die Aufwärtsentwicklung war somit deutlich zu erkennen.

Als abschließende Bau- und Montagearbeiten nach dem Sommer waren noch das Aushubmate-

an immigrants to Australia on board of a *Bristol-Britannia* und *Super Constellation* operated by *QUANTAS*.

On September 26th, the AUA flight 901 crashed during decent at the Moscow-Sheremetyevo airport. Thirty-one passengers of the "Joseph Haydn" perished and only five passengers and one flight attendant survived the accident. The reason for the accident was a faulty display or a miscalculation of the altitude. As a direct consequence, AUA discontinued all flights from Salzburg to Klagenfurt und Stuttgart the same year.

The winter flight schedule only offered the route Vienna–Salzburg–Geneva twice weekly. *SABENA* discontinued all Salzburg flights temporarily, and flights during the winter were unprofitable for *BEA*. Charter airlines did not approach Salzburg during the winter, and thus the new airport – despite millions of investments – remained very quiet. Contrary to the dreary feeling, the annual statistics showed 375 landings of four-engine airplanes and doubling of freight air transport. An upward trend was clearly noticeable.

The final construction and assembly projects after the summer included the removal of the materials excavated from the runway and the underpass, and the installation of the runway lights as well as an emergency power supply system. Vital was also the installation of the four transmitters: the state radio station and the glide path transmitter on site, the outer marker at Surheim and the middle marker close to Freilassing. On October 15th, all systems for flights during bad weather were completed. An American measuring plane coordinated the unity of the machinery.

rial von Piste und Unterführung zu beseitigen und die Landebahnbefeuerung zu installieren sowie ein Notstromaggregat einzurichten. Unerlässlich war auch die Aufstellung der vier Sendeanlagen: den Landekurssender und den Gleitwegsender am Gelände, den Außenmarker in Surheim und den Mittelmarker in der Nähe von Freilassing. Am 15. Oktober waren alle Anlagen für Schlechtwetteranflüge fertiggestellt, ein amerikanisches Messflugzeug sollte die funktionelle Übereinstimmung der Anlagen justieren.

*) Die Kosten für die erste Bauetappe:
Grunderwerb, von der Republik übernommen
    31 Mio. Schilling
Die gesamten Baukosten der Unterführung und Umlegung der Innsbrucker Bundesstraße incl. Beleuchtung, Entwässerung und Entlüftung des Tunnels betrugen
    42 Mio. Schilling
Baukosten der Startbahn   26 Mio. Schilling
Baukosten der Abstellfläche und der Zurollwege
    11 Mio. Schilling
ILS Instrumenten Lande Systeme   4,5 Mio. Schilling
Beseitigung der Luftfahrthindernisse   4 Mio. Schilling
Ersatz von Objekten im Bereich des Sicherheitsstreifens
    10 Mio. Schilling
Alles zusammen gezählt, von der Gesellschaft zu tragen:
    105 Mio. Schilling
Die Finanzierung erfolgte im Rahmen des Treuhandvermögens in Anteilen von 50 % Rep. Österreich, und je 25% von Land und Stadt Salzburg.

**) Intergovernmental Committee for European Migration
Technische Daten Flughafen Salzburg 1960:
Die neue Piste war für eine Einzelradlast von 27 Tonnen und im Bereich der Unterführungsdecke für eine Gesamtlast von 200 Tonnen bemessen. Damit waren Landungen von Flugzeugen mit einem Gesamtgewicht von 80 – 100 Tonnen Gesamtgewicht möglich. Der 23 Meter breite Zurollweg und die 12.000 Quadratmeter große Abstellfläche waren für eine Einzelradlast von 35 Tonnen ausgelegt.
Flughafen Salzburg: ICAO-Klasse C
Geografische Breite/Länge: 47°47'10''/13°00'23''0
Höhe über Meer: 430 Meter
Lage zum Stadtzentrum: 3 Kilometer WSW
Sicherheitsstreifen: 2.320 x 300 Meter,
Rollbahnen: 23 Meter breit (Beton)
Befeuerung: Startbahn, Rollbahn und Vorfeld
    Anflugbefeuerung Startbahn 16 (Calvert)
    Hindernis- und Gefahrenfeuer
    Flughafenkontrolle, Anflugkontrolle
Flugsicherung: Funkfeueranflug mit Markierungs-, Fächer- und Gefahrenfunkfeuer, ILS vorgesehen
Bodendienste: Salzburger Flughafenbetriebsgesellschaft m.b.H.
Tankdienste: Shell und BP- alle Treibstoffe und Öle
Zugelassener Verkehr: planmäßiger Linienverkehr, nicht planmäßiger Verkehr, Privatflugverkehr und Schulflug

*) Expenses for the first leg of construction
Real estate purchase, undertaken by the Republic
    31 million Austrian Schillings
Construction costs for the underpass and rerouting of the Innsbrucker Bundesstrasse including lighting, water drainage and ventilation of the tunnel amounted to
    42 million Austrian Schillings
Construction costs of the runway
    26 million Austrian Schillings
Construction costs of the ramp and taxiways
    11 million Austrian Schillings
ILS Instrument landing systems
    4.5 million Austrian Schillings
Removal of air traffic obstacles
    4 million Austrian Schillings
Replacement of objects in the area of the security strips   10 million Austrian Schillings
Total amount covered by the company
    105 million Austrian Schillings
Financing was provided by trust assets with 50 percent shares by the Republic of Austria and 25 percent each by the Province and City of Salzburg.

**) Intergovernmental Committee for European Migration
Technical data for Salzburg Airport in 1960:
The new runway was calculated for a single tire weight of 27 tons and in the area of the underpass for a total weight of 200 tons. Thus, landing of airplanes with a total weight of 80 to 100 tons was possible. The 23 meter wide taxiway and the 12,000 square meter ramp were calculated for a single tire weight of 35 tons.
Salzburg Airport: ICAO-class C
Geographic latitude/longitude: 47°47'10''/13°00'23''0
Altitude in meters: 430 meters
Position toward the city center: 3 kilometers WSW
Security strips: 2,320x300 meters
Runways: 23 meters wide (concrete)
Lights: Runway, taxiway and ramp
        Lights for decent at runway 16 (Calvert)
        Obstacle and hazard lights
        Airport control, decent control
Air traffic control: beacon flight approach with marking, fan and hazard beacons, ILS scheduled
Ground services: Salzburg Airport Management Company LLC
Fuel services: Shell and BP for all fuel and gas
Authorized traffic: scheduled traffic, unscheduled traffic, private air traffic and training air traffic

Augusta – Bell 47 G, der Rettungshubschrauber des Bundesministeriums für Inneres mit DG Kubert, Flieger-Chef
Augusta-Bell 47 G, the rescue helicopter of the Department of Interior with chief pilot DG Kubert

1961 Der Salzburger Flughafen wird für Schlechtwetter geeignet
1961 Salzburg airport is suitable for bad weather

Der Salzburger Gastronom Helmut Koller übernahm mit 1. Jänner das Flughafenrestaurant, ehe er vier Jahre später mit seinem Bruder Josef die renommierte Hotelrestaurantkette *K&K* gründete. Koller wollte für Passagiere Wartezeiten mit gehobener Gastronomie so angenehm als möglich gestalten, außerdem waren einige Kurse mit Bordverpflegung zu versorgen.

Mitte Jänner startete die *ÖFAG* ihren dritten Jahres-Eröffnungsflug von Salzburg aus nach Zell am See, um vom zugefrorenen See – für meist ausländische Gäste – Alpenrundflüge zu veranstalten. Ein Salzburger Reiseunternehmer startete eine Aktion, um skandinavische Touristen per Charter einzufliegen, so flog einige Wochen lang ab 12. Februar *TRANSAIR SWEDEN* an den Sonntagen nach Salzburg mit Wintersportgästen aus Stockholm und Malmö. Von Salzburg aus wurden sie mit Bussen in ihre Hotels nach Zell am See gebracht. Das war ein erfolgversprechender Anfang. Auch das dänische Charterunternehmen *NORDAIR* brachte Wintersportler aus Kopenhagen, die unverzüglich in die Salzburger Schigebiete weiter reisten.

Helmut Koller, a restaurateur from Salzburg, took over the airport restaurant on January 1st. Four years later he founded the hotel-restaurant chain *K&K* with his brother Josef. Koller wanted to create a pleasant waiting time with fine dining and several flights had to be supplied with catered food. In mid-January, *OFAG* started its opening flight for the third year from Salzburg to Zell am See to offer alpine scenic flights mainly for foreign tourists with take-off from the frozen lake. A travel agent from Salzburg initiated a campaign to fly in Scandinavian tourists with charter flights. Thus, *TRANSAIR SWEDEN* offered flights for winter sport tourists from Stockholm and Malmo to Salzburg on Sundays, starting on February 12th. The vacationers were transported from Salzburg to their hotels in Zell am See by buses. This was a promising start. The Danish charter company *NORDAIR* also transported winter sport tourists from Copenhagen who immediately continued on to the skiing resorts in Salzburg.

Die Busse warten auf die Skitouristen
Busses are waiting for skiing tourists

Im Programm für den Sommer waren ab 1. April dreimal je Woche die *AUA*-Flüge Wien–Salzburg–Genf bzw. Zürich, Barcelona, Frankfurt und Venedig, ebenfalls jeweils dreimal je Woche. Dazu kamen noch die Flüge der BEA nach London und zusätzlich ein Wochenendcharterflug Berlin–Salzburg.

Im Jänner schon wurde die fertiggestellte Anflugbefeuerung gemeinsam mit dem Notstromaggregat kollaudiert. Nach der Genehmigung war der Flughafen bis zu einer Wolkenuntergrenze von 200 bis 220 Meter und einer Sicht von 1.000 bis 1.500 Meter für Landungen frei gegeben. Rechtzeitig für die Sommer-Flugsaison konnte der Salzburger Flughafen am 15. Mai mit Hilfe der *ILS*)*- und *NDB**)*-Anlage in Richtung 16 als schlechtwettertauglich bezeichnet werden. Am 20. Juni fand mit einer neuen *AUA Vickers-Viscount 745* der erste Nachtanflug statt, gesichert durch die neue provisorische Leitlinienbefeuerung für Landungen in Richtung 34, unterstützt von zehn gelben Drehfeuern mit jeweils 500 Watt. Mit Auswanderern aus Osteuropa hob erneut am 22. Juni eine *Super-Constellation* von Salzburg in die USA ab.

Mit der steigenden Bedeutung von Salzburg als Kongressveranstalter stieg auch der Stellenwert des Flughafens bei den anreisenden Kongressteilnehmern. So brachte der Kongress über Plasmaphysik und gesteuerte Kernverschmelzung 500 Wissenschaftler aus aller Welt nach Salzburg, von denen die wenigsten auf dem Landweg anreisten. Der Salzburger Flughafen musste nun öfter als Ausweichflughafen herhalten, wenn das Wetter in München, Wien oder Linz Landungen nicht zuließ. Nach dem Abbruch des Lugerhofs stand endlich die nutzbare Pistenlänge von 2.000 Meter samt 200 Meter Überrollfläche im Süden zur Verfügung.

Wintercharter
Winter charter

The summer schedule included three weekly *AUA* flights from Vienna via Salzburg to Geneva or Zurich, respectively, and to Barcelona, Frankfurt and Venice also three times per week as of April 1st. In addition, BEA offered flights to London and one charter flight on the weekend from Berlin to Salzburg.

In January, the landing lights in conjunction with the emergency power supply were approved. After the approval, the airport was released for landings with a low cloud limit of 200 to 220 meters and visibility of 1,000 to 1,500 meters. In time for the summer season, the Salzburg Airport was approved for bad weather on May 15th because of the *ILS*)* and *NDB**)* systems in direction 16. On June 20th, the first nighttime decent occurred with a new *AUA Vickers-Viscount 745*. Landing was secured by temporary guiding beacons for landing toward direction 34 and supported by ten yellow rotating beacons at 500 watts each. On June 22nd, another *Super-Constellation* took off with immigrants for the USA from Eastern Europe on board.

The growing importance of Salzburg as congress promoter improved the status of the airport for arriving congress participants as well. The meeting for plasma physics and controlled nuclear fusion brought 500 scientists from all over the world to Salzburg and only a few of the participants travelled by land. The Salzburg Airport increasingly served as alternate airport, when bad weather prevented landings in Munich, Vienna or Linz. After demolition of the Lugerhof, the entire runway length of 2,000 meters with an additional 200 meters of taxiway was finally available in the south.

Flughafen Salzburg

Randvoll mit Skiausrüstung
Totally packed with skiing equipment

Für den nahenden Winter musste noch eiligst eine Schneefräse angeschafft, die gesamte Befeuerungsanlage für die Piste erneuert und zwei große Parkplätze vor der Abfertigungsbaracke errichtet werden.

Im *AUA* Winter-Flugdienst gab es je dreimal wöchentlich Verbindung Wien–Salzburg–Genf–Barcelona und Wien–Salzburg–Frankfurt. *BEA* flog einmal je Woche London–München–Salzburg.

Zum Jahresabschluss gaben die Sportflieger und der *ÖFAG*-Flugdienst wieder einmal kräftig Gas und führten mit zehn Flugzeugen den traditionellen Silvesterflug über der Stadt durch. Als Erweiterung seines Aktionsradius hatte der *ÖFAG* Flugdienst bereits am 25. November den Zivilflugplatz Mauterndorf im Lungau eröffnet. Der höchstgelegene Flugplatz in Österreich war bereits von Hermann Göring, damals Besitzer der Burg Mauterndorf, als Landewiese benützt worden. Ebenfalls als Privatunternehmen wurde am 11. August die „Alpenflug-Gesellschaft Zell am See" gegründet.

*) Das Instrumentenlandesystem (engl. instrument landing system, ILS) ist ein bodenbasiertes System, das den Piloten eines Flugzeuges bei Anflug und Landung mittels zweier Leitstrahlen, Landekurs (Information über Kurs) und einem Gleitpfad (Information über Höhe), unterstützt. Der Pilot kann die Signale auf einem Anzeigegerät (VOR-ähnlicher Empfänger mit zusätzlichem horizontalem Zeiger) verfolgen, das an einen ILS-Empfänger angeschlossen ist. Dadurch sind auch bei schlechten Sichtbedingungen (IMC) Präzisionsanflüge möglich.

**) Unter ungerichtetem Funkfeuer (englisch Non-Directional Beacon – NDB) oder Kreisfunkfeuer versteht man eine Sendeanlage am Boden, welche ununterbrochen in alle Richtungen (ungerichtet) Funkwellen ausstrahlt. Ungerichtete Funkfeuer dienen als Strecken- oder Anflugfeuer sowie zur Positionsbestimmung in der Flug- und Seenavigation. Die Sendefrequenz – meist auf Langwelle – ist mit einer Kennung moduliert.

A snow plow was quickly purchased for the approaching winter, the entire beaconing system was renewed, and two large parking lots were installed in front of the terminal. The *AUA* winter schedule offered three weekly connections Vienna–Salzburg–Geneva–Barcelona and Vienna–Salzburg–Frankfurt. *BEA* served London–Munich–Salzburg once per week.

At the end of the year, the sport pilots and the *OFAG* Flight Service turned up the heat and presented the traditional New Year's Eve flight formation with ten airplanes over the city. To increase flight services, *OFAG* Flight Service had already opened the civil airport in Mauterndorf im Lungau for business on November 25th. The airport at the highest altitude in Austria had already been used by Hermann Göring as landing area, who was the owner of the fortress Mauterndorf. With the "Alpine Aviation Zell am See" another private company was founded on August 11th.

*) The instrument landing system (ILS) is a ground-based system which supports the pilot of an airplane during decent and landing with two guiding beams, a landing course (information for the course) and a gliding track (information for the altitude). The pilot can follow the signals on a display (similar to a VOR receiver with additional horizontal pointers) which is connected to an ILS-receiver. Thus, even at poor visibility (IMC) precision decent is possible.

**) Non-directional beacons (NDB) or circular beacons are transmitter sites on the ground which transmit impulses continuously in all directions (non-directional). Non-directional beacons serve as path and decent beacons as well as for determination of the position in aviation and naval navigation. The frequency of the transmitter – most of the time as long wave – is modulated with an identifier.

1962 Salzburg wird Flugrettungs-Einsatzstelle
1962 Salzburg becomes air rescue center

Die *AUA* war bereits im zarten Alter von nur fünf Jahren hoffnungslos verschuldet. Ende Jänner genehmigte der österreichische Ministerrat den Antrag des Finanzministers, die *AUSTRIAN AIRLINES* mit 826 Millionen Schillingen zu sanieren. Ein Bundesgesetz zur Rekonstruktion*) vom 21. März 1962 sollte der angeschlagenen Fluggesellschaft wieder auf die Beine helfen. Allerdings hatten die Sanierungsbemühungen für Salzburg weitreichende Folgen, die Vorjahresverbindungen nach Venedig und Zürich wurden ersatzlos gestrichen.

Eine Zunahme des Charterverkehrs konnte bereits am 30. Dezember des Vorjahres beobachtet werden, als sich die dänische FLYING *ENTERPRISE* anschickte, turnusmäßig Winterurlauber nach Salzburg zu befördern. Andere Chartergesellschaften sollten nach und nach folgen.

Fluggast-Passkontrolle
Passport control

AUA had already gotten into debts within five years of its founding. At the end of January, the Austrian Cabinet authorized the proposal of the Department of Finance to recapitalize *AUSTRIAN AIRLINES* with 826 million Austrian Schillings. A Federal Law of Restoration *) from March 21st, 1962, was supposed to get the airline back on track. Unfortunately, the restoration efforts had significant impact on Salzburg since the connections of the previous year to Venice and Zurich were cancelled.

An increase in charter flights had already been observed on December 30th of the previous year when the Danish airline company FLYING *ENTERPRISE* started to transport winter vacationers to Salzburg regularly. Other charter companies were to follow bit by bit.

Flight rescue and surveillance by air was still underdeveloped internationally while at the end of March, the Air Rescue Center of the Department of the Interior had already accomplished 51 missions from Salzburg Airport alone in the

Flughafen Salzburg

Der Fluggast-Warteraum
Passenger waiting room

Flugrettung und Überwachung aus der Luft steckten international noch in den Kinderschuhen, als Ende März die Flugrettungs-Einsatzstelle des Innenministeriums für den vergangenen Winter bereits 51 Einsätze, allein vom Flughafen Salzburg aus, verzeichnete. Für Schnelltransporte wurde neben dem Landeskrankenhaus sogar ein Landeplatz eingerichtet und erste Verkehrsüberwachungen aus der Luft fanden bereits 1958, bei den Skiweltmeisterschaften in Badgastein, statt.
Die *AUSTRIAN AIRLINES* übernahmen ab 1. April das Traffic-Handling für die Abfertigung aller landenden und startenden Verkehrsflugzeuge, sogar die der BEA.
Hans Meßner, der seit 1951 am Airport als Flughafenbetriebsleiter tätig war, wechselte als Stationsleiter zur *AUA* in Salzburg. Ihm folgte als Flughafenbetriebsleiter Walter Fischer. Auch ein neuer Feuerwehrkommandant wurde für die Flughafenfeuerwehr eingestellt. Es kursierte sogar die Idee, die städtische Berufsfeuerwehr zum Flughafen zu verlegen. Schwierig gestalteten sich die Vorbereitungen, um die Gefahrenfeuer in Grödig, am Rainberg und am Kapuzinerberg zu installieren. Stundenlange nächtliche Testflüge einer AUA-Verkehrsmaschine über dem Stadtgebiet störten die Anwohner in ihrer Nachtruhe und lösten heftige Proteste aus.
Am 14. Juni wurde bekannt, dass der Aufsichtsrat des Salzburger Flughafens einen Generalausbauplan beschlossen hatte, die Finanzierung dafür war noch nicht gesichert. Der Ausbau sollte in Etappen erfolgen, wobei auch die Innenanlagen

previous winter. A landing area was installed next to the provincial hospital for emergencies and the first traffic surveillance by air already took place in 1958 during the skiing championships in Badgastein.
Austrian Airlines took over traffic-handling for processing of all landing and starting airplanes, even for BEA on April 1st.
Hans Meißner, who had been working as airport operations manager at the Salzburg Airport since 1951, transferred to AUA as office manager of Salzburg. His successor as airport operations manager was Walter Fischer. A new fire captain was hired for the airport fire station. There were even rumors to translocate the urban fire station to the airport. It was a difficult task to install the emergency beacons at Grodig, Rainberg and Kapuzinerberg. Nighttime test flights by an AUA airplane over the city, lasting for hours, aggravated the local residents and resulted in heavy protests.
On June 14th, the information was released that the board of directors of the Salzburg Airport had decided on a general expansion plan but financing had not been secured. The expansion was scheduled to take place in stages. The interior had to be renovated as well. In the west a new passenger terminal and two large hangars were planned, and in the north, in replacement of the old buildings, a new building for air traffic control, police, a bonded warehouse and freight processing were planned. The area of the old American motor pool was still meant for private and sport aviation.
The last stage of construction involved four hangars and a hangar for the *OFAG*, and in the north-east an area was assigned to the fire sta-

entsprechend zu renovieren waren. Im Westen sollten ein neues Abfertigungsgebäude und zwei große Hangars entstehen, und im Norden war geplant, an Stelle der alten Gebäude einen Neubau für Flugsicherung, Polizei, Zolllager, und Frachtabfertigung zu errichten. Im Osten war zwischen diesem Neubau und der schon bestehende Energie-Zentrale geplant, einen Ölhof zu errichten. Der Bereich des alten, amerikanischen Motorpools sollte dem Privat- und Sportflugverkehr vorbehalten bleiben.

Im Endausbau sollten vier Hangars entstehen mit der Flughafenwerft der ÖFAG. Im Nordosten sollte Platz für die Feuerwache Maxglan geschaffen werden. Die für das Projekt nötigen Grundstücksablösen konnten mit 16 Grundbesitzern fixiert werden. In drei Fällen waren jedoch noch Gutachten einzuholen. Während in Linz die neue, 2.000 Meter lange Piste eröffnet wurde, konnte in Salzburg das auf 16.000 Quadratmeter erweiterte Vorfeld provisorisch freigegeben werden.

In der Salzburger Flughafenstatistik war zum Jahresende eine Zunahme des Passagieraufkommens von über 60 Prozent zu verbuchen. Das Passagieraufkommen von AUA- und der BEA-Kursmaschinen stieg von 19 auf 25 Passagiere. Zunahmen konnte man auch im Charterverkehr von und nach Deutschland, England, Dänemark, Schweden und Finnland verzeichnen. Andere Bundesländerflughäfen wollten unbedingt aufschließen und so waren die Pistenverlängerungen in Graz und Innsbruck auf 2.000 Meter fast vollendet und Linz forderte, in das AUA Flugnetz einbezogen zu werden.

*) Bundesgesetz vom 21. März 1962,
über die Rekonstruktion der Austrian Airlines Österreichische Luftverkehrs-Aktiengesellschaft. Der Nationalrat hat beschlossen: § 1. (1) Der Bundesminister für Finanzen wird ermächtigt, im Einvernehmen mit dem Bundesminister für Verkehr und Elektrizitätswirtschaft neu ausgegebene Aktien der Austrian Airlines Österreichische Luftverkehrs-Aktiengesellschaft zum Nennbetrag von 138,000.000 S namens des Bundes zu erwerben. (2) Die Ermächtigung gemäß Abs. 1 hat zur Voraussetzung, daß 1. das Grundkapital der Austrian Airlines Österreichische Luftverkehrs-Aktiengesellschaft gemäß § 182 Aktiengesetz auf 12,000.000 S herabgesetzt wird, 2. die Erhöhung des Grundkapitals der Austrian Airlines Österreichische Luftverkehrs-Aktiengesellschaft auf 150,000.000 S unter Ausschluß des Bezugsrechtes beschlossen und die neu auszugebenden Aktien dem Bund zur Zeichnung zum Nennbetrag angeboten werden, wobei die Einzahlung eines Drittels der Kapitalerhöhung im Geschäftsjahr 1962 zu erfolgen hat, und 3. die folgenden Änderungen der Satzung der Austrian Airlines Österreichische Luftverkehrs-Aktiengesellschaft beschlossen und im Handelsregister eingetragen sind. (Auszug)

tion Maxglan. The transfer fee for 16 properties necessary for this project was agreed upon with the owners. Reports were requested in three cases. While in Linz the 2,000 meter long runway was released, in Salzburg the ramp, which had been expanded to 16,000 square meters, was released provisionally.

The statistics for Salzburg Airport showed an increase in passenger volume of more than 60 percent at the end of the year. The passenger volume for AUA and BEA scheduled flights increased from 19 to 25 passengers. There was also an increase in charter flights from and to Germany, England, Denmark, Sweden and Finland. Other provincial airports wanted to catch up and thus the expansion of the runway in Graz and Innsbruck to 2,000 meters was almost completed and Linz demanded to be incorporated into AUA's network.

*) Federal Law of the Restoration of Austrian Airlines Austrian Aviation Holding from March 21st, 1962,
The National Assembly has decided the following: § 1. (1) The Federal Secretary of Finance in agreement with the Federal Secretary of Transportation and Electricity Industry is authorized to obtain newly issued stocks of the Austrian Airlines Austrian Aviation Holding in the amount of 138,000 Austrian Schillings in the name of the Federal Government. (2) The authorization according to paragraph 1 has the prerequisite that 1. The capital stock of Austrian Airlines Austrian Aviation Holding according to §182 of the stock corporation act be reduced by 12,000,000 Austrian Schillings; 2. the capital stock of Austrian Airlines Austrian Aviation Holding according to §182 of the stock corporation act be increased by 150,000,000 Austrian Schillings with exclusion of options on new stocks and the stocks to be newly issued to be offered to the Federal Government at face value, whereof one third of the increased capital stock to be paid within the business year of 1962; and 3. The following changes to be included in the by-laws of the Austrian Airlines Austrian Aviation Holding and to be recorded in the commercial register. (Excerpt)

Gepäcktransport
Transport of luggage

Flughafen Salzburg

1963 Die Wiederaufnahme der Inlandsflüge
1963 Resumption of domestic flights

Nicht enden wollende Schneefälle führten bereits in den ersten Tagen des Jahres zu großen Problemen. So brach unter der Last der Schneemassen das Dach des Hangars auf dem Flugplatz Reichenhall-Obermühle ein und begrub insgesamt acht Kleinflugzeuge unter sich.

Für die Salzburger Segelflieger begann das Jahr ebenfalls unerfreulich, sie erhielten unangenehme Post vom Verkehrsministerium. Laut Bescheid wurden sie veranlasst, mit 31. März 1964 ihren Betrieb auf dem Flughafen in Salzburg einzustellen.

Am 29. März erteilte das Ministerium dem Flughafen Salzburg die uneingeschränkte Nachtflugbewilligung. Die Vertreter der Stadt beharrten aber auf die strikte Einhaltung von vorgeschriebenen Mindestflughöhen.

Ein regelmäßiger innerösterreichischer Luftverkehr existierte nach Einstellung des Lufthansa Flugdienstes Wien–Salzburg–Innsbruck–München im Jahre 1939, abgesehen von dem kurzen Intermezzo des Swissair-Saisonfluges Zürich–Innsbruck–Salzburg–Linz von 1951, nicht mehr. Der Ruf nach einer Wiederaufnahme wurde immer deutlicher: Mit gebrauchten Flugzeugen und mit finanzieller Unterstützung der Länder sollte die *AUA* dem Binnenflugdienst wieder neues Leben einhauchen. Im Mai nahmen die beiden zweimotorigen *DC-3* Maschinen des *AUA* Binnenflugdienstes mit den wenig kreativen Namen „Enzian" und „Edelweiß" ihren Flugdienst auf. Die Inbetriebnahme der ersten *AUA Caravelle* in Wien erfolgte bereits am 1. Mai. Nun konnten Wien, Graz, Innsbruck und Klagenfurt von Salzburg aus zweimal täglich angeflogen werden, wobei jedoch die häufigen Verspätungen für viel Ärger sorgten.

International gab es wieder viermal je Woche die BEA-Verbindung London–Salzburg, und *AUA* flog ab 18. Mai wöchentlich dreimal nach London, beziehungsweise Frankfurt und ab 16. Juni wieder Wien–Salzburg–Genf. Immer größere Flugzeuge und mehr Flugbewegungen veranlassten den Mineralölkonzern Shell ein neues, unterirdisches Tanklager für 50.000 Liter Treibstoff bereitzustellen.

Already at the beginning of the year continuous snow fall led to huge problems. Under an immense snow load, the roof of a hangar at the airport Reichenhall-Obermuehle collapsed burying eight small airplanes underneath.

The New Year did not start well for Salzburg's glider pilots as well, when they received mail from the Department of Transportation. They were notified to terminate operations at Salzburg airport with March 31st, 1964.

On March 29th, the department granted unrestricted approval for night flights. Though, representatives of the city insisted on strict adherence to the authorized minimum flight altitude.

Regular domestic air traffic no longer existed after termination of the *Lufhansa* flight Vienna–Salzburg–Innsbruck–Munich in 1939, apart from a short period of the *Swissair* seasonal flight Zurich–Innsbruck–Salzburg–Linz in 1951. The call for revival became more pronounced. *AUA* was supposed to have revived domestic flight service with used airplanes and financial support from the provinces. In May, two two-engine DC-3 airplanes of the AUA domestic flight service started operations. The airplanes' rather uncreative names were "Gentian" and "Edelweiss". The commissioning of the first *AUA Caravele* in Vienna took place on May 1st. From now on, Vienna, Graz, Innsbruck and Klagenfurt could be reached by plane from Salzburg twice daily, but frequent delays caused much aggravation. Internationally, four flights per week were offered through *BEA*-connections between London and Salzburg, and *AUA* served London and Frankfurt, respectively, three times per week after May 18th, and after June 16th, also Vienna–Salzburg–Geneva. Bigger and bigger airplanes and more aircraft movements prompted the oil company Shell to provide a new, underground storage tank for 50,000 liters of kerosene.

On the occasion of the "IATA"-congress *(International Air Transport Association)* which took place at the Residence in Salzburg on September 9th, 160 delegates from the aviation industry got together. Altogether, 47 airline companies of this

Erstlandung einer Vickers-Vanguard der BEA
First landing of a Vickers-Vanguard operated by BEA

Anlässlich des „IATA"-Kongresses (International Air Transport Association) in der Salzburger Residenz am 9. September trafen 160 Delegierte der Luftfahrtbranche zusammen. Insgesamt waren 47 Luftfahrtgesellschaften bei der Konferenz dieser weltweiten Dachorganisation vertreten, um über eine gemeinsame Preisgestaltung für Transatlantikflüge zu verhandeln.

Die Passagierabfertigung von Großflugzeugen im alten Flughafengebäude gestaltete sich zunehmend chaotisch, das Gedränge war mehr als bedenklich. In Erwartung steigender Passagierzahlen, auch wegen der kommenden Winterolympiade in Innsbruck, wurde ein Neubau immer dringlicher!

Deshalb wurde am 1. Juli ein Architektenwettbewerb für den Neubau eines modernen Abfertigungsgebäudes öffentlich ausgeschrieben. Anfang Oktober trat die Jury zusammen, um aus den 31 Entwürfen einen Sieger zu küren. Aus nicht genannten Gründen wurde keines der eingereichten Modelle zum Sieger erklärt. Das Projekt der Wiener Architektengruppe *Erwin Christoph, Helmut Leierer* und *Josef Schröck* wurde zur Umsetzung auserkoren und von öffentlicher Stelle ausdrücklich die umgehende Realisierung gefordert. Alle eingereichten Modelle konnten danach im Festspielhaus besichtigt werden. Natürlich war der Zeitrahmen für die Olympiade viel zu kurz, aber Innsbruck erhielt ja 1976 noch eine Chance ...

Den Winterflugplan eröffnete die *AUA* am 1. November mit dem Kurs Innsbruck–Salzburg–Frankfurt und am 18. November landete im Liniendienst London–Salzburg erstmals eine *BEA Vickers Vanguard* mit 132 Fluggästen. Am 25. Dezember startete die *AUA* von Salzburg aus zum Erstflug über Innsbruck nach London.

worldwide umbrella organization were present at this conference to negotiate rates for transatlantic flights.

Passenger processing for large airplanes in the old airport building became increasingly chaotic; overcrowding became quite alarming. In anticipation of increasing passenger volumes, in part due to the upcoming winter Olympics in Innsbruck, construction of a new building became a more urgent matter.

Therefore on July 1st, an architectural competition for construction of a new modern passenger terminal building was publically announced. Due to unknown reasons, none of the submitted models was chosen a winner. Nevertheless, the project submitted by the Viennese architectural group of *Erwin Christoph, Helmut Leierer* and *Josef Schröck* was selected, where of public officials immediate realization was demanded. All submitted models were on display for public viewing at the festival theater. The time frame for the Olympic Games was certainly too short, but Innsbruck received another chance in 1976... AUA released the winter flight schedule on November 1st for Innsbruck–Salzburg–Frankfurt and on November 18th, a *BEA Vickers Vanguard* flight landed as the first scheduled flight from London to Salzburg with 132 passengers on board. On December 25th, *AUA* started its first flight from Salzburg via Innsbruck to London.

Flughafen Salzburg

1964 Erstmals landen Jets in Salzburg
1964 Jets are landing in Salzburg for the first time

Testlandungen einer *AUA Caravelle Se 210-VI R*, am 22. Februar, sollten in Salzburg den Start ins Jetzeitalter in der Zivilluftfahrt signalisieren. Zwar waren damals noch keine regelmäßigen Flüge mit diesem Flugzeugtyp geplant, doch waren die Flughafenanrainer trotzdem über die lauten Starttests empört.

Die Proteste konnten aber annähernd 50.000 Besucher nicht davon abhalten, am 30. März, einem Ostermontag, zur Taufe der neuen *AUA Caravelle* zum Flughafen zu pilgern. Das Flugzeug wurde im Beisein von jeder Menge Politprominenz von Erzbischof *Andreas Rohracher* auf den Namen „*Salzburg*" getauft. Als Abschluss dieses Volksfestes stand noch ein Stadtrundflug auf dem Programm. Mit Beginn der Sommersaison wurde zwei Tage später die Anzahl der Binnenflüge erhöht. Die *AUA* nahm mit einer *DC-3* die Strecke Klagen-

Sternflug, 1964
Star formation flight, 1964

Trial landings of *AUA Caravelle Se 210-VI R* signaled the start into a new period of jet aircraft use in civil aviation in Salzburg on February 22nd. In fact, regular flights with this airplane type had not been planned then but the local residents were nevertheless outraged by the noisy trial take-offs.

Despite the protests, almost 50,000 visitors attended the baptism of the new *AUA Caravelle* at the airport on Easter Monday, March 30th. The airplane was baptized in the name of "Salzburg" by Archbishop Andreas Roracher in the presence of leading politicians. At the end of the festivities, a sightseeing flight was on the agenda. With the beginning of the summer season, the number of domestic flights was increased two days later. *AUA* included the route Klagenfurt–Graz–Vienna–Linz–Salzburg–Innsbruck with a *DC-3*. The disadvantage of this tight-knit network was that due to multiple stops, driving was occasionally faster, especially on the route Salzburg to Vienna.

Taufe einer Caravelle, 30. 3. 1964
Baptism of the Caravelle, March 30th, 1964

furt—Graz—Wien—Linz—Salzburg—Innsbruck auf. Der Nachteil des engmaschigen Netzes war, dass wegen der vielen Stopps, Autofahrer in manchen Fällen um einiges schneller ihr Ziel erreichten, so vor allem auf der Strecke Salzburg—Wien.

Der Winter-Olympiade 1964 in Innsbruck ging ein folgenschweres Flugzeugunglück voraus. Unterhalb des Glungezergipfels zerschellte am 29. Februar beim Anflug auf Innsbruck eine Bristol Britannia der *British EAGLE Airlines.* Alle 83 Passagiere und Besatzungsmitglieder kamen dabei ums Leben. Das Unglück verursachten die Piloten durch Fehleinschätzung der erforderlichen Flughöhe während einer Warteschleife auf bessere Bodensicht. Noch lange Zeit danach gab es Viele, die Flüge in alpine Regionen generell für zu gefährlich erachteten. Auch Salzburg war nachhaltig von dem Unglück betroffen und wurde wegen der Nähe zu den Bergen von manchen Fluglinien nur unter Vorbehalten oder erst gar nicht angeflogen.

Im Auslands Sommer-Flugplan fehlte erneut die langersehnte, tägliche Tagesrandverbindung nach Frankfurt. Auch um Zürich hatte man sich vergeblich bemüht.

Die stetige Zunahme der Salzburger Anflüge wurde von den Salzburger Nachbarn in Freilassing nicht ohne Groll zur Kenntnis genommen. Sie deuteten gegen die Ausweitung des Flugbetriebes Einsprüche an, als sich bei den Flughafenan-

Right before the Winter Olympics in Innsbruck in 1964, a serious plane accident occurred. On February 29th, a *Bristol Britannia* from *British EAGLE Airlines* smashed to pieces underneath the Glungezer peak when approaching Innsbruck. All 83 passengers and crew members died in this accident. A pilot's error was responsible through miscalculation of the required cruising altitude while circling to wait for better visibility on the ground. Long thereafter, criticism did not cease claiming that flights in alpine regions were too dangerous. Even for Salzburg, this accident had a persistent effect, and Salzburg was approached

Romy Schneider mit „Dady" Blatzheim, 7. 8. 1964
Romy Schneider with "Dady" Blatzheim, August 7th, 1964

rainern eine Protestbewegung entwickelte. Auch der Freilassinger Stadtrat monierte heftig gegen die ständigen Überflüge seiner Gemeinde. Die ansteigend negative Stimmung der Betroffenen hatte aber keine Auswirkungen auf die bevorstehenden Ausbaupläne am Flughafen. Noch nicht!
Ohne nennenswerte Probleme ging in Eugendorf die Eröffnung der Modellflug Anlage Eugendorf-Kraiwiesen über die Bühne. Dort hatte man auf nahezu unbesiedeltem Gelände einen idealen Standort für die Modellflugsportler gefunden. Der Flugpionier Igo Etrich eröffnete am 13. Juni höchstpersönlich im Rahmen der Staatsmeisterschaft das nach ihm benannte Modellflugsportzentrum Salzburg.
Für das neue Abfertigungsgebäude wurden am 19. August die Arbeiten öffentlich ausgeschrieben. Der Kostenrahmen des Projekts sollte 50 Millionen Schilling nicht übersteigen. Darin nicht berücksichtigt waren die Kosten für den ebenfalls projektierten Kleinflugzeug-Hangar II. Die für den Bau noch notwendigen Grundstücke hatte man unter Androhung der Enteignung günstig abgelöst.
Die kurz bemessene Frist bis zur Fertigstellung forderte sämtliche Ressourcen von den Baufirmen und den bedingungslosen Einsatz von den Bauarbeitern während des bitterkalten Winters.
Im *AUA* Winter-Flugplan stand endlich viermal in der Woche Salzburg–Innsbruck–Zürich auf dem Programm, und wie bisher je zweimal Frankfurt und London. Unverändert flog die AUA im Binnenflug täglich von Salzburg über Linz nach Wien. Zweimal jede Woche flog BEA die Strecke London–München–Salzburg. Prächtig entwickelte sich der Charterflugverkehr, der gegenüber 1963 einen Zuwachs von 192 auf 450 Anflüge verzeichnete. Sogar die Luftfracht hatte sich von 140 auf 312 Tonnen mehr als verdoppelt.
Ein schweres Flugzeugunglück im Raum Salzburg hatte zwei Tage vor Weihnachten das Österreichische Bundesheer zu beklagen. Zwei Bundesheerpiloten sollten am Salzburger Flughafen nach dem Landeanflug durchstarten, die Flugsicherung verlor schon über der Stadt Laufen den Funkkontakt. Das Wrack des abgestürzten Jagdbombers *Saab-29* wurden im Bereich des Schwarzenbergs, südlich von Salzburg, gefunden. Die Unglücksursache konnte nie restlos geklärt werden.

only with reservation or not at all due to the close proximity to mountains.
The steady increase in flights approaching Salzburg was registered by Salzburg's neighbors in Freilassing not without resentment. They signified to object to the expansion of flight operations when local residents formed a protest movement. Even the City Council of Freilassing complained fiercely against flights continuously passing over its municipality. The increasing negative atmosphere created by the affected did not have any negative impact on the upcoming expansion plans. At least not yet!
The opening of the park for model plane flying took place without major problems. A scarcely inhabited area was found to be an almost ideal location for model plane sportsmen. Igo Etrich, an aviation pioneer, unveiled the Salzburg Model Plane Sports Center, which was named after him, including the state championship on June 13th.
A public bid for construction of a new passenger terminal building was released on August 19th. The overall budget for this project could not exceed 50 million Austrian schillings. The budget did not include expenses for the planned small aircraft hangar II. Properties necessary for these constructions were acquired inexpensively following threats of expropriation.
A short timeframe was assigned to the completion of this project which required all resources of the construction companies and the unconditional commitment of the construction crew during this bitterly cold winter.
At last, *AUA's* winter flight schedule included flights from Salzburg to Innsbruck and Zurich four times per week and twice per week to Frankfurt and London same as before. Unchanged, the AUA offered one domestic flight daily from Salzburg via Linz to Vienna. Twice per week, *BEA* offered the route London via Munich to Salzburg. Furthermore, charter flights expanded from 192 flights in 1963 to 450. Even air freight doubled from 140 to 312 tons.
The Austrian army mourned a serious plane crash in the Salzburg area two days before Christmas. Two army pilots were supposed to overshoot landing at the Salzburg airport but air traffic control lost radio contact over the city of Laufen. The wreckage of the fighter jet *Saab-29* was discovered in the area of the Schwarzenberg, south of Salzburg. The cause of the disaster could never be completely determined.

1965 Der Flughafen im Gegenwind
1965 The airport facing headwind

Nach seinem Gasteiner Kuraufenthalt verließ Schah Reza Pahlevi am 1. März mit einer AUA Caravelle Salzburg. Der umstrittene persische Kaiser wurde auf dem Weg nach London von etlichen Politikern und noch mehr fanatischen Anhängern verabschiedet. Auf Militärmusik verzichtete man zum Zeichen der Trauer, da beinahe zeitgleich Bundespräsidenten Adolf Schärf verstorben war.
Am 2. März 1965 erschütterte ein schweres Lawinenunglück das Tourismusland Salzburg. Ein Bus mit einer skandinavischen Jugendgruppe wurde auf der Straße nach Obertauern von einer Lawine erfasst und total zerstört. Das Unglück forderte 14 Todesopfer. Am 7. März wurden die 14 Särge, nach einer Trauerfeier, mit einer *DC-3* der Fluggesellschaft *TSA* von Salzburg nach Schweden und Finnland geflogen, um die Verunglückten in ihrer Heimat zu beerdigen.

On March 1st, Shah Reza Pahlevi left Salzburg on an AUA Caravelle, following a stay at a health spa in Gastein. Several politicians and even more fanatic followers bid the controversial emperor farewell on his way to London. There was no military music in consideration of mourning the recently deceased President Adolf Schaerf.
On March 2nd, 1965 a serious avalanche accident shocked the tourist destination, Salzburg. A bus transporting a Scandinavian youth group was trapped under an avalanche and completely destroyed on its way to Obertauern. Fourteen people died in this accident. On March 7th following a funeral service, the 14 coffins were flown on a *DC-3* of the airline company *TSA* from Salzburg back to Sweden and Finland to bury the victims in their homelands.

Die Beatles am Flughafen

Am Flughafen Salzburg herrschte Ausnahmezustand, als am 13. März, knapp nach 14 Uhr eine Maschine der *British European Airways* landete. Als sich die Flugzeugtür öffnete und vier junge, „langhaarige" Männer heraustraten, waren die 5.000 angereisten Fans außer sich. Sie sangen „Yeah, yeah, yeah!", als *Paul McCartney* und Co auf der Gangway für die Fotografen Aufstellung nahmen. Die Beatles waren gekommen, um in Österreich Szenen für ihren zweiten Film „Help!" aufzunehmen. Hunderte Polizisten waren umsonst angerückt, da keiner der Fans das Bewusstsein verlor und niemand randalierte. Auch die bereitgestellten Wasserwerfer konnten ohne Wasserverlust abrücken. Die gesamte Filmcrew reiste zu den Dreharbeiten auf den Obertauern weiter, wo die Bevölkerung auf Grund des Lawinenunglücks in der Vorwoche noch immer unter Schock stand.

Flughafen Salzburg

Abflug des Mozarteum Orchesters nach Moskau
Departure of the Mozarteum Orchestra to Moscow

Zu einem Gastspiel brach am 15. Mai 1965 das Mozarteum Orchester mit der *AUA Caravelle* von Salzburg aus nach Moskau auf, und einige Tage später kam es zur nicht ganz geräuschlosen Erstlandung einer *BAC-1/11 der Laker Airways*.
Die rumänische Fluggesellschaft *TAROM* beförderte im Charterflug mit einer zweimotorigen *Iljuschin 14* und danach mit *Iljuschin 18* sonnenhungrige Urlauber an die Schwarzmeerküste.
Im *AUA* Sommer-Flugplan waren die Verbindungen Salzburg—Amsterdam und Wien—Salzburg—Innsbruck—Zürich sowie nach Frankfurt neu. Heftige Kritik von der Geschäftsführung des Salzburger Flughafens folgte auf die Reduzierung der *AUA* Flüge nach Salzburg, im Besonderen auf die Ausdünnung der Inlandsverbindungen. Man befürchtete den Verlust des Status als meist frequentierter Bundesländerflughafen.

Gründung eines Schutzverbandes

Bei der Generalversammlung der Salzburger Flughafenbetriebsgesellschaft fiel am 10. Juni der Beschluss zur Pistenverlängerung um 200 Meter auf 2.400 Meter samt der dafür notwendigen Verlegung der Kendlerstraße. Fertig sollte das Projekt bereits 1966 sein. Wenige Wochen später, am 24. Juli, kam jedoch von den Kritikern aus der Nachbarschaft die folgenschwere Retourkutsche: Eine von diesen einberufene Versammlung endete in der Gründung eines Schutzverbandes gegen die Gefahren und Ausweitung des Flughafenbe-

The Beatles at the airport

A state of emergency prevailed at Salzburg airport on March 13th, just after 2:00pm, when an airplane of the *British European Airways* landed. When the airline door opened and four young "long-haired" men exited, the 5,000 fans freaked out. They chanted *"Yeah, yeah, yeah!"*, when *Paul McCartney* and Co lined up for photographers on the gangway. The Beatles had arrived in Austria to shoot scenes for their second movie *"Help!"*. Hundreds of police officers had moved in pointlessly since the fans neither lost consciousness nor rampaged. Even the provided water cannon could be removed without losing any water. The entire film crew continued on for shooting at Obertauren where the locals were still in shock because of the avalanche disaster a week early.
The Mozarteum orchestra started with an *AUA Caravelle* from Salzburg for a guest performance in Moscow, and a few days thereafter, a noiseless first landing of a *BAC-1/11 of Laker Airways* was reported. The Rumanian airline company *TAROM* organized chartered flights with a twin-engine *Iljuschin 14* and thereafter with an *Iljuschin 18* for sun-seeking vacationers to the Black Sea.
During the summer, *AUA* offered a new flight schedule with flights between Salzburg and Amsterdam, and Vienna via Salzburg and via Innsbruck to Zurich, as well as Frankfurt. The management of Salzburg airport heavily criticized *AUA*, when the airline company reduced its flights to Salzburg. The management was concerned that Salzburg would not maintain its status as the most frequented regional airport.

Founding of a conservation association

On June 10th, at the general assembly of the agency operating the Salzburg airport, the decision was made to elongate the runway by 200 meters to a total of 2,400 meters which necessitated the move of Kendler Street. Completion of the project was scheduled for 1966. A few weeks later on July 24th, the response of critics from the neighborhood resulted in severe repercussions. They had organized a meeting which led to the founding of an association pro-

triebes in Salzburg-Maxglan. Schon davor hatte der Verwaltungsgerichtshof einen Bescheid aufgehoben, der einen Verein mit den gleichen Zielen untersagt hatte. Die Gründung des Vereins und die halbherzigen Beschwichtigungsversuche der Geschäftsführung läuteten eine jahrelange Verhinderungsstrategie der Gegner ein. Andererseits war es den Verantwortlichen am Flughafen nicht gelungen, den Gegnern mehr als nur ungeeignete Kompromissvorschläge zu unterbreiten. Die Situation führte in einigen Fällen bis zum absoluten Stillstand der Flughafenentwicklung. Dazu kam, dass auf ihrer letzten Station des Europafluges am 5. September 116 Sportflieger am Salzburger Flughafen wie die Heuschrecken einschwärmten. Oft in viel zu geringen Flughöhen und über bewohntem Gebiet unterwegs, boten sie den Kritikern zusätzliche Munition für ihren Kampf.

Mit 1. Juli konnte der Kleinflugzeughangar 2 seinen Benützern übergeben werden und die ÖFAG erhielt den Hangar 1 als Werft.

Am 15. Oktober landete erstmals eine Havilland Comet 4-B der BEA in Salzburg. Es handelte sich um eine Testlandung einer vierstrahligen Nachfolgetype des ersten Düsenverkehrsflugzeuges der Welt. Mit der Anschaffung von zehn extrem leistungsfähigen Blitzfeuern war es einer Reihe von Flugzeugen möglich, auch bei Schlechtwetter in Salzburg zu landen, bei dem sie früher auf andere Flughäfen ausweichen mussten.

Knapp vor dem bevorstehenden Winter wurde das fertige Betriebsgebäude an das neue Heizsystem angeschlossen, die ersten Büros eingerichtet und mit Leben erfüllt.

tecting them from the dangers and expansions of airport operations at Salzburg-Maxglan. Already before that, the administrative court had ruled to revoke the ruling that would not allow for such an association to be established. The founding of this association and attempts of appeasement by the management led to years of delays. On the other hand, the parties representing the airport never succeeded in finding a compromise with their opponents. This unresolved issue led to complete halt of airport development in some cases. In addition, on September 5th, 116 sports aviators invaded Salzburg airport. They flew in too low altitudes and over inhabited area, which offered critics even more ammunition in their fight against the airport.

On July 1st, hangar 2 for small airplanes was handed over which provided the OFAG with hangar 1 as dockyard.

On October 15th, a *Havilland Comet 4-B* of the *BEA* landed in Salzburg for the first time. It was a trial landing of a four-engine successor of the world's first jet airliner. With the acquisition of ten extremely powerful flash fires, it became possible for many airplanes to land in Salzburg even in poor weather conditions, whereas before they had to be diverted to other airports.

The completed industrial building was connected to the costly furnace; the first offices were furnished and became filled with life just before the winter.

100.000 Passagier am 10. 9. 1965
100,000th passenger on September 10th, 1965

Flughafen Salzburg

1966 Endlich entsteht ein neues Abfertigungsgebäude

1966 Finally a new passenger terminal building is constructed

Der Expansionskurs der Salzburger Flughafengesellschaft ging trotz heftiger Proteste weiter. Die bei der Generalversammlung beschlossene Erhöhung des Stammkapitals auf 2,3 Millionen Schilling wurde mit 13. Jänner 1966 in das Handelsregister eingetragen. Allein im Jänner kamen aus Dänemark 20 Charterflugzeuge nach Salzburg. Immer größer wurden die technischen Herausforderungen, und immer mehr Passagiere waren abzufertigen. Zusätzlich benötigte man Techniker für die Vorausplanungen und Überwachung der Bauarbeiten. Deshalb erhöhte sich der Personalstand der Gesellschaft auf elf Angestellte und 20 Arbeiter.

Mitte Februar forderte der Schutzverband die generelle Einstellung von Flügen nach 22 Uhr, die aktuell viermal in der Woche die Nachtruhe der Anrainer störten.

Bekannt wurde auch, dass die *ICAO** dem Salzburger Flughafen Auflagen erteilt hatte. So sollte bis 1970 die Piste auf 2.550 Meter verlängert sein, um als Ausweichflughafen für Wien und München einspringen zu können. Daher brachte der Geschäftsführer am 13. Juni beim Verkehrsministerium als oberste Zivilluftfahrtbehörde den Antrag ein, die Landepiste auf 2.600 Meter zu verlängern. Der Anrainerschutzverband und die Grundstückseigentümer sprachen sich vehement

The expansion of the Salzburg airport management company continued despite fierce protests. The general assembly decided on an increase of the financial reserves by 2.3 million Austrian schillings, which were recorded in the commercial register on January 13th, 1966. In January alone, 20 charter flights arrived from Denmark in Salzburg. The technical challenges increased and more and more passengers had to be processed. Additionally, engineers for forward planning and supervision of construction were needed. Therefore, personnel of the company was increased to eleven employees and 20 workers.

Mid-February the conservation association demanded discontinuation of flights after 10:00 pm since these flights troubled local residents.

It also became known that the *ICAO** had imposed conditions on Salzburg airport. By 1970 the runway had to be extended to 2,550 meters to accommodate Vienna and Munich as alternative airport. Thus, on June 13th the managing director submitted his application to the Supreme Civil Aviation Authority to extend the runway to 2,600 meters. However, the conservation association of the local residents and the real estate owners were opposed to the expansion of the runway since they feared that the *airport for propeller aircrafts* would be transformed into a *station for jetliners*. Real estate would depreciate, due to the developing noise. Discussions lasting for years ensued, using not always socially acceptable language.

Die AUA-Viscount mit umgebogenen Luftschraubenenden
AUA-Viscount with geniculate propeller tips

Abfertigungsgebäude (rechts oben) vor der Fertigstellung, dahinter Hangar II. Vorne das alte Abfertigungsgebäude
Passenger terminal (top right) before completion, behind Hangar II. Old passenger terminal in the front

gegen eine Verlängerung der Piste aus, weil sie damit eine Umwandlung des bestehenden Propellerflughafens in einen *Düsenflugzeugbahnhof* befürchteten. Die Liegenschaften würden außerdem durch den entstehenden Lärm entwertet werden. Es folgten jahrelange Diskussionen und eine nicht immer gesellschaftsfähige Streitkultur. Nach einer heftigen Diskussion mit Managern der *AUA*, bei der es um die Einschränkungen der Binnen- und Auslandsflugverbindungen ging, sicherte der *AUA*-Vorstandsdirektor den Salzburgern zusätzliche Verbindungen zu. Davor stellte er noch fest, dass man, was den Salzburger Flughafen beträfe, nach Wien ohnehin die meisten Auslandsverbindungen hätte. Mit der Inbetriebnahme der beiden *Hawker, Siddeley 748 Belvedere* würde die Verbindung Salzburg–Wien verbessert sowie eine Verbindung nach Klagenfurt eingeführt.

Im Sommer 1966 gab es also mit zwei Flügen täglich nach Wien, einmal nach Innsbruck und zweimal pro Woche nach Klagenfurt ein ausreichendes Angebot. Mit der 44-sitzigen Belvedere wurden auch die Verbindungen nach Frankfurt, Düsseldorf und London fünfmal pro Woche geflogen.

Following intense discussions with managers from *AUA* about reduction in domestic and international flights, the executive director agreed on additional connections via Salzburg. Before that he declared that Salzburg provided the second most international connections right after Vienna. Commissioning of two *Hawker, Siddeley 748 Belvedere* improved the connection between Salzburg and Vienna and led to the launch of a flight to Klagenfurt.

In summer 1966, two daily flights to Vienna, one connection to Innsbruck and twice weekly connections to Klagenfurt offered adequate quantity. In addition, flights to Frankfurt, Dusseldorf and London were offered on the 44-seat *Belvedere* five times per week.

Feierliche Eröffnung des neuen Flughafengebäudes

Am 25. Juli 1966 war es dann soweit: Bundespräsident Franz Jonas nahm die feierliche Eröffnung des Fluggastabfertigungsgebäudes vor. Viele Ehrengäste waren gekommen, um einerseits die großartigen Bauleistungen zu würdigen, andererseits um dem Flughafen eine prächtige Zukunft zu prognostizieren.

Mit einem Kostenaufwand von 50 Millionen Schilling entstand ein hochmodernes Abfertigungsgebäude für den stadtnahen Flughafen, der 1966 eine Frequenz von 121.000 Fluggästen erreichen sollte. Im neuen dreigeschossigen Bau konnten damals jede Stunde bis zu 600 Fluggäste abgefertigt werden. Das Bauvorhaben umfasste in der ersten Baustufe das Abfertigungsgebäude mit Flug- und Geschäftsräumen, das Restaurant und ein Terrassencafe, ein Flughafenhotel mit 26 Betten, eine Besucherterrasse sowie das Betriebsgebäude mit Werkstätten, Bereitschaftsräumen und den Räumen für die Flughafenfeuerwehr.

Das Projekt erforderte folgende Eckpunkte zur Weiterentwicklung: Den Fortschritten der Luftfahrt und der immer stärker frequentierten Passagierabfertigung Rechnung tragen sowie die Möglichkeiten künftiger innerbetrieblicher Änderungen, wie etwa das Entfallen von Pass- und Zollkontrollen.

Ceremonial inauguration of the new airport building

Finally on July 25th, 1966 the day had come: President Franz Jonas carried out the ceremonial inauguration of the passenger terminal building. Many guests of honor had arrived to appreciate the great construction and to ascertain the airport a splendid future. An investment of 50 million Austrian schillings resulted in an ultramodern passenger terminal building for an airport, located near a city which reached a frequency of 121,000 airline travelers in 1966. The three-story high building provided processing of 600 airline passengers per hour. The construction project in its initial phase included the passenger terminal building with aviation and guest space, a restaurant and a terrace café, an airport hotel with 26 rooms, an observation deck as well as operational buildings with workshops, service rooms, and rooms for the airport fire station.

This project afforded the following prerequisites for continued development: Progress of aviation needed to be accommodated, also increasing numbers of passengers needed to be processed,

Neues Flughafengebäude
New terminal

Feier zum 40 Jahr-Jubiläum
Celebration of the 40th anniversary

Dem Thema entsprechend, wurde zeitgleich mit der Eröffnung eine aus 30 Tonnen Stahlbeton bestehende Monumentalplastik mit dem Titel „Der Start" an der Zufahrt zum Flughafen aufgestellt. Besonders beliebt bei Jung und Alt wurde schon bald die Zuschauerterrasse, die auf dem Dach des Fluggastgebäudes eingerichtet wurde und die bis heute ein Publikumsmagnet ist. Hunderte Schaulustige bevölkerten die Terrasse, als es am 11. September eine Erstlandung einer *Boeing 727* mit amerikanischen Teilnehmern eines internationalen Ärztekongresses zu sehen gab. Die Maschine der *WARD AIR* flog von Kanada über Grönland direkt nach Salzburg. Weniger spektakulär war eine andere Erstlandung. Gelandet war eine zweistrahlige *Tupolew TU-124* der rumänischen Luftfahrtgesellschaft *Tarom*, die bereits seit 1964 Flüge nach Constanza zur rumänischen Schwarzmeerküste ab Salzburg durchführte. Die Nachfrage nach Billigurlauben stagnierte jedoch aufgrund mangelnder Qualität der angebotenen Hotels.

Noch im Herbst wurden im neuen Abfertigungsgebäude das Restaurant und die Konferenzräume fertiggestellt und Mitte Oktober für die Besucher geöffnet. Die Küche war bei Bedarf auch für die Bordverpflegung startender Flugzeuge zuständig. Dem vom Schutzverband vehement geforderten Nachtflugverbot wurde von der Geschäftsleitung zumindest scheibchenweise Folge geleistet. Vorgeschlagen wurde, die Betriebszeiten ab Sommer 1967 von 6 bis 23 Uhr und ab Sommer 1968 von 7 bis 22 Uhr zu reduzieren. Die Handelskammer und auch die Medien sahen durch diesen Schritt

and future internal changes such as elimination of passport and customs inspection needed to be incorporated.

In accordance with the overall theme, a 30 tons sculpture made from reinforced concrete, named "The Start", was erected at the entrance of the airport.

The main attraction became the observation deck which was located on the roof of the passenger terminal. On September 11th, hundreds of spectators watched the first landing of a *Boeing 727* from the observation deck which had American participants of an international meeting for physicians on board. The aircraft was operated by *WARD AIR* and had flown from Canada via Greenland directly to Salzburg. Less spectacular was another first landing of a two-engine *Tupolew TU-124* operated by the Rumanian airline company *Tarom*, which had already offered flights to Constanza at the Rumanian Black Sea coast since 1964. Demand for cheap vacation destinations declined, due to the poor quality of the hotels.

In the fall, the restaurant in the passenger terminal building and the conference rooms were completed and in mid-October opened to visitors.

Flughafen Salzburg

Erstlandung Boeing 727 im Direktflug Kanada–Grönland–Salzburg vor dem neuen Fluggast-Abfertigungsgebäude
First landing of a Boeing 727 from a direct flight Canada-Greenland-Salzburg in front of the new airport terminal

die Zukunft des Flughafens erheblich gefährdet, am Flughafen selbst befürchtete man aber kaum wirtschaftliche Auswirkungen, da es für Charterflüge keinen Unterschied zwischen Tages- und Nachttarif gab. Gerade der Charterverkehr war dafür verantwortlich, dass die Passagierzahlen im laufenden Jahr weiter angestiegen waren. Zurückgegangen war aber das Frachtaufkommen, denn mit Linz wuchs eine immer stärkere Konkurrenz heran. Als eine der letzten Entscheidungen des Jahres galt der Auftrag zur Planung eines neuen Gebäudes für Flugsicherung und Luftfracht. Nach jahrelangem Tauziehen wurde die Frist für die Einstellung des Segelflugbetriebes endgültig mit 31. Dezember 1967 festgesetzt.

*) International Civil Aviation Organization

The kitchen was responsible for airplane catering as well if needed. Nighttime ban of air traffic, demanded by the conservation association, was obeyed bit by bit by airport management. The suggested hours of operation from summer 1967 forward were from 6:00 am to 11:00 pm, and starting in summer 1968, they were reduced by 2 hours from 7:00 am to 10:00 pm. The Chamber of Commerce and the media feared for the future success of the airport but the airport itself did not have any concerns since charter flights did not distinguish between daytime or nighttime rates. Especially charter flights were responsible for a continuous increase in the number of passengers in the current year. However, there was a decline in air freight transportation, due to increasing competition by Linz. The last decision of the current year required the planning of a new building for air traffic control and air freight transportation. After years of discussion glider flight operations were discontinued on December 31st, 1967.

*) International Civil Aviation Organization

1960 bis 1969

1967 Eine neuerliche Standortdiskussion

1967 A discussion over location again

Noch immer zweifelte die Salzburger Handelskammer an der Überlebensfähigkeit des Flughafens bei einem drohenden Nachtflugverbot. Auch der Fremdenverkehrsdirektor forderte einen uneingeschränkten Nachtflugverkehr. Aus allen Lagern kamen die Kritiker, einige davon sahen im Flughafenareal sogar ein ideales Gelände zum Neubau einer Universität, und die Medien griffen die Misstöne dankbar auf. Doch die angebliche „Fehlplanung" war nicht mehr zu korrigieren und einen Neubau, irgendwo im nördlichen Flachgau oder gar im Innviertel, konnte und wollte man sich schlichtweg nicht leisten. Das Gutachten eines Flughafenexperten stellte überdies klar, dass kein geeignetes Gelände für eine Verlegung des Flughafens bis zu 20 Kilometer um die Stadt gefunden werden konnte.

Blick auf den Flughafen zur Stadt hin
View of the airport toward the city

The Chamber of Commerce of Salzburg still doubted the sustainability of the airport with a nighttime ban for air traffic imposed. Even the director of tourism demanded unrestricted nighttime air traffic. Critics approached from all angles and some considered the area of the airport ideal for construction of a university. The media were grateful for the controversy. "Poor planning" could not be corrected and new construction somewhere in northern Flachgau or Innviertel was not an option. A report of an airport expert determined that there was no suitable location available for relocation of the airport within a 20 kilometer radius around the city. Lacking any logic, the general assembly of the Salzburg Airport Operations LLC decided to postpone the elongation of the runway due to financial difficulties but at the same time decided to start construction of air traffic control and air freight transportation. The reason for this deci-

Vorerst unlogisch schien in diesem Zusammenhang die Entscheidung der Generalversammlung der *Salzburger Flughafen GesmbH* zu sein, die Pistenverlängerung aus Geldmangel zu verschieben, den Neubau der Flugsicherung und Luftfracht aber realisieren zu wollen. Der Grund bestand offensichtlich darin, dass die Abfertigungsbaracke aus der Wehrmachtszeit im September abgerissen und Ersatz für die entfernten Büros geschaffen werden sollte.

Zahlreiche Landungen mit *Super-Caravelle* der STERLING AIRWAYS aus Kopenhagen brachten auch in diesem Winter wieder hunderte Schiurlauber nach Salzburg. Den Liniendienst im Winter hatte die *AUA* weiter reduziert, auch *BEA* flog Salzburg nur mehr zweimal pro Woche an.

Der *AUA* Sommer-Flugplan wies ebenfalls weitere Streichungen auf. Zwar gab es weiterhin die tägliche Verbindung nach Frankfurt und achtmal jede Woche nach London, dabei zwei Nachtflüge. Die im Vorjahr noch durchgeführten zwei Flüge pro Woche nach Amsterdam und die Flüge nach Zürich und Düsseldorf waren gestrichen. Sogar *BEA* reduzierte ihre wöchentlichen Flüge nach Salzburg auf vier.

Die Nachwehen des Nahostkriegs wirkten sich schließlich bis Salzburg aus, als in Abständen von wenigen Wochen je drei jordanische und israelische Verwundete per Hubschrauber zur Kur in Badgastein eintrafen. Die Landung einer *Bell 206 Jet-Ranger* zeigte eine Neuentwicklung von Drehflüglern, die eigentlich im Rahmen eines Rüstungsauftrages schon 1943 in einem flugfähigen Prototyp ihren Ausgang hatte.

Im Alter von 88 Jahren verstarb der Flugpionier *Igo Etrich* am 4. Februar in Salzburg. Der mehrfach ausgezeichnete österreichische Erfinder und Vater der legendären „Etrich Taube" wurde in einem Ehrengrab auf dem Salzburger Kommunalfriedhof beigesetzt.

Ein Staatsvertrag zum Jahresende

Am 28. Oktober erfolgte nördlich von Salzburg, in St. Pantaleon, die Inbetriebnahme einer zweiten europäischen Mittelstrecken-Navigationsanlage. Dabei handelt es sich um ein IKW-Drehfunkfeuer mit *Doppler-VOR* Zusatzgerät. Das Ereignis war den Medien keine großen Schlagzeilen wert, obwohl der Physiker und Mathematiker *Christian Doppler* (* 29. November 1803 in Salzburg;

Österreichs bedeutendster Luftfahrtspionier Igo Etrich, verstorben am 4. 2. 1967
Austria's most famous aviation pioneer, Igo Etrich, passed away on February 4th, 1967

sion was based upon the fact that the passenger terminal building which was a remnant of World War II was being demolished in September and replacement office space needed to be created.

Multiple flights on *Super-Caravelle* operated by STERLING AIRWAYS from Copenhagen brought hundreds for skiing vacationers to Salzburg again this winter. *AUA* had further reduced scheduled flights this winter, and *BEA* only served Salzburg twice per week. Several scheduled flights of *AUA* during the summer were also cancelled. There was still the daily connection to Frankfurt and eight times per week to London, including two nighttime flights. The previous year's flights to Amsterdam twice weekly and the flights to Zurich and Dusseldorf were cancelled. Even *BEA* reduced its weekly flights to Salzburg to four.

The aftermath of the war in the near-east affected Salzburg directly, when within a few weeks, three Jordanian and Israeli injured people arrived for spa treatment at Badgastein. The arrival of a *Bell 206 Jet-Ranger* showed the new development of rotorcrafts. A prototype had already been developed on a defense contract in 1943.

On February 4th, the aviation pioneer, *Igo Etrich*, passed away at the age of 88 years. This Austrian inventor, who was the recipient of numerous awards and the inventor of the "Etrich's Pigeon", was put to rest at the municipal cemetery in Salzburg.

*Sturmschaden an den Flughafengebäuden
23. 2. 1967*
Storm damage, February 23rd, 1967

† 17. März 1853 in Venedig) ein Sohn Salzburgs war und mit seiner Entdeckung des „Doppler Effekts" weltberühmt wurde.

Beunruhigende Zahlen offenbarte der Geschäftsbericht 1967: Gegenüber dem gesamten Passagieraufkommen wies der Bericht in den vergangenen drei Jahren einen Rückgang der Linienflugpassagiere von 53 auf nur mehr 37 Prozent aus. Das bedeutete, dass sich die Passagierzahlen stark zugunsten des Charterverkehrs verschoben hatten. Fakten lieferten den Beweis, denn der Winter-Flugplan beschränkte sich auf vier Verbindungen je Woche mit AUA nach Frankfurt und ein bis zweimal mit *BEA* nach London.

Am 19. Dezember 1967 schlossen Österreich und Deutschland einen Staatsvertrag, *„Über die Auswirkungen der Anlage und des Betriebes des Flughafens Salzburg auf das Hoheitsgebiet der Bundesrepublik Deutschland"*, ab. Österreich musste sich danach verpflichten, *„...die für die Anlage und den Betrieb des Flughafens Salzburg im Hoheitsgebiet der Bundesrepublik Deutschland notwendigen Maßnahmen nach Maßgabe des Deutschen Luftverkehrs zu treffen..."*. Mit der Aufnahme in das deutsche Bundesgesetz vom 9. Jänner 1974 wurde dieser Vertrag rechtsgültig und trat am 9. Mai 1974 in Kraft.

A year-end treaty

On October 28th, a second European medium-distance navigation system was commissioned in St. Pantaleon, north of Salzburg. This was an *IKW* omnidirectional radio with *Doppler-VOR* attachment. This event did not create major media coverage, although the physicist and mathematician, Christoph Doppler (November 29th, 1803 in Salzburg — March 17th, 1853 in Venice) originated from Salzburg. He became world-famous for the discovery of the "Doppler Effect".

Troubling results were released in the annual business report of 1967: Compared to total passenger volume, the report indicated a decline in scheduled flight passengers from 53 to 37 percent within the past three years. Passenger numbers had heavily shifted toward charter flights. Reality supported the findings, because scheduled flights during the winter were limited to four connections per week, operated by *AUA* to Frankfurt and one to two to London, operated by *BEA*.

On December 19th, 1967 a treaty between Austria and Germany was signed stating that *"The impact of equipment and operation of Salzburg airport on the territory of the Federal Republic of Germany"*. Austria was obligated to *"...provide necessary measures for equipment and operation of the Salzburg airport according to provisions of German air traffic..."*. The inclusion of the treaty into German Federal Law on January 9th, 1974, made it legal and it went into effect on May 9th, 1974.

Flughafen Salzburg

1968 Eine Pistenverlängerung mit Hindernissen

1968 Runway expansion with obstacles

Dicke Luft herrschte zwischen den Vertretern der *AUA* und den heimischen Flughafenverantwortlichen. Diese warfen nämlich der *AUA* vor, erhebliche Zuschüsse für den defizitären Inlandsdienst zu erhalten, aber eigenmächtig Verbindungen zu reduzieren und manche davon sogar einzustellen. Die *AUA* bestünde zwar auf ihre Flugrechte in Österreich, ohne sie jedoch selbst in Anspruch zu nehmen. Mit dem Vorwurf, die zweimotorige Belvedere sei für den Inlandsdienst viel zu groß, bestätigte man aber indirekt die schlechte Auslastung der innerösterreichischen Linienverbindungen.

Schlechtes Wetter herrschte über halb Europa, als am 3. Februar infolge des dichten Nebels *AUA*-Maschinen und eine *SWISSAIR-Caravelle* zur Landung nach Salzburg ausweichen mussten. Am 27. Februar fand vor Ort eine erste, vom Verkehrsministerium einberufene, Verhandlung über die Verlängerung der Piste auf 2.600 Meter statt. Neben dem Schutzverband, der sich, wie erwartet, vehement gegen die Verlängerung aussprach, stellten sich auch noch die Grundbesitzer dagegen. Sie wehrten sich gegen die Ablösung ihrer Liegenschaften. Da kein Gutachten über lärmmindernde Maßnahmen vorlag, wurde die Verhandlung kurzerhand abgebrochen.

„Agenten sterben einsam"

lautete der Titel eines britischen Films mit prominenter Besetzung, wie Richard Burton und Clint Eastwood, der im Winter 1968 im Tennengebirge gedreht wurde. Zum „Schloss Adler" wurde die Festung Hohenwerfen umfunktioniert. Weitere Drehorte waren Lofer, Ebensee und Aigen im Ennstal. Für die Filmaufnahmen landete eine Junkers JU 52 mit Schweizer Kennzeichen in

Animosities prevailed between representatives from *AUA* and local airport representatives. The latter accused *AUA* that despite financial support for maintaining the broke domestic flight program active, without authorization the company reduced or completely cancelled domestic connections. *AUA* insisted on the right to fly in Austria but would not take advantage of it. *AUA* acknowledged indirectly poor utilization of domestic flight connections by blaming the two-engine *Belvedere* which was too large for domestic flights.

Trouble was brewing over half of Europa when on February 3rd, aircrafts operated by *AUA* and one *SWISSAIR Caravelle* airplane had to land in Salzburg because of dense fog.

On February 27th, the Department of Transportation scheduled the first meeting to negotiate the elongation of the runway to 2,600 meters. The conservation association of the local residents opposed the expansion and they were supported by the real estate owners. They put up a fight to accept transfer fees for their real estate. Negotiations were cancelled on the spot, due to a missing report on noise-reducing measures.

"Agents die lonely"

was the title of a British movie with prominent actors such as Richard Burton and Clint Eastwood which was shot in the Tennengebirge in 1968. The fortress of Hohenwerfen was transformed into "Castle Eagle". Other film locations were Lofer, Ebensee and Aigen im Ennstal. For the shooting, a Junkers *JU 52* with Swiss license plate landed in Salzburg which reminded spectators of World War II because of camouflage painting and displaying a "Balkenkreuz" on the plane.

To mark the anniversary of *"40 years of glider aircraft flying in Salzburg"*, 70 glider pilots came to-

Junkers Ju-52 mit „Kriegsbemalung", 29. 2.1968
Junkers Ju-52 with camouflage painting, February 29th, 1968

Salzburg, die mit Tarnbemalung und Balkenkreuz die Zuschauer in die Zeit des 2. Weltkriegs zurückführen sollte.
Anlässlich des Jubiläums *„40 Jahre Segelflugsport in Salzburg"* kamen am 24. April 70 Segelflieger zu einem internationalen Sternflug nach Salzburg.
Die Auslandsverbindungen der AUA ab Salzburg erreichten in diesem Sommer einen absoluten Tiefpunkt. Neben den täglichen Flügen nach Frankfurt sind, so wie auch BEA, nur mehr vier Flüge wöchentlich nach London übriggeblieben. Nach Zürich gab es nach wie vor keine direkte Verbindung, dafür bot Swissair dreimal pro Woche, zum AUA Kurs von Frankfurt aus, einen direkten Anschlussflug nach New York an.
INTERFLUG aus der damaligen DDR bewarb erstmals Städteflüge von Salzburg aus nach Dresden und Ost-Berlin. Ab Mai gab es wieder Charterflüge an das Schwarze Meer und die Costa Brava. Wenig später, am 17. Mai, begann *MODERN-AIR* mit vier regelmäßigen Charterflügen von West-Berlin nach Salzburg. Geflogen wurde mit einer vierstrahligen *Convair-Coronado 990*, die mit 150 Passagieren an Bord, vollbeladen und vollgetankt vom Salzburger Flughafen aus starten konnte. Ende September landete erstmals eine gecharterte *Lufthansa Boing 737* in Salzburg.
Die vermehrten Überflüge von Großraum-Jets ließen die Proteste in der bayerischen Nachbarstadt Freilassing ansteigen. *„Viele Flugzeuge würden zu tief fliegen, manche seien überhaupt*

gether in Salzburg for an international star flight on April 24th.
International connections of the *AUA* originating from Salzburg reached its absolute low this summer. Besides daily flights to Frankfurt, only four weekly connections to London, operated by *BEA*, remained. There was still no direct flight to Zurich, but *Swissair* offered a flight connecting to New York from an *AUA* flight to Frankfurt three times per week.
INTERFLUG, an airline from the former German Democratic Republic (GDR) offered inter-city connections from Salzburg to Dresden and East-Berlin. Starting in May, charter flights to the Black Sea and the Costa Brava resumed. Slightly later, on May 17th, *MODERN-AIR* started four regular charter flights from West-Berlin to Salzburg. A four-engine *Convair-Coronado 990* was used which could take off from Salzburg airport with 150 passengers on board and fully loaded tanks. At the end of September, a chartered *Lufthansa Boing 737* landed in Salzburg for the first time. Protests increased in the neighboring Bavarian city of Freilassing when flights of widebody planes increased. The main complaints included that "many airplanes are flying at low altitude and that some are just too noisy".

Flughafen Salzburg

Charterflug-Erstlandung einer vierstrahligen Convair 990
First landing of a charter flight with a four-engine Convair 990

zu laut", waren die hauptsächlichen Kritikpunkte. Am 17. Dezember wurde am Standort zum zweiten Mal über die Verlängerung der Start- und Landepiste verhandelt. Der Schutzverband hatte wiederum eine große Anzahl von Einwänden und Bedenken gegen das Projekt vorgebracht. Diese wurden allesamt von den Sachverständigen abgewiesen, da sie „unter falschen Voraussetzungen erstellt" seien. Das Verfahren konnte abgeschlossen werden.

Zur Entscheidung für die Verlängerung trugen die voraussichtliche Minderung der Lärmbelästigung durch den Einsatz größerer und leiserer Jets, eine Verringerung der Anflüge über die Stadt und die Sicherung von Starts mit vollem Abfluggewicht auch an heißen Sommertagen bei. Bereits am 21. Jänner 1969 kam schon der positive Bescheid ins Haus geflattert – Grund genug, um endlich die Verlängerung der Piste auf 2.600 Meter in Angriff zu nehmen.

Noch in den letzten Dezembertagen wurde zum weiteren Ausbau während des Winters der Rohbau für die Flugsicherung und Luftfracht an die Wärmezentrale angeschlossen.

Das Jahr bescherte dem Flughafen eine neuerliche Zunahme der Fluggastzahlen.

Der verstärkte Ausbau des AUA-Frachtdienstes ab dem Winter 1967/1968 machte sich für Salzburg schon in diesem Jahr mit einer Zunahme von 74 Prozent bei der Luftfracht bemerkbar.

On December 17th, expansion of take-off and landing runways was negotiated again on location. The conservation association raised several objections and concerns about this project. All concerns were dismissed by experts, because they were based *"on false assumptions"*. Thereafter, the proceedings were closed. The support of the ruling to expand the runways was contingent upon reduction of noise by using larger and quieter jet-planes, upon decreasing the number of flights approaching the airport over the city, and upon increasing security standards for take-off with full weight even on hot summer days. On January 21st, 1969, a positive decision was received which was sufficient to start elongating the runway to 2,600 meters.

In order to continue construction during the winter, the bare building for air traffic control and air freight transportation was connected to central heating during the last days of December.

Passenger numbers had yet again increased this year at the airport. Increased expansion of the *AUA* freight service, starting in winter of 1967/1968, was noticeable through an increase of 74 percent of freight service in Salzburg that year.

1969 Kein Ende der Bautätigkeit
1969 No end in sight for construction

Zwei neue *AUA* Vorstandsdirektoren wurden mit Jahresbeginn eingesetzt, um dem nationalen Luftfahrtunternehmen endlich den nötigen Aufwind zur wirtschaftlichen Gesundung mitzugeben. Die neuen *AUA*-Manager trafen sich mit den Länderrepräsentanten in Badgastein zu einer Klausurtagung, in deren Folge die Airline in wesentlichen Teilen umstrukturiert wurde. Die *AUA* stieg mit *Sabena* in eine Transatlantik-Partnerschaft ein. Ab 31. März wurde mit einer angemieteten *Boeing 707* unter österreichischer Flagge, im Pool mit *Sabena*-Maschinen, auf der Route Wien–Brüssel–New York geflogen. Für den Anschluss ab Salzburg setzte man an Werktagen *AUA*- und *SABENA-Viscounts* im Direktflug nach Brüssel ein. Außerdem konnte man nun endlich mit dem *AUA*-Binnenflug von Salzburg nach Innsbruck und anschließend mit der neueröffneten *Swissair*-Linie weiter nach Zürich fliegen.

Mit den täglichen Flügen nach Frankfurt und den zwei Verbindungen der *AUA* und *BEA* nach London jede Woche wurden die Anschlüsse zum Ausland wesentlich verbessert, wobei die Reduktion der *BEA* Flüge auf den Rückgang von Salzburg-Touristen zurückzuführen war.

Two new executive directors were appointed by *AUA* at the beginning of the year to improve the economic situation of the national airline company. The new *AUA* managers organized a meeting with state representatives in Badgastein which led to considerable structural changes of the airline. *AUA* partnered with *Sabena* for transatlantic flights. Starting March 31st, a rented *Boeing 707* with Austrian banner but part of the Sabena fleet, serviced the route from Vienna via Brussels to New York. For connecting flights from Salzburg to Brussels, *AUA*- and *SABENA-Viscounts* were used on workdays. Furthermore, *AUA* domestic flights were now available from Salzburg to Innsbruck and subsequently to Zurich with the newly established Swissair connection. International connections had significantly improved because of daily flights to Frankfurt and two weekly connections to London. offered by *AUA* and *BEA*. The decrease of *BEA*-flights was due to declining numbers of tourists coming to Salzburg.

Alter und neuer Kontrollturm
Old and new control tower

Staatsbesuch des englischen Königspaares
State visit of the British monarchs

Unzählige Schaulustige säumten am 10. Mai die Straßen Salzburgs, um einige Blicke auf die englische Königin während ihres Staatsbesuchs zu erhaschen. Wohlbehütet verließen Königin Elisabeth II., Prinzgemahl Philip und Tochter Anne Salzburg an Bord einer *BEA*-Maschine.

Das Projekt der Pistenverlängerung sollte sich zur unendlichen Geschichte ausweiten. Der Schutzverband gegen die Flughafenerweiterung begann mit juristischer Unterstützung und mit allen zur Verfügung stehenden Mittel, den Baubeginn der Pistenverlängerung zu verhindern. Bescheide wurden durch Einsprüche über Monate verzögert, Verfahren verschleppt.

Der Kampf erreichte im Sommer einen neuen Höhepunkt, die Fronten waren total verhärtet. Dazu kam, dass die Grundbesitzer ihren für die Pistenverlängerung benötigten Boden nicht freiwillig abtreten wollten. Verhandlungen mit Vertretern des Bundes führten ebenfalls zu keiner Einigung. Dass die Geschäftsführung daraufhin einen Antrag auf Enteignung stellte, machte den Flughafen bei den Anrainern noch weniger sym-

Countless spectators lined the streets to get a glimpse of the Queen of England during her official visit on May 10th. Queen Elisabeth II, her husband, Prince Philip, and their daughter Ann left Salzburg well protected on board of a *BEA*-plane. The runway expansion project became a never ending story. The conservation association used all legal means available to delay construction on expanding the runway. Rulings were appealed and proceedings delayed. This battle culminated in the summer with all parties not willing to give in. In addition, real estate owners did not want to release their properties, needed for runway expansion, voluntarily. Negotiations with the government also did not reach an agreement. When management submitted an application for expropriation, local residents sympathized with the airport even less. More trouble was brewing when more complaints were submitted. Sports and domestic glider aircrafts frequently ignored nighttime flight bans and adherence to minimal flying altitudes which even disrupted some festival performances. Upsetting were also the weekly landings of *STERLING-AIRWAYS*. Despite transporting 500 Scandinavian charter flight tourists to Salzburg week after week, the noisy engines of the aircrafts created additional aggravation for

pathisch. Der Ärgernisse nicht genug, hagelte es auch noch von anderer Seite Kritik, weil Sport- und Verkehrsflugzeuge das Nachtflugverbot und die vorgeschriebene Flughöhe immer wieder ignoriert und damit sogar so manche Festspielaufführung gestört hatten. Störend waren auch die wöchentlichen Landungen der *STERLING-AIRWAYS*. Obwohl sie Woche für Woche 500 skandinavische Chartergäste nach Salzburg brachten, verursachten ihre Super Caravellen mit den lauten Triebwerken zusätzlichen Ärger bei den Anrainern. Gemeinsam mit den mehrfachen Start- und Landetests der Bavaria mit einer mindestens ebenso lauten BAC 1-11 trieb das den Anrainern die Zornesröte ins Gesicht.

Eine unendlich scheinende Geschichte hatte im September dann doch ein unrühmliches Ende. Bei einem Treffen von Vertretern der Bundesländer und der AUA stand die Neuorganisation im Binnenflugverkehr im Mittelpunkt. Die Länder waren aber nicht mehr bereit, den jährlichen Abgang von 25 Millionen Schilling zur Gänze zu tragen. Daraufhin kündigte die staatliche Luftlinie die generelle Einstellung des Inlandfluges und den Verkauf der dafür angeschafften Flugzeuge an.

Dem vielen Ärger zum Trotz wurde der Ausbau des Salzburger Flughafens mit Nachdruck vorangetrieben. Mit 1. November standen für parkende Flugzeuge weitere 15.000 Quadratmeter Vorfeld zur Verfügung. Schon wenige Tage danach, am 12. November, konnte der neue Kontrollturm in Betrieb genommen werden. Beinahe unbemerkt hatte die Flughafenverwaltung bereits im Juli die neuen Räume an der Innsbrucker Bundesstraße bezogen. Da das Flughafenpostamt verlegt wurde, konnte der Duty-free-Shop wesentlich vergrößert werden, gleichzeitig wurde das Flughafenhotel ausgebaut, und aus der Wechselstube entstand eine Bankfiliale.

Neben St. Johann in Tirol richtete der Albus Flugdienst nun auch auf dem Salzburger Flughafen einen Stützpunkt ein. Das Unternehmen spezialisierte sich mit Piper Flugzeugen auf Rundflüge und Air Taxidienste von Salzburg und St. Johann aus. Besonders beliebt waren und sind bis heute die Alpenrundflüge.

Am 14. November fand erneut eine Verhandlung über die Enteignung von Grundstücken und die Pistenverlängerung statt, die aber ohne jede Entscheidung über Verlegung oder Unterführung der Kendlerstraße beendet wurde.

the local residents. Adding to the upset of local residents were take-off and landing trials of Bavaria with an equally as noisy *BAC 1-11*.

This never ending story finally came to an inglorious end in September. The main topic of a meeting between state representatives and *AUA* was the reorganization of domestic air traffic. The provinces, however, were no longer willing to completely fund the 25 million deficits. As a result, the federally owned airline decided to completely discontinue domestic flights and the sale of all aircrafts planned to be used for domestic flights. Despite all the commotion, the expansion of Salzburg airport was vigorously pursued. By November 1st, an additional 15,000 square meters of ramp were available to park airplanes. A few days later on November 12th, the new air traffic control tower was put into operation. Airport management had already moved into the new offices at the Innsbrucker Bundesstraße almost unnoticed in July. Following the translocation of the airport post office, the *duty-free shop* could be enlarged and at the same time the airport hotel was extended and the money exchange booth was replaced by a bank branch.

Albus Flugdienst established a base on Salzburg airport in addition to one in St. Johann in Tyrol. This company specialized on sightseeing flights and air taxi service from Salzburg and St. Johann, using Piper aircrafts. Especially popular were and still are sightseeing flights over the Alps.

On November 14th, yet another hearing regarding expropriation of real estate and runway expansion took place which ended without deciding on rerouting or creating an underpass for Kendler Street.

Piste von 1967 bis 1969
Runway from 1967 to 1969

Flughafen Salzburg

1970 Das Ende der Inlandsflüge
1970 The end of domestic flights

Dass der beschlossenen Startbahnverlängerung auch kritische Meinungen gegenüberstanden, war zu erwarten. Vor allem die Wirtschaftlichkeit wurde angezweifelt, und es stand die Befürchtung im Raum, dass die Startbahn in zehn Jahren wieder nicht mehr ausreichend lang sei. Die FPÖ und der damalige Kammeramtsdirektor und spätere Landeshauptmann Wilfried Haslauer forderten wieder einmal die gänzliche Verlegung des Flughafens. Die Befürworter der Flughafenverlegung verstummten aber zusehends, nachdem im August 1969 bekannt wurde, dass der Neubau eines Flughafens in München nicht im nahen Hofoldinger Forst, sondern im 170 Kilometer entfernten Erdinger Moos errichtet würde.

Am 14. November 1969 fand daher – wie bereits erwähnt – die Enteignungs- und Bauverhandlung für die Pistenverlängerung auf 2.600 Meter statt. Im folgenden Frühjahr wurde aber lediglich mit dem Bau des Rollweges Süd der geplanten Pistenverlängerung begonnen. Die eigentliche Verlängerung wurde nach wie vor vom Schutzverband bekämpft. Bis Anfang Oktober 1970 hatte die Flughafenverwaltung mit allen Grundstücksbesitzern und Anrainern positive Bescheide erwirkt, außer mit dem Schutzverband, der zum Zweck der Einspruchsmöglichkeit ein 383 Quadratmeter großes, direkt an das Flughafenareal angrenzendes, Grundstück erworben hatte. Die bereits beschlossene Enteignung des Grundstücks wurde am 20. November vom Verwaltungsgerichtshof aus formalen Gründen aufge-

Criticism on the runway expansion project was expected. Economic benefits were questioned and it was suspected that the runway might again be insufficiently long in 10 years. The Austrian Liberal Party (FPÖ) and the director of the Chamber of Commerce, Wilfried Haslauer, who later became Governor, demanded yet again relocation of the airport. Supporters of airport relocation fell noticeably silent when it was announced in August 1969 that construction of an airport in Munich was moved from the close by Hofoldinger Forst to Endinger Moos, which was 170 kilometers away.

On November 14th, 1969, the negotiations for expropriation and construction to expand the runway to 2,600 meters took place, as already mentioned. The following spring, only on the southern runway construction for expansion started. The conservation association still fought to stop expansion. By the end of October 1970, the airport management had obtained positive legal rulings on real estate and against local residents, except against the conservation association which had purchased a 383 square meters large area, immediately adjacent to the airport. The already approved expropriation of this property was reversed by the administrative court, due to a formal error on November 20th. The reasoning behind this ruling was that the conservation association was never provided with the appropriate legal tools to represent its own and the public's interest in the expansion of the airport. Airport

Erstmals Parkplatzbewirtschaftung
First parking garage management

hoben. Begründet wurde der Schritt damit, dass dem Schutzverband nicht alle ihm zustehenden Rechte eingeräumt wurden, nämlich nicht nur die eigenen, sondern auch die öffentlichen Interessen gegen eine Erweiterung des Flughafens zu vertreten. Von Seiten des Flughafens war man überzeugt, die Pistenverlängerung würde durch das Urteil nicht verzögert. Die Baumaßnahmen würden aber auch die Verlegung der Kendlerstraße und des Landeskurssenders nach sich ziehen.
Während der rechtliche Schlagabtausch in die nächste Runde ging, standen dem Flughafen neue Probleme ins Haus, denn die Sanierung der maroden Austrian Airlines sollte auch für den Salzburger Flughafen einschneidende Folgen haben. Im Mai stellte die heimische Fluglinie ihren bereits angekündigten Inlandsflugdienst ein, was zu massiven Entlassungen von AUA-Personal und einer drastischen Reduzierung der Passagierzahlen führte. Andere Länderflughäfen standen vor weit größeren Problemen als Salzburg, denn sie waren fast ausschließlich auf AUA-Flüge angewiesen. Nur Salzburg konnte den Wegfall der Flugverbindungen einigermaßen durch Charterflüge kompensieren.
Klagenfurt etwa eröffnete zu dieser Zeit ein neues Flughafengebäude, wurde aber von keiner Luftfahrtgesellschaft mehr regelmäßig angeflogen. Die Problematik der geografischen Situation in Innsbruck konnte aus technischen Gründen permanente Flugverbindungen nicht garantieren, und in Linz konnte man mit dem jährlichen

management was convinced that the runway expansion would not be affected by this ruling. Construction necessitated, however, also relocation of Kendler Street and the state radio station. While this legal dispute was still ongoing, the airport was facing new problems, because reorganization of the broke Austrian Airlines could have significant consequences for the Salzburg airport as well. In May, the domestic airline terminated, as already announced, the domestic flight service, which led to massive dismissals of AUA employees and drastic reduction in passenger numbers. Other provincial airports faced much bigger problems than Salzburg since they almost exclusively depended on AUA flights. Only Salzburg could compensate for the loss of domestic flights with charter flights.
Klagenfurt opened a new passenger terminal at this time, but was not serviced by any airline regularly any more. The geographic situation of Innsbruck could not guarantee permanent airline connections due to technical problems, and Linz was not satisfied with 20,000 passengers annually. Even the Graz airport only slowly overcame this low. Thus, Salzburg could balance its budget relatively successfully with charter flights. On the weekend of February 14th and 15th, a new high was recorded by processing 42 aircrafts with

Fluggastaufkommen von knapp 20.000 Passagieren überhaupt nicht zufrieden sein. Auch der Flughafen in Graz überwand diesen Tiefpunkt nur langsam.

Salzburg konnte mit Charterflügen weiter relativ erfolgreich wirtschaften. Am Wochenende vom 14. und 15. Februar wurden als neuer Spitzenwert 42 Verkehrsflugzeuge mit 6.149 Passagieren abgefertigt. Am 21. März registrierte man die 1.000ste Landung von Sterling Airways-Maschinen, die somit insgesamt 95.000 Passagiere nach Salzburg brachten.

Trotz ansteigendem Flugverkehr brachten Schlechtwetter und Nebel Sand ins Getriebe. So mussten in den ersten drei Monaten des Jahres 46 Charter- und neun Linienflugzeuglandungen vom Salzburger Flughafen umgeleitet bzw. storniert werden. Wenig förderlich war auch, dass wegen der Preispolitik von Shell und BP Flugbenzin in Salzburg erheblich teurer war, als an anderen Flughäfen.

Die Bautätigkeit lief unterdessen ohne Unterbrechung weiter. Ab 7. Jänner wurde der alte Tower binnen zwei Wochen abgetragen und anschließend hatte man mit dem Neubau zum Schließen der entstandenen Baulücke begonnen. An der Innsbrucker Bundesstraße bezogen das Zollamt, die Frachtdienste und der Wetterdienst ihre neuen Quartiere. Der bislang fehlende Winterdienst konnte provisorisch begonnen und die letzten Baracken abgerissen werden. Nur den alten Lindenbaum im ehemaligen Vorgarten ließ man als Andenken an den ehemaligen „Städtischen Flugplatz" unberührt. Der Streit um die Pistenver-

6,149 passengers. On March 21st, the 1000s landing of *Sterling Airways* aircrafts was registered, which had transported a total of 95,000 passengers to Salzburg.

Despite increasing air traffic, poor weather conditions and fog placed constraints on the airport's operation. In the first three months of this year, 46 charter flights and nine scheduled flights had to be rerouted from Salzburg airport and thus were cancelled. In addition, fuel pricing by Shell and BP was not conducive to Salzburg, because fuel was more expensive than at other airports. In the meantime, construction continued without interruption. After January 7th, the old tower was demolished within two weeks and thereafter, construction to bridge the created gap started. Customs, freight services and weather services had moved into their new offices on the Innsbrucker Bundesstrasse. Winter business, which had been missing until now, could start provisionally and the last barracks were dismantled. Only the old linden tree in the former front yard was left behind in memory of the former "city airport". The battle against runway expansion was continued by the conservation association and only construction of the southern runway remained active. Sometime thereafter, the 26-room-airport hotel was opened and the "OFAG" workshops began operations.

Aspirations to preserve at least the international AUA air traffic were not successful. Even with

Schalterhalle mit Postamt
Terminal with post office

Moderne Gepäckausgabe
Modern baggage claim area

längerung wurde vom Schutzverband weiter geführt, was blieb, war der Bau des Rollweges Süd. Wenig später wurde das mit 26 Betten ausgestattete Flughafenhotel bezogen und die „ÖFAG" Werkstätten in Betrieb genommen.
Die Bestrebungen, wenigstens den internationalen AUA-Flugverkehr aufrecht halten zu können, waren von wenig Erfolg gekrönt. Selbst als Stadt und Land die geforderten Zuschüsse für die täglichen Anbindungen an Frankfurt von 900.000 Schilling zusagten, reduzierte die AUA ihr Angebot auf vier Flüge pro Woche. Bessere Aussichten für die Zukunft versprach man sich bei Kooperationsverhandlungen mit der Swissair.
Die auf dem Salzburger Flughafen nur mehr geduldeten Segelflieger versuchten auf den Flugplatz in Kuchl auszuweichen, scheiterten jedoch am Einspruch der Bevölkerung, und auch in Reichenhall suchten die Flugsportler nach der Schließung des Flugfeldes Obermühle vergeblich nach einer neuen Bleibe. Die angestrebte Wiederaufnahme des ehemaligen Reichsflugplatzes in Piding fand keine Zustimmung. Nicht weit entfernt davon ereignete sich am 7. Juli ein folgenschwerer Flugunfall. Ein deutscher Bundeswehr-Helikopter stürzte im Wimbachtal ab, wobei alle zwölf Insassen getötet wurden.
Im Geschäftsbericht des Jahres 1970 musste erstmals seit 1960 eine durchgehende Rückwärtsentwicklung hingenommen werden. Die Zahl der Fluggäste sank um 17 Prozent und die der Flugpost um mehr als die Hälfte, der Frachtanteil stieg allerdings um zehn Tonnen. Der Anteil der Liniengäste hat sich auf magere 20 Prozent reduziert. Auch im Charterverkehr musste man auf 120 von der AUA gestrichene Flüge nach London verzichten. Die Flüge übernahmen zwar andere Gesellschaften, landeten aber statt in Salzburg in München.
Immerhin konnte am 10. Dezember der Rollweg Süd mit der installierten Befeuerung freigegeben werden. Davor war bereits die UKW-Funkfernschaltung für Gefahren- und Hindernisbefeuerung und die Leitlinie und Sichtleuchten in Betrieb genommen worden. Der von Salzburg geforderte zweite Wartesektor bei Schlechtwetteranflug wurde vorerst von den Wiener Behörden nicht zugeteilt. Auch eine direkte Kontaktaufnahme mit der Flugsicherung München statt des Umweges über Wien wurde gefordert.

the city and the province agreeing to contribute 900,000 Austrian schillings to maintain the daily connecting flights to Frankfurt, AUA still reduced its service to four flights per week. Negotiations with Swissair on collaborating with the airport seemed to provide a more promising outlook to the future.
The glider pilots tried to move to the airport in Kuchl, since they were only tolerated at Salzburg airport, but their attempts were defeated by local residents. Sports pilots were also looking for an airport in Reichenhall after the airport in Obermuhle was closed down. The planned revival of the former Reichs-airport in Piding found no consent. Not far from this place, a serious airplane accident happened on July 7th. A German army helicopter crashed at Wimbachtal and all twelve occupants were killed.
The annual report of 1970 acknowledged a continuous decline for the first time since 1960. The number of passengers declined by 17 percent and air mail delivery by half, but only freight air service increased by 10 tons. The share of scheduled flight passengers fell to a meager 20 percent. Also, 120 charter flights to London operated by AUA, had to be relinquished. These flights were now operated by other airline companies, but instead of Salzburg, they landed in Munich.
Nevertheless on December 10th, the southern runway with installed lights could be opened. Prior to that, FM-radio remote control for emergencies and obstacle lighting, as well as the guiding strips and lights could be put into operations. A second waiting sector, which was demanded by Salzburg for approaching flights in poor weather conditions, had not been approved by the Viennese authorities. Also, direct contact with air traffic control in Munich instead of rerouting through Vienna was requested.

Flughafen Salzburg

1971 Das Ende des Segelflugs am Flughafen Salzburg
1971 The end of glider flights at Salzburg airport

Eine herbe Nachricht traf, wenn auch verspätet, die Geschäftsführung des Salzburger Flughafens wie eine Keule. Die am 20. November 1970 vom Verwaltungsgerichtshof verfügte Aufhebung des Bescheides zur Genehmigung der Pistenverlängerung langte erst am 4. Februar des Folgejahres bei der Geschäftsführung ein. So weit lagen Wien und Salzburg damals auseinander.

Die Salzburger gaben das in dem Bescheid von der Zivilluftfahrtsbehörde neuerlich eingeforderte Lärmgutachten und zusätzlich ein medizinischen Gutachten sofort in Auftrag. Da der rechtsgültige Bescheid über die Pistenverlängerung auf 2.200 Meter mit der unverzüglichen Versetzung des Landeskurssenders und der Verlegung der Kendlerstraße gekoppelt war, standen zusätzliche Kosten im Raum. Denn das vom Salzburger Gemeinderat forcierte Projekt einer Unterführung war mit 40 Millionen um 22 Millionen Schilling teurer als die Sparvariante einer Umfahrung, setzte aber eine höhere Kostenbeteiligung des Bundes voraus.

Wegen der geringen Auslastung von nur 33 Prozent wurde Ende März auf Betreiben von Austrian Airlines der AUA/Sabena Transatlantikdienst eingestellt. Am 1. April flog die Vickers-Viscount der AUA endlich auch die Strecken Klagenfurt–Salzburg–Frankfurt und Graz–Salzburg–Zürich. Der Flug nach Frankfurt war vor allem während der Ferienzeit ein Erfolgsprojekt, und es kam zu erheblichen Wartezeiten. Dem steigenden Fluggastaufkommen trug man insofern Rechnung, als man mit Ende Mai die Sitzplätze im Auslandswarteraum von 200 auf 400 verdoppelte. Die Salzburger Handelskammer nahm die positive Entwicklung zum Anlass, für 1977 ein Fluggastaufkommen im Linienverkehr von 876.000 Passagieren zu prognostizieren, lag aber, nachträglich gesehen, vollkommen daneben. Denn nur ein Sechstel der Einwohner Salzburgs nutzten tatsächlich das Angebot der Linienflüge.

Disappointing news reached management of Salzburg airport with some delay. On November 20th, 1970, the administrative court repealed the permit to expand the runway but the ruling only reached management on February 4th the following year. This is how far Salzburg and Vienna were apart back then. Salzburg immediately commissioned a report on burden of noise and medical evaluations which was again demanded by the civil aviation authorities. Additional costs arose, because the ruling on runway expansion to 2,200 meters was linked to immediate relocation of the state radio station and Kendler Street. The regional council of Salzburg supported a project creating an underpass which was with 40 million about 22 millions more expensive than the much cheaper bypass road but presumed a higher financial contribution by the federal government. The transatlantic connection offered by *Austrian Airlines (AUA)/ Sabena* was discontinued by end of March because of poor utilization of only 33 percent. Starting on April 1st, Vickers-Viscount operated by AUA finally serviced the routes Klagenfurt via Salzburg to Frankfurt and Graz via Salzburg to Zurich. The flight connection to Frankfurt was a success especially during the vacation season which resulted in considerable waiting times. Increasing passenger numbers were accommodated by augmenting the international waiting room's seating capacity from 200 to 400 at the end of May. Based on these encouraging developments, the Chamber of Commerce of Salzburg predicted a passenger volume of 876,000 passengers on scheduled flights for 1977, but was completely off with their predictions, as seen later. Only one sixth of all Salzburg residents used the scheduled flight offers. This was the last year for *AUA's Vickers-Viscount* and *Caravelle Se-210* to service Salzburg, because they were replaced by *DC-9*. Although, the *BEA* still used the noisy *Vickers-Vanguard* on their London route.

Abzug der Segelflieger vom Flughafen
Departure of the glider pilots

Nur noch in diesem Jahr sollten die lauten Vickers-Viscount und die Caravelle Se-210 der AUA Salzburg anfliegen, bevor sie ab Jänner 1972 von der DC-9 abgelöst werden sollten. Auch die BEA flog auf ihrem London-Kurs noch immer mit einer ebenso lärmerregenden Vickers-Vanguard.

Eben dieser Flugzeugtyp stand noch lange im Focus anhaltender Ermittlungen, denn am 2. Oktober wartete man in Salzburg vergeblich auf die Ankunft der BEA-Maschine, die gegen Mittag landen sollte. Die viermotorige Propellermaschine hob zwar pünktlich um 9:34 Uhr von der Startbahn 28L des Flughafens London Heathrow in Richtung Salzburg ab, stürzte aber, vorerst ohne ersichtlichen Grund, um 10:09 Uhr nahe der belgischen Stadt Gent wie ein Stein zu Boden. Alle 63 Menschen an Bord kamen ums Leben. Sechs Passagiere stammten aus Salzburg, darunter der österreichische Rechtsphilosoph und Redakteur der Salzburger Nachrichten René Marcic. Nach Abschluss der Untersuchungen stand fest, dass die Unglücksursache auf den Abriss beider Höhenleitwerksflächen durch Korrosion zurückzuführen war. Bei weiteren Kontrollen des gleichen Flugzeugtyps wurden in acht Fällen ähnliche Schäden entdeckt und behoben.

Neuen Ärger gab es, als für die Aufstellung des neuen Salzburger Landekurssenders, 700 Meter südlich vom bisherigen Standort, auf zwei Parzellen Bäume gerodet werden mussten. Das war Anlass genug für einen Protest des Schutzverbandes, der prompt vom Aktionskomitee „Gesundes Salzburg" unterstützt wurde. Beide verlangten die Einstellung der Schlägerungen an der Glan. Zusätzliche Argumente und ein großes Gefahrenpotential für die Zukunft sahen die Protestparteien im Absturz eines Helikopters des Innenministeriums nahe der Hellbrunnerstraße und der Notlandung eines Segelflugzeugs beim Bischofswald. Ihre Aktion hatte insofern Erfolg, als sich der Aufsichtsrat der Flughafenbetriebs-G.m.b.H. erstmalig entschloss, wirksamere Lärmschutzmaßnahmen an den Häusern der Anrainer kostenlos durchzuführen.

Das Passagieraufkommen von 1971 stieg von 138.000 auf 180.000 Passagiere weiterhin stark an. Im Transit erhöhte sich die Zahl von 4.000 sogar auf 25.000, und bei Reise- und Geschäftsflügen verzeichnete man eine Steigerung von 26.000 auf 37.000 Fluggäste. Die Bilanz hätte

Especially this aircraft was the center of investigations, when on October 2nd, one waited in vain for the arrival of a *BEA* airplane in Salzburg which was supposed to arrive at noon. The four-engine propeller aircraft took off from runway 28L at London airport at 9:34 am on time but crashed without apparent reason on route to Salzburg close to the Belgian city of Gent at 10:09 am. All 63 passengers on board perished. Six passengers were from Salzburg, which included the Austrian legal philosopher and journalist of the *Salzburger Nachrichten* by the name of René Marcic. When investigations were completed, it was certain that the cause of the accident were corroded tail-plane surfaces. Subsequent inspections of other aircrafts of this type revealed similar defects in eight cases, which were repaired.

Additional trouble caused the installation of the state radio station 700 meters south of its original location because it required the cutting down of trees on two plots. This was reason enough for the conservation association to organize a protest which was supported by the action committee *"Healthy Salzburg"*. Additional arguments and potential for danger in the future were provided for the protesters through the crash of a helicopter of the Department of the Interior close to Hellbrunnerstrasse and the emergency landing of a glider airplane close to Bischofswald. Their protest was successful, when the board of the Airport Operations LLC decided for the first time that noise protective measures had to be offered to all local residents free of charge.

The passenger volume of 1971 increased from 138,000 to 180,000 significantly. Transit passenger numbers increased from 4,000 to even 25,000, and vacation and business travelers in-

Flughafen Salzburg

Für den Winter gerüstet
Ready for the winter

aber noch besser aussehen können: Da englische Piloten bei ihren Flügen in erster Linie auf die Unterstützung durch Radar vertrauten, der Salzburger Flughafen über eine derartige Anlage aber noch nicht verfügte, endeten fast alle englischen Charterflüge in München statt in Salzburg. In dieser Zeit existentieller Unsicherheit wurde der Flughafen auch von politischer Seite immer wieder für eigene Interessen benutzt. So forderte die Freiheitliche Partei unter dem damaligen Obmann und späteren Vizebürgermeister Waldemar Steiner im bevorstehenden Wahlkampf die Absiedlung des Flughafens zu Gunsten eines neuen Stadtteils „Salzburg West".

Am Silvestertag gingen am Salzburger Flughafen zwei Traditionen zu Ende. Zum letzten Mal startete eine AUA Caravelle von Salzburg aus, und ebenfalls an diesem Tag endete endgültig die beinahe 40 Jahre lange Präsenz der Segelflieger. Ihre Bemühungen um eine neue Heimat waren ebenso gescheitert, wie einst die Verlängerung des traditionellen Segelflugsportes am Gaisberg. In Salzburg sind für die Segelflieger nur mehr die Standorte in Zell am See und Mauterndorf übrig geblieben.

creased from 26,000 to 37,000 passengers. The end result could have looked even better: English pilots relied on radar while flying but the Salzburg airport was not equipped with such a device and thus almost all charter flights ended up in Munich instead of Salzburg. During this time of existential uncertainty, political parties abused the airport in pursuit of their own interests. During election, the Austrian Liberal Party under leadership of Waldemar Steiner, who later became the associate mayor, demanded relocation of the airport in favor of a new district called "Salzburg West".

On New Year's Eve, two traditions ended at Salzburg airport. First, an *AUA Caravelle* took off from Salzburg for the last time, and second, the 40-year presence of glider aircrafts ended that day as well. Their efforts to find a new home failed, the same did the expansion of the traditional sports glider club in Gaisberg. In Salzburg the only locations for glider aircrafts remained in Zell am See and Mauterndorf.

1970 bis 1979

1972 Der US-Präsident in Salzburg

1972 The US-president in Salzburg

Mit dem Jahresbeginn wurde der neue Landeskurssender in Vollbetrieb genommen, für Starts in Richtung 34 und für Landungen in Richtung 16 stand weiterhin die Piste mit nur einer Gesamtlänge von 2.200 Meter zur Verfügung.
Einen heftigen Wortwechsel lieferten sich an den ersten Tagen des Jahres der Flughafendirektor und sein Kontrahent, der Obmann des Schutzverbandes, indem sie sich Argumente pro und contra Flughafen gegenseitigen an den Kopf warfen.
Genüsslich berichtete das Salzburger Volksblatt über das höchst unfair geführte Verbalgefecht. Bei der Diskussion wurden von beiden Seiten Behauptungen angeführt, die vollkommen aus der Luft gegriffen waren. Die Einschätzung des Geschäftsführers Spazier, „Der Flughafen Salzburg wird immer ein kleiner Flughafen sein", hatte zumindest über Jahrzehnte Gültigkeit. Spazier betonte auch, „Der Flughafen hat die Aufgabe, Stadt und Land Salzburg an das internationale Flugnetz anzuschließen", und lag damit auch richtig. Später stand im Geschäftsbericht des Flughafens zu lesen: „Bei der von Landeshauptmann Hans Lechner am 4. Februar einberufenen Flughafenenquete drohte der Vertreter des Verkehrsministeriums mit dem Austritt des Bundes aus der Flughafenbetriebs-G.m.b.H., falls die Piste nicht auf die 2.600 Meter verlängert werden sollte. Dies erfolge ebenfalls im Interesse des Umweltschutzes und der Wirtschaftlichkeit des Flughafens. Großraumflugzeuge bedeuten weniger Flugbewegungen, aber mehr Passagiere. Moderne Fluggeräte fliegen mit 50-70 Prozent leiseren Triebwerken. Somit könnte ein Überfliegen der Stadt auf fünf Prozent vermindert werden. Salzburg könnte Zielflughafen überseeischer Reiseorganisationen werden"(Dissertation Maria Franziska Wiesinger). Grundsätzlich war man aber der Auffassung, dass die Anrainer, die nach dem Flughafenausbau in dessen Nähe gebaut hatten, von dessen Existenz auch gewusst hätten. Deshalb konnte die halb-

At the beginning of the year, the new state radio station was in full operation and for take-offs in direction 34 and for landings toward direction 16 only a runway with 2,200 meter in length was available.
A fierce verbal exchange about positives and negatives about the airport took place between the managing director of the airport and his opponent, the chairman of the conservation association at the beginning of the year. Gladly the *"Salzburger Volksblatt"* reported about this unfairly conducted verbal exchange. Most certainly, allegations were claimed by both parties that were completely unfounded. The assessment by the CEO Spazier, *"The Salzburg airport will remain a small airport"*, held true for decades. Spazier emphasized also that *"The airport's duty is to connect the city and province of Salzburg to international air traffic"*, which he was correct about. Later the business report of the airport stated: *"At the airport meeting organized by Governor Hans Lechner on February 4th, the representative of the Department of Transportation threatened with withdrawal of the federal government from the Airport Operations LLC if the runway was not elongated to 2,600 meters. This would be in the interest of environmental protection and economy of the airport. Wide-body airplanes meant less*

Heikler Transport von lebenden Delfinen
Delicatetransport of alive dolphins

Besuch von Präsident Nixon in Salzburg von 20. bis 22. Mai
Visit of President Nixon in Salzburg from May 20th to 22nd, 1972

herzige Suche nach einem Ersatzgelände für den Flughafen nur als naives Ablenkungsmanöver bezeichnet werden. Zu klar war die Tatsache, dass es Jahrzehnte dauern würde, bis ein neuer Standort in Betrieb gehen würde. Bis dahin käme man aber trotzdem um eine Pistenverlängerung nicht herum.

Die Freilassinger Protestbewegung konnte sich kaum durchsetzen, obwohl sie besonders an den Wochenenden jede Menge Lärm ertragen musste. Etwa am 19. und 20. Februar, als 48 Flugzeuge, darunter nur wenige Linienflugzeuge, 7.359 Passagiere nach Salzburg brachten. Das bedeutete aber trotzdem eine erhebliche Steigerung an Effektivität, denn für die gleiche Anzahl an Passagieren war noch vor zehn Jahren die doppelte Anzahl an Flugzeuglandungen notwendig gewesen.

Enorme Steigerung verzeichnete man auch bei der Luftfracht, wobei manch kuriose Sendungen über den Luftweg transportiert wurden. Da waren es einmal Delphine, die entladen wurden, oder in Salzburg gegossene Kanonen, die für den allabendlichen Salutschuss während des Ramadans in Saudi Arabien sorgen sollten.

Am 13. März war Premiere für Langstreckenflugzeuge. Eine DC-8 der belgischen Chartergesellschaft POMAIR brachte 186 Schüler zum Schifahren nach Saalbach. Wenig später, am 17. April landete zur Vorbereitung auf den Besuch des US-Präsidenten erstmals eine Boeing 707 in Salzburg. Eine Lockheed C141 A Starlifter, die aus dem gleichen Grund bald darauf eintraf, war mit 143 Tonnen das bisher größte in Salzburg gelandete Flugzeug. Die Transportmaschine der US-Air Force war randvoll mit Technikern, Sicherheitsleuten und Material. Am 20. Mai 1972 traf Prä-

air traffic but more passengers. Modern aircrafts use 50-70 percent quieter engines. Thus, flying over the city could be reduced to 5 percent. Salzburg could become the target airport for international travel agencies."
(Dissertation Maria Franziska Wiesinger)

Basically, the general view was that local residents, who settled close to the airport after its expansion, should have known about its existence. Therefore, the search for an area to relocate the airport could only be referred to as naïve diversion. It was evident that at a new location it would require decades to start operations. Until then, elongation of the runway could not be avoided. A protest group from Freilassing could not accomplish much, although they had to endure lots of noise on weekends. Around February 19th and 20th, when 48 airplanes, including only a few scheduled flights, transported 7,359 passengers to Salzburg. This meant a significant increase in efficiency since the same number of passengers would have needed twice the number of airplanes for transportation only ten years ago. Enormous increase was also observed in freight services, where even strange shipments were sent by air. At one point it was dolphins, which were unloaded, or cannons, produced in Salzburg, which were meant to discharge the nightly salute during Ramadan in Saudi Arabia.

sident Richard Nixon an Bord der „Spirit of 76" in Salzburg ein, wo er von Bundeskanzler Bruno Kreisky empfangen wurde. Der Staatsbesuch war überschattet von gewalttätigen Ausschreitungen und Demonstrationen gegen den Vietnamkrieg. Übrig geblieben sind eine Vielzahl an Verletzten und erhebliche Schäden bei den Flughafennachbarn. Zwei Tage verweilte der amerikanische Präsident auf Schloss Kleßheim, ehe er nach Moskau weiter reiste. Ende Juni 1972 streikten die Piloten gegen die ansteigende Luftpiraterie. Das hatte für Salzburg zur Folge, dass außer dem AUA-Liniendienst auch fünf Charterflüge nach Salzburg ausfielen.

Im AUA Sommer-Flugplan waren die täglichen Verbindungen Graz–Salzburg–Zürich und Klagenfurt–Salzburg–Frankfurt mit DC-9 weiterhin Erfolgsgaranten.

Der letzte Kurs wurde während des Sommers, in Anbetracht des großen Andrangs, ab Salzburg oder ab Klagenfurt direkt nach Frankfurt geführt. Einer der wenigen Zwischenfälle am Salzburger Flughafen ereignete sich am 20. August. Nach der Landung einer vierstrahligen Comet der britischen Chartergesellschaft DAN AIR knickte das Bugrad ein und die Maschine fiel auf die Schnauze. Alle 38 Passagiere kamen mit dem Schrecken davon, sie verließen das Flugzeug auf Notrutschen.

Es war Sonntag, der 29. Oktober 1972, als sich die Verantwortlichen am Salzburger Flughafen berechtigte Sorgen machen mussten, denn einige Palästinenser hatten eine Linienmaschine der Lufthansa in ihre Gewalt gebracht. Der Linienflug Ankara – Frankfurt wurde über München – Zagreb umgeleitet, um die drei überlebenden Terroristen von den Anschlägen während der Olympischen Spiele in München frei zu pressen. Nachdem die Maschine vergeblich mehrere Runden über Salz-

On March 13th, long distance airplanes were launched. A *DC-8* operated by the Belgian charter company *POMAIR* transported 186 students for skiing to Saalbach. A bit later on April 17th, a Boeing 707 landed in Salzburg for the first time in preparation for the US president. A *Lockheed C141 A Starlifter* which followed due to the same reason, was the biggest airplane with 143 tons that ever landed in Salzburg. The airplane *US-Air Force* was full of technicians, security and materials. On May 20th, 1972, President Richard Nixon arrived in Salzburg on board of the *"Spirit of 76"*. He was welcomed by Chancellor *Bruno Kreisky*. The state visit was overshadowed by violent riots and demonstrations about the Vietnam war. Multiple injured people and considerable damage to the airport's neighbors were all, what remained. The American president stayed at Castle Klessheim for two days before he continued his journey to Moscow. At the end of June 1972, the pilots went on strike against the increase in air piracy. This strike had major consequences for Salzburg, because besides the scheduled flights by AUA five charter flights to Salzburg were also cancelled.

The summer flight schedule for *AUA* included the most successful daily connections from Graz via Salzburg to Zurich and from Klagenfurt via Salzburg to Frankfurt with DC-9. During the summer, the last flight from Salzburg or from Klagenfurt was directly flown to Frankfurt.

One of the few incidents at Salzburg airport occurred on August 20th. After landing of a

Lockheed Starlifter C141 der US-Air Force
Lockheed Starlifter C141 of the US Air Force

*Fürstin Gracia Patricia von Monaco (links)
Exkönigin Friederike von Griechenland begrüßt
ihre Tochter Prinzessin Sophia von Spanien und
deren Kinder (rechts)*
*Princess Gracia Patricia of Monaco (left)
Ex-queen Friederike of Greece welcomes her
daughter Princess Sophia of Spain and her
children (right)*

burg gekreist war, flog sie nach Zagreb weiter. Auch dort mussten die Entführer mit der gekaperten „Kiel" lange Zeit über der Stadt kreisen, um auf den Austausch der Geiseln mit den drei, in Deutschland inhaftierten Terroristen zu warten. Überall in der Maschine war Sprengstoff versteckt. Während sich die jugoslawischen und deutschen Behörden noch darüber stritten, ob die Lufthansa-Maschine aufgetankt werden sollte, drohten die Geiselnehmer mit der Sprengung des Flugzeugs. Als die Treibstoffvorräte zu Ende gingen, landete die „Kiel" beinahe zugleich mit den drei Terroristen, die von Deutschland zum Austausch ausgeflogen wurden. Doch es sollten noch einige Tage vergehen, ehe die Geiseln freigelassen wurden.

Im Betriebsjahr 1972 konnte eine allgemeine Zunahme verzeichnet werden und der Anteil der angekommenen Jets stieg auf beachtliche 84 Prozent. Gebaut wurde 1972 auch: Die Fahrzeuge der Flughafenfeuerwehr erhielten eine standesgemäße Einstellhalle, die mit B2 bezeichnet wurde.

Am 1. Dezember 1972 übernahm der bisherige Verkehrsleiter, Günther Auer, das Amt des Geschäftsführers. Wilhelm Spazier, der bisher die Geschicke des Flughafens geleitet hatte, trat in den Ruhestand. Mit Günther Auer sollte eine neue, bisher unbekannte Informations- und Gesprächskultur am Salzburger Flughafen Einzug halten.

four-engine Comet operated by the British charter company *DAN AIR*, the front wheel collapsed and the airplane fell on its snout. All 38 passengers escaped unharmed on emergency slides.

On Sunday October 29th, 1972, responsible representatives from Salzburg airport faced a major concern when a few Palestinians hijacked a scheduled airplane operated by Lufthansa. The scheduled flight from Ankara to Frankfurt was redirected to Zagreb via Munich in order to extort the release of the three surviving terrorists from the attacks at the Olympic Games in Munich. After the airplane supposedly had circled Salzburg several times, it continued its journey to Zagreb. Even there the hijackers had to circle in the hijacked plane *"Kiel"* for a long time and had to wait for the exchange of hostages with the three terrorists, jailed in Germany. Everywhere on board explosives were hidden. While the Yugoslavian and German authorities were fighting on whether the plane should be refueled, the hijackers threatened to blow up the airplane. When the plane ran out of fuel, the *"Kiel"* landed almost coinciding with the three terrorists who had been transported for the exchange from Germany. More days passed until the hostages were released.

The business year of 1972 recorded an overall increase and the share of incoming jets increased by a remarkable 84 percent. Construction also took place in 1972: The firetrucks of the airport fire station received a fitting garage which was called B2. On December 1st, 1972, the previous transport manager, Gunther Auer, took over as CEO. Wilhem Spazier retired, who had managed the airport until then. Gunther Auer introduced a new, until recently unknown, climate of information exchange and dialogue at Salzburg airport.

1973 Der Flughafen als Störfaktor
1973 The airport as a source of conflict

Anhaltender Nebel, verursacht durch ein stabiles Hochdruckwetter, verhüllte an vielen Tagen des Winters das Salzburger Becken. Deshalb musste eine Reihe von Flügen nach München oder Linz umgeleitet werden. Neben dem finanziellen Ausfall bedeute das für den Flughafen auch einen enormen Imageschaden.

In Fortsetzung der bisherigen, wenig erfolgreichen Verhandlungen, war am 25. Jänner ein sogenanntes Koordinationsgespräch zwischen Land, Stadt und Flughafengesellschaft anberaumt. Wenigstens einigte man sich darauf, dass die Verlängerung der Piste auf 2.600 Meter nur als Provisorium, bis zur endgültigen Flughafenverlegung, angesehen werden könne. Auch hinsichtlich einer Unterführung der Kendlerstraße kam keine Einigung zustande. Da trotz aller Bemühungen für einen neuen Flughafen kein geeigneter Standort gefunden werden konnte, hieß es für Salzburg wieder einmal „Zurück an den Start"!

Lasting fog, as a result of stable high pressure weather, covered the Salzburg basin for several days during the winter. Therefore, several flights had to be rerouted to Munich or Linz. Besides the financial loss, the airport also suffered damage to its image. In continuation of until recently unsuccessful negotiations, a coordination meeting was scheduled for the province, the city and the airport management company to participate on January 25th. It was agreed upon that the elongation of the runway to 2,600 meters was only temporary until the airport was relocated. Also, there was no consensus on the underpass to Kendler Street. Since no suitable replacement location for a new airport could be found despite significant efforts, Salzburg had to go "Back to the start!".

Gedränge in der Abfertigungshalle
Crowded passenger terminal

Als eine der letzten Veranstaltungen am Flughafen fand ein Absprungtraining vor den Weltmeisterschaften der Fallschirmspringer statt. Auch sie mussten, wie schon die Segelflieger zuvor, ihren Standort am Flughafen für immer verlassen.

Eine Lockheed Jet Star der deutschen Bundeswehr brachte Anfang April den deutschen Außenminister Walter Scheel mit Frau und Tochter nach Salzburg. Einige Charterfluggesellschaften setzten für ihre Salzburg-Flüge nun auch die Boing-720 regelmäßig ein, wobei erstmals die dänische Chartergesellschaft MAERSK AIR mit diesem Flugzeugtyp in Salzburg landete. Bei einer weiteren Erstlandung eines Sonderfluges von London nach Salzburg entstieg anlässlich der Festspiele das London-Symphonie-Orchestra einer Hawker Siddeley Trident Three der BEA. Der dreistrahlige Jet löste mit Beginn des Winter-Flugplanes die veraltete Vanguard ab.

Trotz aller Bemühungen kamen im Charterverkehr aber noch immer veraltete und zu laute Flugzeuge nach Salzburg. Deshalb gab es laufend Beschwerden von den Anrainern wegen des Fluglärms, aber auch von den Behörden. Auch die aus Sicherheitsgründen verhängte Sperre des Mühlweges zwischen Taxham und Siezenheim wurde nicht widerspruchslos hingenommen. Noch heftiger protestierte der Schutzverband gegen das Ansinnen der Flughafenbetreiber, den Anrainern, die bereits schallisolierte Fenster und Türen erhalten hatten, Verzichtserklärungen für weitere Forderungen zur Unterschrift vorzulegen. Der Schutzverband forderte weiterhin die strikte Einhaltung des vereinbarten Nachtflugverbotes und die Installierung von Fluglärmüberwachungen. Völlig überzogen waren allerdings die Forderungen nach einem generellen Verbot von Hubschrauberflügen und Maßnahmen zur Einschränkung von Flugbewegungen.

Der Schutzverband des bayerischen Rupertiwinkels gegen die Gefahren des Flughafenbetriebes in Salzburg reichte 1973 eine relativ aussichtslose Verfassungsbeschwerde beim Bundesverfassungsgericht in Karlsruhe und eine Zivilklage mit kaum mehr Chancen auf Erfolg beim Landesgericht Traunstein ein.

Aus dem Jahresbericht ging deutlich hervor, dass die ergriffenen Maßnahmen eine spürbare Verbesserung der Fluglärmemission darstellten.

An Investitionen konnte am 9. Juni 1973 eine neue Vasis 16-Gleitwinkelanzeige*) in Betrieb genommen werden, im August wurden drei neue Einsatzfahrzeuge für die Flughafenfeuerwehr angeschafft, und die Befeuerung (Beleuchtung) der Landepiste wurde dem modernsten Standard

One of the last events at the airport was base-jumping training in preparation for the parachute jumping championships. They also had to permanently leave the airport same as the glider pilots.

A *Lockheed* Jet Star of the German army transported the German Secretary of State, Walter Scheel, with his wife and daughter to Salzburg. Some charter companies used the *Boing-720* for their flights to Salzburg now on a regular basis. The London Symphony Orchestra was transported to perform at the Salzburg Festival from London to Salzburg on a special flight with a *Hawker Siddeley Trident Three*, operated by *BEA*. This three-engine jet replaced the outdated *Vanguard* at the beginning of the winter schedule.

Despite all efforts, charter flights still used outdated and much too noisy airplanes to fly to Salzburg. Therefore, there were constant complaints about airplane noise from local residents but also from authorities. Even the closure of the *Muhlweg* between Taxham and Siezenheim was not accepted without protest. Even more protest by the conservation association elicited the plan of airport management to entice local residents who had already received soundproof windows and doors to relinquish any additional claims. Furthermore, the conservation association demanded strict adherence to the nighttime flight ban and installation of aircraft noise monitors. Total out of control were, however, demands for a generalized ban of helicopter flights and measures to restrict air traffic.

The conservation association of the Bavarian Rupertiwinkels against the dangers of the Salzburg airport submitted a quite hopeless constitutional suit to the Federal Constitution Court in Karlsruhe and an equally as hopeless civil suit to the Regional Court of Traunstein.

The annual business report indicated that the established measures had already succeeded leading to a noticeable improvement of aircraft noise emission.

The airport invested in a new *Vasis-16 visual approach slope indicator**)* on June 9th, 1973; in August three firetrucks were acquired for the airport fire station; and lightning of the runway was adjusted to modern standards. A lot of money was invested into these innovations. Maintenance costs for the underpass of the Innsbrucker Bundesstrasse amounted to 300,000 Austrian schillings annually. Therefore it was attempted to reduce costs as much as possible. Thus, workers from the airport workshops took care of ramp handling and performed the majority of the pro-

Blick in den Abflug-Warteraum, mit Duty Free Shop
View into the departure waiting room with Duty Free Shop

angepasst. Nicht nur die notwendigen Investitionen verschlangen eine Menge Geld. Alleine die Instandhaltungskosten der Unterführung an der Innsbrucker Bundesstraße schlugen mit jährlichen 300.000 Schilling zu Buche. Deshalb versuchte man, die laufenden Kosten möglichst zu minimieren. So wurden von den Mitarbeitern der Flughafenwerkstätten das Ramp-Handling und ein wesentlicher Anteil der Arbeiten für die Befeuerungsanlagen sowie der Neu- bzw. Umbau der beiden Personalhäuser in Glanhofen selbst durchgeführt. Die ständige Erweiterung des Flughafenplatzes erforderte jedoch eine Aufstockung des Personals. Mit Jahresende beschäftigte der Flughafen 60 Arbeitnehmer mehr, davon waren 30 Angestellte, 21 Fach- und Hilfsarbeiter und neun Reinigungsfrauen.

Am 18. Dezember endete das Zeitalter der Propeller-Verkehrsflugzeuge mit Kolbentriebwerken. Danach kamen auch im Charterflug nur mehr Turboprop-Maschinen oder Jet-Flugzeuge zum Einsatz. Die schwedische Chartergesellschaft BRAATHENS S.A.F.E. startete mit einer DC-6 die Charterflugkette Salzburg—Malmö.

*) Vasis-16-Anlage besteht aus zwanzig Feuereinheiten, die symmetrisch zur Start -und Landebahn-Mittellinie liegen und in Form von zwei Außenketten aus je vier Feuereinheiten angeordnet sind und in ihrer Mitte durch Längsreihen von sechs Feuern in zwei Teile geteilt werden.

jects on the lighting system themselves, as well as construction and remodeling of the staff house in Glanhofen. The continuous expansion of the airport, however, required the addition of personnel. At year-end the airport employed 60 more people, thereof 30 were employees, 21 were skilled and unskilled workers and 9 were cleaning ladies. On December 18th, the age of the propeller with piston engines aircrafts ended. Thereafter, even for charter flights, only turboprop aircrafts or jet airplanes were used. The Swedish charter company BRAATHENS S.A.F.E. started the route Malmo to Salzburg with DC-6 planes

*) The Vasis-16-system contains 20 lights, which are symmetrically aligned to the middle of the take-off and landing runways and which form two outer rows of four lights and in the middle, 2 rows of six lights create a separation of two lengthwise parts.

Das Einchecken war nicht einfach
Check-in was not easy

Flughafen Salzburg

1974 Ein deutliches Minus wegen der Ölkrise
1974 A clear deficit due to the oil crisis

Anfang Februar kamen mit Léopold Senghor aus Senegal und dem Kanadier Pierre Trudeau zwei Staatspräsidenten in Salzburg an.
An die Wiedergründung des Österreichischen Aeroclubs nach dem Krieg sollte der 25. Luftfahrertag am 20. und 21. April erinnern. Am Residenzplatz waren aus diesem Anlass unterschiedliche Fluggeräte und ein Heißluftballon zu bewundern. Pro Juventute startete den Ballonpostflug aber nicht von der Altstadt aus, sondern vom Salzburger Flugplatz. Bei dieser Ballonfahrt gelang es dem AUA-Flugkapitän Josef Starkbaum, erstmals mit einem Heißluftballon die Alpen zu überqueren und in Laibach zu landen.
Der Salzburger Flughafen musste in diesem Jahr Rückgänge in allen Segmenten hinnehmen. Sogar die täglichen AUA-Flüge nach Zürich und Frankfurt wurden wegen der fehlenden Tagesrandkurse lieber von München aus gebucht, und British Airways flog nur mehr zweimal wöchentlich nach Salzburg. Begonnene Bauarbeiten wurden in Teilbereichen des Flughafens weitergeführt. Das

At the beginning of February, two presidents, Léopold Senghor from Senegal und Pierre Trudeau from Canada, arrived in Salzburg.
The 25th air traffic day on April 20th and 21st was supposed to remind about the re-founding of the Austrian Aeoroclub after the war. As a result, different flying equipment and a hot air balloon were on display. Pro Juventute started mail delivery by balloon not from the old town center but from Salzburg airport. With this balloon trip the AUA pilot Josef Starkbaum succeeded in crossing the Alps in a hot air balloon for the first time when he landed in Ljubljana.
Salzburg airport suffered declines in all sectors. Even the daily connection to Zurich and Frankfurt, operated by *AUA*, were booked through Munich, due to lack of end-of-day flights, and

Kleinflugzeuge und Verkehrsmaschinen nebeneinander
Small planes and commercial planes next to each other

Personalwohnhaus in Glanhofen konnte bezogen werden und das Betriebsgebäude B2 teilweise benützt werden. Die Vergrößerung des Zollamtes wurde ebenfalls in Angriff genommen. Mit der Fertigstellung der Ersatzstraße Taxham-Siezenheim am 21. Mai wurde das freiwerdende Areal in das nördliche Pistenfeld einbezogen.

Am 10. Juni betrat der amerikanische Präsident Richard Nixon zum zweiten Mal Salzburger Boden. Auf dem Weg zu einem Staatsbesuch in Ägypten legte Nixon eine Zwischenstation von zwei Tagen in Salzburg ein. Bei klassischem Salzburger Schnürlregen stiegen der Präsident und seine Frau aus der Maschine. Begrüßt wurde Nixon, wie schon bei seinem ersten Besuch, von Bundeskanzler Bruno Kreisky. Mit dabei waren mit Rudolf Kirchschläger, Henry Kissinger und Hans Dietrich Genscher drei Außenminister. Das Großaufgebot von Polizisten und Gendarmen war völlig umsonst ausgerückt, denn es gab keinerlei Ausschreitungen. Der durch die Watergate Affäre*) bereits angezählte Nixon lockte, auch wegen des schlechten Wetters, kaum Schaulustige oder Demonstranten an. Übrig blieb eine unterkühlte Verabschiedung am 12. Juni durch Landeshauptmann Hans Lechner und Bürgermeister Heinrich Salfenauer, ehe der amerikanische Präsident zum Staatsbesuch nach Ägypten weiter reiste.

Ende August war wieder einmal die Flughafenverlegung ein heiß diskutiertes Thema. Als einzig möglichen Standort hatte eine Vorstudie von Experten, die von der Landesregierung in Auftrag gegeben worden war, ein Gebiet im Mattigtal bei Lochen in Oberösterreich ermittelt. Kaum wurde das Ergebnis bekannt, folgte der bereits erwartete Protest der betroffenen Bewohner. Kritische Stimmen verursachte auch der Bau der Brotfabrik „Zrost" in der Gefahrenzone des Salzburger Flughafens.

Zu den Besonderheiten der in Salzburg bisher gesichteten Flugzeuge zählte die Landung einer dreistrahligen Jakowlew Jak-40 der russischen AEROFLOT.

Um die Anflugsicherheit in Salzburg weiter zu optimieren, wurden die Pistenrandfeuer und Gleitwegsender erneuert bzw. ergänzt und am 13. November in Betrieb genommen. Ein neues Sichtanflugverfahren sollte die Sichtflüge von den Instrumentenflügen deutlich erkennbar trennen. Im Einvernehmen mit dem Bundesamt für Zivilluftfahrt wurden von der Flugsicherungsstelle Salzburg vier An- und Abflugrouten ab der Flughafen-Kontrollzone festgelegt. Der Winterflugplan sah die schon gewohnte, tägliche AUA-Verbindung nach Frankfurt und Zürich, vor,

Privatjet vor neuem Tower
Private jet in front of the new tower

British Airways only serviced Salzburg twice weekly. Construction which had already started, continued at the airport. The staff house in Glanhofen could be moved into and the industrial building B2 was partially available. Expansion of the customs building was also tackled. When the replacement road Taxham-Siezenheim was completed on May 2nd, the vacated area could be incorporated into the northern runway area.

On June 10th, Richard Nixon came to Salzburg for a second time. On his way to Egypt for an official visit, he spent two days in Salzburg on a stop-over. While raining, typical for Salzburg, the president and his wife exited the airplane. Just like the first time, Nixon was welcomed by Chancellor Bruno Kreisky. With Rudolf Kirchschläger, Henry Kissinger and Hans Dietrich Genscher three Secretaries of State were present.

Reklame-Luftschiff der Reifenfirma Good-Year
Advertising airship of the tire company Good-Year

BA hatte auf nur mehr eine Sonntagsverbindung nach London reduziert. Mit einer Ausnahme, nämlich 1970, war seit 1960 das Passagieraufkommen erstmals rückläufig. Gesunken war wegen der Ölkrise auch das Frachtaufkommen.
Die Talfahrt in diesem Jahr war wegen der Treibstoffkrise beachtlich und wurde durch übermäßige Tariferhöhungen noch verstärkt. Die Geschäftsführung beklagte in diesem Zusammenhang die Vernachlässigung Salzburgs durch die AUA. Unklar blieb, ob die unterbliebene Pistenverlängerung eine Rolle gespielt hat. Vergleichbare Rückgänge in Klagenfurt (ca. 2.400 m) und Graz (ca. 2.500 m) konnten kaum gegenüber gestellt werden. Nicht zu übersehen war jedoch, dass Salzburger Reiseunternehmer ihre Urlaubsgäste in Bussen zum Abflug nach München brachten. Der Grund dafür war allgemein bekannt...

*) In der Nacht zum 17. Juni 1972 wurden im Watergate-Gebäude von Washington fünf Einbrecher ertappt, die offenbar versucht hatten, Abhörwanzen zu installieren und Dokumente zu fotografieren.
Umfangreiche Ermittlungen des FBI offenbarten alsbald, dass die Auftraggeber des Einbruchs unter engen Mitarbeitern des Präsidenten beziehungsweise seines Wahlkomitees

The large contingent of police and state troopers turned out to be unnecessary since there were no riots. Nixon did not attract spectators or protesters since his image had already suffered from the Watergate scandal and the bad weather was not supportive as well. On June 12th, Governor Hans Lechner and Mayor Heinrich Salfenauer bid him farewell and the American president continued his trip to Egypt for a state visit.
At the end of August, airport relocation became yet again the topic of interest. State government had issued a study to find a suitable location for the airport. Experts determined that an area in Mattigtal bei Lochen in Upper Austria was the only acceptable location. Immediately following the release of this study, the local residents protested. Criticism also arose from construction of the bread company *"Zrost"* within the emergency zone of Salzburg airport. Additional peculiarities on planes landing at the Salzburg airport included a three-engine *Jakowlew Jak-40* of the Russian *AEROFLOT*.
To further improve take-off from Salzburg, runway lighting and glideslopes were renewed and expanded, respectively, and started operations on November 13th. A new visual flight method should have differentiated clearly between visual flight and instrument flight. In agreement with the Federal Office of Civil Aviation, air traffic control at Salzburg airport established four take-off and landing routes from the airport's control area. The winter schedule contained the usual daily connections to Frankfurt and Zurich, operated by *AUA*, whereas *BA* reduced its flights to one connection to London on Sundays. With exception of 1970, passenger numbers had been declining for the first time since 1960. Air freight service was also affected, due to the oil crisis. The decline of this year was significant because of the oil crisis and was aggravated by excessive rate increases. In this context, management complained about *AUA*'s neglect of Salzburg. It remained unclear, whether failure of runway expansion was to blame. Equivalent declines could not be compared with Klagenfurt (approximately 2,400 meters) and Graz (approximately 2,500 meters). It was apparent that Salzburg's travel agencies transported vacationers with buses to Munich for take-off. The reasons were wildly known ...

*) The night of June 17th, five burglars were caught who had tried to place bugs and photograph documents at the Watergate building in Washington.
Extensive investigations by the FBI disclosed soon that order for the burglary came from staff close to the president and the election committee, respectively.

1975 Der Kniefall des US-Präsidenten Gerald Ford

1975 The kneeling down of US-president Gerald Ford

British Airways traf Mitte Februar die Salzburger mit der überraschenden Streichung der seit 20 Jahren bestehenden Linienflüge London–Salzburg mitten ins wirtschaftliche Herz. Im Charterflug wichen die Briten nach München aus, denn mit ihren Lookhed-Tristar oder Trident konnten sie wegen der zu kurzen Landepiste den Salzburger Flughafen nicht anfliegen. Wieder einmal sollte man in Salzburg schmerzlich verspüren, dass die Landepiste mit ihren 2.200 Metern für einen internationalen Flughafen zu kurz war. Die Fluggesellschaften rüsteten damals ihre Flotten auf leisere und größere Mittelstreckenflugzeuge um, die aber mit der kurzen Piste bei Start und Landung kein Auslangen fanden. Die Forderungen der Flughafenbetreiber nach Verlängerung blieben aber weiterhin ungehört. Kontraproduktiv war die Aussage der AUA, Salzburg hätte mit seinen täglichen Verbindungen nach Frankfurt und Zürich ohnehin beste Anbindungen an sämtliche internationale Destinationen und dafür würde die bestehende Piste völlig ausreichen. Bei diesem Statement kann es sich einzig um den Versuch gehandelt haben, das regionale Monopol zu festigen. Die weiterhin geforderte Tagesrandverbindung nach Frankfurt und die Wiederaufnahme der Linie Wien–Salzburg wären aus wirtschaftlichen Gründen nicht realisierbar, argumentierte die AUA. Für die SWISSAIR Grund genug, ab 1. April mit einer DC-9 im Liniendienst, fünfmal wöchentlich, als Tagesrandverbindung, Salzburg mit Zürich zu verbinden.

Ein echter Aprilscherz war in einer Salzburger Tageszeitung zu lesen, die in einem Artikel vorschlug, den Wallersee mit Erde aufzufüllen und darauf eine 6,5 Kilometer lange Piste zu errichten. Dieser Sarkasmus war nachvollziehbar, denn das endgültige Gutachten zur Flughafenverlegung brachte lediglich die Erkenntnis, dass der

Erhaltungsfahrzeug bei einer Kontrollfahrt
Maintenance vehicle during inspection drive

British Airways struck Salzburg right at the economic heart when they cancelled all scheduled flights between London and Salzburg which had existed for 20 years. Charter flights were rerouted to Munich by the British since their *Lookhed-Tristar* or *Trident* could not land in Salzburg because of the too short runway. Yet again, Salzburg was experiencing that a runway of 2,200 meters was too short for an international airport. Airline companies re-equipped their airplane fleet with quieter and larger mid-distance airplanes which could not land on short runways. Demands by airport management to elongate the runway remained unheard. Counterproductive was *AUA*'s statement that with daily flights to Frankfurt and Zurich, Salzburg had excellent connections to all international destinations and for that reason, the existing runway was adequate. This statement would only have meant an attempt to consolidate the regional monopoly. *AUA* argued that end-of-day connections to Frankfurt and revival of the route to Vienna are economically not feasible. Reason enough for *SWISSAIR* to initiate an end-of-day scheduled flight with a DC-9 from Salzburg to Zurich five times a week.
A real April's Fool Day joke was printed by one of Salzburg's daily newspapers, which suggested filling the Wallersee with soil in order to set up a 6.5 kilometer long runway. This type of sarcasm

Standort Mattigtal für einen neuen Flughafen nicht realisierbar wäre. Sämtliche Bestrebungen führten kreisförmig zurück zum bestehenden Standort. Nicht haltbar waren auch die Prognosen der Gutachter, die für die Jahre 1980 und 1985 Fluggastzuwächse auf 700.000, bzw. 1,1 Millionen Passagiere berechneten.

Spannend wurde es wieder einmal am Flughafen, als am 31. Mai mit Gerald Ford der dritte Besuch eines amerikanischen Präsidenten innerhalb kurzer Zeit bevorstand. Kurz davor traf noch der ägyptische Präsident Anwar El-Sadat in Salzburg ein. Als Präsident Ford, bei strömendem Regen die Air-Force One VC-137C über die Treppe verließ, rutschte er aus, und so kam es zum bereits legendären „Kniefall" *). Während der folgenden zwei Tage berieten Ford, Anwar El-Sadat und Husni Mubarak**) über Fragen der Nahostpolitik, danach verließen sie Salzburg ohne großes Aufsehen.

Zwei Monate später gab es, vermutlich wegen der Abreise israelischer Staatsbürger, am Salzburger Flughafen Bombenalarm, der sich jedoch als schlechter Scherz herausstellte.

Ab Mitte Juni des Jahres führte die AUA nun auch in Salzburg das neue Buchungssystem „Oscar" ein. Damit konnten per Knopfdruck freie Sitzplätze sofort eruiert und die Flugbuchungen, ohne zeitaufwändige Fernschreiben, sofort registriert werden. Der Flugpiloten-Dachverband bezeichnete den Flughafen in Innsbruck weiterhin als nicht „anfliegbar". Fünf Jahre bereits war der Flughafen in Innsbruck-Kranebitten de facto geächtet, aber für die kommende Winterolympiade 1976 sollte, ja musste, sich das ändern. Tatsächlich gelang es,

was comprehensible since the final report about relocating the airport only added the knowledge that the location in Mattigtal was unrealistic for a new airport. All attempts of relocation ended back at the existing location. Unrealistic remained the prognoses of experts which suggested an increase in passenger volume to 700,000 or 1.1 million, respectively for 1980 to 1985.

Another exiting event at the airport occurred on May 31st, when a visit by Gerald Ford as the third American president was imminent. Shortly before, the Egyptian president Anwar El-Sadat arrived in Salzburg. When President Ford exited the Air-Force One VC-137C in pouring rain, he slipped on the stairs, which became known as the "kneeling down" *). During the following two days, Ford, Anwar El-Sadat und Husni Mubarak**) deliberated on near-east politics and thereafter, they left Salzburg without much ado. Two months later, a bomb threat occurred at Salzburg airport, most likely because of the departure of some Israelis but it turned out to be bad joke.

Starting in mid-June of this year, AUA introduced the new booking system "Oscar" in Salzburg as well. With this system, empty seats could be immediately identified and booking was recorded without time-consuming telex.

The pilot's umbrella association referred to Innsbruck airport as "inapproachable" for airplanes. The airport in Innsbruck-Kranebitten had been ostracized for five years already but this had to be changed for the upcoming Winter Olympics of 1976. As a matter of fact, the Innsbruck airport managed to be updated structurally and technically in order to be approached even during bad weather. Extremely concerned pilots, however, still preferred to land in Munich. Not only the Salzburg

Maschine des ägyptischen Präsidenten Sadat
Airplane of the Egyptian President Sadat

Für Linienflugzeuge war während des Ford-Sadat-Besuches kaum mehr Platz zu finden
There was almost no space available for scheduled flight airplanes during the Ford-Sadat visit

den Innsbrucker Flughafen baulich und technisch so aufzurüsten, dass man ihn auch bei Schlechtwetter anfliegen konnte. Besonders ängstliche Piloten zogen es aber weiterhin vor, nach München auszuweichen.

Einsprüche gab es nicht nur am Salzburger Flughafen, sondern auch in Koppl gegen die Wiederaufnahme des Segelflugbetriebes und in Zell am See, wo man sich gegen die Verlängerung der Flugbahn auflehnte.

Im 10. Jahr der Gründung des „Schutzverbandes" gegen die Gefahren und Ausweitung des Flugbetriebes in Salzburg-Maxglan kam vom Verwaltungsgerichtshof ein übles Jubiläumsgeschenk. In seiner Entscheidung vom 3. Oktober wurden die Beschwerden der Stadtgemeinde und des Schutzverbandes zurückgewiesen! Damit war der Weg frei für die Verlegung des Luftfahrthindernisses Kendlerstraße. Der Flughafenausbau wurde moderat weiter fortgeführt. Bereits Anfang August wurde Vasis 34 in Betrieb genommen, wodurch mittels optischer Landehilfe in beide Richtungen der Piste die Anflüge noch sicherer wurden.

Dem Ansuchen der Bayrischen Seite entsprechend, führte man ab sofort die Abflüge in Richtung Norden westlich an der Stadt Freilassing vorbei. Als weitere Maßnahme wurden an sieben flughafennahen Wohnblöcken von Taxham Schallschutzfenster montiert.

*) Generalmajor Thomas Tarpley war von der Art des Präsidenten, den österreichischen Boden zu betreten, beeindruckt: „Das war das erste Mal, dass wir jemanden auf solche Weise aus einem Flugzeug aussteigen sahen, der keinen Fallschirm benützte"

**) Nachfolger von Anwar El-Sadat nach dessen Ermordung am 6. Oktober 1981

airport objected but also Koppl argued against the resumption of glider flights and Zell am See protested against the expansion of the runway.

Ten years after the founding of the "conservation association" for protection from the dangers and expansions of airport operations at Salzburg-Maxglan, the administrative court delivered its usual anniversary gift. In the ruling from October 3rd, all complaints submitted by the municipality and the conservation association had been dismissed. This paved the way for the relocation of the aviation obstacle Kendler Street. Already at the beginning of August, *Vasis 34* started operations, whereby optical landing aids in both directions of the runway provided more safety for approaching flights.

Corresponding with the request of the Bavarians, departing flights were directed to the north, passing the city of Freilassing on the west. As additional measure, seven blocks of apartment buildings at Taxham, close to the airport, were equipped with soundproof windows

*) Major-general Thomas Tarpley was impressed by the way the president set foot on Austrian soil. "This was the first time that we watched someone to exit an airplane in this fashion without using a parachute".

**) successor of Anwar El-Sadat following his assassination on October 6th, 1981

Flughafen Salzburg

1976 Die Absenkung der Wetterminima

1976 The lowering of the weather minimum

In der Tennengauer Gemeinde Kuchl starteten Mitte März 51 Drachenflieger zur ersten Salzburger Landesmeisterschaft. Die aus Amerika importierten Hängegleiter hatte der Salzburger Manfred Kastner nachgebaut und nach unzähligen Testflügen ein Jahr später, 1973, mit Flügen vom Dachstein in Österreich salonfähig gemacht. Von der Flugsicherung bekamen sie die Freigabe zweier stadtnaher Lufträume für den Drachenflug- bzw. Paragleitsport. Bis heute schweben sie, wie einst die Segelflugzeuge, in Scharen vom Gaisberggipfel in die Ebene nach Salzburg hinunter.

Die Landung eines Airbus A-300 am 25. März bestätigte die oftmals getätigte Behauptung der Geschäftsführung, dass die Realisierung der geforderten Pistenverlängerung, weniger Großraumflugzeuge mit wesentlich mehr Passagieren, bei geringerer Lärmbelastung, nach Salzburg bringen würde.

Fünf Lärmmessgeräte der Landesregierung registrierten sowohl Landung als auch Abflug des Airbus A-300 der deutschen Lufthansa. Die Ergebnisse waren beeindruckend. Davon bestärkt, schrieb Ende Juni die Geschäftsführung die Arbeiten zur Unterführung der Kendlerstraße und den Einbau weiterer schalldämmender Fenster in Häusern der Anrainer aus. Kurz danach wurde eine vollautomatische Fluglärm-Messanlage in Auftrag gegeben.

Das bestehende Nachtflugverbot wurde mit wenigen Ausnahmen eingehalten. Eine der Ausnahmen waren die nächtlichen Flüge von sechs Hubschraubern, die Anfang Juli einen Waldbrand im Bereich von Golling bekämpften.

Einige neue Anlagen bzw. Bauwerke des Flughafens konnten im ersten Halbjahr ihrer Bestimmung übergeben werden. Das waren einmal der Hangar II samt Anbau für die Einstellung der Winterdienstgeräte, die Anflugblitzbefeuerung für das „Circling Approach" *) in Anflugrichtung 34 (Nord), der vergrößerte Wendeplatz westlich der Schwelle 16 für Großflugzeuge und das Schnellbereitschafts-Aggregat **) im angebauten Neubau. Mit Inbetriebnahme der neuen Anlage im Juli wurden die bisherigen Wetterminima be-

For the first state championship in Salzburg, 51 hang-gliders took off from the municipality Kuckl in Tennegau in mid-March. The hang-gliders were initially imported from America but were then recreated by Manfred Kastner from Salzburg. After countless test flights, they became socially acceptable in Austria following flights from the Dachstein a year later in 1973. Air traffic control assigned two airspaces close to the city to hang-gliders and para-gliders. Until today, they glide in large crowds from the peak of Gaisberg into the valley of Salzburg, same as the glider airplanes did.

The landing of an *Airbus A-300* confirmed the management's assumption that the expansion of the runway would result in the landing of fewer wide-body airplanes with more passengers on board in Salzburg with a lower noise burden.

Five noise meters monitored landing and take-off of the *Airbus A-300* operated by the German Lufthansa. The results were impressive. Based on these results, management started to collect bids for construction of the underpass for Kendler Street and the installation of soundproof windows for houses of local residents. Shortly thereafter, an automatic noise meter unit was commissioned.

The existing nighttime flight ban was maintained with a few exceptions. One of the exceptions were night flights of six helicopters which had to fight a forest fire at the beginning of July. Several new systems and buildings of the airport could be handed over in the first half of the year. These were hangar II including annexes for garaging of winter equipment, high power approach-lighting with flash lighting for the "Circling Approach**) in approaching direction 34 (north), the enlarged turning area west of threshold 16 for wide-body jets, and the emergency unit**) in the adjacent new building. With the commissioning of the new system in July, the currently existing weather minimum was reduced to a horizontal vision from 2,500 to 1,500 meters, the lowest cloud base above the level from 320 to 210 meters. This reduction in minimums guaranteed more con-

1970 bis 1979

Airbus A-300 der Lufthansa, Erstlandung und Präsentation, 25. 3. 1976
First landing and presentation of an Airbus A-300 operated by Lufthansa on March 25th, 1976

deutend reduziert, die horizontale Sichtweite von 2500 auf 1500 Meter, die Wolkenuntergrenze über Niveau von 320 auf 210 Meter. Die Minimareduktion bedeutete mehr Regelmäßigkeit beim Flugbetrieb und weniger wetterbedingte Umleitungen.

Mitte September konnte die DME-Anlage zum ILS des Landekurssenders***) und der Großbasispeilanlage in Betrieb genommen werden.

Regelmäßigen Charterverkehr nahm nun auch die zweistrahlige russische Tupolew TU-134 A nach Salzburg auf. Die Steigerung reiner Frachtflüge ab Salzburg ließ das Frachtaufkommen steil nach oben klettern. Kurz vor dem 50. Jahrestag der offiziellen Flugplatzeröffnung (22. August 1926) traf der italienische Ministerpräsident Giulio Andreotti in Salzburg ein, um zur Kur nach Bad Gastein weiter zu reisen.

Mitte September mussten Mitarbeiter der Flugsicherung einen Flugzeugabsturz per Funk mit verfolgen. Eine Maschine mit vier Insassen verlor im dichten Nebel die Orientierung und stürzte über dem Teisenberg ab, wobei alle Insassen ums Leben kamen.

Die AUA beförderte 1976 erstmals über eine Million Passagiere, wobei die Linie Salzburg–London eine der meistgebuchten war. Die AUA stieg auch mehrfach ins Chartergeschäft ein und brachte ab 22. Dezember sogar Wintersportler aus Oslo nach Salzburg.

sistency in flight operations and fewer weather-induced rerouting.

In mid-September, the *DME* unit for *ILS* of the state radio station**) and the basic direction finder started operations.

Regular charter air traffic was also started with the Russian two-engine Tupolew *TU-134 A* to Salzburg. The increase in freight air traffic from Salzburg grew cargo delivery significantly. Shortly before the 50th anniversary of the official opening of the airport (August 22nd, 1926), the Italian Prime Minister Giulio Andreotti arrived in Salzburg for a spa treatment in Bad Gastein.

In mid-September, employees of air traffic control had to follow an airplane crash by radio. An airplane with four occupants lost orientation in dense fog and crashed over the Teisenberg and all passengers perished.

AUA transported over one million passengers for the first time in 1976 and the connection Salzburg to London was one of the most sought after. *AUA* also got involved into charter flight business repeatedly and transported winter vacationers from Oslo to Salzburg on December 22nd.

*) Circling Approach (deutsch: Platzrundenanflug) wird dann durchgeführt, wenn das Instrumentenanflugverfahren um mehr als 30 Grad von der Achse der Piste abweicht, auf der gelandet wird.
**) Anlage zur schnellen Notstromversorgung
***) Entfernungsmessanlage zum Instrumentenlandesystem)

*) Circling Approach is used when instrument approach diverges from the axis of the landing runway by 30 degrees.
**) Equipment for fast back-up emergency power supply
***) Distance measuring equipment for instrument landing system

Flughafen Salzburg

1977 Erstmals werden Sicherheitschecks geplant
1977 Safety checks are planned for the first time

Die technische „Aufrüstung" am Salzburger Flughafen wurde unvermindert fortgesetzt. Bereits 1977 konnten für Salzburg die Wetterminima abgesenkt werden.
Werden diese Mindestbedingungen nicht erreicht, herrschen „Instrument Meteorological Conditions" und somit darf keine Freigabe für Sichtflüge erteilt werden. Begleitend dazu wurde die „DME"-Anlage (Distance Measurement Equipment) als Ergänzung zum Instrumentenlandesystem in Betrieb genommen. Diese Maßnahmen waren für den Schlechtwetterbetrieb und somit für eine wirtschaftliche Basis zwingend notwendig. Neben den technischen Errungenschaften sollten sich jedoch auch die internen Strukturen verändern. Wie der damalige Verkehrsleiter und spätere Geschäftsführer Günther Auer erzählte, gab es am Salzburger Flughafen noch viele Mängel zu beheben: „Die fachlichen Voraussetzungen von Betriebsleiter Walter Fischer, der am Flughafen sehr viele Berufe ausübte und von Wilhelm Spazier, meinem Vorgänger als Geschäftsführer, waren nicht optimal. Keiner der beiden beherrschte die englische Sprache und kannte sich mit den Geräten und Flugzeugen ausreichend gut aus. Sie hatten auch wenig Kenntnisse von der Fliegerei und den Flugzeugtypen".
Günther Auer, der 1942 in St. Gilgen zur Welt kam, studierte an der Technischen Universität in Wien Maschinenbau und diplomierte 1971. Im gleichen Jahr bekam er von Geschäftsführer Spazier das Angebot, am Salzburger Flughafen als Verkehrsleiter arbeiten zu können. „Davor mussten allerdings noch einige Ausbildungen abgeschlossen und die notwendige Praxis am Nürnberger Flughafen erfahren werden. Dort konnte ich die Organisation und die Abläufe kennen und verstehen lernen", erklärte Auer, über seine berufliche Entwicklung. Nach dem Praktikum am Flughafen Nürnberg, wo er als Direktionsassistent tätig war, trat Auer 1972 am Flughafen Salzburg als Verkehrsleiter ein und startete sogleich mit

Improvements of technical equipment at Salzburg airport continued undiminished. In 1977, weather minimums could be reduced in Salzburg. In case these basic conditions were not achieved, "Instrument Meteorological Conditions" existed and thus, no approval for visual flights would be given. Concomitantly, the "DME-unit" (Distance Measurement Equipment) was put into operations as addition to the instrument landing system.
These measures were necessary for bad weather conditions and thus, mandatory for economic reasons. Besides technical achievements, also internal structures were changing. As it was told by the transport manager Gunther Auer who later became CEO, the Salzburg airport still had several deficiencies to correct: *"The professional credentials of the manager, Walter Fischer, who had several professions at the airport and of my predecessor as CEO, Wilhelm Spazier, were inadequate. Neither one of them spoke English or was familiar with equipment or airplanes. They also had little knowledge about flying and different types of aircrafts".*
Günther Auer was born in St. Gilgen in 1942, studied mechanical engineering at the Technical University in Vienna and graduated in 1971. The same year he was offered the position of transport manager by CEO Spazier at the Salzburg airport. *"Before that, I had to complete more training and acquired practical experience at Nuremberg airport. I learned to understand the organization and operations"*, described Auer his professional development. Following his internship at the Nurnberg airport, where he worked as assistant to the director, Auer joined as transport manager and started with a few innovations: *"First, all employees had to be equipped with overalls, helmets and hearing protection. Another innovation involved that coordination with the tower was established in order to find out exact arrival times in case of divergent flight schedules. Thereby, idlers could be avoided and processing could be simpli-*

Gedränge auf dem kleinen Vorfeld
Crowding on the small ramp

einigen Neuerungen: *"Zuerst waren die Mitarbeiter mit Overalls, Helmen und Gehörschutz neu auszustatten und einzuschulen. Neu war auch die Koordination mit dem Tower, um vom Flugplan abweichende, exakte Ankunftszeiten zu erfahren. Dadurch konnten Leerläufe verhindert und die Abfertigung vereinfacht werden!"* Auer führte bereits am Beginn seiner Tätigkeit eine Reihe von zusätzlichen Änderungen ein, etwa wie die Treppen hinzustellen wären, das Gepäck verladen und die Fluggäste zum Zoll gebracht werden sollten. Die Zeiten der Abläufe wurden genau bestimmt und eingeplant, so konnte man sich auf die Abfertigung der Flugzeuge vorbereiten. Neu waren auch die, dem jeweiligen Standard der Technik entsprechenden, Einschulungen für Abfertigung und Sicherheit. Auer weiter: *"Die älteren Flugzeuge hatten extrem laute Triebwerke, und das war der Grund für die andauernde Kritik. Bevor ich Verkehrsleiter geworden bin, gab es wegen der laufenden Beschwerden immer wieder Überlegungen, den Flughafen Salzburg nach außerhalb der Stadt zu verlegen. Da waren das Moorgebiet in Lamprechtshausen und die Region Lochen und Munderfing im Gespräch. Sogar ein Standort nahe Rosenheim wurde diskutiert. Daraus ist natürlich nichts geworden."*

Ebenfalls 1977, am 10. Jänner begannen nach jahrelangen Streitigkeiten die Bauarbeiten zur Beseitigung des größten Hindernisses für die auf 2.200 Meter verlängerte *"Piste 34"*. Deshalb musste die Kendlerstraße im Bereich der Einflugschneise als Unterflurtrasse parallel zum Glanbach verlegt werden. In der Verlängerung

fied." Auer established at the beginning of his tenure several changes which included the placement of gangways, the location of baggage loading and the route airline passengers were taking to reach customs. Timing of these procedures was strictly monitored and organized in order to focus on processing of airplanes. Innovations included an enrollment process for processing and safety which complied with the appropriate technical standards. Auer continued to say: *"Older airplanes had extremely noisy engines and this was the reason for continuous criticism. Before I became transport manager, there was constant discussion on whether the airport should be relocated to an area outside of Salzburg. The moor at Lamprechthausen and the area around Lochen and Munderfing were under discussion. Even a location close to Rosenheim was under consideration. That never amounted to anything."*

In addition, on January 10th, 1977, following years of disputes, construction commenced to remove the biggest obstacle for the expansion of *"Runway 34"* to 2,200 meters. Kendler Street was moved underground in parallel to Glan creek in the area of the fly zone. In extension of the fly zone, it was covered by a roof of 120 meters in length. Construction would have interfered with the state radio station in this area and thus, the

Flughafen Salzburg

Gute Auslastung im Linienverkehr
Good occupancy on scheduled flights

der Einflugschneise wurde sie auf einer Länge von 120 Metern überdacht. Die Bauarbeiten in diesem Bereich hätten jedoch die Funktion eines Landekurssenders gestört, daher bestand das Bundesministerium für Verkehr auf die Durchführung der Arbeiten in den Nachtstunden. Höchst unterschiedliche Gründe führten 1977 zwei Staatsoberhäupter per Flugzeug nach Salzburg. *Leopold Senghor, Präsident aus Senegal,* hielt die Eröffnungsrede der Salzburger Festspiele und Polens Ministerpräsident, *Piotr Jaroszewicz,* weilte zur Jagd im Ötztal. Aber nicht nur prominente Gäste und Staatsoberhäupter mussten beschützt werden. Deshalb beschäftigte man sich am Salzburger Flughafen ernsthaft mit dem Plan, moderne Sicherheitseinrichtungen auch für die Fluggäste einzurichten. Bisher waren lediglich zwei Polizeibeamte bei der Passkontrolle und weitere zwei Polizisten mit Hunden am Vorfeld für die Sicherheit verantwortlich.

Zum Jahresende wurde im Bahnhofsbereich von Freilassing der nach vorne versetzte „*Mittelmarker*" in Betrieb genommen. Sein senkrechter Markierungsstrahl dient beim Instrumentenanflug als Entscheidungspunkt für den Piloten, entweder zu landen oder abzudrehen.

Im Winter-Flugplan dehnte die *Swissair* die tägliche Verbindung Zürich–Salzburg bis nach Linz aus. Nach mehr als zehn Jahren flog die *AUA* erstmals wieder zweimal jede Woche nach Amsterdam und London wurde statt zwei, sogar drei Mal pro Woche angeflogen. Die tägliche Verbindung der *AUA* nach Frankfurt aber war für Anschlussflüge zeitlich nach wie vor ungünstig.

Department of Transpiration demanded nighttime construction. Rather different reasons led for two heads of state to arrive in Salzburg by plane in 1977. *Leopold Senghor, the president of Senegal,* gave the opening speech for the Salzburg Festival, and the prime minister of Poland, *Piotr Jaroszewicz,* came to the Otztal for a hunting trip. Not only celebrities and heads of states had to be protected. Therefore, plans were discussed at Salzburg airport to install modern security systems for passengers as well. Up to now, only two police officers were assigned to passport control and two more police officers patrolled the ramp with dogs.

At year-end, the *"Mittelmarker"* started operations at the railroad station of Freilassing which had been moved forward. Its perpendicular marker beam was used by pilots during instrument flights to determine whether to land or to turn around.

The winter schedule of *Swissair* expanded its connections from Zurich via Salzburg to Linz. After more than ten years, *AUA* serviced Amsterdam for the first time again twice weekly, and London was serviced even three times per week. The daily connection of *AUA* to Frankfurt was timed poorly for access to connecting flights.

1970 bis 1979

1978 Ein neuer Passagierrekord
1978 A new passenger record

Während Günther Auer weiterhin sein in Nürnberg erworbenes Knowhow am Flughafen einsetzte, war Salzburg einmal mehr Schauplatz wichtiger Politikertreffen. Durch Vermittlung von Bundeskanzler *Bruno Kreisky* fand am 11. Februar 1978 auf Schloss Kleßheim ein Treffen des ägyptischen Präsidenten *Anwar El-Sadat* mit dem israelischen Oppositionsführer *Shimon Peres* statt. Grund des Treffens war der eingeleitete Friedensprozess zwischen Israel und Ägypten, der beiden später den Friedennobelpreis einbrachte. Sadat flog noch am gleichen Tag zu einem Staatsbesuch nach Bukarest weiter. Er besuchte 1978 Salzburg übrigens ein zweites Mal, als es im Juli während eines privaten Aufenthaltes auf Schloss Fuschl zu Gesprächen mit UN-Generalsekretär Kurt Waldheim und Israels Außenminister Ezer Weizmann kam. Die Verabschiedung am Salzburger Flughafen war von

While Gunther Auer continued to use his know-how that he had acquired at Nuremberg, Salzburg became yet again the locale for important political meetings. Negotiated by *Bruno Kreisky*, a meeting between the Egyptian president Anwar El-Sadat and the Israeli opposition leader Shimon Peres was arranged at Castle Klessheim on February 11th, 1978. The reasons for this meeting were peace negotiations between Israel and Egypt which later on both of them were awarded for with the Noble Price. *Sadat* continued his journey the same day to Bucharest for a state visit. He visited Salzburg as second time

Präsident Anwar El-Sadat von Bundeskanzler Bruno Kreisky empfangen
President Anwar El-Sadat welcomed by Chancellor Bruno Kreisky

Swissair DC-10-30
Swissair's DC-10-30

enormem Medieninteresse begleitet. Neben den nach Tel Aviv und Kairo startenden Maschinen bestieg, beinahe unbemerkt, der deutsche Oppositionsführer und spätere Kanzler Helmut Kohl ein Flugzeug in Richtung Köln.

Erstmals keimte auch der Plan zur Verlegung der auf dem Vorfeld geparkten Sportflugzeuge und Privatjets auf, um wertvolle Stellflächen für große Passagiermaschinen zu schaffen. Über den neu geschaffenen „Rollweg Z" sollten diese Maschinen ihren Platz beim sogenannten „Blechhangar", nahe dem heutigen „Hangar 7" an der Karolingerstraße, erreichen. Die angestrebte Vertragsaufkündigung für den ASK Sportplatz und den SAMTC Verkehrsübungsplatz – beide auf bundeseigenem Areal – konnte nicht realisiert werden. Stattdessen wurde dem ASK eine Subvention für den Tribünenneubau samt Überdachung zugesichert. Somit verstellten die Kleinflugzeuge weiterhin den Platz für Großraumjets am Vorfeld.

Am 22. Mai 1978 konnte mit der Freigabe der neu trassierten Kendlerstraße auch die 2.200 Meter lange Piste in beiden Richtungen in Betrieb genommen werden. Bereits Mitte September be-

in 1978, when he met with UN-secretary, *Kurt Waldheim,* and the Israeli Secretary of State, *Ezer Weizmann,* during a private visit at Castle Fuschl. The farewell at Salzburg airport was heavily covered by the media. Next to the airplanes starting to Tel Aviv and Cairo, the German opposition leader and later chancellor, *Helmut Kohl* got on an airplane to Cologne almost undetected.

Plans were developed for the first time to relocate the sports planes and private jets which were parked on the ramp in order to create parking space for large passenger planes. The new *"Runway Z"* was supposed to get these planes to their parking positions at the *"Sheet-Metal Hangar"* which was close to the *"Hangar 7"* at Karolinger Street. Discontinuation of the lease for the ASK sports grounds and the SAMTC traffic practice area, which were both located on federally own properties, could not be implemented. Instead the ASK received funds to replace the spectators stands including placement of a roof. Thus, small

gannen im Süden die Bauarbeiten für die Verlängerung der Piste als Stoppfläche um 290 m, die dann am 14. Dezember freigegeben wurde.
Einen Tag später wurde die „RVR"-Anlage, eine automatische Sichtmessung entlang der Piste, freigegeben. Die inzwischen gerichtlich angeordnete Einstellung der Bauarbeiten auf Grund einer Säumnisbeschwerde des Schutzverbandes, wurde einfach und ohne nachhaltige Folgen ignoriert. Schon damals war die Geschäftsführung überzeugt, dass die Einbeziehung dieser Stoppfläche für Starts in Richtung Norden dringend notwendig wäre. Aber das sollte noch dauern, denn zwischen der Flughafenleitung, dem Schutzverband und den Anrainern bestand eine ausgesprochen frostige Stimmung, und die Gespräche verliefen ebenfalls nicht sehr positiv. Daran konnte auch die Verbesserung des Lärmschutzes an 36 Wohnhäusern nicht viel ändern.
Nach und nach wurden am Salzburger Flughafen die Sicherheitsvorkehrungen verbessert. Diese reichten von Schutzübungen, die regelmäßig durchgeführt wurden, bis hin zum Terrorschutz, der auch die Personenkontrollen betraf. Mit Magnetsonden und einer Röntgenprüfanlage für das Handgepäck wurde der Sicherheitsstandard erheblich gehoben. Zusätzlich wurde gegen den Zutritt unbefugter Personen ein 2.40 Meter hoher Zaun rund um das Flughafenareal gezogen.
Im Sommer- und Winter-Flugplan der Jahre 1978/1979 gab es durchgehend tägliche AUA Verbindungen nach Zürich und Frankfurt, sowie einen Swissair Flug Linz–Salzburg–Zürich. Im Sommer reduzierte die AUA ihre Flüge nach Amsterdam von drei auf zwei Flüge und nach London von vier auf drei Flüge wöchentlich.
1978 verzeichnete man in Salzburg erstmals über 300.000 Fluggäste, mehr als alle anderen Länderflughäfen zusammen und etwa elf Prozent des Passagieraufkommens von Wien-Schwechat. Mehr als ein Viertel davon, 86.000 Passagiere, beförderte die AUA, die somit in diesem Jahr 15 Millionen Schilling an Lande- und Abfertigungsgebühren an die Eigentümer entrichtete. Zwei Millionen Schilling blieben in Salzburg für Bordverpflegung und 550.000 Mozartkugeln reisten mit den Passagieren in alle Welt. Am Salzburger Flughafen waren 1978 einschließlich Speditionen, Postamt, Polizei, Zoll und Flugsicherung insgesamt 250 Dienstnehmer beschäftigt, sowie zusätzlich 26 Mitarbeiter der Austrian Airlines.

planes still blocked the ramp for parking of wide-body airplanes.
On May 22nd, 1978, the relocated Kendler Street was reopened and the 2,200 meters long runway started operations in both directions. Already in mid-September, construction started in the south for the elongation of the runway for 290 meters as halting area which was released to operations on December 14th. One day thereafter, the *"RVR-system"* was released which offered automatic overview measurements along the runway. The cessation of construction had been issued following a complaint by the conservation association but was right out ignored without permanent consequences. Even back then, management was convinced that inclusion of the halting area was urgently necessary for take-off toward the north. Unfortunately, this would require more time since the atmosphere between airport management, the conservation association and local residents was very tense, and conversations did not proceed well. Not even the soundproofing of 36 homes could change that.
Gradually safety precautions were enhanced. These involved regularly scheduled drills, terrorist protection, as well as identity checks. Magnetic probes and x-ray inspection for carry-on luggage improved security standards significantly. A 2.4 meter high fence surrounding the entire airport was installed to prevent access for unauthorized people.
The summer and winter schedules of 1978/1979 included nonstop daily connections to Zurich and Frankfurt operated by *AUA*, as well as a Swissair flight from Linz via Salzburg to Zurich. During the summer, *AUA* reduced the number of flights to Amsterdam from three to two, and to London from four to three weekly.
In 1978, 300,000 airline passengers were registered in Salzburg which was more than passenger volume of all provinces' airports combined, and around 11 percent of passengers processed in Vienna-Schwechat. More than one quarter, 86,000 passengers, were transported by *AUA* which paid 15 million Austrian schillings in landing and processing fees to its owner. Two million remained in Salzburg for flight catering and 550,000 Mozart balls travelled with passengers all over the world.
In 1978, 250 employees were employed at haulage companies, the post office, police, customs and air traffic control in addition to 26 employees from *Austrian Airlines*.

Flughafen Salzburg

1979 Vorfelderweiterung am Flughafen
1979 Ramp expansion at the airport

In der ersten Salzburger Gemeinderatssitzung des Jahres wurde festgestellt, dass die Geschäftsführung für die Erweiterung des Flughafens ein als Gewerbegebiet ausgewiesenes Areal beanspruchte, das dem Flughafen gar nicht gehörte. Dazu kam, dass die beiden Vertreter der Stadt im Aufsichtsrat über ein ganzes Jahr nicht zu den Sitzungen eingeladen wurden, um sich über den Stand der Flughafenerweiterung informieren zu können. Einer Pressemeldung zufolge, die mächtig Staub aufwirbelte, erforderte die geplante Betriebsansiedelung zwischen Bischofswald und der Innsbrucker Bundesstraße zehn Hektar Grund. Die Erweiterung war aber notwendig, da die Verlegung der General Aviation in das Areal des ehemaligen Motorpools verhindert wurde. Die zusätzliche Projektvariante der Ausweitung in das Gebiet östlich von Loig wurde bald verworfen. Verschärft wurde die Auseinandersetzung, als hohe Nitratbelastungen des Grundwassers im Bischofswald bekannt wurden. Der Salzburger Gemeinderat verlangte in diesem Zusammenhang eine bessere Kooperation sowohl mit Behörden als auch mit den Anrainern. Außerdem wurde der Bau von Lärmschutzwänden zum Schutz der Anrainer gefordert. In Freilassing protestierte der örtliche Schutzverband wieder einmal gegen den zunehmenden Fluglärm, der durch wiederholte Missachtung der vereinbarten

At the first Salzburg council meeting of this year, it was determined that the management had claimed a commercial area for the expansion of the airport which was not owned by the airport. In addition, the two board members from the city had not been invited to any of the meetings for a whole year in order to be informed about the status of the airport expansion project. According to a press report which caused major turmoil, the business settlement necessitated ten hectare of land between Bischofswald and the Innsbrucker Bundesstraße. The expansion, however, was necessary because relocation of general aviation in the area of the former motor-pool needed to be avoided. The controversy intensified when elevated nitrate levels were measured in the groundwater of Bischofswald. The Salzburg City Council demanded, in this context, better cooperation between authorities and local residents regarding future planning. Furthermore, construction of soundproof walls for protection of local residents was demanded.
The conservation association yet again protested against increasing airplane noise which was caused by disobeying agreed upon departure corridors and the nighttime flight ban. Gunther Auer

Auslands-Warteraum
International waiting area

Der Saudiarabische Verteidigungsminister Prinz Sultan Bin Abdul Al-Saud zu Gebirgsmanöverbesuch eingetroffen, 13. 9. 1979
The Saudi Secretary of Defense, Prince Sultan bin Abdul Al-Saud arrived for a mountain military exercise on September 13th, 1979

Abflugschneisen und des Nachtflugverbotes hervorgerufen wurde. Günther Auer kannte den Auslöser der Proteste: „Grund für die Aufregung war die Zunahme von Charterflügen, die nicht immer mit den modernsten Maschinen nach Salzburg durchgeführt wurden. Jets der Typen „BAC1-11" und „Super Caravelle" wurde ja nachgesagt, Tote aufwecken zu können!"

Die Mehrheit aller Flugbewegungen wickelten jedoch die AUA und SWISSAIR mit den wesentlich leiseren DC-9-32 ab. Im folgenden Winter brachte die AUA mit Charterflügen neuerlich tausende Wintersportler aus Skandinavien nach Salzburg. Die im Herbst eingeführten Charterflüge zu den Kanarischen Inseln konnten im Sommer mit Flügen der spanischen AVIACO und der AUA nach Mallorca, Süddalmatien, Kreta und anderen Destinationen erweitert werden. Mitte Mai startete auch Lauda Air zum Premierenflug mit einer Fokker F-27 von Salzburg.

Das Salzburger Volksblatt erschien am 14. April 1979 mit seiner letzten Ausgabe, es hatte mit seiner wohlwollenden Berichterstattung seit 1920 wesentlich zur Gründung des Städt. Flugplatzes Salzburg-Maxglan beigetragen. Nach dem Zweiten Weltkrieg hatte das Blatt aber konsequent gegen die Erweiterung des neuen Flughafens und für den Verbleib der Segelflieger Stellung bezogen.

was well aware of the trigger for these protests: *"The reason for this agitation was an increase in charter flights to Salzburg which were not carried out by modern aircraft. "BAC1-11" jets and "Super Caravelle" were accused to wake up the dead!".*

The majority of all air traffic was processed by *AUA* and *Swissair* with significantly quieter DC-9-32. The following winter, *AUA* transported thousands of winter-sports athletes from Scandinavia to Salzburg with charter flights. The charter flights to the Canary Island with the Spanish *AVIACO* and *AUA* to Mallorca during the summer could be expanded with flights to south Dalmatia, Crete and other destinations. Mid-May, Lauda Air launched its first flight with a *Fokker F-27* from Salzburg. The *"Salzburg Volksblatt"* printed its last edition on April 14th, 1979. Its sympathetic reporting since 1920 had major influence on the founding of the city airport Salzburg-Maxglan. After World War II, the newspaper rejected expansion of the airport and supported the glider planes remaining at the airport.

Nach intensiven Bauarbeiten im Süden standen ab Mitte Oktober 23.000 Quadratmeter mehr Vorfeld zur Verfügung. Die Erweiterung nach Süden bot nun Platz für bis zu 15 Großraumjets. Durch die vergrößerte Fläche gab es auch mehr Raum für das Zeremoniell zu Ehren der Staatsoberhäupter, die Salzburg schon alleine der Festspiele wegen häufig besuchten.

Große Aufregung gab es im Herbst, als ein angeblicher „Geheimplan" zur Erweiterung des Flughafens kolportiert wurde, der so lautete: „Die Geschäftsführung hat in Zusammenarbeit mit der Obersten Zivilluftfahrtbehörde für den Flughafen einen Plan erarbeitet, der die künftige Entwicklung bis zum Jahre 2000 einschließt. Dieser Plan ist im Interesse der Sicherung des Bestandes und des Betriebes des Flughafens Salzburg, sowie zum Schutze der Bevölkerung vor unzumutbaren Belästigungen und im Hinblick auf die internationalen Normen erstellt worden. Dabei ist der deutsch-österreichische Staatsvertrag über den Flughafen Salzburg, der von deutscher Seite verlangt, daß der Flughafen Salzburg wie ein deutscher Flughafen behandelt werden muß, berücksichtigt."

Der sogenannte „Geheimplan" wurde am 22. November genehmigt. Darin waren unter anderem Forderungen enthalten, wie die Verlegung der

Following an intense construction period in the south, the ramp had been increased by 23,000 square meters. The expansion to the south now offered space for 15 more wide-body airplanes. The enlarged area was also advantageous to ceremonies honoring heads of state who visited Salzburg frequently in part due to the Salzburg Festival. Major agitation occurred again in the fall when a presumably "secret plan" about the expansion of the airport was circulated which said the following: *"Airport management in collaboration with the Supreme Civil Aviation Authority has advanced a plan which included development of the airport until 2000. This plan is in the interest of preserving continuance and operations of Salzburg airport, as much as of the protection of residents to avoid unreasonable annoyance, and in the interest to conform to international standards. Also, the German party requests in the German-Austrian treaty for the Salzburg airport that the airport is maintained equivalent to German airports."*

The so-called "secrete plan" was approved on November 22nd. The plan contained the following requirements: relocation of general aviation including hangars and parking areas to north of the Innsbrucker Bundestraße; expansion of the safety zone from 150 meters to 300 meters on both sides of the runway indicated as "Procedure Safety Area" with complete construction ban. Out of the 662 plots affected, 172 had already been built on and 16 had been assigned building permissions. This situation troubled especial-

Sonderballonfahrt 30 Jahre Österr. Ballonpost der Pro Juventute, mit Start vom Flughafen
Special flight on the occasion of the 30th anniversary of the Austrian balloon mail of Pro Juventute with take-off from the airport

Königin Margarethe II von Dänemark mit Bundespräsident Dr. Rudolf Kirchschläger 5. 4. 1979
Queen Margarethe II of Denmark with Federal President Dr. Rudolf Kirchschläger on April 5th, 1979

Allgemeinen Luftfahrt mit Hangars und Abstellflächen in den Bereich nördlich der Innsbrucker Bundesstraße, wie auch die Erweiterung der Sicherheitszone von bisher 150 Meter beiderseits der Pistenachse auf 300 Meter „Verfahrensschutzraum" mit absolutem Bauverbot. Jedoch waren von den 662 betroffenen Parzellen bereits 172 verbaut und 16 als Bauland ausgewiesen. Ein Umstand, der vor allem den Politikern in der Stadt den Schweiß auf die Stirn trieb. Als Randnotiz wurde etwas später in den Zeitungen vermerkt, dass an 15 dem Flughafen nahen Häusern Schallschutzmaßnahmen durchgeführt wurden.

1979 war trotz aller Querelen ein sehr gutes Jahr für den Salzburger Flughafen. Die Steigerung im Charterflugverkehr betrug gegenüber dem Vorjahr beinahe 25 Prozent, die Passagierzahl stieg von 164.125 auf 204.505. Gemeinsam mit den 130.000 Linienpassagieren ergab das die beachtliche Zahl von 334.569 Fluggästen. Das erhöhte Passagieraufkommen erforderte aber eine Erweiterung der Warteraumkapazität im Abfertigungsgebäude um ein Drittel auf 500 Sitzplätze.

Auch der VIP-Raum im Parterre musste neu adaptiert und der gebührenpflichtige Parkplatz vor dem Gebäude um 4000 Quadratmeter erweitert werden. Im Gebäude der Flugsicherung wurde noch im gleichen Jahr im Zollbereich für die General-Aviation ein Duty Free Shop eingerichtet und der „ÖFAG" ein Büro übergeben. Zusätzlich angeschafft wurden ein geländegängiges Tanklöschfahrzeug und ein spezielles Fahrzeug zum Transport für die Bordverpflegung.

ly politicians from the city. As a side note, the newspapers reported that 15 buildings close to the airport received soundproofing.

1979 became a good year for Salzburg airport despite all disputes. Charter flight volume increased by almost 25 percent compared to the previous year and passenger numbers increased from 164,125 to 204,505. In addition to the 130,000 passengers on scheduled flights, the impressive number of 334,569 airline passengers was reached. The increase in passenger volume required the expansion of the waiting area at the passenger terminal building by one third to 500 seats.

The VIP-area on the ground level also had to be adjusted and the parking lot, subject to a charge, in front of the building had to be expanded by 4000 square meters. The same year, a duty-free shop was added to the inside of the airport security building in the customs area of general aviation and the *"OFAG"* received offices. In addition, an all-terrain fire truck and a special truck for catering were purchased.

Flughafen Salzburg

1980 Einbrüche im Charterverkehr
1980 Collapse of chartered air traffic

Die weltweite Rezession verursachte im Charterflugverkehr gleich in den ersten Monaten einen spürbaren Rückgang der Flugbewegungen. Das Hauptproblem in Salzburg bestand nach wie vor in der zu kurzen Lande- und Startpiste. Der damalige Verkehrsleiter Günther Auer erinnert sich: „Viele Maschinen konnten nicht vollgetankt starten und mussten auf dem Weg zu ihren Destinationen zum Tanken zwischenlanden. Das kostete Zeit und Geld. Erschwerend war auch der Druck der Reiseveranstalter, die bei ihren Kalkulationen die Salzburger Kosten denen von München und Salzburg gegenüberstellten, denn der Treibstoff war in Salzburg um vieles teurer als in Wien und München. Die Konkurrenz des nunmehr wieder aufstrebenden Innsbrucker Flughafens, so wie die Charterflugangebote ab Linz, wirkten sich für Salzburg ebenfalls negativ aus. Die Geschäftsführung erkannte als einzige Chance für den wirtschaftlichen Fortbetrieb des Flughafens die Einbeziehung der Stoppfläche für Landung und Start von Großraumflugzeugen. Dagegen hatte jedoch der Schutzverband beim Verwaltungsgerichtshof Einspruch erhoben!"

Als wichtigstes Bauvorhaben des Jahres begannen am 30. Juni die Arbeiten für die Errichtung des Rollweges A zur Startposition im Norden der Piste. Dadurch sollten die Flugzeuge nicht mehr mit erheblichem Triebwerkslärm an Ort und Stelle in die Startrichtung wenden müssen. Die Kosten dafür betrugen elf Millionen Schilling.

World-wide recession caused a noticeable decline of charter flights immediately within the first months. The main problem remained the too short runways for landing and take-off. Gunter Auer, the transport manager then, remembered: *"Many airplanes could not take off with full fuel tanks and had to stop over for refueling. That cost time and money. Additional aggravation caused travel agencies which based their price calculations for Salzburg on those for Munich but fuel costs in Salzburg were much higher than in Vienna or Munich. Innsbruck was a valid competition yet again, as were charter flights from Linz which all affected Salzburg negatively. The only solution identified by management for economic continuation of airport operations was inclusion of the halting area for landing and take-off of wide-body airplanes. The conservation association had objected, however, at the administrative court."*

The most important construction plans for this year, started on June 30th with the setting-up of taxiway A to the north of the take-off position on the runway. Thereby, airplanes could turn onto take-off position with considerably less engine noise. The costs amounted to eleven million Austrian schillings.

Ten years following termination of Austrian domestic flight business, a new beginning was decided on. Five domestic airports and *AUA* founded the domestic airline *Austrian Air Service"(AAS)*.

Annemarie Moser-Pröll nach ihrem Olympiasieg, 4. 3. 1980
Annemarie Moser-Proell after her Olympic victory on March 4th, 1980

Zehn Jahre nach dem Ende des österreichischen Inlandsflugdienstes entschied man sich für einen Neubeginn. Fünf Landesflughäfen und die AUA gründeten die Binnenfluglinie „Austrian Air Service" (AAS). Partner waren die Flugplätze Graz, Linz, Klagenfurt, Salzburg und Wien, die zu je gleichen Teilen mit 74 Prozent beteiligt waren. Die AUA hielt von den 75 Millionen Schilling Grundkapital die restlichen 26 Prozent der „AAS". Die zusätzliche Belastung für die Salzburger Flughafengesellschaft m.b.H. konnte nur durch die Erhöhung des Stammkapitals von 2,3 auf 13,4 Millionen Schilling abgefedert werden. Angeschafft wurden zweimotorige Swearingen Metro Turboprop-Flugzeuge mit je 18 Sitzen, die mit Beginn des Sommer-Flugplans am 1. April eingesetzt wurden. Da aber nur wenige Wochen später auch die Tyrolean Airways eine 48-sitzige, viermotorige De Havilland Dash 7 Turbomaschine in den Dienst stellten, gab es plötzlich Konkurrenz aus nächster Umgebung. Das war sichtlich ein Grund dafür, warum sich die Tiroler nicht an der „AAS" beteiligten. Die Tiroler flogen vorerst zweimal täglich die Strecke Innsbruck–Wien und damit prompt in die Gewinnzone. Der „AAS" Flugplan hingegen brachte auf nur wenigen Strecken eine zufriedenstellende Auslastung. Die Strecke Salzburg–Wien stand im starken Wettstreit zu Bahn und Auto. Allerdings waren die Auslandskurse der AUA von und nach Salzburg mit Ausnahme der Destination Amsterdam sehr gut belegt. Bei der 18-sitzigen Metro betrug die durchschnittliche Auslastung Richtung Wien nur 4,5 Personen, insgesamt beförderte die „AAS" im Sommerbinnenflug 20.600 Passagiere, das ergab einen Schnitt von 56 Prozent Auslastung der Kapazitäten. Zur gleichen Zeit transportieren Tyrolean Airways von Innsbruck nach Wien und zurück annähernd 50.000 Passagiere. Auch die „AUA" flog nur mehr einmal wöchentlich nach Amsterdam und der Winterflug nach London wurde auf dreimal pro Woche reduziert. Größte Sorge bereitete den Salzburgern aber die Talfahrt bei den Charterflügen, die gegenüber dem Vorjahr um 25 Prozent einbrachen.

Gejubelt wurde trotzdem, als Anfang März die Salzburgerin Annemarie Moser Pröll nach ihrem Olympiasieg im Abfahrtslauf in Lake Placid auf dem Salzburger Flughafen ankam. Weniger Begeisterung gab es, als Bundespräsident Rudolf

Partners were the airports Graz, Linz, Klagenfurt, Salzburg and Vienna at equal shares for a total of 74 percent. *AUA* contributed the remaining 75 million Austrian schillings for the outstanding 26 percent of the *"AAS"*. The additional financial strain on the Salzburg Airport Operations LLC could only be absorbed by increasing the capital from 2.3 to 13.4 million Austrian schillings. Two-engine *Swaringen Metro turboprop* aircrafts with 18 seats were purchased which started operations at the beginning of the summer schedule on April 1st. Only a few weeks later, *Tyrolean Airways* started service with a 48-seat *De Havilland Dash 7 Turbo* airplane, competition was in the immediate neighborhood. This was the apparent reason why Tyrol did not participate in the *"AAS"*. The Tyrolians serviced the connection between Innsbruck and Vienna twice daily initially which made them profitable. The *"AAS"* flight schedule only offered full utilization on a few routes.

The route Salzburg to Vienna was in strong competition with railroad and car. Although, the *AUA's* international connections to and from Salzburg with the exception of Amsterdam were very well occupied. The 18-seat Metro serviced 4.5 passengers on an average toward Vienna. In total, *"AAS"* 20,600 passengers on scheduled flights during the summer which amounted to 56 percent utilization on an average. At the same time, *Tyrolean Airways* transported approx-

Flughafen Salzburg

Karo-As Kunstflugschwarm des Bundesheeres
Karo-As acrobatic flight crew of the army

Kirchschläger am 13. November den DDR Staatsratsvorsitzenden Erich Honecker, der nach seinem Staatsbesuch mit einer „Iljuschin 62" der Interflug am 13. November heimflog, verabschiedete.

Aufregungen

Erheblichen Wirbel um den Flughafen gab es wieder einmal, als bei Untersuchungen der Wasserqualität für die Notversorgung der Stadt im Bischofswald ein überhöhter Nitratgehalt festgestellt wurde. Der Schutzverband fand mit dem Flughafen bald einen Verursacher des hohen Nitratgehalts und forderte vom Bürgermeister bessere Informationen. Der Schutzverband vermutete Sorglosigkeit beim Umgang mit den zur Enteisung verwendeten Harnstoffen. Wegen der andauernden Kritik war an eine Verlegung der General Aviation nicht zu denken, dazu kam, dass drei Grundbesitzer, selbst bei hohen Preisangeboten den Verkauf ihrer Felder verweigerten. Erschwert wurde das Projekt durch die zu erwartenden hohen Kosten der Abwasserentsorgung der projektierten Gebäude. Die Nähe zum Grundwasserwerk im Bischofswald erforderte eine kostspielige Kanalisation bis zur Einbindung in bestehende Sammler.

Ende November konnten die fünf Fluglärm-Messstationen, in Mitterfelden, Freilassing, Rott, Taxham und in der Kendlersiedlung, probeweise in Betrieb genommen werden. Die damals modernste elektronische Fluglärm-Messanlage Europas war zur Überwachung der vorgeschriebenen Abflugrouten notwendig.

imately 50,000 passengers between Vienna and Innsbruck. "AUA" serviced Amsterdam only once per week and the flights to London were reduced to three times per week during the winter. The biggest concern for Salzburg was the reduction in charter flight volume which had declined by 25 percent.

When the Salzburg resident, Annemarie Moser Pröll arrived at Salzburg airport after winning Olympic gold for downhill racing in Lake Placid, everyone cheered. Less enthusiasm was noted when President Rudolf Kirchschläger bid the GDR head of state council Erich Honecker farewell who returned home from his state visit with an *"Iljuschin 62"* on November 13th.

More turmoil

Considerable turmoil at the airport, once again, elicited an investigation of the water quality which determined an increased level of nitrates in the emergency water supply for the city at Bischofswald. The conservation association uncovered the offender of the increased nitrate levels together with the airport and demanded better information from the mayor. The conservation association suspected negligence in the processing of urease which was used for defrosting. The constant criticism prevented relocation of general aviation and additionally, three real estate owners denied sale of their properties, despite

Damit der Flughafen ja nicht aus den Schlagzeilen kam, dafür sorgte ein Streit um das große Geschäft einer privaten Flugrettung. Zivile Unternehmer wollten in das große Geschäft mit der Flugrettung einsteigen. Organisationen wie das Rote Kreuz, Ärzteflugambulanz und die Bergrettung lehnten unisono das Ansinnen mit dem Argument ab, dass die seit 1956 bestehende Flugeinsatzstelle des Innenministeriums bislang klaglos funktioniert hatte und eine Änderung nicht notwendig sei.

Im Winter-Flugplan der „AAS" Binnenflug fielen wegen zu geringer Auslastung Verbindungen dem Rotstift zum Opfer. Die schlechte Bilanz sollte durch Preiserhöhungen kompensiert werden. Die Verbindung Linz—Graz wurde eingestellt, auf der Linie Wien—Linz—Salzburg ein Flug gestrichen.

lucrative offers. Additional complication was caused by high costs for the sewer system of the planned buildings. The proximity to the groundwater waterworks at Bischofswald required expensive canalization for fusion with the existing collecting pools.

By the end of November, five aircraft noise monitors in Mitterfelden, Freilassing, Rott, Taxham, and at the Kendler settlement could start trial operations. At the time, the aircraft noise monitoring system for surveillance of mandatory take-off route was the most modern in Europe. Civil businessmen wanted to participate with the air ambulance. Organizations such as the Red Cross, the Medical Air Ambulance and mountain rescue, all rejected the idea because flight operations operated by the Department of Interior had worked without problems since 1956 and changes were not necessary.

For the winter schedule, several domestic flights of the *"AAS"* were cancelled. The poor end result should be compensated for by increasing prices. The connection between Linz and Graz was cancelled and on the route Vienna—Linz—Salzburg, one flight was eliminated.

Winterdienst, März 1980
Winter duty, March 1980

Flughafen Salzburg

1981 Neues Management – neue Strategie

1981 New management – new strategies

Die ersten drei Monate des Jahres waren zugleich die letzten für den Geschäftsführer Wilhelm Spazier, der in den vorangegangenen 20 Jahren den Flughafenausbau beharrlich vorangetrieben hatte. Mit ihm ging aber auch die Ära eines Managers zu Ende, der bei seinen Ausbauplänen mit den Anrainern nicht immer zimperlich umging.

Am 1. April 1981 löste Günther Auer den bisherigen Geschäftsführer Wilhelm Spazier ab. Auer arbeitete über zehn Jahre lang erfolgreich als Verkehrsleiter und war mit den Gegebenheiten bestens vertraut. Bereits zum Amtsantritt musste sich Auer mit der weltweiten Rezession beschäftigen, die auch den Salzburger Flughafen nicht verschonte. Die hauptsächliche Ursache dafür war – wie schon erwähnt – die mit nur 2.200 Meter immer noch zu kurze Piste. Auer entschloss sich, das Problem mit verstärktem Marketing zu

The first three months of the year were the last for CEO Wilhelm Spazier, who expanded the airport persistently over the past 20 years. With his leaving the era of a manager ended who did not always treat local residents politely.

On April 1st, 1981, Günther Auer replaced the CEO, Wilhelm Spazier. Auer had successfully worked as transport manager for over ten years and was acquainted with the situation. At the start of his appointment, Auer already had to deal with the recession which had affected Salzburg airport as well. The main reason was, as already mentioned, the still too short runway with only 2,200 meters. Auer decided to tackle the problem through in-

Bundeskanzler Kreisky und UN-Generalsekretär Waldheim, 1. 8. 1981
Chancellor Kreisky and UN General Secretary Waldheim, August 1st, 1981

kompensieren. Ein Vorhaben, das gemeinsam mit Roland Hermann, der mit Jahresmitte Auers bisherigen Job als Verkehrsleiter übernommen hatte, umgesetzt werden sollte. Den neuen Verantwortlichen stand auch noch eine andere Herausforderung ins Haus: *„Die Flughafeneigentümer forderten von uns, quasi als Einstandsgeschenk, den Flughafen so zu führen, dass er künftige Investitionen aus den Gewinnen erwirtschaften kann!"* Eine Vorgabe, die Auer nach eigenen Angaben nur mit einer massiven Steigerung der Flugbewegungen erreichen konnte. Doch das war wegen der zu kurzen Piste ja kaum möglich. Erklärend resümierte Günther Auer über die Problematik vor seinem Amtsantritt als Direktor: *„Wegen des geringen Flugverkehrs waren Anschaffungen bisher nur in ganz kleinem Rahmen möglich. Investitionen mussten hauptsächlich über das Treuhandvermögen finanziert werden. Die Anschaffungen neuer Fahrzeuge oder Geräte waren erst im Management zu planen und dann vom Aufsichtsrat zu bestätigen. Das war viel zu kompliziert und nagte an der Eigenkapitaldecke. Der neue Rollweg, ein Vorfeldweg und das Flughafengebäude wurden vor meiner Zeit als Direktor gebaut und ebenfalls aus dem Treuhandvermögen finanziert. Dort, wo heute der neue Tower steht, war schon damals das Verwaltungsgebäude mit dem Holzturm, hier befanden sich aber auch die Abfertigung und der offizielle Zugang für die Passagiere. Dieser Zustand war untragbar und wurde bald aus Sicherheitsgründen verboten. Das Quergebäude und die Vorfelderweiterung entstanden etwas später und wurden auch aus dem Treuhandvermögen finanziert. Dazu kam, dass der Flughafen nicht über ausreichend Grundreserven verfügte, hier kaufte die Republik Österreich die für den Flughafenausbau notwendigen Grundstücke an und finanzierte allfällige Ablösen."*

Auer war klar, dass die angestrebte Ausweitung des Charterverkehrs nur über einen verstärkten Dialog mit dem Schutzverband und den Vertretern der Stadt erreicht werden könne. Günther Auer: *„Ich habe mir vorgenommen, den Kritikern nicht aus dem Weg zu gehen, um durch konstruktive Verhandlungen Kompromisse zu erreichen!"* Ende Juni wurde der neue, nach Norden führende Rollweg A, dem Flugverkehr übergeben, die bisher oft üblichen, langen Wartezeiten entfielen somit. Inzwischen beschäftigten Anrainer aus Freilassing im Kampf gegen den Flughafen sogar den Bayerischen Verwaltungsgerichtshof. Immer mehr wurde klar, dass die Umwandlung der südlichen Stoppfläche in die verlängerte Startbahn die einzig mögliche Entlastung der lärmgeplagten An-

Winterdienst
Winter duty

creased marketing. He wanted to implement this project mid-year with support by Roland Hermann who took over as transport manager. The new managers faced another challenge as well: *"The owners of the airport demanded as a welcome present that we would manage the airport so that profits would be available for future investments."* Auer could only achieve this demand, in his own words, through massive increases in air traffic. This was hardly possible to achieve with too short runways. Gunther Auer explained this problematic situation before his appointment to CEO as follows: *"Low air traffic volume allowed only small purchases until now. Investments were primarily covered by assets from the trust. Purchase of new vehicles or equipment were planned by management and then approved by the board of directors. This process was too complicated and shrank equity. The runway, ramp and airport terminal were all built before my time as CEO with assets from the trust. In the location of the new tower were the administrative buildings, check-in and official access for passengers. This condition was unbearable and was soon no longer permitted due to security issues. The cross building and the ramp expansion occurred slightly later and were also financed by assets from the trust. In addition, the airport did not have sufficient financial reserves and thus the Republic of Austria purchased real estate necessary for airport expansion and financed potential property transfer fees."*

Auer was well aware that the anticipated expansion of charter flights was only possible to be achieved by increasing the dialogue with the conservation association and with representatives of the city. Günther Auer: *"I have decided*

Lockhead Hercules der schwedischen Luftwaffe zu Bundesheermanövern eingetroffen, März 1981
Lockhead Hercules of the Swedish Air Force arrived for military excersise, March 1981

rainer bringen würde. Sogar der Schutzverband zeigte sich gesprächsbereit. Die Offenlegung der Entwicklungspläne, gekoppelt mit der Zusage von ungeschminkten Informationen über beabsichtigte Maßnahmen, entspannte die bisher so verfahrene Situation maßgeblich. Da kam auch die Präsentation der neuen *AUA DC-9-81* Maschine gerade recht. Von der deutlich geringeren Lärmbelastung konnten sogar die Kritiker überzeugt werden. Ab 10. Dezember waren im Flughafengebäude der geplante Teilflächen-Widmungsplan sowie das Projekt der Flughafenerweiterung ausgestellt. Auch diese Vorausinformationen konnten die Gemüter zusätzlich beruhigen.

Sowohl im Sommer- als auch im Winter-Flugplan wurden Zürich und Frankfurt täglich mit *AUA* angeflogen und im Sommer fünfmal jede Woche London, im Winter reduziert auf zwei Flüge. Auch die damalige *SWISSAIR* flog täglich nach Zürich, zusätzlich auch an den Wochenenden. Im ganzjährigen Binnenverkehr war Salzburg mit Wien durch AAS direkt und über Linz jeweils sechsmal je Woche verbunden.

Noch in diesem Jahr konnten vom Bund die für das um 4/5 abgespeckte Projekt „Verlegung General Avation" notwendigen Grundflächen erworben werden. Auch sieben Häuser, die im Zuge der Startbahnverlängerung der Spitzhacke zum Opfer fallen sollten, mussten abgelöst werden. Erhebliche Finanzmittel mussten auch für den laufenden Einbau von Schallschutzfenstern sowie die Freimachung des Schutzbereiches von 600 Metern aufgewendet werden.

that I will not avoid the critics but I will succeed through constructive negotiations and compromise.". The new runway A toward the north was handed over to air traffic at the end of June and the previously commonly long waiting times were eliminated. In the meantime local residents of Freilassing had filed a complaint against the airport with the Bavarian administrative court. It became more and more apparent that integration of the southern halting area into the extended runway was the only possible solution to relieve local residents from noise exposure. The situation was eased by disclosing the development plans coupled with assurances that unedited information would be released about intended actions. Presentation of the *AUA CD-9-81* aircraft came at the right time. Even critics agreed that the noise strain had been significantly reduced. On December 10th, the subarea-zoning plan and the airport expansion project were on display at the airport terminal. This preemptive information calmed everyone.

The summer as well as the winter flight schedule included daily flights by *AUA* to Zurich and Frankfurt, and during the summer also five flights per week to London, and during the winter two. *SWISSAIR* also offered daily flights to Zurich and also on weekends. Year-round, domestic flights connected Salzburg with Vienna through AAS and also via Linz six times per week. The same year, the federal government purchased real estate for the project "Relocation of General Aviation" which had been downsized by 4/5th. Seven houses which had to be demolished as part of runway expansion, required payment of transfer fees. Considerable financial resources were made available for installation of soundproof windows and for clearing a safety zone of 600 meters.

1980 bis 1989

1982 Ein neuer Name, besseres Image

1982 A new name, a better image

Anfang der 1980er Jahre stellte sich das neue Team des Flughafen-Managements, allen voran Direktor Günther Auer und Verkehrsleiter Roland Hermann, mit Hilfe von Salzburger Tourismus-Fachleuten und Luftverkehrs-Beratungsfirmen zur Aufgabe, die Vorgaben der Flughafeneigentümer umzusetzen. Als Ziel galt, die Eigenwirtschaftlichkeit zu erreichen. Der angenommene Break-Even-Point von 800.000 Passagieren bei einem aktuellen Wert von 280.000 Passagieren schien für das Jahr 1982 jedoch kaum erreichbar zu sein. Aufbauend auf dieser Vision stand die Suche nach vorhandenen Märkten in Europa, die via Flughafen Salzburg ins Salzburger Land hin verlagert werden könnten. Rasches Wachstum erhoffte sich das Salzburger Management vom Incoming-Charterverkehr beim boomenden Wintertourismus. Auer: *„Für den Großflughafen München-Riem, der zu Beginn der 1980iger*

At the beginning of the 1980s, the new management team of the airport, including CEO Gunther Auer and transport manager Roland Hermann, in collaboration with tourism experts from Salzburg and air traffic consulting companies, made it their mission to implement the goal requested by the owners of the airport. The goal was to gain economic independence. The assumed break-even-point of 800,000 passengers with a current volume of 280,000 seemed unattainable for 1982. Based on this vision, they searched for existing European markets which could be shifted via Salzburg airport into the province of Salzburg. The management team of

Sorgfältige Schneeräumung 1982, Flughafen-Luftbild
Meticulous snow plowing 1982, airport aerial image

Jahre durch steigenden Linienverkehr ohnehin an die Grenzen seiner Kapazitäten stieß, konnte der Verlust von etwa 300.000 Schisportlern im Charterverkehr verzichtbar sein, für uns in Salzburg bedeutete diese Zahl die Basis für die angestrebte Zielvorgabe!" Zwar konnte man damals im Wintercharterverkehr schon mehrere Flüge aus Skandinavien und den Beneluxländern verbuchen, die Mehrheit der Skandinavier und englische Airlines flogen aber weiterhin nach München. Dazu Günther Auer: *"Diese Schiurlauber mussten stundenlange Busfahrten in ihre Schigebiete über sich ergehen lassen, nicht selten mit einem Stopp am schneebedeckten Irschenberg. Unser Ziel war es, diese Touristen durch intensive Verhandlungen direkt mit dem Flieger nach Salzburg zu bringen. Roland Hermann, ein Mann mit Verhandlungsgeschick und ich machten uns also auf den Weg, um die Reisemanager zu überzeugen!"* Die Verhandlungen mit den Reiseveranstaltern waren zäh, aber letztendlich durchaus erfolgreich. Mit insgesamt 305 Charterflügen wurde dann auch eine leichte Steigerung im Charterverkehr erreicht, aber die Fluglärmmessungen zeigten für die alten Flugzeuge — wie *„BAC 1-1"* und *„Caravelle"* viel zu hohe Werte. Dazu Auer: *"Wir vom Flughafen waren enorm unter Zugzwang. Einerseits drohten einige Airlines mit Storno, weil sie aufgrund der altbekannten Probleme Salzburg nicht mehr anfliegen wollten. Mit der Zunahme der Charterflüge bliesen aber auch die Flughafen-Anrainer wieder zum Angriff. So sah ich mich gezwungen, den direkten Dialog mit den Gegnern wieder aufzunehmen. Den lärmgeplagten Anrainern hat daraufhin der Flughafen Sträucher und Bäumchen gepflanzt und sie damit vorübergehend beruhigt!"* Gemeinsam mit den geplanten Lärmschutzwällen im Süden wurde der Grundstein für künftige Kompromisse gelegt.

Als wesentlicher Schritt zum Einstieg in die weltweite Reisebranche war mit Ende Oktober die Umbenennung des Flughafens gedacht. Mit dem international verständlichen Namen *„Salzburg Airport"* sollte der Durchbruch im Marketing eher erfolgreich sein. Wenig später signalisierten 80 Prozent aller Teilnehmer der Generalversammlung des *„Schutzverbandes"* Verhandlungsbereitschaft über eine Einbeziehung der Stoppfläche in die Piste.

Das Jahr 1982 sollte auch nicht ohne Bautätigkeit zu Ende gehen: Im Süden wurde ein großer Hangar errichtet, der Flugzeuge von der Größe einer *DC-9* oder *Boeing 727* aufnehmen konnte. Zwei Millionen Schilling verschlang der Ausbau des auf 140 Quadratmeter erweiterten und für

Salzburg expected rapid growth with incoming charter flights through booming winter tourism. Auer: "The large airport Munich-Riem was at maximum capacity by the 1980s with increasing scheduled air traffic. Thus, the loss of 300,000 skiers on charter flights would be dispensable but could be the basis to reach Salzburg's goal.". Although, there were already charter flights during the winter from Scandinavia and the Benelux countries, the majority of Scandinavian and English airlines still opted for Munich. According to Gunther Auer: *"These skiing vacationers had to endure bus rides for several hours to get to the skiing destination which often included stopping at the snow-covered Ischenberg. Our goal was to negotiate that these tourists were directly transported via airplane to Salzburg. Roland Hermann, a good negotiator, and I set out to convince the travel managers.".* Negotiations with travel agencies were tough but ultimately successful. A small increase in charter flights with a total of 305 was registered but air traffic noise measurements indicated too high readings for old airplanes such as the *"BAC 1-1"* and *"Caravelle".* According to Gunther Auer: *"We were in a tight spot. On the one hand airlines threatened with cancellations because of well-known problems and they no longer wanted to approach Salzburg. The increase in charter flights let the local residents to go on the attack again. Thus, I was forced to resume the dialogue with my opponents. The airport planted shrubs and trees for the noise-ridden local residents which calmed them down for the time being.".* Together with noise barriers in the south, the foundation for future compromise had been achieved.

An important step to enter the travel industry world-wide was the name change of the airport at the end of October. The internationally easily understandable name, *"Salzburg Airport"* was assumed to be a successful breakthrough in marketing. A little bit later, 80 percent of all participants at the general assembly of the *"conservation association"* signaled readiness to negotiate about incorporating the halting area into the runway.

Not even 1982 ended without construction: a large hangar was erected in the south, which could house airplanes of the size of a *DC-9* or *Boeing 727*. The duty-free shops were enlarged to 140 square meters and were designed as self-service shops.

The balance sheet for 1982 showed a decline in passenger volume from scheduled flights by 5 percent to 145,000 passengers which was

Der deutsche Bundeskanzler Helmut Schmidt mit Tochter, 9. 4. 1982
German Chancellor Helmut Schmidt with daughter, April 9th, 1982

Selbstbedienung konzipierten Duty-Free-Shops. In der Bilanz für 1982 musste man beim Linienflug gegenüber dem Vorjahr einen Rückgang der Fluggastzahlen um fünf Prozent auf 145.000 hinnehmen, konnte aber die 1980 einsetzenden Verluste mit gleichbleibenden 130.000 Passagieren im Charterverkehr kompensieren. Der AAS-Inlandflugdienst hatte auf der Strecke Salzburg–Wien weitere fünf Prozent verloren und beförderte nur mehr 5.600 Fluggäste.

Die *AUA* reduzierte ihre Flüge nach Zürich im Winter auf sechsmal pro Woche, London stand vom 1. November bis zum 15. Dezember nur mehr einmal und danach zweimal je Woche auf dem Flugplan. Unverändert startete die AUA zu ihrem täglichen Flug nach Frankfurt und ab 18. Dezember zweimal pro Woche nach Amsterdam. Im Binnenflug gab es Montag bis Freitag täglich je zwei Kurse nach Wien (davon einmal via Linz) und Samstag und Sonntag je einen Flug.

compensated by constant passenger numbers of 130,000 from charter air traffic. The AAS domestic flight service lost an additional five percent and transported just 5,600 passengers.

AUA reduced the connection to Zurich to six times per week during the winter. Between November 1st and December 15th the connection to London was only offered once per week and thereafter, twice per week. Unchanged remained *AUA*'s daily flight to Frankfurt and flights to Amsterdam were offered twice per week starting December 18th. Monday to Friday, there were two connections to Vienna (thereof one connected via Linz), and Saturday and Sunday one flight each day.

Flughafen Salzburg

1983 Endlich gibt es die Startbahnverlängerung

1983 Finally runway elongation has arrived

Dem internationalen Winterdienst Symposium, das vom 10. bis 12. Jänner am „Salzburg Airport" stattfand, fehlte lediglich der Schnee. Die Vorführungen der Geräte und Fahrzeuge auf dem Flughafenvorfeld war für die Teilnehmer aus fünf Staaten aber auch ohne Schnee von Interesse. Die russische Fluglinie AEROFLOT startete am 1. April erstmals eine Charterflugserie von Leningrad über Kiew und Moskau nach Salzburg. Geflogen wurde mit einer zweistrahligen „Tupolew TU 134 A". Die russische Airline beging in diesem Jahr ihr 60. Bestandsjubiläum. Ebenso stolze 60 Jahre alt war die erste österreichische Luftverkehrsgesellschaft „ÖLAG", und die AUA als deren Nachfolgerin beging am 29. März 1983 ihr 25jähriges Bestandsjubiläum. Übrigens verfügte die AUA und ihre beiden Unternehmenstöchter, die Austrian Air Transport (AAT) sowie die Austrian Air Services (AAS), damals über den jüngsten Flugzeugpark aller europäischen Fluggesellschaften. Mit drei DC 9-32, fünf DC-9-51 und acht DC-9-81 Maschinen sowie drei Stück Swearingen Metro wurden zahlreiche Destinationen in Europa, Nordafrika, Nahost und im Inland angeflogen.

The only thing missing for the international winter symposium on *"Salzburg Airport"* on January 10th to 12th was the snow. It was of particular interest to the participants from five countries to observe the exhibition of equipment and vehicles at the airport's ramp despite the lack of snow. The Russian airline company *AEROFLOT* started charter flights for the first time from Leningrad via Kiev and Moscow to Salzburg on April 1st. Flights were offered with a two-engine *"Tupolew TU 134 A"*. The Russian airline celebrated its 60th anniversary this year. Equally as proud was the Austrian airline company "ÖLAG" for its 60th anniversary and the AUA as the successor celebrated its 25th anniversary on March 29th, 1983. By the way, *AUA* with its subsidiaries *Austrian Air Transport (AAT)* as well as *Austrian Air Services (AAS)* owned the most up-to-date airlines

Internationales Winterdienst-Symposium, Vorführung von Flughafen-Winterdienstgeräten, 10. bis 12. 1. 1983
International Weather Service Symposium, presentation of airport winter equipment from January 10th to 12th, 1983

Ernesto Cardenal, nicaraguanischer Kulturminister, Dichter und Priester wird vor seinem Abflug am 1. 6. 1983 von Direktor Auer verabschiedet
Ernesto Cardenal, Nicaraguan Secretary of Culture, poet and priest is bid farewell by Director Auer on June 1st, 1983

Mit „BRITISH AIRTOURS" drängte eine neue Chartergesellschaft auf den Markt und nahm die Verbindung London–Salzburg auf. Im Sommercharter flogen die „TYROLEAN AIRWAYS" nach Zadar der Sonne entgegen.

Zwischenzeitlich gab es wieder einmal Krach um das Flugrettungswesen. Diesmal ging es um die Rettung von Verletzten nach Verkehrsunfällen mittels Helikopter. Mehrere Verbände und Institutionen kämpften um diese Dienstleistung, obwohl diese noch nie angeboten wurde. Der Streit endete damit, dass sich Rotes Kreuz und Allgemeine Unfallversicherung (AUVA) diese Aufgaben redlich teilten.

Der am 4. August gelandete Airbus A-310 der SWISSAIR beeindruckte aufgrund seines geringen Lärmpegels sogar die Beobachter des „Schutzverbandes". Das war mit ein Grund, für den Beginn der Bauarbeiten einer zusätzlichen 60 Meter langen Stoppfläche im Süden. Diese war notwendig, um unter Einbeziehung der bisherigen Stoppfläche, die Piste auf einer Gesamtlänge von 2.550 Metern nutzen zu können. Zur Einbindung in die verlängerte Piste wurde der Rollweg F errichtet und zum Lärmschutz der Kendlersiedlung ein Wall aufgeschüttet und mit hunderten Sträuchern und Bäumen bepflanzt.

Am 12. Oktober wurde das weltweit erste mikroprozessorgesteuerte Instrumentenlandesystem ILS-4000 in Betrieb genommen. Die von zwei voneinander unabhängigen Bodenstationen ausgesendeten Signale bewirken eine exakte Horizontal- und Vertikalführung des Flugzeugs bis zum Aufsetzen auf der Piste.

15 Jahre sind vergangen, seit die Oberste Luftfahrtbehörde einen positiven Bescheid zur Verwendung der Piste auf ihrer vollen Länge von damals 2.550 Metern durch Einbeziehung der vorhandenen Stoppfläche im Süden erteilt hat. 1983 durfte man am Flughafen endlich jubeln. Die verlängerte Startbahn konnte endlich genutzt werden. Vorausgegangen war besonderes diplomatisches Geschick der neue Flughafenmanager, die auf die Anrainer zugingen und wesentlich zur Entkrampfung der Beziehung beitrugen. Am 1. Dezember landete auf der verlängerten Piste als erste eine AUA-Maschine mit dem Namen „Bregenz".

compared to all other European airline companies. Three *DC 9-32*, five *DC-9-51* and eight *DC-9-81* as well as three *Swearingen Metro* serviced several destinations in Europe, North Africa and domestically.

With *"BRITISH AIRTOURS"* a new charter flight company emerged and took on the route London to Salzburg. During the summer, *"TYROLEAN AIRWAYS"* serviced the sunny destination, Zadar.

In the meantime there was trouble again with the air ambulance. This time the debate was about rescuing people injured by car accidents with helicopters. Several associations and institutions fought for this service which had not been offered in the past. The dispute was resolved by the Red Cross and the General Injury Insurance (AUVA) equally sharing responsibility.

A *SWISSAIR Airbus A-310* landed on August 4th and its low noise surprised even observers from the conservation association. This was one of the reasons to start construction on a 60 meter expansion of the halting area in the south. This extension was necessary so that the runway could be used to its total length of 2,550 meters by inclusion of the halting area. *Taxiway F* was built and connected to the extended runway. A noise barrier was built for the Kendler settlement which was planted with hundreds of shrubs and trees.

Flughafen Salzburg

Stellvertretend für das gesamte Team des Flughafens konnte Direktor Auer mit Jahresende den „Goldenen Propeller", eine Auszeichnung für den besten Flughafen Österreichs entgegennehmen. Es gelang tatsächlich, die wichtigsten englischen Reiseveranstalter im Winter- und Sommer-Charterverkehr nach Salzburg zu bringen. Mit 136.000 abgefertigten Charterfluggästen konnte Salzburg den Rang als wichtigster Flughafen im Incoming-Charterverkehr halten. Die moderate Steigerung bei den Charter-Passagierzahlen erforderte auch mehr Mitarbeiter. So standen mit Jahresende bereits 79 Mitarbeiter auf den Gehaltslisten des Airports.

Eine Bilderbuchlandung legte am 3. 4. 1983 die Aerofly Maschine vom Typ TU 134 hin, die als erstes russisches Flugzeug Salzburg ansteuerte.
A perfect landing was shown by the airplane model TU 134 operated by Aerofly which was the first Russian plane landing in Salzburg on April 3rd, 1983.

On October 12th, the first world-wide microprocessor driven instrument landing system ILS-4000 started operations. Signals were transmitted from two independent surface stations which achieved precision horizontal and vertical guidance until the airplane had touched down on the runway.
Fifteen years have passed since the Supreme Aviation Authority passed a ruling for the use of the full length runway of 2,550, which included the halting area in the south. In 1983 it was time to celebrate at the airport. The extended runway could finally be used. Due to the new CEO's diplomatic abilities this event took place. He approached the local residents and thereby eased the tension. On December 1st, the first airplane by the name of *"Bregenz"* landed. It belonged to AUA.
At year-end in representation of the entire airport team, CEO Auer accepted the *"Golden Propeller"*, an award for the best airport in Austria. They succeeded in bringing the most important English travel agencies to Salzburg for winter and summer charter flights. With 136,000 charter flight passengers, Salzburg airport maintained its position as the most important airport for incoming charter air traffic. The moderate increase in charter flight passengers also required more employees. Thus, by year-end 79 employees were on the airport's payroll.

Triebwerkswechsel an der AUA DC-9/51 „Innsbruck", 24. 7. 1983
Engine changes on the AUA DC-9/51 "Innsbruck" on July 24th, 1983

1980 bis 1989

1984 Für die Flüsterriesen der Lüfte gerüstet
1984 Ready for the whispering giants of the air

Die Erstlandung einer Concorde der AIR FRANCE, die am Ostermontag am Airport alle Lärmobergrenzen pulverisierte, lockte an die 20.000 Zuschauer an den Pistenrand. Für zwei sündteure und trotzdem ausverkaufte Rundflüge entschwand der Riesenvogel jeweils in den trüben Salzburger Himmel, bevor er am Nachmittag endgültig nach Paris zurückkehrte.

Großraumjets wie Airbus A-300, Boeing 767, oder DC-10 brachten nun auch beim Start jene Lärmobergrenzen, die man als erträglich bezeichnen konnte. Vorbehalte seitens der Anrainer verstummten angesichts der neuen Triebwerktechnologie zusehends. Der mittelfristig angestrebte Bau einer 300 Meter langen Stoppfläche im Norden der Piste war wieder einmal Anlass für Diskussionen. Sogar über eine möglich Absenkung der Autobahn wurde gestritten: „Mit Argumenten, wie die zu geringe Überflughöhe der anfliegenden Großraumflugzeuge über der Westautobahn und die dadurch entstehenden Luftwirbelungen „wake turbulances", die eine Gefährdung der Sicherheit für Autofahrer bewirken könnten und um eine einwandfreie Funktion der Anflugbefeuerung zu gewährleisten, wurde die Erstellung von Studien zu einer möglichen Autobahnabsenkung begründet. Weiters sollte

The first landing of the Concorde operated by AIR FRANCE attracted 20,000 spectators on Easter Monday but made all maximal noise limits to evaporate. After two very expensive round trip flights over cloud-covered Salzburg, it returned to Paris.

Wide-body airplanes such as Airbus A-300, Boeing 767, or DC-10 yielded now acceptable maximal noise limits at take-off. Reservations of local residents noticeably faded with the new engine technology. Construction of a 300-meter-long halting area north of the runway led to discussions again. Even the lowering of a highway was cause for controversy: *"A study for the lowering of a highway were justified because wide-body airplanes passed the western highway ("Westautobahn") in low altitude and thereby caused air turbulences, so called "wake turbulances" which potentially affected the safety of motorists, and because proper functioning of departure lighting had to be assured. Furthermore, the lowering*

Nicht ganz leise: Erster Besuch der Concorde am 23. April 1984
Not quiet: first visit of the Concorde on April 23rd, 1984

die bedingte Absenkung der Westautobahn auf einer Länge von 1.200 Metern zu einer Verringerung der Lärmimmission im Bereich der Siedlung Taxham und zur Erreichung völliger Hindernisfreiheit, vor allem auch nach Entfernung zweier Baracken der Schwarzenbergkaserne nördlich der Autobahn, die genau in der Einflugschneise stehen, im Bereich des nördlichen Instrumentenanflugsektors führen"
(Dissertation Maria Franziska Wiesinger 1991)

In der Chefetage des Salzburg Airport konnte man zum Jahresende mit großer Freude auf den Erfolg der Bemühungen zurückblicken. Der Geschäftsbericht von 1984 der Salzburger Flughafenbetriebs-G.m.b.H. wies erstmals seit 1980 wieder über 300.000 Passagiere auf. Danach überflügelte der Passagieranteil im Charterverkehr wieder den Linienflug. Von den insgesamt 321.244 Fluggästen flogen rund 100.000 mit der heimischen AUA und etwa 50.000 mit SWISSAIR. Befriedigend waren die Umsätze, die aus der Allgemeinen Luftfahrt lukriert wurden. Ein leichter Rückgang um vier Prozent bei 60.000 beförderten Passagieren durfte wegen der schlechten Wirtschaftslage als moderat bezeichnet werden. Gleichbleibend waren zumindest die 44.000 regionalen Flüge. Auch das Geschäft mit der Luft-

Tausende Schaulustige bestaunten das Überschallflugzeug
Thousands of spectators admire the supersonic plane

of the western highway ("Westautobahn") at a length of 1,200 meters would result in noise reduction for the Taxham settlement and would remove all obstacles, especially after demolition of two barracks of the Schwarzenberg Army Base north of the highway which were exactly in the landing path of the northern instrument flight landing path."
(Dissertation Maria Franziska Wiesinger 1991)

The board room of Salzburg airport looked with joy at the success of its efforts at the end of the year. The year-end report of 1984 of the Salzburg Airport Operations LLC showed over 300,000 passengers again for the first time since 1980. Thereafter, passenger shares of charter flights exceeded domestic flights again. Out of 321,244 passengers, around 100,000 used the national airline *AUA* and around 50,000 used *SWISSAIR*. Revenues from general air traffic were satisfactory. A slight decline of four percent out of 60,000 transported passengers was acceptable since it was the result of the bad economic situation. There was no change in the 44,000 regional flights. Air freight business developed positively with an increase of 12 percent. The constant upward trend also had its downsides: Proper transporters and lifts were necessary for supplying wide-body airplanes with containers and pallets. The fire station needed a new emergency fire truck, and six snow plows were lacking which could clean the entire runway immediately before landing of a wide-body jet.

Premierministerin Magret Thatcher bemerkte zu Flughafendirektor Dipl.-Ing. Auer voll Begeisterung: „I will tell everybody that Salzburg has a beautiful airport". Die englische Regierungschefin hielt sich vom 9. bis 20. August in Salzburg auf und genoss einen Kurzurlaub.
Prime Minister Magret Thatcher told Airport Director Dipl-Ing Auer enthusiastically, "I will tell everybody that Salzburg has a beautiful airport." The British head of government enjoyed her short visit to Salzburg between August 9th to 20th.

Siegreiche Salzburger Versehrtensportler nach den 7. Weltspielen für Rollstuhlfahrer in Großbritannien
Victorious handicapped athletes from Salzburg following the 7th world Championships for wheelchair athletes in Great Britain

fracht entwickelte sich mit einer Steigerungsrate von über 12 Prozent erfreulich positiv. Die stetige Aufwärtsentwicklung hatte aber auch ihren Preis: Für die Versorgung von Großraumflugzeugen mit Containern und Paletten waren eigene Transporter und Hebebühnen notwendig geworden. Die Flughafenfeuerwehr benötigte ein neues Vorausfahrzeug zum schnellen Löschangriff, und sechs große Schneepflüge fehlten, um knapp vor der Landung einer großen Maschine die gesamte Piste in einem Arbeitsgang räumen zu können.
Gerade rechtzeitig zum Beginn der Winter-Chartersaison wurden am 20. Dezember 1984 der Erweiterungsbau im Ankunftsbereich und ein neuer Busterminal eröffnet. Ein überdachter Zugang leitete die ankommenden Passagiere trockenen Fußes bis zu den wartenden Bussen.
Als technische Verbesserungen und Erweiterung der Sicherheitseinrichtungen für die Flugsicherung bei Starts und Landungen bewährte sich das im Vorjahr in Betrieb genommene ILS 4000 System. Dass die beste Technik nicht vor Pilotenfehlern schützen kann, bewies ein schwerer Flugunfall am 7. Dezember, bei dem ein Sportflugzeug nach dem Start auf einen Acker in der Nähe von Kleßheim abstürzte. Der Pilot und drei, als Nikolaus verkleidete Fallschirmspringer verstarben.
Der Winter-Flugplan blieb unverändert, die englische Chartergesellschaft Britannia flog immer öfter Skiurlauber nach Salzburg, die in die Gebirgstäler weiter transportiert wurden. Nach Badgastein reiste auch eine Gruppe betuchter arabische Geschäftsleute weiter, die kurz vor Weihnachten an Bord einer privaten Boeing 707 in Salzburg ankamen.

Just in time for the start of the winter charter flight season on December 20th, 1984, the expansion of the arrival passenger terminal and a new bus terminal were opened. A covered access way led the arriving passengers with dry feet to the waiting buses.
Technical improvements and the expansion of safety devices for air traffic control during take-off and landing were achieved with the *ILS 4000* system which had started operations the previous year. The best technical equipment could not protect from pilots' errors, which a serious airplane accident proved on December 7th, where a sports plane crashed after take-off into a field close to Klessheim. The pilot and three parachutists, dressed up as Saint Nicolas, perished.
The winter flight schedule remained unchanged with the English charter flight company Britannia bringing skiing vacationers more frequently to Salzburg who were then transported into mountain valleys. A group of rich Arabic businessmen travelled to Badgastein after they arrived on board of a private Boeing 707 in Salzburg shortly before Christmas.

Flughafen Salzburg

1985 Große Pläne für die Zukunft
1985 Big plans for the future

Die Expansion am Airport ging auch im 30. Jahr nach Gründung der „Salzburger Flughafenbetriebs Ges.m.b.H." munter weiter. Den erzielten Steigerungen im Charterverkehr sollten nun auch ebensolche im Linienflug folgen. Bestrebungen für eine Erweiterung der Salzburg-Flüge waren also aufzunehmen. Mit Stolz und weithin sichtbar wurde auf dem Abfertigungsgebäude das Logo „Salzburg Airport" montiert. Das war der Beginn eines neuen Marketingkonzepts, das den Flughafen auch in der Region sympathischer erscheinen lassen sollte. Eine frühzeitige Bekanntmachung von Investitionen sollte Missstimmung bei den Nachbarn erst gar nicht aufkommen lassen. In den im März veröffentlichten Ausbauplänen des Flughafens der kommenden zehn Jahre dominierten in erster Linie Projekte zur Steigerung der Anflugsicherheit. Bestmöglichen Schall-

Expansion of the airport continued in the 30th year of the founding of the "Salzburg Airport Operations LLC". Already successful increases in charter flight traffic should now be followed by those of scheduled flights. The expansion of flights to Salzburg was actively pursued. The logo *"Salzburg Airport"* was installed on the passenger terminal building with pride and widely visible. This was the beginning of a new marketing concept which was supposed to improve the airport's image in the region. Disputes with neighbors were averted by disclosing investments early. In March expansion plans were made public and projects planned for the next ten years focused on im-

Schneeräum-Einsatz mit modernsten Geräten, 1984/85
Snow removal with modern equipment, 1984/85

Blick vom Tower gegen Norden, Baubeginn neuer General-Aviation, 18. 3. 1985
View from the tower toward the north, beginning of construction of General-Aviation on March 18th, 1985

und Abgasschutz für die Anrainer erwartete man sich durch die Anbindung einer 300 Meter langen Überrollfläche im Norden der Piste. Die geplante Überbrückung mit Absenkung der Westautobahn würde für die Bewohner von Taxham zusätzlich eine Minderung der Belastung durch den Autobahnverkehr erbringen. Unter dem Motto „Tu Gutes und sprich darüber", verkündete die Geschäftsführung medienwirksam alle bisher erzielten Erfolge. Ein Rezept, das durchaus positiv ankam und neue Projekte verständlicher erscheinen ließ.

Als wichtigste Baumaßnahmen waren die Erweiterung des Fluggastgebäudes im Abflugteil mit Check-in-Counter, die Errichtung eines zusätzlichen Busterminals, vergrößerte Parkflächen und die Verbesserung der Flughafenzufahrt, vorgesehen. Auch ein Neubau des Aeroclub-Hangars mit einem Kanalbau bis Loig stand auf dem ehrgeizigen Programm. Bereits am 18. März war Baubeginn für die Verlegung der Allgemeinen Luftfahrt (General Aviation) auf das Gelände zwischen Bundesstraße und Bischofswald.

Etwa zur gleichen Zeit zerlegten Mitglieder des Aeroclubs den alten Wehrmachts-Wellblechhangar an der Karolingerstraße, der seit 1955 als Garage für Sportflugzeuge gedient hatte. Damit verschwand das letzte alte Flughafengebäude.

In Planung waren damals auch eine neue Flughafenzufahrt, die Einbeziehung in ein städtisches

provements to the take-off safety operations. A 300-meter-long over flow area connected from the north to the runway was the best noise and pollution reduction for local residents. Bridging and lowering of the western highway ("Westautobahn") resulted in reduction of highway traffic noise for the Taxham settlement. Management disclosed all success achieved so far to the media, following the motto "Do something good and talk about". This concept had generally positive impact and made new projects appear more understandable.

The important planned construction projects included the expansion of the passenger terminal in the area of the departure hall with check-in counters, building of a new bus terminal, enlargement of parking lots and improvement of airport access. Even new construction of the hangar for the Aeoroclub including installation of a sewer system as far as Loig was part of this ambitious project. Already on March 18th, construction started for the relocation of general aviation to an area between Bundesstrasse and Bischofswald.

Park- und Ride System durch Parkhäuser, mit Anbindung an das öffentliche Busnetz und eine Aufstockung des Verwaltungsgebäudes.

Wichtiger Partner des Airports bei allen Erweiterungsphasen der Flugbetriebsflächen waren die zuständigen Stellen des Bundesministeriums für Öffentliche Wirtschaft und Verkehr als Oberste Zivilluftfahrtbehörde. Gute Kontakte förderten wohlwollende Beratungen und Unterstützung.

So wurden die Bauverhandlungen über die bereits durchgeführte Einbeziehung der Stoppfläche Süd, den geplanten Bau des Hangars und die noch zu errichtende Stoppfläche Nord unter Leitung von Ministerialrat Rudolf Walch weitgehend unbürokratisch abgewickelt.

Großraum-Jets erforderten besondere Aufmerksamkeit bei der Abwicklung und im Landeanflug. Darauf war man gut vorbereitet, als am 10. Februar erstmals eine Boeing 747-258 der EL-Al auf dem Salzburger Flughafen landete. Eine Maschine der EL-Al am Vorfeld bedeute aber immer „Gefahr im Verzug". Schon vor ihrer Ankunft kontrollierten israelische und österreichische Sicherheitsbeamte sämtliche Abläufe, um einen Anschlag zu verhindern. Der Flughafen glich einer Festung, sogar die Papierkörbe wurden sicherheitshalber entfernt. Die Maschine brachte schließlich im Charterdienst 350 Passagiere unversehrt nach Tel Aviv.

Am 27. Februar folgte die nächste Landung eines Jumbos, diese Boeing 747-357 war eine noch größere Version des Großraumflugzeuges mit verlängertem Oberdeck. Der Jumbo kam zum zehn Jahr Jubiläum des SWISSAIR Linienfluges Zürich–Salzburg und führte am gleichen Tag zwei Österreich-Rundflüge durch. Je 375 Passagiere ließen sich das Erlebnis nicht entgehen. Die Landungen der Jumbo-Jets waren eine Herausforderung für die Bodencrew und das Personal für die Kabinenreinigung.

Diese beispielhafte Abfertigung auf dem Salzburger Flughafen mit einer Dauer von nur 20 Minuten vom Ausstieg des Fluggastes bis zur Weiterreise mit Bussen wurde auch vom englischen Reiseveranstalter „Schools Abroad" besonders hervorgehoben.

Das Reisebüro transportierte im Winter 1984/85 mit 124 Flügen einer Boeing 767 insgesamt 17.000 Winterurlauber aus England in die großen Skigebiete Salzburgs.

Die Anstrengungen der Salzburger Flughafengesellschaft erhielten neuen Antrieb, als der Bayerische Verwaltungsgerichtshof den vor beinahe vier Jahren verhängten Baustopp des Flughafens München II im Erdinger Moos, am 8. März aufhob. Mitte 1991 würde der Flughafen in Erding

About the same time, members of the Aeroclub dismantled the old tin hangar from World War II at Karolinger Street which had served as garage for sports airplanes since 1955. Thereby, the last old airport building had vanished. Planning included a new airport access, inclusion into an urban park-and-ride system with parking garages, connection to public bus transportation and addition of a floor on the administrative building. An important partner in decision making for airport expansion was the offices of the Federal Ministry of Public Economy and Transportation as Supreme Civil Aviation Authority. Good connections fostered benevolent consulting and support.

This way building negotiations were settled rather unbureaucratically by Permanent Secretary Rudolf Walch which included incorporation of the southern halting area, the projected construction of a hangar, and the still to be constructed northern halting area.

Wide-body jets required special attention when landing. The airport was well prepared when a *Boeing 747-258* operated by *EL-Al* landed for the first time on February 10th. An airplane by El-Al on the ramp always meant "imminent danger". Even before landing, Israeli and Austrian security personnel monitored all procedures to prevent a terror attack. The airport resembled a fortress, even the trash cans were emptied as safety measure. This airplane transported 350 charter flight passengers safely to Tel Aviv.

On February 27th, the next Jumbo, this time a *Boeing 747-657* landed which was an even bigger version of the wide-body airplane with elongated upper deck. This jet arrived for the ten-year anniversary of *SWISSAIR's* scheduled flights from Zurich to Salzburg. It executed two Austria-wide round trips. Three hundred seventy five passengers each did not want to miss this event. Landing of wide-body planes were a challenge for the ground crew and the cleaning troops.

The exemplary processing at Salzburg airport with duration of only 20 minutes from the passenger exiting the plane until continuing the journey by bus was emphasized by the English travel agency *"Schools Abroad".* The travel agency transported 17,000 winter vacationers on 124 *Boeing 767* flights from England to the big skiing resort of Salzburg in the winter of 1984/87.

Efforts of the Salzburg airport company received a new push when the Bavarian administrative court issued a ruling to lift the four-year-old construction ban on the Munich II airport in Erdinger Moos on March 8th. In mid-1991 the air-

Größtes Linien-Passagierflugzeug Boeing 747-357 mit verlängertem Oberdeck
Largest scheduled passenger airplane Boeing 747-357 with elongated upper deck

den Betrieb aufnehmen und bis dahin wollte man sich in Salzburg Vorteile gegenüber dem neuen Konkurrenten erarbeitet haben.

Dazu passte, dass ein seit 20 Jahren gehegter Wunsch am 31. März in Erfüllung ging. Die deutsche Lufthansa eröffnete mit der Landung einer Boeing 737-230 den Linienflug Frankfurt–Salzburg quasi als umgekehrte Tagesrandverbindung. Man flog also an Wochentagen abends nach Salzburg und am Morgen von Salzburg nach Frankfurt. Genau betrachtet, war es ja auch die deutsche Lufthansa, die vor fast 60 Jahren den ersten Linienflug Salzburg–München aufgenommen hatte.

Im Juli feierte man 25 Jahre AUA Linienflugdienst Salzburg–Frankfurt. Damit standen an Werktagen jeweils zwei Verbindungen mit der Flugverkehrs-Drehscheibe Frankfurt am Main zur Auswahl.

Danach gab es noch drei weitere Linienflug-Eröffnungen: Am 2. Mai läutete eine Boeing 747 der Air France den Direktflug Paris–Salzburg in Kooperation mit der AUA, der zweimal je Woche geführt wurde, ein. Am 17. Mai begann die AEROFLOT mit einer Tupolew TU 154 den wöchentlichen Saison-Liniendienst von Kiew nach Salzburg.

Am 12. Juni landete anlässlich des Erstfluges der Linie Reykjavik–Salzburg eine Boeing 727 der ICELANDAIR in Salzburg. Mit an Bord war der isländische Verkehrsminister, um Island als Reiseziel mit günstigen Tarifen schmackhaft zu

port in Erding could start operations and until then, Salzburg intended to gain advantages over the new competition. In support of these efforts, a 20-year-old wish came true on March 31st. The German Lufthansa started with the landing of a *Boeing 737-230* which was more or less a reversed end-of-day connection from Frankfurt to Salzburg. Thus, on weekdays planes flew in the evening to Salzburg and in the morning from Salzburg to Frankfurt. Strictly speaking, the German Lufthansa instituted the first scheduled flights between Salzburg and Munich for almost 60 years. In July AUA celebrated its 25th anniversary of providing scheduled flights from Salzburg to Frankfurt. Thus, on business days two connections existed with the air traffic center of Frankfurt am Main.

Thereafter, three more scheduled flights were introduced. On May 2nd, *Air France* started a direct scheduled flight connection from Paris to Salzburg with a *Boeing 747* in cooperation with *AUA* twice weekly. On May 17th, *AEROFLOT* started a weekly seasonal scheduled connection from Kiev to Salzburg with a *Tupolew TU 154*.

On June 12th, a *Boeing 727* operated by *ICELANDAIR* landed in Salzburg as first flight of the connection Reykjavik–Salzburg. On board was

Niki Lauda im Gespräch mit Direktor Günther Auer, sowie Verkehrs- und Marketingleiter Roland Hermann (l.)
Niki Lauda talking to Director Günther Auer and transportation and marketing official, Roland Hermann (left)

machen, aber auch als Zwischenstation auf dem Weg nach USA ins Gespräch zu bringen.
In einer Gemeinderatssitzung vom 26. April brachte die Bürgerliste den Antrag für ein Landeverbot von Abfangjägern ein und forderte gleichzeitig eine Umweltverträglichkeitsprüfung vor dem weiteren Ausbau des Flughafens. Noch in der gleichen Sitzung stimmte der Salzburger Gemeinderat dem Finanzierungsplan für die Jahre 1984 bis 1994 zu. Die Investitionen der Flughafengesellschaft sollten aus dem Treuhandvermögen getätigt werden. In dem Plan war auch schon die Stoppfläche Nord, gekoppelt mit einer Autobahnabsenkung enthalten, sowie auch andere, der Öffentlichkeit bereits bekannte Baumaßnahmen.
Vom boomenden Tourismus wollte auch der österreichische Formel 1-Weltmeister Niki Lauda profitieren. Seine Neuauflage der LAUDA AIR konnte nach einigen Hürden eine Partnerschaft mit dem Reiseveranstalter ITAS und dem Mineralökonzern Avanti eingehen. Laudas Verbundenheit mit Salzburg dokumentierte er damit, indem er am 30. April eine der geleasten BAC 1-11/500 von Salzburgs Bürgermeister Josef Reschen auf den Namen Mozart taufen ließ. Die LAUDA AIR-Flugzeuge flogen zwar nicht gerade geräuscharm, aber Niki Lauda schaffte es, Salzburg zu seinem zweitwichtigsten Abflughafen im Charterverkehr zu machen.

the Islandic Secretary of Transportation since he wanted to introduce Iceland as travel destination because of affordable rates and to introduce the potential of a stopover for flights to the USA.
Citizens submitted a proposal for a landing ban of interceptors to the city council meeting on April 26th and demanded at the same time an examination on the environmental impact of further airport expansions. At the same meeting, the city council approved the financing plan for 1984 to 1994. The trust assets were supposed to fund the investments of the airport company. This plan contained the halting area north, coupled with the lowering of the highway as well as other projects, which had already been brought to the public's attention.
The Austrian Formula 1 champion, Niki Lauda, also wanted to benefit from booming tourism. The reissuing of this *LAUDA AIR* eventually after overcoming some obstacles, formed a partnership with the travel agency *ITAS* and the oil company *Avanti*. His attachment to Salzburg was noticeable when he asked the mayor of Salzburg, Josef Reschen, to baptize his leased airplane *BAC 1-11/500* in the name of "Mozart". *LAUDA AIR* planes were not really quiet but Niki Lauda managed to establish Salzburg as his second most important take-off hub for his charter flights.
Already one month earlier, the English company *Orion Airways* documented that their airplane, a *Boeing 737-300,* was the quietest commercial aircraft. Indeed, the noise measuring point recorded lower values than for the first landing of the already very quiet *Boeing 757* operated by *British Airways* on February 16th. With little enthusiasm the conservation association and residents of Salzburg acknowledged the announcement at the beginning of July that eight percent of all *Draken* training flights would be performed over Salzburg.
The conservation association of local residents and the Salzburg Airport Operations LLC organized a joint information evening on May 2nd. CEO Gunther Auer emphasized that the conservation association of local residents had the right to be heard, which had been accepted unconditionally. Auer addressed the conservation association: *"Radicalized individual groups have no place here and destroy everything already laboriously gained. Success can only be achieved together!"* The first success was to release an information pamphlet at the end of May, written by Chairman Georg Roider and CEO Gunther Auer.
The Austrian domestic airline company *AAS*, until recently with provincial airports as main

1980 bis 1989

*Zwei B1-11 von Lauda-Air, vorne „Mozart",
dahinter „Strauß"*
*Two B1-11 operated by Lauda-Air, in the front:
"Mozart", and in the back: "Strauß"*

Bereits einen Monat davor dokumentierte die englische Gesellschaft Orion Airways, dass sie mit einer Boeing 737-300 über das angeblich leiseste Verkehrsflugzeug verfügte. Tatsächlich registrierte die Lärmmessstelle geringere Werte, als bei der Erstlandung der ohnehin leisen Boeing 757 von Britisch Airways am 16. Februar.

Wenig Freude hatte nicht nur der Schutzverband, sondern viele andere Salzburger auch, als Anfang Juli bekannt wurde, dass acht Prozent aller Draken-Übungsflüge über Salzburg durchgeführt werden sollten.

Der Anrainer Schutzverband und die Salzburger Flughafenbetriebs G.m.b.H. führten am 2. Mai erstmals einen gemeinsamen Informationsabend durch.

Für Geschäftsführer Günther Auer stand dabei das rechtlich garantierte Anhörungsrecht des Anrainer-Schutzverbandes im Focus, das man, wie er betonte, bedingungslos zu akzeptieren hätte. Auer sagte gegenüber dem Schutzverband: „Radikale Einzelgruppen haben hier keinen Platz und zerstören das mühsam Erreichte. Erfolge können wir nur gemeinsam erreichen!" Der erste Erfolg bestand darin, dass Ende Mai eine erste, gemeinsam von Obmann Georg Roider und Geschäftsführer Günther Auer verfasste Informationsschrift herausgegeben wurde.

Die österreichische Binnenfluggesellschaft AAS, bisher mehrheitlich im Besitz der Bundesländerflughäfen, ging mit 9. Mai in den Alleinbesitz der AUA über. Die Flughafengesellschaften von shareholders, became the sole property of *AUA* on May 9th. Airport companies of Graz, Klagenfurt, Linz, Salzburg and Vienna handed over their shares. Since its founding on April 1st, 1980, it had transported over 210,000 passengers. The 18-seat, two-engine *Swearingen Metro II* was replaced by two new 48-seat *Fokker F-50* Tur-

V. l. ITAS Boss Basile Varvaressos, Niki Lauda und Avanti Boss Ing. Hannes Nouza
ITAS director Basile Varvaressos, Niki Lauda and Avanti director Ing. Hannes Nouza

Graz, Klagenfurt, Linz, Salzburg und Wien hatten ihre Anteile abgetreten. Seit ihrer Gründung am 1. April 1980 beförderte das Unternehmen mehr als 210.000 Passagiere. Die 18-sitzigen, zweimotorigen *Swearingen Metro II* sollten ab 1987 durch zwei neue 48-sitzige *Fokker F-50* Turboprop-Flugzeuge ersetzt werden.

Wie geplant, wurde am 10. September mit den Bauarbeiten zur Erweiterung des Fluggastabfertigungsgebäudes begonnen. Damit sollten eine neue Gepäcksortierhalle, ein vergrößerter Check-in Bereich, Büros für die Fluggesellschaften und neue Geschäftslokale geschaffen werden. Generell wollte man mit den Baumaßnahmen den Flughafen für die Abfertigung größerer Passagierzahlen aufrüsten. Es wurde aber auch an Aufzüge zur Versorgung der Restaurants und das Catering gedacht.

19.12.1985 Erstlandung Lockheed Tristar L 1011

Für den Charterflugplan im kommenden Winter hatten sich 14 Gesellschaften aus sieben Nationen angemeldet. British Airways kam dann auch am 19. Dezember mit einer Lockheed Tristar L 1011 und brachte mit einem Flug 396 Winterurlauber nach Salzburg. Gerade rechtzeitig dafür wurde am 12. Februar der Rollweg F mit 480 Metern Länge eröffnet. Der Flughafen verfügte damit über einen parallelen Rollweg entlang der gesamten Pistenlänge. Auch vom Süden her war nun die Startposition ohne enge Wende zu erreichen. Der Abflug der Tristar wurde dann zur Demonstration der seit Jahren immer geringer werdenden Lärmbelastung durch startende Jets.

Am 20. Dezember wurde bei den Passagierzahlen erstmals die Grenze von 400.000 überschritten. Bei 3.753 Starts und Landungen im Linienflug sowie im Charterflugverkehr wurden insgesamt 419.200 Passagiere befördert. Mit der Steigerung von 30 Prozent im Charterverkehr erreichte man das bisher beste Ergebnis in der Geschichte des Flughafens. Die Zahl der Landungen stieg durch den Einsatz größerer Flugzeuge um lediglich 20 Prozent. Beinahe unverändert blieb mit rund 60.000 Passagieren allerdings die Sparte Geschäfts- und Reiseflug. Weitere Zunahmen gab es bei der Fracht um 16 Prozent auf 1.528 Tonnen, der Luftpost um 47 Prozent auf 85 Tonnen und bei den LKW-Ersatztransporten um drei Prozent auf 298 Tonnen.

boprob aircraft. As planned, on September 10th, construction for expansion of the passenger terminal building started. With this building a new hall for baggage sorting, enlarged check-in area, offices for airline companies and new retail space was created. Generally, the construction projects enhanced the airport's potential to process higher passenger volumes. One also considered elevators to supply restaurants and catering.

December 19th, 1985 first landing of a Lockheed Tristar L 1011

During the upcoming winter, 14 companies from seven different nations registered for the charter flight schedule. On December 19, *British Airways* arrived with a *Lockheed Tristar L 1011* and transported 396 winter vacationers with this flight to Salzburg. In time for this arrival, the taxiway F with 480 meters in length was instituted on February 12th. The airport was now equipped with a parallel taxiway along the entire runway. Even from the south, the starting position was accessible without a tight turn. Also, the departure of Tristar became a demonstration for the successful noise reduction of starting jets in recent years. On December 20th, the number of passengers exceeded 400,000 people. A total of 419,000 passengers were transported by 3,753 departing and arriving scheduled and charter flights. With an increase of 30 percent for charter flights, the best results in the history of the airport had been achieved. The number of landings, however, increased by only 20 percent due to the use of large capacity airplanes. Almost unchanged remained the section of business and personal flights, though, with around 60,000 passengers. Additional growth was registered for cargo flights, up by 16 percent to 1,528 tons, airmail flights, up by 47 percent to 85 tons, and for transports replacing trucks, up by three percent to 298 tons.

At the end of the year, political tensions drew unpleasant attention to Salzburg. A brutal terror attack targeting the Vienna-Schwechat Airport devastated civil aviation yet again on December 27th. Two hours following the terror attack in the check-in hall of the Vienna airport, the security measures at the Salzburg airport were increased through the addition of armed police officers.

1980 bis 1989

Zum Jahresende machte sich wieder einmal die spannungsgeladene, politische Situation in Salzburg unangenehm bemerkbar. Ein bestialischer Terroranschlag am Flughafen Wien-Schwechat erschütterte am 27. Dezember zum wiederholten Mal die Zivilluftfahrt. Zwei Stunden nach dem Attentat in der Abfertigungshalle des Flughafens in Wien wurden auch die Sicherheitsvorschriften auf dem Salzburger Flughafen durch bewaffnete Polizeibeamte verschärft.

Einen Tag vor Silvester konnten die Segelflieger ihren provisorischen Unterstand im Hangar II verlassen und in den neuen Aeroclub-Hangar im Norden der Innsbrucker Bundesstraße übersiedeln. Gemeinsam mit einer Vorfeldfläche zum Abstellen von 20 Kleinflugzeugen war der erste Bauabschnitt für einen eigenen Abfertigungsbereich der Allgemeinen Luftfahrt vollendet worden.

Erstlandung Lockheed Tristar L 1011, am 19. 12. 1985
First landing of a Lockheed Tristar L 1011 on December 19th, 1985

One day before New Year's Eve, the glider pilots could leave the temporary shelter in hanger II and move to the new hanger of Aeroclub in the northern part of the Innsbrucker Bundesstrasse. In addition to a ramp area providing parking for 20 small planes, the first construction stage of a check-in area for general aviation had been completed.

Der britische Thronfolger Prinz Charles zu zweitägigem Festspielbesuch gelandet
The heir to the British throne, Prince Charles landed for his two-day visit to the Salzburg Festival

1986 60 erfolgreiche Jahre Salzburger Flughafen
1986 60 successful years for Salzburg airport

Zahlreiche Großraumflugzeuge aus Großbritannien brachten auch in diesem Winter tausende Skiurlauber nach Salzburg, die dann mit Bussen in die Schigebiete des Landes weiter transportiert wurden. Den Tourismusverantwortlichen war es gelungen, Salzburg auch für jugendliche Urlauber interessant zu machen. Besonders hilfreich waren mehrere Kampagnen der im gleichen Jahr gegründeten *„Salzburger Land Tourismus Gesellschaft m.b.H"* unter dem damaligen Geschäftsführer Martin Uitz. Später kamen noch bis zu 100.000 Wintersportler aus Skandinavien, Benelux, Frankreich, Großbritannien und den USA hinzu.

Mit dem Baubeschluss einer Stoppfläche wurde eine wichtige Entscheidung bereits im Jänner getroffen. Die Salzburger Nachrichten vom 22. Jänner 1986 berichteten darüber:

„STOPPFLÄCHE KOMMT
Die Start- und Landebahn des Salzburger Flughafens wird um eine Stoppfläche von 300 m in Richtung Norden (Kleßheim) erweitert. Gebaut wird die Betonpiste zwischen April und Juni dieses Jahres. Das ist ein Ergebnis einer Verhandlung mit dem Verkehrsministerium... Die Stoppfläche

Numerous wide-body aircrafts from Great Britain transported thousands of skiers to Salzburg again this winter. They were transferred to skiing resorts all over the state by bus. Tourism representatives succeeded to make Salzburg an appealing destination for young tourists as well. The success was attributed to a campaign organized by the newly founded *"State of Salzburg Tourism LLC"*, which was led by Martin Uitz, the manager at that time. Later, an additional 100,000 winter vacationers were added from Scandinavia, Benelux Countries, France, Great Britain and the USA.

With the decision for construction of a halting area, an important decision had already been made in January. The newspaper "Salzburger Nachrichten" reported about it on January 22nd, 1986.

The "Halting Area" Is Coming
The departing and landing runway of Salzburg Airport will be expanded through a 300 meter long halting area toward the north ("Kleßheim"). The concrete runway will be built between April and June of this year. This is the result of negotiations with the Department of Transportation... The halting area is not permitted to be used for departure or landing. It is a safety zone for possible termination of departure flights. Pilots will be instructed when taking off toward the north to change direction in order to reduce the noise level for Taxham and Siezenheim."

Salzburg Airport became also interesting to vacationers from Salzburg and surrounding areas as base airport. Several travel agencies, Salzburg Airport and several airline companies advertised intensively vacation flights from Salzburg. At the first international tourism meeting "Tourf" — taking place back then in the old congress building — more charter flights then before were offered to Mediterranean countries. In order to convince

1986, 14. August, Geburtstagstorte zum 60jährigen Jubiläum
August 14th, 1986: Birthday cake for the 60th anniversary

1986, 15. August, Aufregung wegen Wettrennen zwischen Laudas neuer Boeing 737 und Porsche
August 15th, 1986: Excitement because of a race between Lauda's new Boeing 737 and a Porsche

darf nicht als Start und Landebahn benutzt werden. Sie dient als Sicherheitszone bei eventuellen Startabbrüchen. Die Piloten werden künftig bei einem Start in Richtung Norden angewiesen, so abzudrehen, daß der Lärmspiegel in Taxham und Siezenheim geringer wird."

Der Flughafen Salzburg wurde aber langsam auch als Ausgangspunkt für Urlauber aus Salzburg und Umgebung interessant. Einige Reiseunternehmen, der Salzburg Airport und mehrere Fluggesellschaften bewarben nun intensiv Urlaubsflüge auch ab Salzburg. Auf der ersten internationalen Tourismus Messe „Tourf" — damals noch im alten Kongresshaus — wurden weit mehr Charterflüge als bisher in die Mittelmeerländer angeboten. Um davon auch Gäste aus dem benachbarten Bayern zu überzeugen, präsentierten ein Videofilm neben den Sehenswürdigkeiten der Stadt Salzburg die Übersichtlichkeit sowie die Leistungsfähigkeit des Salzburger Flughafens. Diese war jedoch von ständigen Erweiterungen und Anpassungen abhängig. Der Einsatz von mehr Großraumflugzeugen brachte ein rasant steigendes Passagieraufkommen, was wiederum neue Baumaßnahmen erforderte. Das alte Abfertigungsgebäude aus dem Jahr 1966 verkraftete die Frequenz von 420.000 Fluggästen im Linien- und Charterflugverkehr nicht mehr und war längst an seine Kapazitätsgrenzen gekommen. Vor allem der rapide Anstieg im Wintercharterflug ließ das alte Abfertigungsgebäude aus allen Nähten platzen. Schon im Vorjahr entschied man sich im Abfertigungsbereich, den Abflugteil samt Gepäcksortierhalle vollkommen neu zu errichten. Am 10. September 1985 begann man mit den Bauarbeiten.

Vom 14. bis 17. August wurde am Airport gefeiert, denn der Flughafen beging den 60. Jahrestag seiner Gründung. Das dreitägige Festprogramm bot den Besuchern jede Menge Abwechslung, für die Anrainervertreter war das allerdings zu viel des Guten. Nach massiven Protesten zog Flughafendirektor Auer die Notbremse und ließ die Flüge der amerikanischen Bomber bereits am Samstag reduzieren und am Sonntag gänzlich streichen. Ein zusätzlicher Aufreger war das am Freitag gestartete Wettrennen zwischen Niki Laudas nagelneuer *Boing 737* und einem 300 PS starken *Porsche-Targa*. Erwartungsgemäß entschied Niki Lauda das ungleiche Duell für sich.

visitors from neighboring Bavaria, a video clip about the attractions of the City of Salzburg also presented an overview of the capacity of Salzburg Airport. The capacity, however, depended on constant expansions and adaptations. The use of more wide-body planes resulted in rapidly increasing passenger volume which required more construction. The old passenger terminal, built in 1966, did no longer meet the requirements for processing of 420,000 passengers from scheduled and charter flights and had already reached its maximum capacity. Especially the rapid increase in charter flights during the winter season had the old terminal bursting at its seams. The year before, it had already been decided to build a completely new check-in area with included luggage sorting facility. On September 10th, 1985, construction started.

Between August 14th and 17th, it was time to celebrate at the airport because of the airport's 60th aniversary. The three day festivities offered plenty of variety for the spectators but it was too much of a good thing for the representatives of local residents. Following considerable protests, Airport Director Auer pulled the plug and reduced the number of American bomber flights on Saturday and completely eliminated those for Sunday. An additional aggravation was caused by the race between a brand new *Boing 737*, operated by Niki Lauda, and a 300 PS *Porsche-Targa*. As expected, Niki Lauda won this unequal competition. A subsequent highlight, however much quieter, offered

Ein weiterer, wenngleich ungleich ruhigerer Höhepunkt, war die Präsentation des Buches zum 60 Jahre Jubiläum „Städtischer Flugplatz Salzburg Airport" von Friedrich Leitich. Der Autor beschrieb darin die Entwicklung vom Flugfeld auf der grünen Wiese zum modernen Flughafen. Zusätzlich beschäftigte sich Leitich in dem Buch mit der Entwicklung der Luftfahrt im Allgemeinen.

Eine neue Epoche für die Luftfahrt in Salzburg brach im Oktober an. Ein kürzlich installiertes, vollkommen neues Anflugverfahren für den Flughafen Salzburg hatte am 20. Oktober seine erfolgreiche Bewährungsprobe. Das sogenannte Special *ILS- DME 16* Verfahren für die *Piste 16* ermöglichte eine Herabsetzung der bisherigen Werte. Statt 1.500 Meter Horizontalsicht waren nur noch 800 Meter, statt 700 Fuß Wolkenuntergrenze nur noch 200 Fuß erforderlich. Geflogen konnte dieses Verfahren mit *MD 80-DC-9* und später auch mit *Swearingen Metro- II* mit einem maximalen Landegewicht von 50 Tonnen werden. Die Praxis hatte bewiesen, was in mühevoller Arbeit in Konstruktionsbüros entwickelt und in der Theorie berechnet wurde.

Die Salzburger Nachrichten berichteten darüber am 21.10.1986:

„Der Pilot war erstmals „arbeitslos...
Instrumentenlandung in Maxglan erfolgreich geprobt – Anflüge werden leiser;
...um 12:21 Uhr setzte Montag die AUA DC-9 „Burgenland" sicher auf der Piste des Salzburger Flughafens auf. Auf den ersten Blick eine Routinesache. In der Maschine herrschte aber eine bei Landemanövern der AUA ungewöhnliche Spannung. Kapitän Peter Schmidleitner, Fluglehrer und Chef der MD 80/DC-9 Flotte, war bei diesem Vorgang „arbeitslos". Er musste nur die Instrumente überwachen. Die erste vollautomatische Landung mit Hilfe der Flughafentechnik ist nun auch in Salzburg geglückt. An Bord befanden sich außer der Cockpitbesatzung nur Techniker des Bundesamtes für Zivilluftfahrt. Die Abkommandierung der „Burgenland" nach Salzburg hatte noch einen anderen Grund. Geprobt wurde auch ein neues Anflugverfahren. Dieses Verfahren ist im Flugsimulator der AUA schon mehrmals geübt worden. Der Pilot einer MD 80/DC-9 kann nun erst 60 Meter über dem Boden entscheiden, ob er niedergeht oder nicht. Bisher war diese Höhe auf 210 Meter festgesetzt. Der Vorteil: Die Entscheidung fällt nicht mehr über bewohntem Gebiet über Freilassing, sondern unmittelbar vor dem Flughafengelände. Bei einem aus Witterungsgründen eventuell erforderlichen Durchstarten wird die Lärmbelastung für die Siedler in Freilassing, Taxham und Liefering geringer..."

the presentation of a book entitled "City Airport Salzburg" by Friedrich Leitich, in celebration of the 60th anniversary. The author describes the development of the airport from a green lawn to a modern airport. In addition, Leitich illustrates the development of aviation in general.

A new era for aviation in Salzburg dawned in October. A recently installed completely novel arrival procedure at the Salzburg Airport was successfully implemented on October 20th. The so-called *Special ILS-DME 16 Procedure runway 16* enabled the reduction of current values. Instead of 1,500 meters of horizontal vision, only 800 meters were required and instead of 700 feet cloud base, now only 200 feet were necessary. This procedure could be used by *MD80-DC-9* and later also by *Swearingen Metro-II* with a maximum cargo weight of 50 tons. The concept had been developed by construction offices and theoretical calculations but proved itself during practical experience.

The newspaper "Salzburger Nachrichten" reported about it on October 21st, 1986 as follows:

"For the first time, the pilot was jobless...
Instrument guided landing was successfully employed at Maxglan — arrival of airplanes has become quieter,
...on Monday at 9:21 pm a DC-9, called "Burgenland", operated by AUA, successfully landed on the runway of Salzburg Airport.
At first glance, just routine. On board of AUA's airplane prevailed nervous tension during landing. Captain Peter Schmidleitner, flying instructor and chief of the MD 80/DC-9 fleet, was "jobless" during this procedure. The first fully automated landing by means of airport technology was successfully employed in Salzburg. On board were the cockpit crew and the technicians of the Civil Aviation Authority. The rerouting of the "Burgenland" to Salzburg had an additional reason. They also practiced a new landing approach method. This method had been practiced several times already in AUA's flight simulator. The pilot of a MD80/DC-9 now can decide 60 meters above ground whether to land or not. Until recently, this altitude had been set to 210 meters. The advantage: The decision is no longer made above the residential area of Freilassing but immediately at the airport terminal. In case of a touch-and-go landing due to bad weather, the noise exposure for the residents of Freilassing, Taxham and Liefering will be minimal..."

1980 bis 1989

Lauda Air war laute Air

Der Automobilweltmeister war 1986 mit seiner Airline auch in punkto Lärm „weltmeisterlich" unterwegs. Seine Jets waren in den meisten Fällen Grund für Beanstandungen und Proteste. Vor allem die mittlerweile ausgemusterte, überlaute BAC1-11 war immer wieder Anlass für Proteste. Die Salzburger Krone schrieb daher am 8. Oktober:
„...Nicht nur bei den Charterflügen hat derzeit die Lauda Air die Nase vorne. Sie führt auch die Lärmstatistik des Salzburger Flughafens an. Bei einem Drittel der Lauda Starts wurden zuletzt die Lärmgrenzen überschritten..."

Das wichtigste Großprojekt, der Neubau des Abfertigungsgebäudes, konnte noch kurz vor Weihnachten, gerade rechtzeitig vor dem großen Ansturm schneehungriger Wintersportler, fertiggestellt und von Bürgermeister Josef Reschen seiner Bestimmung übergeben werden. Der 90 Meter lange und 46 Meter breite Neubau umfasste die Check-In Halle mit 18 Check-In Schaltern, neue Büros für Airlines und die große Gepäcksortierhalle, die bei Spitzenbelastungen mehr als 3.000 Koffer je Stunde bewältigen konnte. Großer Wert beim Neubau wurde auf Funktionalität und Übersichtlichkeit gelegt. Die für damalige Verhältnisse wegweisende Technik für Überwachung und Sicherheitseinrichtungen blieb den Passagieren weitgehend verborgen. Hinter den Deckenverkleidungen und unter dem Boden waren 80 Kilometer Kabel verlegt, die überwiegend der Sicherheit der Fluggäste dienen sollten. Die eingesetzten Kontrollgeräte zählten zu den modernsten und konnten bei Bedarf auch zur Gepäckkontrolle herangezogen werden. Die Kosten für den Neubau beliefen sich auf 90 Millionen Schilling.
Gleichzeitig mit dem neuen Terminal gab es auch gleich eine neue Linienverbindung zu feiern. Die Isländische Fluggesellschaft „Icelandair", flog zweimal je Woche via Reykjavik von Salzburg nach Orlando in Florida.
Im November gab der Airport bekannt, dass für den Ausbau einer Pistenmittellinienbefeuerung und einer Sekundär-Radaranlage Investitionen von 300 Millionen Schilling geplant waren. Direktor Günther Auer: „Durch diese Investitionen werde man den Betrieb des Flughafens sicherer und wetterunabhängiger abwickeln.
Immerhin musste ja damals jedes zehnte Flugzeug wegen des oft dichten Nebels nach Linz ausweichen!"

Lauda air was noisy air

The Formula 1 champion was on a championship track with his airline also with regard to noise. His jets were reason for complaints and protests most of the time. Especially the excessively noisy BAC1-11 which had already been retired was frequently cause for protest.
The newspaper "Salzburger Krone" wrote therefore on October 8th:
"...Lauda Air is not only leading in the charter flight business but the company also leads the statistical charts of noise production at Salzburg Airport. One third of all Lauda departures exceed the noise threshold..."
The most important project, the construction of the passenger terminal, was finished right before Christmas. It was completed in time for the rush of snow-hungry winter sportsmen and was opened officially by Mayor Josef Reschen. The new building was 90 meters in length and 46 meters in width and contained 18 check-in counters in the passenger terminal, new offices for the airline, and a large baggage sorting hall which could process over 3,000 suitcases at peak load. Great emphasis on the new construction was put on functionality and clarity. The technology of surveillance and security was pioneering back then but remained invisible to the passengers for the most part. Underneath the ceiling panels and the floor boards, 80 kilometers of cable was hidden which primarily provided security to the airline passengers. The most modern control units were used which could also be enlisted for baggage checking if needed. The cost for construction amounted to 90 million Austrian Schillings.
Coinciding with the new terminal, a new scheduled flight connection was celebrated. The Icelandic airline "Icelandair" offered a connection from Salzburg to Orlando, Florida via Reykjavik twice weekly. In November the airport announced that for the extension of the runway's middle beacons and a secondary radar system, an investment of 300 million Austrian Schillings was planned. Director Guenther Auer,"With these investments, operation of the airport will become safer and independent of weather conditions. After all, every tenth airplane had to evade toward Linz due to heavy fog."

215

Flughafen Salzburg

1987 Im Zeichen des Draken

1987 Under banner of the "Draken"

Das Jahr 1987 begann am Salzburger Flughafen, wie die Jahre zuvor, mit einem Ansturm von Wintergästen. Und auch in diesem Jahr verzeichnete man eine weitere Steigerung an ankommenden Gästen. Das Jahr war aber auch überschattet von einer schier endlosen Diskussion über Art und Zeitpunkt von Landungen und Überflügen von *SAAB-Draken* Abfangjägern. Die ersten zwei der 24 angekauften Militärjets wurden zwar erst im Jänner 1988 ausgeliefert, die vorauseilenden Proteste verursachten bereits Monate davor erheblichen Gegenwind für den Airport und das Bundesheer. Die Proteste beschränkten sich aber nicht nur auf die Stadt Salzburg, sondern weiteten sich bald auch auf Bewohner des Salzachtales und Freilassing aus.
Am 12. Februar schrammte der Flughafen Salzburg knapp an einer Katastrophe vorbei: Bei der Landung einer vierstrahligen *Boeing 720-B* der skandinavischen Chartergesellschaft *Conair* brach das Bugrad und die vollbesetzte Maschine schlitterte hunderte Meter weiter über die Piste. Die 160 Passagiere kamen bis auf drei Leichtverletzte mit dem Schrecken davon.

The year 1987 started at Salzburg Airport just like the year before with a rush of winter charter guests. Again this year an increase in arriving guests was registered. A shadow fell over the year as well because of never-ending discussions over type and timing of landing and overflight of *SAAB-Draken* intercepting airplanes. The first two planes out of 24 purchased military jets would not be delivered before January 1988 but protest caused substantial problems for the airport and Armed Forces. The protests were not contained to the City of Salzburg but expanded toward residents of Salzachtal and Freilassing.
On February 12th, Salzburg Airport barely escaped a major disaster: During landing of a four-engine *Boing 720-B* operated by the Scandinavian charter airline company Conair the nose-wheel broke and the fully booked airplane skidded hundreds

12.2.1987 Schnauzenlandung CONAIR Boeing 720 B
December 12th, 1987: Nose landing of a Boeing 720 B operated by CONAIR

Allen Protesten zum Trotz wurde am 13. Februar die Gründungsversammlung des Vereins „Fan-Club Salzburg Airport" abgehalten. Als erster Obmann wurde Karl Spindler gewählt, sein Stellvertreter war Peter Knoll, der seit 2005 die Funktion des Obmanns erfüllt.

Eine Hiobsbotschaft bescherte Finanzminister Ferdinand Lacina der Salzburger Landesregierung im Februar. 14 Unternehmen, an denen der Bund Anteile hielt, sollten einer Neubewertung unterzogen werden. Darunter waren die Flughäfen Wien, Graz, Linz, Salzburg, Klagenfurt und Innsbruck. Im Klartext bedeutete das, dass der Bund seine Anteile an die Bundesländer veräußern wollte. Sollten für die 14 Unternehmen keine Angebote abgegeben werden, wollte man private Käufer zum Zug kommen lassen. Im Interesse der Landesverteidigung sollten die Flughäfen jedoch ausgenommen sein. Trotzdem drohte eine Privatisierung, da man ja nicht wusste, ob das Land Salzburg die bisher unbekannte Summe der Bundesforderung aufbringen konnte.

Ein weiterer Zwischenfall am Salzburg Airport verlief am 12. August glimpflich. Schrecksekunden hatten 130 Urlauber an Bord einer Boeing *737/200* der Lauda Air beim Abflug zum Badeurlaub nach Griechenland. Ein Vogel geriet in das Triebwerk und blockierte es. Der Pilot musste bei

Jänner 1987 Winterbetrieb am Salzburger Flughafen
January 1987: Winter business at Salzburg Airport

Jänner 1987 Ein DAN-AIR Airbus A-300 bringt viele Wintersportler nach Salzburg.
January 1987: An Airbus A-300 operated by DAN-AIR transports many winter vacationer to Salzburg

Flughafen Salzburg

30.8.1987 Lufthansa Cargo Boeing 737-200 C erstmals in Salzburg
August 30th, 1987: Lufthansa Cargo Boeing 737-200 C in Salzburg for the first time

Tempo 200 ein Notbremsmanöver durchführen. Verletzt wurde niemand.

Die Verantwortlichen des Airport Salzburg hatten es wahrlich nicht leicht. Trotz aller anfänglichen Bemühungen um Reduzierung des Fluglärms sahen sie sich mit immer neuen Attacken aus Freilassing konfrontiert. Den bisher eher freundlich gesinnten Freilassingern unter dem damaligen Bürgermeister Luciano Breuninger waren die Starts von Passagierflugzeugen nach Norden dann ein Dorn im Auge, wenn die vereinbarten Abbiegemanöver von Piloten nicht eingehalten wurden. Breuninger forderte zur Lärmminimierung seiner Stadt technische Verbesserungen und mehr Disziplin der Piloten.

Der Flughafenchef Günther Auer reagierte prompt und versuchte mit einer außergewöhnlichen Aktion diejenigen Piloten zu belohnen, die sich an die vorgegebenen Abflugrouten hielten. Der „SVZ" Lokalredaktion war das am 22. Dezember einen Bericht wert:

„Aktion Mozartkugel" gegen laute Starts am Flughafen

Mit Mozartkugeln will der Salzburger Flughafen für eine geringere Lärmbelastung der Anrainer kämpfen.

Gleich an 45 Piloten wurde am vergangenen Wochenende die heimische Spezialität verteilt, verbunden mit der Aufforderung die Abflugrouten genau einzuhalten. Dir. Günther Auer und seine Mitarbeiter wollen damit ein Abdrehen der Düsenriesen über Taxham verhindern.

of meters down the runway. Except for three minor injuries, the 160 passengers escaped with no more than a scare.

Despite the protests, the founding meeting of the association *"Fan-Club Salzburg Airport"* took place on February 13th. As its first chairman Karl Spindler was elected and his deputy became Peter Knoll who had served as chairman since 2005. Bad news was delivered by Secretary of Finance Ferdinand Lacina to the State Government of Salzburg in February. Fourteen companies, in which the Federal Government had owned shares, were selected to undergo reappraisals. These companies included the airports of Vienna, Graz, Linz, Salzburg, Klagenfurt and Innsbruck. In reality this indicated that the Federal Government was planning on selling its stocks to the provinces. In case no offers were submitted for these companies, it was planned to find private investors. In the best interest of national defense, airports were excluded. Nevertheless, privatization was looming since it was unclear whether the Province of Salzburg was able to raise the currently unknown amount demanded by the Federal Government.

Die Piloten seien allesamt sehr überrascht und gleichzeitig erfreut gewesen. Die Aktion „Mozartkugel" soll in den nächsten Wochen fortgesetzt werden."

Präsentiert wurde Mitte Dezember auch die Investitionsbilanz des Airports der vergangenen Jahre. Erfolgreich abgeschlossen wurde etwa die Erweiterung des Duty Free Shops, ein neuer VIP Raum vermittelte prominenten Fluggästen mehr Komfort als der alte. Das Vorfeld des Flughafens wurde um vier Flugzeugstellplätze erweitert und neue Großraumbusse sorgten für einen bequemen Transport der Fluggäste von- und zu den Flugzeugen. Für das laufende Jahr erwartete man am Airport erstmals die 600.000-Passagier-Grenze durchzubrechen, im Vorjahr waren es 460.000 Fluggäste.

Die „Österreichische Luftfahrt Presse" sah die Situation ebenso positiv:

„Salzburg Airport: Gerüstet für Wintercharter-Boom

OeLP — Der Wintercharterverkehr auf dem Salzburg Airport wird in der kommenden Saison um 40,5 % bei der Zahl der Flüge auf 1.245 steigen. Durch den vermehrten Einsatz von Großraum Flugzeugen der Typen Tristar, Airbus und Boeing 767 wird die Zahl der Winterurlauber 300.000 erreichen. Dies bedeutet, dass bereits heute für 1988 ein Passagieraufkommen von 700.000 prognostiziert werden kann. Damit hätte der Salzburg Airport seine Verkehrsleistung seit 1982 verdreifacht. Für 1987 rechnet Salzburg Airport mit ca. 600.000 Passagieren (plus 140.000 gegenüber

With another incident, Salzburg Airport had a close shave on August 12th. On board of a Boeing 737/200 operated by Lauda, 130 vacationers experienced a scary moment at take-off for their beach vacation to Greece. A bird got into the engine and blocked it. The pilot had to pull the emergency breaks at a speed of 200. Nobody was hurt.

It was clearly not easy for representatives of Salzburg Airport. Despite all initial efforts to reduce the noise level, they were confronted with new attacks from Freilassing time and again. Freilassing with Mayor Luciano Breuninger had been considerate toward the airport until now but take-off of passenger planes toward the north became a thorn in the side when the agreed upon diversion was not complied with by the pilots. Breuninger demanded technical improvements for decreasing noise in his town and more discipline from pilots.

The airport director, Guenther Auer, responded promptly and tried to reward the pilots who abided by the agreement by using the given take-off route. The local newsroom of the "SVZ" thought it worth reporting on in December:

"Initiative "Mozartkugel" against Noisy Take-off from the Airport

Airport Salzburg fought for noise reduction for local residents with candy ("Mozartkugeln").

Hangar Nord des Österreichischen Aero-Club
Hangar north of the Austrian Aero-Club

Flughafen Salzburg

Sommer 1987- Bau des neuen Radarturmes
Summer 1987: Construction of the new radar tower

1986). Während sich der Flugverkehr aus Großbritannien, Finnland und Norwegen sehr positiv entwickelt, gibt es erstmals keine Wintercharter aus Belgien und Holland.
Fünf neue Airlines fliegen Salzburg in diesem Winter an: Aer Lingus, Paramount, Cymru, Air Europe und LTE.
Nach einer einjährigen Pause wieder dabei: PanAm und Monarch Airways.
Neu ist auch ein wöchentlicher Airbus Flug aus Kopenhagen mit Conair. Insgesamt führen 18 Airlines Wintercharterflüge nach Salzburg durch, darunter auch Austrian Airlines und Lauda Air. Spitzenreiter ist Britannia Airways mit 391 Flügen, gefolgt von Dan Air London und Air Europe.
Im Herbst diesen Jahres wurden umfangreiche Ausbauarbeiten auf dem Salzburg Airport durchgeführt: Das Vorfeld wurde Richtung Süden um fünf zusätzliche Parkpositionen erweitert, der Ankunftsteil des Gebäudes um ein Drittel vergrößert, ein neues Gepäckausgabeband für den Charterverkehr installiert. Der Duty Free Shop wurde wesentlich vergrößert, der Auslandswarteraum bietet nunmehr 2.000 Passagieren Platz. Austrian Airlines als Handling Partner des Flughafens setzt erstmals Ramp Agents mit eigenen Vorfeld-Fahrzeugen zur raschen Abfertigung ein. An den Char-

The local specialty was distributed to 45 pilots immediately last weekend, in conjunction with the request to use the given take-off route. Director Guenther Auer and his staff want to prevent jet airplanes to divert over Taxham.
The pilots were all very surprised and at the same time delighted. The initiative "Mozartkugel" will be continued over the next few weeks."
In mid-December, the capital flow statement of the airport for the previous years was presented. The expansion of the Duty Free Shop had successfully been completed and a new VIP lounge provided more comfort to socialites travelling by air compared to the old one. The airport's ramp had been expanded by four airplane parking spots, and new large-capacity buses provided more comfortable transportation for passengers from and to the airplanes. For the current year, the airport expected to exceed the 600,000 passenger limit, whereof the year before it amounted to 460,000 passengers.
The *"Austrian Aviation Press"* interpreted the situation equally as positive

"Salzburg Airport: Ready for Winter-charter Boom"
OeLP – Winter charter traffic at Salzburg Airport will increase by 40.5 percent for the upcoming season with 1,245 flights. The number of winter vacationers will increase to 300,000 due to the use of wide-body planes such as Tristar, Airbus or Boeing 767. This means that for 1988 a passenger volume of 700,000 can be predicted. Thereby, Salzburg Airport has tripled its traffic capacity since 1982. Passenger volume is estimated to reach about 600,000 (including 140,000 compared to 1986) at Salzburg Airport for 1987. Flights from Great Britain, Finland and Norway showed positive development but there were no winter charter flights from Belgium and Holland for the first time.
Five new airlines approach Salzburg this winter: Aer Lingus, Paramount, Cymru, Air Europe, and LTE. After a year-long break, PanAm and Monarch Airways are back again.
New is also a weekly Airbus flight from Copenhagen with Conair. In total, 18 airlines offer winter charter flights to Salzburg which include Austrian Airlines and Lauda Air. The leader is Britannia Airways with 391 flights, followed by Dan Air London and Air Europe.
In the fall of this year, large-scale construction was performed at Salzburg Airport. The ramp was expanded toward the south to include 5 more parking positions, the arrival hall of the terminal was expanded by one third, and a new baggage

1980 bis 1989

ter-Samstagen werden bis zu 54 Flugzeuge pro Tag erwartet."
Mitten in die positive Bilanz platzte die Entscheidung der *Lufthansa*, die Tagesrandverbindung ab Sommerflugplan nach Frankfurt einzustellen. Die neuen An- und Abflugzeiten sollten an die Nachmittage verlegt werden. Der Grund dafür waren die hohen operativen Kosten. Wegen der vorgeschriebenen Ruhezeiten musste die Crew am Abend in Salzburg bleiben. Dabei würden hohe Übernachtungskosten und ein bezahlter Ruhetag anfallen, argumentierte Lufthansa.
Anfang November wurde bekannt, dass Ex-Formel I Weltmeister Niki Lauda für den Herbst 1988 mit seiner Airline neue Pläne schmiedete. Er wollte die Langstreckenflüge seiner *LAUDA-AIR* nach Fernost und Australien von Salzburg aus starten. Dabei spekulierte Lauda vor allem auch mit Kunden aus dem bayrischen Raum. Vorerst wollte Lauda nur seine Flüge nach Bangkok und Sydney von Wien aus starten. Ab November 1988 sollte dann aber Salzburg Ausgangspunkt für die Fernflüge der zweiten Linienfluggesellschaft Österreichs werden.
Die Flüge von Salzburg über Wien nach Bangkok, Sydney und Hongkong waren für Mittwoch und Samstag geplant. Lauda wollte auch einen Teil der Fluggäste gewinnen, die ihre Fernflüge normalerweise von München aus antreten.
Mit der Salzburger Land Tourismus GesmbH fand Lauda sogar einen Partner, der bereits entsprechende Gelder lockergemacht hatte. Man wollte die Lauda-Maschinen auf deren Rückflug mit Gästen für Salzburg füllen.
Rechtzeitig vor der Winterchartersaison 87/88 eröffnete der Salzburger Flughafen eine modern ausgestattete Sanitäts-Station. 1,6 Millionen Schilling war dem Flughafen diese Einrichtung wert, die bei einem eventuellen Notfall ein

1987 Balkan-Bulgarian Airlines Antonow 12
1987: Antonow 12 operated by Balkan-Bulgarian Airlines

belt for charter flights was installed. The Duty Free Shop had been considerably expanded and the international travel waiting room offered now space for 2,000 passengers. Austrian Airlines, a handling partner of the airport, used ramp agents with their own ramp vehicles for the first time to speed up check-in. On Saturdays, up to 54 daily charter planes are expected.
In the middle of this positive balance, Lufthansa declared that the end-of-day connection to Frankfurt will be terminated starting with the summer schedule. The new departure and arrival times will be transferred onto the afternoon. The reason for this decision was the high operating costs. Due to mandatory resting periods, the crew had to spend the night in Salzburg which amounted to high accommodation expenses and paid day of rest, argued Lufthansa.

6.6. 1987 Umzug anlässlich 700 Jahre Salzburger Stadtrecht
June 6th, 1987: Parade in honor of 700 years of city rights for Salzburg

Flughafen Salzburg

schnelleres Eingreifen gewährleisten, zugleich aber auch betriebsärztliche Untersuchungen ermöglichen sollte. Das Salzburg Airport Medical Center liegt unmittelbar neben der Abflughalle im südlichen Teil des Abfertigungsgebäudes. Zufahrtsmöglichkeiten für Rettungsfahrzeuge sind sowohl vom Vorfeld als auch von der Straße direkt gegeben.

Die Grundfläche der Sanitäts-Station beträgt rund 85 Quadratmeter und umfasst Warteraum, Behandlungsraum, Arztordination und einen Ruheraum, der gleichzeitig als Quarantäneraum verwendet werden kann.

Zur Optimierung der Flugsicherung musste im Umfeld des Salzburger Flughafens ein Radarturm errichtet werden. Die *„Salzburger Wirtschaft"* vom 19. November berichtete:

„Neue Radaranlage für den Salzburg Airport
Eine Art von Gleichenfeier gab es letzte Woche am Salzburg Airport.

Aeroflot Tu 134

At the beginning of November, it was announced that Ex-formula 1 champion, Niki Lauda, made plans for his airline for the fall of 1988. He wanted to start his long distance flights with his *LAUDA-AIR* to the Fareast and Australia from Salzburg. Thereby, Lauda counted on customers from Bavaria as well. For now, Lauda only wanted to start his flights to Bangkok and Sydney from Vienna. As of November 1988, Salzburg should be the home base for the second Austrian airline company offering scheduled long distance connections. Flights from Salzburg via Vienna to Bangkok, Sydney and Hong Kong were scheduled for Wednesdays and Saturdays. Lauda also wanted to win over passengers who normally took long distance flights from Munich. Lauda partnered with the "Province of Salzburg Tourism LLC", which had already invested some money. It was in their interest to fill Lauda's airplanes on the way back with tourists for Salzburg.

In time for the winter season of 87/88, Salzburg Airport opened a modernly equipped first-aid station. It cost the airport 1.6 million Austrian Schillings and was meant to provide fast response in case of an emergency and was supposed to cover occupational medical exams as well. The Salzburg Airport Medical Center is located immediately adjacent to the departure hall in the southern part of the terminal. It is accessible for ambulances directly from the ramp as well as the street. The floor space of the first-aid station covers about 85 square meters and contains a waiting room, a treatment room, a doctor's office and a recreation room which served as quarantine area as well.

To optimize air traffic safety, a radar tower had to be erected in the vicinity of Salzburg Airport. The newspaper *"Salzburger Wirtschaft"* reported on November 19th:

Herbert v. Karajan mit Flughafendirektor Günther Auer (l.)
Herbert v. Karajan with Airport Director Guenther Auer (left)

Der Radarschirm wurde auf den neuen Radarturm aufgesetzt. Während des Winters wird nun die technische Ausstattung im Inneren des Turmes fertiggestellt, und im März des kommenden Jahres soll die neue Anlage dann in Betrieb gehen. Insgesamt kostet die neue Radaranlage den Salzburg Airport 110 Millionen Schilling. Flughafendirektor Dipl. Ing. Günther Auer erwartet sich durch diese Neuerung eine weitere Erhöhung der Sicherheit in der Luftfahrt. Durch die Anlage ist eine Überwachung des gesamten Luftraumes über Salzburg und in die benachbarten Regionen möglich. Sämtliche Bewegungen werden im Übrigen künftig auf dem Videorecorder festgehalten."

Einen blinden Bombenalarm gab es kurz vor Weihnachten auf dem Salzburg Airport. Beim Sicherheitscheck einer *DC-9/80* der *Austrian Airlines* war eine Manipulation an den Luken des Notausstieges entdeckt worden. Da die Maschine am Samstag aus London kam und über Nacht auf dem Flughafen Salzburg geparkt war, vermuteten Sicherheitsexperten einen Einbruch in das Flugzeug. Es konnte nicht ausgeschlossen werden, dass eine Bombe an Bord versteckt war, vermutete man bei *AUA*. Beamte der Staatspolizei durchsuchten daraufhin erfolglos die *DC-9* nach einer Bombe. Die *DC-9* konnte mit 90 minütiger Verspätung zum Flug nach Wien starten. Für Airport Pressesprecher Richard Schano war der Vorfall ein weiterer Grund, verstärkte Polizeipräsenz am Flughafen zu fordern.

"A New Radar System for Salzburg Airport"
A type of topping-out ceremony took place at Salzburg Airport last week.
The radar screen was placed onto the new radar tower. During the winter, technical equipment inside the tower will be installed and will be put into use in March of next year. The new radar system costs the Salzburg Airport 110 million Austrian Schillings. The director of the airport, Dipl.Ing. Guenther Auer, anticipates to increase security for aviation. With this system, surveillance of the entire airspace over Salzburg and its surrounding regions is possible. All movements will be recorded on tape from now on."

A bomb scare took place at Salzburg Airport immediately before Christmas. A security check on a *DC-9/80* of *Austrian Airlines* revealed that the hatch of the emergency exit had been tampered with. Since the airplane arrived from London on Saturday and was parked over night at Salzburg Airport, the security experts suspected a break-in into the airplane. *AUA* speculated that a bomb was hidden on board. Officers of the State Police searched the airplane unsuccessfully for a bomb. The *DC-9* took off for Vienna with a 90-minute delay. The airport's press officer, Richard Schano, took this incident to demand more police presence at the airport.

Interflug

Flughafen Salzburg

1988 Das Jahr der Passagierzuwächse
1988 The year of passenger growth

Am Flughafen standen 1988 im Anschluss an die intensiven Baumaßnahmen vom Vorjahr überwiegend Investitionen, die Infrastruktur und Flugsicherheit verbessern sollten. Im Vordergrund stand Mitte des Jahres die Inbetriebnahme der 110 Millionen teuren Radaranlage vom Bundesamt für Zivilluftfahrt. Der 27,20 Meter hohe Turm samt Betriebsgebäude wurde von der Salzburger Flughafenbetriebsgesellschaft m.b.H. aus dem Betriebs- und Treuhandvermögen finanziert.

Am 25. März gab es die letzte Tagesrandverbindung der *Lufthansa* nach Frankfurt. Als Ersatz wurden Mittagsflüge durchgeführt. Salzburg sollte mit *SWISSAIR* aber weiter an das internationale Flugnetz angebunden bleiben. Am 25. April erfolgte die Erstlandung einer zweistrahligen Fokker 100 zu ihrem Linienflug Salzburg-Zürich.

Da Landungen von *SAAB-Draken* Abfangjägern in Salzburg von den Militärs nicht ausgeschlossen wurden, fanden sich „*Draken-Gegner*" am 10. Mai zu einem Informationsabend ein.

Die Liste der Linienflüge wurde am 26. Mai mit dem Erstflug der *PAN AM* von Salzburg nach Berlin wieder länger. Geflogen wurde mit einer zweimotorigen *ATR-42*.

Von 23. bis 27. Juni 1988 besuchte der polnische Papst Johannes Paul II. Österreich. Der

Following the large-scale construction the year before, investments were allocated to improve the infrastructure and air safety in 1988. A priority was to put the 100 million Austrian Schillings worth radar system of the Federal Agency of Civil Aviation into use in the middle of the year. The 27.20 meters high tower and the operations buildings were financed from assets of the Salzburg Airport Management LLC.

On March 25th took off the last end-of-day connection of *Lufthansa* to Frankfurt. It was replaced by mid-day flights. Salzburg was still connected to the international flight network through *Swissair*. On April 25th, the first two-engine Fokker 100 landed as scheduled connection between Salzburg and Zurich.

Since the Armed Forces did not rule out landings of *SAAB-Draken* intercepting planes in Salzburg, "*Draken-opponents*" gathered for an informative evening on May 10th.

The list of scheduled flights was expanded through the maiden flight of a *PanAm* plane from Salzburg to Berlin on May 26th. A two-engine *ATR-42* was used.

Between June 23rd and 27th the Polish Pope John Paul II visited Austria. The "Travelling Pope" landed in Salzburg for the second time in 1983. One day after his departure on June 28th, a *Boeing 767-300* operated by *Lauda Air* landed in Salzburg for the first time offering sightseeing flights

British Airways Concorde 20. 9. 1988
British Airways Concorde on September 20th, 1988

1988 AIR-BERLIN Boeing 737-300
1988: Boeing 737-300 operated by AIR-BERLIN

"Reisepapst" landete nach 1983 zum zweiten Mal in Salzburg. Einen Tag nach seiner Abreise, am 28. Juni, landete erstmals eine *Boeing 767-300* der *LAUDA-AIR* zu Publikums-Rundflügen in Salzburg. Ein letztes Mal bescherte die Concorde am 20. September den Salzburgern einen donnernden Besuch. Zwei Tage danach, am 22. September landete erstmals eine zweimotorige Fokker *F-50* der *AUSTRIAN AIRLINES* in Salzburg.

Am 25. Oktober war es dann soweit: Zwei *Draken* Abfangjäger landeten trotz der vielen Proteste erstmals in Salzburg.

Noch vor Beginn der Wintersaison 88/89 konnte der erste Teil der als Einbahn geführten Flughafenzufahrt fertiggestellt werden. Zusätzlich wurde das Busterminal um einen dritten Bussteig erweitert. Fertiggestellt wurde auch der Parkplatz P5 mit 200 Stellplätzen. Um vier Abstellplätze erweitert werden musste auch das Vorfeld, da Salzburg von immer mehr Großraum-Flugzeugen mit größerer Spannweite angeflogen wurde. Planmäßig wurde auch dieser Bauabschnitt kurz vor Weihnachten fertiggestellt.

Auch im Inneren des Abfertigungsgebäudes konnten mit dem ersten Umbauschritt des Cafe, Restaurants samt Selbstbedienungscafes und der teilweisen Erneuerung des Sanitärbereichs weitere Verbesserungen fertiggestellt werden. Verdoppelt wurde auch die Einkaufsfläche des Duty Free Shops. Auch das Betriebsgebäude wurde mit der Erneuerung und Vergrößerung der Personal-Aufenthaltsräume auf den neuesten Stand gebracht. Erwähnenswert sind auch die neuen Überdachungen an den Betriebsgebäuden B1 und B2 zur Unterbringung der großen Vorfeldgeräte. Schon mit Jahresbeginn wurden neben den für

Papst Johannes Paul II. besuchte Österreich von 23. bis 27. Juni 1988
Pope John Paul II. visits Austria between June 23rd to 27th, 1988

for the public. For the last time, the Concorde granted Salzburg a noisy visit on September 20th. Two days thereafter, a two-engine *Fokker F-50* operated by *Austrian Airlines* landed in Salzburg on September 22nd.

On October 25th it happened: Two Draken intercepting planes landed in Salzburg despite protests.

Prior to the start of the winter season of 88/89, the first part of the one-way access road to the airport was completed. In addition, the bus ter-

den Wintereinsatz benötigten Spezial-Räumfahrzeugen um 4,8 Millionen Schilling auch zwei neue Neoplan Vorfeldbusse angeschafft. Die Vorführmodelle hatten ein Fassungsvermögen von 190 Passagieren.

Ein tragisches Flugzeugunglück ereignete sich am 26. Oktober über Wals-Käferheim.

Der Zusammenstoß eines Reise-Jets mit einem Sportflugzeug forderte sechs Todesopfer. Heftig reagierten einige Medien auf das Unglück, so auch die Kronenzeitung vom 31. Oktober: „*...Der Flughafen verfolgt eine rücksichtslose und nur auf Gewinn ausgerichtete Expansionsstrategie Entwicklung, wirft Komitee Sprecherin Ingrid Pointner Jallitsch dem Airport Management vor. Die Grenzen eines Stadtflughafens seien in Salzburg bei weitem überschritten, der tragische Flugunfall vor wenigen Tagen habe die zusätzlichen Gefahren dieser Entwicklung klar gezeigt...*"

Als Ersatz für die verlorene Tagesrandverbindung der *Lufthansa* startete am 30. Oktober die *AUA* erstmals nach Frankfurt.

Nach wie vor kreiste über dem Flughafen das Gespenst einer drohenden Privatisierung der Bundesanteile. Die SVZ schrieb am 11. November zu diesem Thema: **Flughafen Anteile nicht verkaufen**

Salzburg: Eine eindeutige Erklärung daß der Bund seine Anteile am Salzburger Flughafen nicht verkaufen wird, forderte Landesrat Dr. Arno Gastei-

minal was expanded by a third platform. The parking lot P5 with 200 parking spots was also completed. The ramp also had to be expanded by four parking spots since more and more widebody airplanes with larger wingspans approached Salzburg. As planned, this part of construction was finished shortly before Christmas.

Several improvements were visible in the interior of the terminal as well which included the first part of renovating the café-restaurant with a self-service café and the partial renovation of the first-aid station. The shopping in the Duty Free Shop was doubled in size. The operations building was updated by renovating and expanding the employee lounges. Worth mentioning was also the roofing of the operations buildings B1 and B2 which allowed storage of large ramp equipment. Already at the beginning of the year, specialized snow plows for use during the winter and two new "Neoplan" buses for the ramps had been purchased for 4.8 million Austrian Schillings. The demo models had a carrying capacity of 190 passengers.

A tragic plane crash took place over Wals-Kaeferheim on October 26th. Six people died when a passenger jet collided with a sport plane. The media reacted to the tragedy fiercely, as indicated by the newspaper "Kronenzeitung"'s comment from October 31st:*...The committee's speaker, Ingrid Pointner Jallitsch accuses the airport to pursue a reckless expansion strategy which is driven only by capital gains. The limits for a city airport haven been exceeded and the tragic plane crash a few days ago has made the additional dangers of this development evident...*"

To replace *Lufthansa's* cancelled end-of-day connection AUA started a flight to Frankfurt for the first time on October 30th.

The specter of privatizing the Federal Government's shares was still haunting the airport. The newspaper "SVZ" wrote about this topic on November 11th:

"Don't sell the airports shares"

Salzburg: Province Council Dr. Arno Gasteiger demanded from Secretary of Finance, Dkfm. Ferdinand Lacina, the assertion that the Federal Government's shares at Salzburg Airport are not being sold. In case the Federal Government sold the 50-percent-shares of the Management LLC, the position of the two other owners of 25 percent each which were the Province and the City

Verwaltungsgebäude mit Tower und Radarturm
Adminstrative building of the tower and the radar tower

Towermannschaft
Crew of the tower

ger von Finanzminister Dkfm. Ferdinand Lacina. Sollte der Bund nämlich seinen 50-Prozent-Anteil an der Betriebsgesellschaft verkaufen, würde die Position der beiden 25-Prozent Eigentümer Land und Stadt Salzburg entscheidet geschwächt, zumal die behördliche Kompetenz für den Flughafenbetrieb beim Verkehrsminister liegt. Beim Verkauf von Bundesanteilen müssten sich daher Stadt und Land eine Mehrheit bilden, da sie nur als Betriebsgesellschaft ihren Einfluss auf Entscheidungen geltend machen können, erklärte Gasteiger. Der Verkauf von Anteilen des Landes oder der Stadt komme daher auch überhaupt nicht in Frage, so Gasteiger, der erwartet, dass sich auch der Bund nun dieser Haltung anschließt."

Im Jahr 1988 wurden auf dem Salzburger Flughafen insgesamt 790.157 Passagiere abgefertigt. Das entsprach einer Steigerung gegenüber dem Vorjahr (1987: 612.396) um 29 Prozent. Enorm gestiegen war vor allem der Charterverkehr.

Im Bereich Incoming wurden mit 409.797 Passagieren um 48,3 Prozent mehr Passagiere nach Salzburg gebracht als im Vorjahr (1987: 240.112). Der Salzburger Flughafen wendete 1988 4,2 Millionen Schilling für Schallschutz auf. In 12 Objekten wurden 54 Wohneinheiten mit Schallschutzfenstern versehen. Außerdem wurde der Lärmschutzwall Ost um 100 Meter verlängert.

Der Personalstand am Flughafen erhöhte sich 1988 um 16 auf 125 Mitarbeiter. Sie erwirtschafteten 1988 einen Reingewinn von über 16 Millionen Schilling.

of Salzburg, would be considerably undermined, especially since the airport's operations was the Department of Transportation's responsibility. Gasteiger further declared that the City and Province of Salzburg need to obtained majority ownership in case the Federal Government sold its shares in order to guarantee influence on decisions. It was out of the question that the City or the Province sold their shares, according to Gasteiger, and he expected the same for the Federal Government."

In 1988, 790,157 passengers were processed at Salzburg Airport. This represented an increase of 29 percent (1987: 612,396), compared to the previous year. Charter flights had increased the most.

There were 409,797 more incoming passengers which corresponds to 48.3 percent more passengers for Salzburg compared to the prior year (1987: 240,112). Salzburg Airport invested 4.2 million Austrian Schillings in sound proofing. On 12 residential buildings, 54 apartments were equipped with sound-proof windows. In addition, the noise protection wall toward the east was expanded by 100 meters.

The number of personnel at the airport increased from 16 to 125 employees in 1988. A net profit of more than 16 million Austrian Schillings was generated in 1988.

Flughafen Salzburg

1989 Optimierung der Abfertigungsqualität
1989 Optimization of check-in

Das Jahr 1989 war geprägt von umfassenden Bautätigkeiten, die vor allem erhebliche Verbesserungen der Infrastruktur und Flugsicherung ermöglichen sollten.

Mit Jahresbeginn übernahm „Contipark" die Bewirtschaftung der gesamten Airport Parkflächen. Das Jahr war erst wenige Wochen alt, als am 25. Jänner im Abfertigungsgebäude das eigenständige Postamt 5035 eröffnet wurde. Am 29. März fand der Erstflug der AUA Linie Salzburg-Mailand statt und knapp davor, am 13. März, war der Airport Kulisse für die US-Fernsehserie „Dallas". Ein besonders wichtiger Schritt zur Optimierung der Flugsicherung war die Inbetriebnahme der neuen Radaranlage im Vorjahr, die am 12. April feierlich eröffnet wurde. Beim Anrainer-Schutzverband gab es am 18. Mai wieder einmal einen Obmannwechsel: Hannes Kittl folgte auf Georg Roider.

Vom 22. bis 25. Juni tagten Experten aus allen Teilen der Welt beim 38. Raumfahrtkongress in Salzburg und am 27. Juni erfolgte die Eröffnung des Inlandsbuffets, der „Follow-me" Bar.

Rechtzeitig vor den Festspielen eröffnet wurde im Juli auch das zweigeschossige Parkdeck an der Zufahrtstraße mit 260 Stellplätzen.

Die britische Premierministerin Margret Thatcher traf am 10. August zu ihrem dritten Salzburgurlaub ein.

Zur Unterbringung der Frachtabfertigung und einer Polizei-Einsatzstelle musste ein Anbau an das Verwaltungsgebäude errichtet werden. Der Spatenstich für dieses Bauvorhaben erfolgte am 15. September. Drei Tage später, am 18. September war Baubeginn für die westliche Verlängerung der Unterführung Innsbrucker Bundesstraße, außerdem wurde an diesem Tag anlässlich eines Landesregierungsgesprächs ein Gutachten von Ernst Dold aus Stuttgart zur Autobahn-Überdachung vorgelegt. Allerdings lehnte der Stadtsenat bereits am 25. September die Absenkung und Überdachung der Autobahn im Bereich des Flughafens ab.

Der Verein österreichischer Pilotinnen hielt am Salzburger Airport am 14. Oktober seine Generalversammlung ab.

1989 was shaped by large-scale construction especially to considerably improve the infrastructure and air traffic safety. At the beginning of the year, "Contipark" took over management of parking at the airport entirely.

Only a few weeks into the new year, a separate post office with the zip code 5035 opened in the passenger terminal on January 25th. On March 29th, the first scheduled flight between Salzburg and Milan operated by *AUA* took place and immediately before, on March 13th, the airport served as set for the US TV-series *"Dallas"*. The commissioning for the new radar system was a major step toward optimization of air traffic safety which was unveiled the year before on April 12th. The conservation association of the local residents changed its chairman yet again on May 18th. Hannes Kittl succeeded Georg Roider.

Between June 22nd and 25th, experts from all over the world attended the 38th Congress for Space Travel in Salzburg and on June 27th, the deli called "Follow-me Bar" at the domestic waiting area opened.

In time for the Salzburg Festival in July, the two-level parking garage with 260 parking spots was opened at the access road.

The British Prime Minister Margret Thatcher arrived for her third Salzburg vacation on August 10th.

For placement of cargo processing and the police station, an extension to the administrative building had to be constructed. Ground-breaking for this construction took place on September 15th. Three days later on September 18th, construction for extension of the underpass of the Innsbrucker Bundesstrasse toward the west started and a report by Ernst Dold from Stuttgart regarding roof construction over the highway was also presented that day as a result of a discussion by the State Government.

The association of Austrian female pilots had its general meeting at Salzburg Airport on October 14th.

Safety for aviation has always occupied center stage at Salzburg Airport. A traffic light at the intersection with Innsbrucker Bundesstrasse has

10. 6.1989 Stevie Wonder landet mit MALEV in Salzburg
October 6th, 1989: Stevie Wonder arrives in Salzburg with MALEV

Sicherheit für den Flugbetrieb steht für den Salzburger Airport seit jeher im Mittelpunkt. Um die Sicherheit für die Zufahrt zu gewährleisten wurde lange gefordert, dass an der Kreuzung zur Innsbrucker Bundesstraße endlich eine Ampel den Verkehr regelt. Die Forderung wurde mit der Inbetriebnahme am 24. Oktober erfüllt.
Bei der Mitgliederversammlung des Anrainer-Schutzverbandes erfolgte — ungeachtet der Ablehnung durch den Stadtsenat — am 6. November die Zustimmung zur Absenkung und Überdachung der Autobahn. Als Bedingung dafür war vertraglich zu garantieren, die Stoppfläche Nord nicht in die Start-und Landebahn einzubeziehen.
Am 24. Dezember wurde der bereits traditionelle Familientag am Airport von 2.000 Gästen besucht. So wurde damals wie heute Kindern die Wartezeit auf das Christkind verkürzt und den Eltern Einblick in das Innenleben am Airport ermöglicht.
Zum Jahresende wurden am Airport bereits traditionell Baumaßnahmen fertiggestellt.
So konnte noch im Dezember, bevor sich die Winterchartermaschinen am Vorfeld drängelten, die auf 25.000 Quadratmeter erweiterte Abstellfläche samt Zurollwegen und den dafür notwendigen Versorgungsleitungen seiner Bestimmung übergeben werden. Die Verlängerung der Flughafenunterführung im Westen wurde im Rohbau fertig gestellt. Auch der Umbau der Aufenthalts- und Sanitärräume sowie der Anbau für die Vorfeldkontrolle im Betriebsgebäude, der Einsatz- und Betriebsleitung und auch der Feuerwehrzentrale wurden rechtzeitig fertig, ebenso wie das Auslandsbuffet im Abfertigungsgebäude. Besser belüftet wurde auch der Auslandswarteraum. Neu war übrigens die Check-In Stelle, an der abfliegende Passagiere bereits vor Betreten des Gebäudes ihre Skier einchecken konnten. Im Interesse der Flughafenanrainer wurden auch 1989 fünf Millionen Schilling in Schallschutzfenster für 44 Wohnungen investiert.
Im kommerziellen Luftverkehr verzeichnete der Salzburger Airport 1989 12.113 Flugbewegungen, die Gesamtzahl aller Flugbewegungen betrug 44.633. Das entsprach einer Steigerung von 10,1 Prozent gegenüber einer Steigerung der Passagierzahlen von insgesamt 13,8 Prozent (899.523 Passagiere). Der Personalstand am Airport erhöhte sich gegenüber 1988 um 25 auf 150 Mitarbeiter.

long been demanded for traffic regulation in order to provide safe access. This demand was fulfilled on October 24th.
At the assembly of the conservation association of the local residents on November 6th, the members endorsed the lowering and roofing of the highway despite rejection by the City Senate. One legally binding condition was that the halting area in the north could not be incorporated into the runway.
On December 24th, the traditional family day at the airport was taken advantage of by 2,000 visitors. This way children's waiting time for Santa Claus to arrive was reduced at that time like today, and parents were offered a glimpse into the airport's operation. At year-end as a tradition, construction finished at the airport. In December before the arrival of winter charter flights, the parking area which had been expanded by 25,000 square meters, and the access roads and necessary supply lines were put into operation. The shell of the expanded underpass of the airport in the west was finished. In addition the renovated lounge and first-aid area as well as the extension for the ramp control in the operations building, offices for operations and management, and the fire station were finished on time, and also the deli in the international terminal. Air conditioning was improved in the international waiting area. A new curbside check-in area was created which allowed passengers to check their skis before entering the building. In the interest of the local residents, five million Austrian Schillings were invested for installation of soundproof windows in 44 apartments in 1989.
Salzburg Airport reported 12,113 commercial flights out of a total flight volume of 44,633 in 1989. This corresponded to an increase of 10.1 percent which was equivalent to a passenger increase of 13.8 percent (899,523 passengers). Staff at the airport increased from 25 in 1988 to 150.

Flughafen Salzburg

1990 Airport im Zeichen Mozarts
1990 The airport marked by Mozart

Am 8. Februar feierte man am Airport erstmals in diesem Jahr den Abschluss einer Baumaßnahme: Eröffnet und eingeweiht wurde die Flugeinsatzstelle des Innenministeriums. Auch die weiteren Baumaßnahmen des Jahres waren der Sicherheit, Wirtschaftlichkeit und der Umweltverträglichkeit gewidmet. Begonnen wurden die Bau- und Aufstockungsarbeiten am Verwaltungs- und Frachtgebäude. Es sollten Amts-und Kontrollräume für die Flugsicherung sowie Anpassungen im Verwaltungsbereich geschaffen werden. Die Fertigstellung war für 1992 geplant.
Am 1. März landete erstmals eine Maschine des SABENA-Liniendienstes auf der Strecke Brüssel–Salzburg–Brüssel.
Ein besonderer Gast aus Wien war angesagt, als Verkehrsminister Rudolf Streicher am 6. April zu einem Besuch am Flughafen eintraf.
Konsul Rudolf Frey, Aufsichtsratsvorsitzender der Salzburger Flughafen Betriebsg.m.b.H., legte am 13. April seine Funktion zurück, sein Nachfolger wurde Michael Pistauer. Am 18. April empfing Bundeskanzler Franz Vranitzky Portugals Premierminister Antonio Cavaco Silva zu einem Staatsbesuch. Gemunkelt wurde, dass Salzburg deshalb gewählt wurde, um dem Gast ein Zusammentreffen mit Bundespräsident Waldheim zu ersparen.
Die neue Lärmzulässigkeitsverordnung des Verkehrsministeriums, die vor allem die Flughafengegner erfreute, trat am 1. Mai in Kraft. Sie verbietet besonders lauten Luftfahrzeugtypen den

On February 8th, the airport celebrated the completion of a construction project for the first time this year. Opened and dedicated was flight operations which was operated by the Department of Interior. All subsequent construction projects of this year were devoted to safety, economics and environment. Construction and addition of another floor to the administrative and cargo building were also started. Offices and control rooms for air traffic control were built as well as adaptations of the management area. Completion was scheduled for 1992.
On March 1st an airplane operated by SABENA for the scheduled flight from Brussels to Salzburg to Brussels landed for the first time.
A special guest from Vienna had been announced when Secretary of Transportation Rudolf Streicher visited the airport on April 6th.
Consul Rudolf Frey, the chairman of Salzburg Airport LLC resigned from office on April 13th and Michael Pistauer succeeded him. On April 18th, Chancellor Franz Vranitzky welcomed Portugal's Prime Minister Antonio Cavaco Silva on his state visit. Rumor has it that Salzburg was chosen to avoid an encounter with Federal President Waldheim.
New noise regulations of the Department of Transportation went into effect on May 1st which primarily pleased the opponents of the airport. The regulations prohibited landing of extremely noisy airplane models at Salzburg Airport. The

1990 bis 1999

5.12.1990 Montage der Mozartbilder
May 12th, 1990: Assembly of the Mozart display.

Acht Künstler arbeiteten an den Mozartbildern
Eight artists are working on the Mozart display.

Salzburger Airport anzufliegen. Am gleichen Tag nahm die CROSSAIR im Auftrag der SWISSAIR ihre Linienflüge nach Salzburg auf. Sie flog die Strecke Zürich-Salzburg dreimal täglich.
Einer lang gehegten Forderung entsprechend beschloss am 14. Mai die Generalversammlung die Errichtung eines Umweltbeirates. Am 21. Mai startete ein Hilfskonvoi des Flughafens zur Rumänienhilfe, der aus Spenden der Flughafenbelegschaft zustande kam.
Apropos Umwelt: Heftige Proteste verursachte eine Glosse von Hans Peter Hasenöhrl in der Krone vom 6. Juni, als er unter anderem schrieb: „... *als in den Winternächten die absturzgefährdeten Krawallbomber drei Kilometer von der Getreidegasse entfernt im Minutentakt niedergingen...*"
Am 1. Juli trat die Polizeieinheit „Condor" ihren Dienst am Flughafen an und am nächsten Tag kam es zur konstituierenden Sitzung des Umweltbeirates.
Zur Eröffnung der Festspiele am 26. Juli kamen auch in diesem Jahr zahlreiche prominente Gäste, wie etwa Tschechiens Präsident Vâclav Havel, der die Eröffnungsrede hielt und Richard von Weizäcker aus Deutschland.
Am 3. August empfing der österreichische Bundeskanzler den schwedischen Regierungschef Ingvar Carlsson zu einem Staatsbesuch. Der Anrainerschutzverband wechselte am 17. September wieder einmal den Obmann. Auf Walter Padinger folgte Johannes Kittl.

same day CROSSAIR on behalf of SWISSAIR started scheduled flights to Salzburg. The connection Zurich to Salzburg was serviced three times daily. Following a long-fostered demand, the general assembly decided the establishment of an environmental advisory board. On May 21st, a convoy took off from the airport to deliver aid for Rumania which was organized by the airport's employees.

1990 Der Duty-Free-Shop ist immer gut besucht
1990: The Duty-Free-Shop is always busy.

Bereits am 2. Oktober hielt der Umweltbeirat seine zweite Sitzung ab und am 9. November feierte die Ärzteflugambulanz ihr zehnjähriges Bestandsjubiläum in Salzburg.

Zum Mozartjahr 1991 (200. Todestag) sollten Salzburger Künstler die Fassade des Abfertigungsgebäudes gestalten. Das Projekt stellte der damalige Landesrat Othmar Raus bereits am 26. September im Hangar Süd der Presse vor.

1990 das neue zweigeschoßige Parkdeck
1990: The new two-floor parking deck.

By the way environment: Intense protests elicited a column by Hans Peter Hasenoerhl in the newspaper "Krone" on June 6th, when he wrote for example: *"...when during winter nights noisy airplanes, at risk for crashing, descended three kilometers from the Getreidegasse minute by minute..."*

On July 1st, the police unit "Condor" went on duty at the airport and the following day the environmental advisory board had its constituent meeting.

For the opening of the Salzburg Festival on July 26th, numerous celebrity guests arrived such as the Czech President Vâclav Havel who gave the opening speech and Richard von Weizäcker of Germany also attended.

On August 3rd, the Austrian chancellor welcomed the Swedish Head of Government Ingvar Carlson for a state visit. The conservation association of local residents changed its chairman yet again on September 17th. Walter Padinger was succeeded by Johannes Kittl.

On October 2nd, the environmental advisory board had already scheduled its second meeting and on November 9th, the Medical Air Ambulance celebrated its tenth anniversary at Salzburg Airport.

In the year of Mozart's anniversary in 1991 (200th years following his death), artists from Salzburg decorated the front of the passenger terminal. The project was introduced to the media by a then provincial representative, Othmar Raus, at the southern hangar on September 26th.

Air France mit Airbus A 320
An Airbus A 320 operated by Air France

Schon am 3. Dezember erfolgte die Montage der acht Mozartbilder an der Vorfeldfront des Abfertigungsgebäudes. Frau Dietgard Grimmer, Leiterin des Museums im Traklhaus, war damals verantwortlich, das Projekt künstlerisch umzusetzen und kuratiert auch heute noch gemeinsam mit der Marketingabteilig des Flughafens die Flughafengalerie „artPort".

Frau Grimmer erzählt: „*Begonnen hat alles mit den Vorbereitung zum Mozart- Jahr, es wurde eine Komposition von acht Künstlern die von der Kulturabteilung des Landes eingeladen waren, mitzuwirken. Der Flughafen hat sofort mitgemacht. Vorgabe war eine Oper von Mozart, die malerisch umzusetzen war. Es hat deshalb gut funktioniert, weil die Künstler gleich an Ort und Stelle, in einem Flughafen Hangar arbeiten konnten. Entstanden sind überdimensionale, zirka 3 mal 6 Meter große Werke, die von den ankommenden Fluggästen dadurch aber gut wahrgenommen werden können. Jedes Bild setzt sich aus 6 asbestfreien Eternitplatten zusammen. Die größte Herausforderung bestand darin, die Farben der Bilder über Jahrzehnte witterungsbeständig zu erhalten.*"

Ebenso, wie die Mozart Galerie am Vorfeld ist auch die artPort Galerie im Bereich des Flughafenrestaurants ein Kind von Dietgard Grimmer: „*Künstler brauchen das Publikum, und hier im ART PORT kann man während der Öffnungszeiten alles ansehen.*

Wir organisieren insgesamt fünf bis sechs Ausstellungen im Jahr. Wichtig ist, dass die Kunstwerke etwa zwei Monate lange zu besichtigen sind. Als Kuratorin bin ich grundsätzlich bei den Vernissagen dabei und für die Auswahl der Bewerbungen verantwortlich."

Die neuerliche Steigerung der Fluggastzahlen um 3,9 Prozent bewies auch 1990 die enorme Bedeutung des Flughafens für den Tourismus. 934.287 Passagiere wurden insgesamt abgefertigt. 48.390 kommerzielle Flugbewegungen bedeuteten ein Plus von 12,8 Prozent. Auch in diesem Jahr wurden um 4,2 Millionen Schilling Schallschutzfenster in angrenzende Objekte eingebaut.

Already on December 3rd, eight Mozart paintings were installed at the front of the passenger terminal. Mrs. Dietgard Grimmer who was the manager of the Museum of Traklhaus, was responsible for the artistic aspect of the project and still curates the airport's gallery called *"artPort"* together with the marketing division of the airport. Mrs. Grimmer narrates, *"It all started with preparations for Mozart's anniversary year, when eight artists were invited by the Culture Department of the Province to participate. The airport immediately joined in. Specifications included to convert one of Mozart's operas into a painting. A major reason for success was that artists were able to work on site in one of the airport's hangars. About 3 by 6 meter large paintings were created which were easily visible for arriving passengers. Each painting was composed of 6 asbestos-free cement plates. The biggest challenge was to preserve the colors of the paintings for decades to come."*

In addition to the Mozart gallery at the ramp, the artPort gallery in the area of the airport restaurant is also one of Dietgard Grimmer's creations, *"Artists need the audience and here at artPort everything can be admired during business hours. We organize a total of five to six exhibitions each year. It is important to put the artwork on display for two months. As curator, I am present at the opening of the exhibition and I am responsible for selection of the artist".*

Additional increase in the number of airline passengers of 3.9 percent in 1990 was proof of the importance of the airport for tourism. A total of 934,287 passengers were processed. An increase of 48,390 commercial flights translated into a plus of 12.8 percent. Again this year, soundproof windows were installed in adjacent buildings in the amount of 4.2 million Austrian Schillings.

Flughafen Salzburg

1991 Jahr der Stagnation
1991 A year of stagnation

Schon bald sollte sich herausstellen, dass sich in diesem Jahr sowohl die Zahlen der Flugbewegungen als auch die der Passagiere rückläufig entwickeln würden.
Verantwortlich für diese bedauerliche Entwicklung waren hauptsächlich die in Kraft getretene Lärmzulässigkeitsverordnung und die Golfkrise. Überdies hatte Großbritannien eine wirtschaftliche Krise zu meistern, und der Linienflugverkehr stand inmitten seines Strukturwandels. Gesamt gesehen verlor der Airport beinahe 20 Prozent aller luftfahrtrelevanten Segmente.
Aber der Reihe nach:
Mit einer Vernissage der „Mozart Fassade" begann das Jahr erfreulich und festlich. Wie vorhin erwähnt, hatten acht Künstler und eine Künstlerin die Flughafenfront an der Ostseite mit überdimensionalen Bildern ausgestaltet.
Am 19. Februar fand die Taufe einer neuen *Dash 8* der *TYROLEAN AIRWAYS* auf den Namen „Salzburg" statt.
Am 27. März traf der italienische Ministerpräsident Giulio Andreotti in Salzburg ein, um sich in

Der „Rote Teppich" – für Staatsgäste stets bereit
The red carpet is always ready for vesting head of states.

Soon it was apparent that this year number of flights and passenger volume were on the decline. Reason for this regrettable development were the noise reduction regulation which had gone into effect and the Gulf crisis. Moreover, Great Britain dealt with an economic crisis and scheduled flight business was in the midst of structural changes. In total, the airport lost 20 percent of its aviation business.
In sequence:
With the private viewing of the "Mozart Facade", the year started out cheerfully and ceremonially. As already mentioned, eight male and female artists decorated the eastern front of the airport with oversized paintings.
On February 19th, a new Dash 8 operated by *TYROLEAN AIRWAYS* was baptized in the name of "Salzburg".
On March 27th, the Italian Prime Minister Giulio Andreotti arrived in Salzburg to meet with Chancellor Helmut Kohl for talks in Bad Gastein.
A new cover made from prefabricated parts was installed at the front of the administrative building on April 16th. Renovation and addition of another floor made good progress which enabled remodeling of the interior for the following year.
On May 12th, an *Airbus A 320* operated by *AIRFRANCE* landed at Salzburg Airport for the first time, and the Spanish airline FUTURA also had its first landing on May 17th.
Salzburg continued to develop as center for international meetings of leading politicians. On May 22nd, the Luxemburgish Prime Minister and EU-Chairman Jaque Santer arrived for a state visit in Salzburg. He was welcomed by Chancellor Franz Vranitzky and Govenor Hans Katschthaler. Several more visits followed later in June.
Energy supply is the heart of every airport which is also true for Salzburg. Since the energy source at the airport was past its prime, it had to be replaced. For lack of space it had to be moved underground. This allowed modern technology to be used with the shortest supply routes. On May 29th construction started and was scheduled to be completed by the end of the year. Following instal-

Bad Gastein mit Kanzler Helmut Kohl zu Gesprächen zu treffen.

Eine neue Außenhaut aus vorgefertigten Komponenten wurde ab 16. April an der Fassade des Verwaltungsgebäudes angebracht. Zügig kamen auch die Arbeiten bei Umbau und Aufstockung im Verwaltungstrakt voran, weshalb man schon im darauffolgenden Winter imstande sein sollte, mit dem Innenausbau zu beginnen.

Erstmals landete am 12. Mai ein *Airbus A 320* der *AIRFRANCE* am Airport in Salzburg, und mit der spanischen Fluggesellschaft FUTURA gab es am 17. Mai noch eine Erstlandung.

Salzburg entwickelte sich weiter zum Treffpunkt internationaler Spitzenpolitiker.

So traf am 22. Mai der luxemburgische Ministerpräsident und EG-Vorsitzende Jaques Santer zu einem Staatsbesuch in Salzburg ein. Begrüßt wurde er von Bundeskanzler Franz Vranitzky und Landeshauptmann Hans Katschthaler. Eine Reihe weiterer Besuche sollte etwas später im Juni folgen.

Die Energieversorgung ist das Herzstück jedes Flughafens, so auch in Salzburg. Da aber die Energie Zentrale am Airport in die Jahre gekommen war, musste sie komplett erneuert werden. Aus Platznot musste die Anlage unter die Erde verlegt werden. So konnte neueste Technik bei möglichst kurzen Versorgungswegen eingesetzt werden. Am 29. Mai begannen die Bauarbeiten und im Wesentlichen sollten sie mit Jahresende abgeschlossen sein. Nach den Installationen der elektrotechnischen Anlagen konnte die Anlage im November 1992 in Betrieb gehen.

Ein Jahr vor seinem Tod landete am 2. Juni der amerikanische Komponist und Künstler John Cage in Salzburg. Cage war beim Festival „Aspekte" der Stargast und wurde vom Airport mit Klangmobilen abgeholt.

Der Reigen von Ankünften Europäischer Spitzenpolitiker zur EFTA Konferenz begann am 23. Juni mit Jon Baldvin Hannibalsson (Außenminister/ Island), Eldrid Nordbo (Handelsministerin/ Norwegen) und Perrti Salolainen (Außenminister/ Finnland) über den Europäischen Wirtschaftsraum (EWR) in der Wiener Hofburg.

1991 Radarturm, dahinter der Staufen
1991: Radar tower, in the back the Staufen

lation of the electro-technical system, the whole system could start operations in November 1992.

One year prior to his passing, the American composer and artist John Cage landed in Salzburg on June 2nd. Cage was the guest star for the festival "Aspects" ("Aspekte") and he was met at the airport by wind chimes.

Europe's leading politicians including Jon Baldvin Hannibalsson (Secretary of State/ Iceland), Eldrid Nordbo (Secretary of Commerce/ Norway) and Perrti Salolainen (Secretary of State / Finland) arrived for the EFTA conference about the European economic region which took place at the Hofburg Palace in Vienna starting on June 23rd.

Aside from diplomacy and politics, the children's academy in collaboration with the Culture Department of the Province of Salzburg took place at the airport on July 16th and 17th. Artistic support for the children was provided by Ferdinand Goetz and Michael Maislinger.

Abseits von Diplomatie und Politik fand am Airport vom 16. bis 17. Juli die „Kindermalakademie" in Zusammenarbeit mit der Kulturabteilung des Landes Salzburg statt. Künstlerisch unterstützt wurden die Kinder von Ferdinand Götz und Michael Maislinger.

Mit Karl Lagerfeld traf am 25. Juli in Salzburg ein anderer berühmter Künstler ein, der für die Festspielaufführung „Der Schwierige" die Kostüme entworfen hatte.

Am 14. August hatte man am Airport wieder Grund zum Feiern, denn der Duty Free Shop wurde 25 Jahre alt. Eine Erstlandung einer MD 11 der SWISSAIR gab es am 27. August, und weil kürzlich schon gefeiert wurde, veranstalteten Tyrolean und Lufthansa am 28. August gemeinsam ein Sommerfest.

Im September informierte Amnesty International mit einer Ausstellung im Ankunftsbereich über die humanitäre Lage in vielen Krisengebieten.

Am 12. September trafen sich in Salzburg die Wirtschaftsminister Pascal Delamuraz aus der Schweiz, Jürgen Möllemann aus Deutschland und Wolfgang Schüssel zu einem Dreiergespräch.

Die *IFATSEA* (International Federation of Air Traffic Safety Electronics Associations) hielt vom 22. bis 24. Oktober in Salzburg ihren Weltkongress ab, und am 30. Oktober präsentierte Tyrolean Airways ihre neue *Dash 8-300* in Salzburg.

With Karl Lagerfeld another famous artist arrived in Salzburg on July 25th. He designed the costumes for the Salzburg Festival's production of the "The Difficult Gentleman" *("Der Schwierige")*. On August 14th, there was another reason for celebration at the airport. The Duty Free Shop turned 25 years old. A first landing of a MD 11 operated by SWISSAIR took place on August 27th, and in line with all the celebrations already taking place, Tyrolean and Lufthansa organized a joint summer festival on August 28th.

In September Amnesty International informed about the humanitarian situation in many areas of crisis with an exhibition in the arrival hall.

On September 12th, the Secretaries of Commerce from Switzerland, Pascal Delamuraz, for Germany, Jürgen Möllemann, and from Austria, Wolfgang Schüssel, met for a three-way dialogue in Salzburg.

The world congress of the *IFATSE* (International Federal Government of Air Traffic Safety Electronics Associations) took place in Salzburg from October 22nd to 24th and on October 30th, Tyrolean Airways presented the new Dash 8-300 in Salzburg.

A sculpture resembling a rocket entitled "Take-off" ("Start") by the Salzburg artist Josef Magnus which had been on display at the bus terminal for a long time, was moved to the center of the rotary at the new airport access road on November 6th.

Following a long-term demand, the newly installed noise measurement and flight track monitoring system started operations on November 28th. Remolding of the interior of the adminis-

Check-in und Einreise-Passkontrolle
Check-in and immigration passport control

1990 bis 1999

Die raketenähnliche Skulptur des Salzburger Künstlers Josef Magnus mit dem Titel „Start", die lange am heutigen Busterminal stand, wurde am 6. November in die Mitte des Kreisverkehrs an der neuen Flughafenzufahrt übersiedelt.
Einem lang gehegten Wunsch entsprechend wurde am 28. November die neu installierte Lärmmess-und Flugwegaufzeichnungsanlage in Betrieb genommen.
Trotz kompliziertem Bauverlauf konnte noch im Winter mit dem Innenausbau am Verwaltungsgebäude begonnen und am 11. Dezember der Umbau des Restaurants abgeschlossen werden. Der Restaurantbereich im ersten Obergeschoß wurde mit „Bistro" und „Gourmet" in zwei Teile gegliedert. Bereits im Mai übernahm die Firma Airest die Führung der Restaurantbetriebe vom bisherigen Pächter Koller&Koller. Dem steigenden Bedarf nach zusätzlichen Büroflächen wurde im Nordteil des ersten Obergeschoßes mit etwa 250 Quadratmetern Rechnung getragen. Um eine Behördenauflage zu entsprechen, musste ein 14 Meter hohes Ansaugbauwerk für Frischluft in den Räumen am Airport errichtet werden. Auch die neue Halle für die Flughafenfeuerwehr mit einer modernen und schnell öffnenden Toranlage konnte in diesen Tagen bezogen werden.
Wie anfangs erwähnt verlief das Jahr wirtschaftlich unbefriedigend. Die Passagierzahl war mit 766.225 Passagieren um 18 Prozent gegenüber 1990 rückläufig.

Größtmögliche Sicherheit am Salzburg Flughafen
Greatest possible security at Salzburg Airport

trative building was started during the winter despite a complex construction process, and on December 11th the renovation of the restaurant was completed. The restaurant on the first floor was separated into two areas called "Bistro" and "Gourmet". In May the company Airest took over the restaurant succeeding the former tenant, Koller&Koller. The northern part of the first floor was converted to create 250 square meters of office space to meet increasing demands. To follow legal regulations, a 14 meter high exhaust system was installed to provide fresh air to the airport interior. During this period the firefighters moved into their new fire station which was equipped with a modern and fast-opening gate.
As already mentioned at the beginning, the year was unsatisfactory from an economic perspective. Passenger volume was in decline with 766,225 passenger or 18 percent less compared to 1990.

Flughafen Salzburg

1992 Flughafen im Wandel
1992 Change in direction

Erfreundlich für die Geschäftsführung waren die Steigerungen bei den Passagierzahlen, wobei die größten Zuwächse wieder im Charterverkehr verzeichnet wurden.

An technischen Aktivitäten sind 1992 vor allem die Fertigstellung der Aufstockung am Verwaltungsgebäude, der Neubau der Energiezentrale und der Neubau eines Flugzeug-Werfthangars zu erwähnen.

Im neu errichteten zweiten Obergeschoß wurden Direktionsräumlichkeiten und ein Konferenzraum mit anschließender Dachterrasse geschaffen. Im Bereich des Towers errichtete man ein drittes Obergeschoß, in dem Einrichtungen der Luftraumüberwachung wie An- und Abflugkontrolle samt Technik untergebracht wurden. Der Flughafen-Betriebsgesellschaft standen mit dem Neubau 21 neue Büroräume zur Verfügung. Als aufwändiges Bauvorhaben entpuppte sich der Neubau der Energiezentrale, die im wesentlichen zwei Aufgaben erfüllen musste: die Energie für die Befeuerungsanlagen und die Gebäudeversorgung zu liefern. Das Schnellbereitschaftsaggregat war in der Lage, bereits 0,12 Sekunden nach einem Stromausfall, also noch vor der Wahrnehmung durch den Piloten, die volle Versorgung der Navigations- und Befeuerungsanlage zu übernehmen. In Rekordzeit gebaut wurde auch ein Wartungshangar als Ersatz für den baufälligen ÖFAG Hangar, der von der privaten Firma *Aerotechnik* betrieben wurde.

Am 3. April flog erstmals *Cyprus-Airways* von Salzburg nach Larnaca in Zypern.

Für seine Bemühungen um größtmöglichen Umweltschutz wurde der Salzburg Airport im Mai mit dem Umweltpreis der Sparkassen ausgezeichnet. Da am 17. Mai der neue Flughafen *Franz Josef Strauß* im entfernten Erding bei München eröffnet wurde, konnte man in Salzburg auf eine Zunahme von Fluggästen aus dem südbayerischen Raum hoffen.

Neu im Sommerflugplan 1992 war eine zusätzliche Verbindung der *AUA* an den Nachmittagen von Wien nach Salzburg und zurück.

Positive impact on management had the increase of passenger volume compared to the year before, whereof the most increase was derived from charter flights.

Technical activity included the completion of the addition of another floor on the administrative building, the new building of the power station and the new hangars for airplane maintenance in 1992.

The new second floor was used for management offices and a conference room with an adjacent roof terrace. In the area of the tower a third floor was built which housed equipment for air space surveillance during take-off and landing. Airport management now had 21 more offices available in the new building. Construction of the building for the power station was complicated because it had to serve two purposes: to supply the beacons and the building with energy. The extra power source was capable to kick in after only 0.12 seconds of interruption of regular power to supply navigational equipment and beacons, long before pilots would register. In record time a hangar for airplane maintenance was built in replacement of the dilapidated OFAG hangar which was operated by *Aerotechnik*, a private company.

On April 3rd, *Cyprus Airways* flew from Salzburg to Larnaca in Cyprus for the first time. Salzburg Airport was awarded an environmental certificate by the Savings Banks in May for outstanding efforts to preserve the environment. With the opening of the new Franz Josef Strauss Airport in Erding at Munich on May 17th, Salzburg anticipated an increase in airline passengers from southern Bavaria.

The summer flight schedule of 1992 offered a new connection operated by AUA between Vienna and Salzburg in the afternoons.

For gourmet connoisseurs the Airest restaurant opened with a novel concept in mind: In addition to two restaurants *(Le Gourmet and Bistro)*, a large self-service area and a kid's corner, the airport now also offered two bars on the ground floor. There was also the café on the roof terrace

Rundflug mit JU 52 über Salzburg
Sightseeing flight with a JU 52 over Salzburg

Für Freunde exzellenter Kulinarik wurde am 25. Juni die *Airest*-Gastronomie mit ihrem neuartigen Konzept feierlich eröffnet: Neben den zwei Restaurants *(Le Gourmet und Bistro)*, einem großen Selbstbedienungsbereich und einer Kinderecke verfügte der Airport nun auch über zwei Bars im Erdgeschoß. Zusätzlich stand den Besuchern auch das Cafe auf der beliebten Dachterrasse zur Verfügung. Im Dezember eröffneten zwei weitere Shops in der Fluggasthalle und konnten damit die Ladenstraße bereichern und attraktiver werden. Ab 25. Oktober hatte Salzburg mit Tyrolean und Lufthansa wieder gute Anbindungen über Frankfurt an das internationale Flugnetz. Viermal täglich konnten Salzburger Passagiere die Kooperation dieser beiden Fluglinien nutzen.

Für die lärmgeplagte Freilassinger Bevölkerung brachte die Vorverlegung der Tyrolean Airways Tagesrandverbindung von Düsseldorf um 20 Minuten auf 22.15 Uhr eine Verlängerung der Nachtruhe.

Ruhiger schlafen konnten auch die Verantwortlichen am Flughafen, ob der guten Entwicklung. Am 20. Oktober berichteten die Salzburg Nachrichten: *"...Bis Ende des Jahres sollen 800.000 Passagiere den Flughafen passieren; das operative Ergebnis, das 1991 negativ war, soll wieder in den schwarzen Bereich steigen, sagte Finanzprokurist Karl Heinz Bohl..."*

Mit einer Steigerung von rund 100.000 Passagieren gegenüber dem vergangenen Krisenjahr konnte der Airport zwar verlorenes Terrain wiedergewinnen, lag aber immer noch deutlich hinter den Zahlen von 1990 zurück. Mit über vier Millionen Schilling konnte auch wieder ein nennenswerter Gewinn erzielt werden.

available. In December, two more shops opened in the terminal which made the shopping experience more enriching and attractive. As of October 25th, Salzburg was connected to the international aviation network via Frankfurt again through flights offered by Tyrolean and Lufthansa. Four times per day, this cooperation offered flights for Salzburg passengers.

Changing the departure time of the end-of-day connection to Dusseldorf operated by Tyrolean Airways by 20 minutes to 10:15 pm, extended nighttime peace for local residents of Freilassing. Even representatives of the airport got a good night sleep due to beneficial developments. On October 20th, the newspaper "Salzburger Nachrichten" reported: *"...By the end of this year, 800,000 passengers were scheduled to travel through the airport; operational results which were in the negative in 1991, will show positive results, according to the financial officer Karl Heinz Bohl..."*

The increase in volume by 100,000 passengers compared to the crisis years had the airport improve its balance but the numbers were still below those of 1990. A sizable gain of four million Austrian Schillings was also achieved.

Flughafen Salzburg

1993 Erstmals über Millionengrenze
1993 Above the one million threshold for the first time

Ein besonderes Erfolgsjahr sollte 1993 werden. Möglich war diese Entwicklung durch erhebliche Steigerungen des Outgoing-Verkehrs, zusätzliche Angebote von Reiseveranstaltern und einer Zunahme des Linienverkehrs. Der Anteil beim Charterverkehr ist annähernd gleich geblieben. Somit hatte der Airport erstmals mehr als eine Million Passagiere abgefertigt. Zum Erfolg beigetragen hat auch die Teilnahme des Airport an Touristikmessen wie der „Tourf", die in diesem Jahr vom 19.-21. Februar stattfand. Beteiligt hat sich der Airport auch an anderen Touristikmessen wie der *ITB* und *WTM*. Außerdem wurde der Salzburger Airport Mitglied der *USTOA* (United States Tour Operators Association), einer Allianz der wichtigsten Reiseveranstalter und Fluggesellschaften.

Mit 1. März wurde die „*Salzburger Airport Services*" als hundertprozentige Tochtergesellschaft der Salzburger Flughafen Betriebsges.m.b.H. für das Passagier-Handling gegründet. Das „*Traffic Handling*" umfasst die Abfertigung der Passagiere vom Check-in bis zum Boarding und alle damit im Zusammenhang stehenden Tätigkeiten, sowie die Beladeplanung der Flugzeuge. Am 1. Mai fertigten Mitarbeiter der *Salzburg Airport Services GmbH* erstmals eine Chartermaschine ab.

Ein Meilenstein der Berichterstattung für Fluginteressierte war das 1993 gegründete Flughafenmagazin „SAM" mit einer Ausgabe je Quartal. In der ersten Ausgabe fand man auch einen Bericht über den stattgefundenen Empfang am 15. Februar der erfolgreichen WM Teilnehmer von Morioka, Silvia und Elfi Eder sowie Thomas Stangassinger. Erwähnt wurde unter anderem auch die Landung des britischen Premierministers John Major am 6. April in Salzburg.

Dem ständig steigenden Bedarf an Parkflächen entsprechend konnten noch vor Beginn des Outgoing Charterverkehrs im Sommer 360 provisorische Parkplätze im Bereich des Radarturmes geschaffen werden. Den Mangel an Parkplätzen sollte ein viergeschossiges Parkhaus beseitigen, das in zwei Etappen errichtet werden und im Endausbau Platz für 1.563 Autos bieten soll-

1993 became an especially successful year. This development was due to considerable increase of outgoing air traffic, due to additional offers from travel agencies, and due to an increase in scheduled flights. The share contributed by charter flights remained the same more or less. Thus, the airport had processed more than one million passengers. Part of the success was attributed to the airport's participation in tourist trade fairs such as "Tourf" which took place from February 19th to the 21st that year. The airport also participated in other trade fairs which included *ITB* and *WTM*. In addition, the airport became a member of the USTOA (United States Tour Operators Association), an alliance of leading travel agencies and airline companies.

On March 1st, the *Salzburg Airport Services*, a subsidiary company owned 100 percent by the *Salzburg Airport Management LLC*, was founded for passenger handling. The traffic handling involved processing of passengers from check-in to boarding and all related tasks and planning of cargo storage on the airplane. On May 1st, employees of the *Salzburg Airport Services LLC* processed a charter flight for the first time.

A milestone in reporting news to people interested in aviation, an airport magazine named "SAM" with quarterly publishing was founded in 1993. Its first edition included a report about the reception on February 15th for the successful word championship participants Morioka, Silvia und Elfi Eder as well as Thomas Stangassinger. The arrival of British Prime minister John Major in Salzburg on April 6th was also mentioned.

To alleviate the constantly increasing demand for parking, 360 temporary parking spots were added in the area of the radar tower at the beginning of the summer charter traffic. Lack of parking was targeted through the construction of a four-story high parking garage with capacity for 1,563 cars which was planned to be completed in two steps. The 84 million Austrian Schillings expensive investment was approved by the board and the shareholders in mid-June. With this new construction, buses drove right up close to the ter-

Betriebsamkeit vor den Ticketschaltern
A busy check-in counter

te. Die mit 84 Millionen Schilling veranschlagte Investition wurde Mitte Juni vom Aufsichtsrat und den Gesellschaftern befürwortet. Mit dem Neubau sollten auch die Linienbusse direkt an das Abfertigungsgebäude geführt werden. Die Inbetriebnahme des ersten Bauabschnittes war für Mai 1994 geplant. Mit der Überdachung des Vorfahrtsbereiches sollte ein berechtigter Kritikpunkt beseitigt werden.

Nach nur drei Monaten Bauzeit öffnete bereits im Dezember, der mit einem Kostenaufwand von fünf Millionen Schilling vollkommen neu gestaltete Duty Free Shop, seine Pforten. Statt dem bisherigen Regalverkauf konnten die Kunden nun selbst aus übersichtlichen Verkaufsinseln wählen. Die offizielle Eröffnungsfeier war für 24. März 1994 geplant.

Der Künstler Michael Maislinger stellte vom 11. Dezember bis Ende Jänner im Rahmen der *artPort* Galerie im Obergeschoß des Flughafengebäudes seine Bilder aus. Maislinger trug bereits 1991 mit einem Bild zur künstlerischen Gestaltung der Vorfeldfassade bei.

Bis zum Jahresende entstand auch die neue Zufahrtstraße zum Abfertigungsgebäude, die in die neue Kreuzung in Himmelreich einmündete. Der Flughafen Salzburg wurde immer mehr zu einem Geheimtipp reiselustiger Menschen aus einem wachsenden Umkreis, der weit hinein nach Bayern reichte.

In den Winterflugplan aufgenommen wurden neu zwei tägliche Flüge nach Amsterdam, die in Kooperation von *KLM* und *Tyrolean* durchgeführt wurden. Neu im Sommerflugplan waren die täglichen (außer Samstag) Flüge Salzburg–Dresden mit Hamburg Airlines, die auch zur Weiterreise nach Hamburg genutzt werden konnten.

Die Liste an Reiseunternehmen, die in diesem Jahr Urlaubsflüge in den Mittelmeerraum ab Salzburg anboten, war lang. Neu waren Ziele wie Izmir, Monastir und Djerba.

Ab Weihnachten wurde vom österreichischen Reiseveranstalter *LOTUS* an den Freitagen sogar eine direkte Verbindung nach Rio angeboten. Geflogen wurde mit dem superleisen *Airbus A310-300* von *AEROCANCUN*.

Der Mitarbeiterstand betrug zum Jahresende 161 Beschäftigte.

minal building. The first part of construction was planned to get started in May 1994. Roofing of the access road resolved a critical issue.

Following only three months of construction and costing 5 million Austrian Schillings, the newly designed Duty Free Shop opened its doors in December. In replacement of over-the-counter sales, customers were now able to select from open displays. The official opening ceremony was scheduled to take place on March 24th, 1994.

The artist Michael Masilinger displayed his paintings as part of the *artPort Gallery* on the top floor of the airport building from December until the end of January. Maislinger had already contributed a painting in decoration of the front of the terminal building in 1991.

At the end of the year, the new access road to the passenger terminal was finished which ended at the intersection of Himmelreich. Salzburg Airport became an insider's tip for travelers from neighboring areas as far as Bavaria. New for the winter schedule, two daily flights to Amsterdam were offered as collaboration between KLM and Tyrolean. New for the summer schedule were daily flights from Salzburg to Dresden (except on Saturdays) which allowed for continuation of one's journey to Hamburg. There was a long list of travel agencies offering vacation flights from Salzburg to the Mediterranean area this year. Destinations included Izmir, Monastir and Djerba. Starting at Christmas, the Austrian travel agency *LOTUS* offered a Friday flight directly to Rio. The extremely quiet Airbus A310-300 operated by *AEROCANCUN* serviced this flight. A total number of 161 employees worked at the airport by the end of this year.

Flughafen Salzburg

1994 Endgültig weniger Lärm

1994 Finally less noise

Während wirtschaftliche Schwierigkeiten in Großbritannien und Skandinavien einen Rückgang im Schi-Charterverkehr um sechs Prozent verursachten, stieg das Passagieraufkommen im Linienverkehr um erfreuliche 22,1 Prozent! Wesentlich dazu beigetragen hatten die Aktivitäten von Niki Lauda mit seiner *LAUDA Air*. Mit dem Erwerb von mehreren *Canadair Jets 100 ER* ging Lauda ab Jänner 1995 eine Partnerschaft mit Lufthansa für Linienflüge nach Paris, London und Frankfurt ein. Bemerkenswert war, dass eine Lauda-Maschine jeweils in Salzburg stationiert war und hier morgens abhob, um am Abend wieder zurückzukehren. Bereits am 2. Februar taufte Eliette von Karajan einen der ersten Jets auf den Namen *Herbert v. Karajan*. Mehr als 60 Prozent der Linienflüge führte *Tyrolean Airways* durch. 1994 beteiligte sich die AUA mit 42,85 Prozent

While economic difficulties in Great Britain and Scandinavia led to a decline in charter flights for skiing vacations by six percent, the passenger volume of scheduled flights increased by 22.1 percent. Mainly activities by Niki Lauda with his *Lauda Air* accounted for this increase. With the purchase of several *Canadair jets 100 ER*, Lauda partnered with Lufthansa offering scheduled flights to Paris, London and Frankfurt starting in January 1995. Noteworthy, there was always one airplane of *Lauda Air* stationed in Salzburg which departed in the morning and returned at night. Already on February 2nd, Eliette von Karajan baptized one of the first jets in the name of Herbert von Karajan. More than

1994 Das Parkhaus kurz vor der Fertigstellung
1994: The almost finished parking deck

1994 Die neu gestaltete „Auffahrt"
1994: The newly designed access ramp

an *Tyrolean* und integrierte die eigene Regionaltochter *Austrian Air Service* (AAS) samt der Fokker 50-Flotte in die Tyrolean.

Am 28. April landete James Bond Darsteller Roger Moore im Zuge einer Promotion Tour in Salzburg und am 11. Mai spielte Austria Salzburg im UEFA-Cup Finale auswärts gegen Inter in Mailand. Trotz Niederlage feierten die Fans ihre Mannschaft bei ihrer Ankunft in Salzburg frenetisch.

Am 1. Mai 1994 wurde der „*1st Austrian DC-3 Dakota Club*" gegründet. Die Gründungsmitglieder waren Gottfried Darringer, Christian Indinger und Christian Schwendner. Ihr Ziel war es, neben an der Fliegerei interessierten Personen anzusprechen, einmal eine eigene Douglas DC-3 zu besitzen.

Wesentliche Baumaßnahmen konnten noch vor Beginn der Salzburger Festspiele abgeschlossen werden, indem am 1. Juli vorerst vier Geschoße des neuen Parkhauses in Betrieb genommen wurden. Mit 1.100 Stellplätzen konnte die Parkplatznot beseitigt werden. Zusätzlich wurde der Übergang zum Abfertigungsgebäude und diese Zufahrt überdacht.

Den Salzburger Flughafen flogen in diesem Jahr nur mehr jene Flugzeuge an, die den strengsten Lärmkriterien, dem Kapitel 3, entsprachen. Ausnahmegenehmigungen wurden ab März keine mehr erteilt. Damit konnten neben Verbesserungen der Umweltsituation eine spürbare

60 percent of scheduled flights were serviced by *Tyrolean Airways*. In 1994, *AUA* took over 42.85 percent of *Tyrolean* and integrated its subsidiary company *Austrian Air Service (AAS)* with the Fokker 50 fleet into *Tyrolean*.

On April 28th, the James Bond actor, Roger Moore, landed in Salzburg on tour to promote his movie, and on May 11th, Austria Salzburg competed in the UEFA-Cup finale against Inter in Milan. Despite the loss, fans cheered on the soccer team at its arrival in Salzburg.

On May 1st, 1994, the *"First Austrian DC-3 Dakota Club"* was founded. The founding members were Gottfried Darringer, Christian Indinger and Christian Schwendner. Their goal was to inform people interested in aviation but also to one day own a Douglas DC-3.

Significant progress was made on construction projects with completion of the four-story parking garage before the start of the Salzburg Festival on July 1st. With 1000 parking spots, lack of parking was a problem of the past. In addition, the passage way to the passenger terminal and the access road received a roof.

As of this year, only airplanes adhering to strict noise level criteria, as mentioned in chapter three,

Arnold Schwarzenegger mit Mutter Aurelia
Arnold Schwarzenegger with his mother Aurelia

Entkrampfung in der Beziehung mit den Flughafen-Gegnern erreicht werden.

Anlässlich einer Pressekonferenz stellte Bürgermeister Stellvertreter Johann Padutsch am 12. August das neue Lärmgutachten vor. Er betonte die „unbestreitbaren Verbesserungen", und auch die Vorsitzende des Anrainerschutzverbandes, Ingrid Jallitsch, bestätigte: „Die Situation hat sich klar verbessert".

Erfolgreich entwickelte sich auch die noch junge Tochter *„Salzburg Airport Services"*, kurz SAS genannt. Bereits im ersten Quartal des Jahres fertigten 32 Beschäftigte, davon 20 in Teilzeit, 700 Flüge und etwa 211.000 Passagiere ab. Stationsleiterin Barbara Horner nahm stellvertretend für das gesamte Team den *Special Merit Award* der Fluggesellschaft *Britannia Airways* als Anerkennung für die kundenfreundliche Abfertigung entgegen. Im Winterchartern 93/94 waren Flugzeuge von 22 Airlines in Salzburg, im Sommer flogen sogar 27 Salzburg an. War Salzburg bisher eher Ausgangspunkt von Mittelstreckenflügen, drängte mit *MERLIN*-Reisen ein Veranstalter von Langstreckenflügen nach Salzburg. Geflogen wurde wöchentlich mit Lauda Air nach Venezuela, Mexiko und in die Dominikanische Republik.

Ab 5. November startete *LTU* jeweils an den Samstagen von Düsseldorf nach Salzburg und zurück. Der Schi-Express kam mit einer *Boeing 757* und war auch für Wochenendtrips in die Mozartstadt gedacht. Der Wochenendtarif war übrigens um DM 249,-- zu haben. Für den kommenden Winterchartern hatten sich mit *Nordic-East* aus Stockholm mit Boeing 737-300 und *Transavia* aus Amsterdam, ebenfalls mit Boeing 737-300 neue Fluggesellschaften angesagt.

Rechtzeitig zum Winterbeginn konnte im Zuge der Installierung einer Pisten-Mittellinienbefeuerung eine Anlage für Glatteis-Frühwarnung eingebaut werden. Drei Außenmessstellen übertrugen die Daten von Niederschlag, Temperatur und Eisentwicklung zur Einsatzleitung.

approached Salzburg Airport. No exceptions were granted after March. Thereby, environmental improvements were made and the relationship with the opponents of the airport also considerably improved. At a press conference on August 12th, Deputy Mayor Johann Padutsch introduced the new report on noise levels. He emphasized the "undeniable improvements" which was supported by the chairwoman of the conservation association of local residents who stated, "The situation has clearly improved".

The young subsidiary company *"Salzburg Airport Services"* in brief SAS, developed successfully as well. Already in the first quarter of the year, 32 employees, whereof 20 were part-time, processed 700 flights and about 211,000 passengers. The manager, Barbara Horner, accepted the *Special Merit Award* on behalf of the entire team from the airline company *Britannia Airways* in acknowledgment of their customer-friendly service. During the winter charter season of 93/94, airplanes from 22 airlines serviced Salzburg and during the summer even 27 airlines serviced Salzburg. Until now, mainly mid-distance flights originated from Salzburg but with *MERLIN-Travels*, a travel agency offering long-distance flights came to Salzburg. Through *Lauda Air*, it offered weekly flights to Venezuela, Mexico and the Dominican Republic.

As of November 5th, *LTU* offered flights from Dusseldorf to Salzburg and back on Saturdays. The ski-express arrived with a *Boeing 757* and was also designed to offer weekend trips to Mozart's city. The weekend fare amounted to 249 German Marks. For the upcoming winter charter season, new airline companies offered scheduled flights to Salzburg which included *Nordic-East* from Stockholm with a Boeing 737-300 and *Transavia* also with a Boeing 737-300 from Amsterdam.

In time for the winter, an electronic black ice warning system was installed together with runway and midline beacons. Three measuring units transmitted data about precipitation, temperature and ice development to the operational command center.

1990 bis 1999

1995 EU-Beitritt
1995 Entry into the European Union

Mit dem EU Beitritt Österreichs am 1. Jänner, wurden nicht nur im Duty Free Shop die Waren billiger, unter den Mitgliedsländern fielen mit erstem Jänner auch die Zollschranken weg. Trotz der Abschaffung der Zollkontrollen behielten die Flugpassagiere bei der Reise in ein anderes EU Land das Privileg des Duty Free Einkaufes. Beachtlichen Erfolg hatte eine Ausstellung von Flugzeugbildern des Künstlers Ossi Bommer im Restaurantbereich, die am 10. Jänner eröffnet wurde.

Vom 3. bis 5. Februar fand auch in diesem Jahr wieder die Ferienmesse Tourf statt, bei der sich der Airport eindrucksvoll präsentierte.

Eine neue Betriebszeitenregelung trat mit Beginn des Winterflugplans 1994 in Kraft. Von 6 Uhr bis 23 Uhr war der Flughafen grundsätzlich geöffnet. In den Randstunden, also von 6 Uhr bis 7 Uhr und von 22 Uhr bis 23 Uhr durften nur Flugzeuge der leisesten Typen landen. Für Flugzeuge, die nur knapp an die Kapitel 3 Regelung herankamen, wurde ab 1. November 1995 der Planungszeitraumes von 7 Uhr bis 21 Uhr eingeschränkt. Die vom Airport beantragte Änderung der Betriebszeiten wurde am 21. November 1995 vom Verkehrsministerium per Bescheid genehmigt.

Zu den Weichenstellungen für das foldgende Jahr zählte auch das Bestreben, die Strukturen im Kundenservice zu verbessern. Nach dem Neubau der Parkgarage sollte den Bedürfnissen der EU und den steigenden Passagierzahlen entsprechend ein Cateringgebäude sowie ein neuer Luftfrachtterminal errichtet werden. Bereits abgeschlossen wurde die Fassadenverglasung des Auslandswarteraums. Nicht nur die Fassade, auch die Abfluggates wurden erneuert. Dadurch gewann der Wartebereich zehn Prozent mehr Fläche. Generalsaniert wurde auch die zentrale Küche im ersten Obergeschoß. Wegen der Zunahme

With Austria's joining of the EU on January 1st, the merchandise at the Duty Free Shop became cheaper and customs was eliminated among members. Despite discontinuation of customs, airline passengers retained the privilege of Duty Free purchases.

Remarkable success had an exhibition of airplane pictures by the artist Ossi Bommer in the area of the restaurant which opened on January 10th.

From February 3rd to 5th of this year, the vacation fair Tourf took place again where the airport presented itself impressively.

New regulations for operating times took effect with the start of the winter flight schedule in 1994. The airport was open between 6:00 am to 11:00 pm. Early morning between 6:00 and 7:00 am and late at night between 10:00 and 11:00 pm, only very quiet airplane models were permitted to land. Airplanes that only barely made it within the regulations mentioned in chapter 3, were only allowed to operate between 7:00 am to 9:00 pm as of November 21st, 1995.

Setting the course for the following year included an attempt to improve the structure of customer service. After the new construction of the parking garage, a building for catering and a new cargo

1995, 19. August, Die Popgruppe Status Quo landet mit Tyrolean Dash 8 in Salzburg
August 19th, 1995: The pop group Status Quo arrives with a Tyrolean Dash 8 in Salzburg

im Linienverkehr wurde die Check- in- Halle um weitere drei Schalter auf 21 Check- in- Counter erweitert. Zusätzlich installiert wurde in diesem Bereich ein Ticket Counter für *LAUDA Air*.

1995 wurde beschlossen, Rücklagen in der Höhe von jährlich 30 Millionen Schilling für die bevorstehende Startbahn Generalsanierung zu schaffen. Schon damals war laut Gutachten klar, dass für die Sanierung Kosten von 150 Millionen Schilling zu erwarten waren.

Durch den Einstieg von *LAUDA Air* in das Internet System wurde Fluggästen ab März erstmals von einer europäischen Airline die Möglichkeit geboten, Reisen online zu planen.

Das erste Airport Frühlingsfest vom 5. bis 7. Mai sollte als Fest für der Bevölkerung Salzburgs und Umgebung den Airport als Partner näher bringen. Tausende Salzburger kamen dann auch, als am 5. Mai das Parkhaus von Bürgermeister Josef Dechant feierlich eröffnet wurde. Anlässlich der Feierlichkeiten hatte die Künstlerin Lotte Ranft eine Büste zu Ehren des Wissenschaftlers Christian Doppler geschaffen, die unter dem Vordach vor dem Abfertigungsgebäude aufgestellt wurde. Der Platz davor wurde dann in *„Christian Doppler Platz"* umbenannt.

terminal were planned accommodating the EU and increasing passenger volume. The glass front of the international waiting area had already been completed. Not only the front, but also the gates were renovated. Thereby, the waiting area gained 10 percent more space. The central kitchen on the first floor was also completely remodeled. Due to the increase of scheduled flights, the check-in hall was expanded by three counters to a total of 21 counters. An additional counter was installed as ticket counter for *LAUDA Air*. In 1995 it was decided to build up annual reserves of 30 million Austrian Schillings for the upcoming renovation of the runway. Even back then it was clear that the renovation would cost 150 million Austrian Schillings.

Airline passengers were able to book flights online for the first time in March when LAUDA Air started the use of internet service.

The first airport spring celebration took place between May 5th and 7th to familiarize the residents of Salzburg and surrounding areas with the airport as partner. Thousands of Salzburg residents attended the opening of the parking garage by Mayor Josef Dechant on May 5th. On this occasion, the artist Lotte Ranft created a bust of the scientist Christian Doppler which was displayed under the awning of the passenger terminal. The place in front was renamed to *"Christian Doppler Place"*.

Luftbild vom Flughafen
Aerial image of Salzburg

1995 Passkontrolle nach EU-Beitritt
1995: Passport control after joining the EU

Am 19. Juni präsentierte Tyrolean den neuen 80-sitzigen Regionaljet *Fokker 70* in Salzburg. Der erste *F70* Jet der *Tyrolean* wurde der Presse und dem Fachpublikum vorgestellt und auf den Namen „Stadt Salzburg" getauft.

Ab dem Sommer 1995 bot ITAS erstmals Reiseziele in Griechenland und Zypern an und *Air Ostrawa* hat mit 1. Juli die Linienverbindung Salzburg-Prag aufgenommen.

Die in Düsseldorf ansässige deutsche Flughafengesellschaft *LTU* feierte in diesem Jahr ihr 40. Bestandsjahr. *LTU* brachte mit seinem in Salzburg stationierten Airbus A 330 seit Beginn der Wintersaison regelmäßig 390 Urlauber von Salzburg nach Palma/Mallorca, wobei sogar Ausweitungen geplant waren.

Die Tätigkeit der *SAS* wurde sowohl im Charter als auch im Linienverkehr ausgeweitet. Im Berichtsjahr konnten 574.955 Passagiere von Salzburg Airport Services abgefertigt werden. Neben den 80 Prozent der Salzburg anfliegenden Charterfluggesellschaften wurden auch sechs Linienfluggesellschaften mit regelmäßigen Flügen von und nach Salzburg abgefertigt.

Für das abgelaufene Jahr konnte der Salzburger Airport wieder einen Passagierzuwachs um elf Prozent auf 1,13 Millionen verbuchen. Im vergangenen Jahr wurde der Salzburger Airport von über 70 Fluggesellschaften angeflogen.

Die Anzahl der am Airport Beschäftigten wuchs mit Jahresende auf 177 Mitarbeiter an.

On June 19th, Tyrolean introduced the new 80 seat regional jet *Fokker 70* in Salzburg. The first *F70* jet of Tyrolean was presented to the press and the expert audience and was baptized to the name of *"City of Salzburg"*.

Starting in the summer of 1995, ITAS offered flights to destinations in Greece and Cyprus for the first time and Air Ostrawa started the scheduled connection Salzburg-Prague on July 1st.

LTU, a German airport company with headquarters in Dusseldorf, celebrated its 40th anniversary. LTU had serviced flights with an Airbus A 330 to Salzburg since the beginning of the winter season and transported 390 vacationers regulatory from Salzburg to Palma/Mallorca and further expansion was already planned.

SAS extended its operations of charter and scheduled flights. This year 574,955 passengers were processed by Salzburg Airport Services. Besides 80 percent charter airlines, also six airlines offering scheduled flights to and from Salzburg were processed.

The past year, Salzburg Airport reported an increase in passenger volume by eleven percent to 1.13 million again. That year, Salzburg Airport was approached by 70 airlines. The number of employees at the airport increased to 177 by year-end.

Flughafen Salzburg

1996 Salzburg Airport W.A. Mozart
1996 Salzburg airport W.A. Mozart

Zum 70. Jahr seines Bestehens beschloss man am Salzburger Airport, ähnlich den Airports *„John F. Kennedy"* oder *„Charles de Gaulle"*, den wohl bekanntesten Salzburger, Wolfgang Amadeus Mozart in das internationale Erscheinungsbild zu integrieren. Also wurde ab 1996 *„Salzburg Airport W.A. Mozart"* zum offiziellen Namen.

Zahlreiche Staatsoberhäupter der erstmals in Salzburg stattfindenden *„Central and Eastern European Economic Summit"* und jede Menge prominenter Festspielgäste, die am Airport eintrafen, forderten von Landeshauptmann Franz Schausberger im Juli einen wahren Empfangsmarathon. Unter ihnen Magret Thatcher, Königin Silvia von Schweden und das norwegische Königspaar Harald und Sonja.

Ein Beitrag zur Sicherheit des Flugbetriebs auf der Piste 16/34 war die teilweise Einbeziehung der Stoppfläche Nord. Nach Entfernung einer Trafostation am Gelände der Schwarzenbergkaserne und Einholung der luftfahrtbehördlichen Genehmigung standen nun für Starts in beide Richtungen 2.750 Meter zur Verfügung. Die für den Anflug maßgeblichen Landesschwellen blieben unverändert.

Als Anerkennung für die grenzüberschreitende Bedeutung des Flughafens zwischen Salzach und Inn wurde der Salzburg Airport W.A. Mozart mit der Verleihung des *„EUREGIO"* -Wappens gewürdigt.

Weit über 15 Internationale Airlines transportierten in diesem Sommer sonnenhungrige Urlauber in südliche Destinationen. Unter ihnen *Aero Lloyd, Condor, Lauda Air, Sun Express* und *Tyrolean*.

Man war zufrieden, dass auch im Jubiläumsjahr wieder leichte Zuwächse in den Betriebsergebnissen zu verzeichnen waren. Da die landseitigen Baumaßnahmen im Wesentlichen abgeschlossen waren, sollten weitere Bestrebung im Zeichen der Verbesserung der Servicequalität stehen. Für das Wirtschaftsjahr waren deshalb die Errichtung eines weiteren Cateringgebäudes und eines neuen Luftfrachtterminals geplant. Immer mehr Airlines nahmen das Catering-Service in Salzburg in Anspruch. In Spitzenzeiten konnte mit den vorhan-

For its 70th anniversary it was decided that the name of Salzburg Airport should integrate the most famous resident of Salzburg, Wolfgang Amadeus Mozart in its name which followed examples by other airports such as *"John F. Kennedy"* or *"Charles de Gaulle"*. Thus, *Salzburg Airport W.A. Mozart* became the official name in 1996.

Numerous heads of states arrived at the airport for the *"Central and Eastern European Economic Summit"* which took place in Salzburg for the first time and additionally, prominent Salzburg Festival spectators requested a reception marathon from Governor Franz Schausberger. These guests included Margret Thatcher, Queen Silvia of Sweden, and the Norwegian King and Queen, Harald and Sonja.

Partial integration of the northern ramp into the runway 16/34 contributed to the safety of flight operations. After the removal of a transformer station at the Schwarzenberg barracks and following permission by the aviation office, 2,700 meters in both directions were available for takeoff from now on. The arrival threshold remained unchanged.

In recognition of the airport's importance which spaned across borders between Salzach and Inn, Salzburg Airport W.A. Mozart received the *EUREGIO* crest.

More than 15 international airlines transported sun-seeking vacationers toward the south this summer. Among them were *Aero Lloyd, Condor, Lauda Air, Sun Express und Tyrolean.*

One was satisfied that in the anniversary year a small increase in operational results was noticed. Since construction was more or less complete, the sight was set on improving quality of service. For this business year, construction of an additional catering building and a new air cargo terminal was on the agenda. More and more airlines took advantage of the catering service at Salzburg Airport. At peak operating times, the four existing catering vehicles were at maximal usage and thus, two new specialized vehicles were acquired. In addition, a specialized vehicle to deliver drinking water to airplanes was also put into

Der neue Busterminal
The new bus terminal

denen vier Catering Fahrzeugen nicht mehr das Auslangen gefunden werden und man erwarb zwei weitere dieser Spezialfahrzeuge. In Betrieb genommen wurde auch ein Spezialfahrzeug, das Flugzeuge mit sauberem Trinkwasser versorgt. Der Edelstahltank fasste 2.000 Liter.

Am 14. Oktober wurde in Salzburg das Millenniums- Flugzeug, ein *Airbus A321* der *AUA*, anlässlich des Jubiläums 1.000 Jahre Österreich auf den Namen „*Pinzgau*" getauft. Die Maschinen zierten zahlreiche Porträts berühmter Österreicher der vergangenen 1.000 Jahre.

Im Oktober wurde auch das neue, 1.700 Quadratmeter umfassende Cateringgebäude von der Firma Airest in Betrieb genommen, in dem bis zu 6.000 Bordmahlzeiten täglich produziert wurden. Wie bereits erwähnt plante der Salzburg Airport W.A. Mozart für 1997 zusätzliche Investitionen. So konnte mit dem Unternehmen „*DO&CO*", das die *LAUDA Air* exklusiv mit Bordverpflegung belieferte, ein Vertrag über die gemeinsame Errichtung eines weiteren Catering-Produktionsgebäudes abgeschlossen werden. Die Planungen für das neue Frachtgebäude im Osten des Airports wurden ebenfalls Ende 1996 abgeschlossen. Für die Frachtkapazität von 11.500 Tonnen je Jahr sollten nach Fertigstellung Frachthallen im Ausmaß von 2.300 und ein Bürotrakt mit einer Fläche von 1.600 Quadratmeter zur Verfügung stehen.

Mit Jahresende erwirtschafteten am Airport 196 Mitarbeiter eine Steigerung des Betriebsergebnisses um 10,3 Millionen Schilling. Das Passagieraufkommen konnte mit 1,14 Millionen Passagieren ebenfalls geringfügig gesteigert werden.

operations. The steel tank could hold 2,000 liters. On October 14th, the millennium airplane, an *Airbus A321* operated by *AUA* was baptized to the name of "*Pinzgau*" in Salzburg, in celebration of 1,000 years of Austria. The airplanes were decorated with numerous portraits of famous Austrians from the past 1,000 years.

In October the new 1,700 square meters large catering building of Airest was put into operations. It could produce up to 6,000 meals for on-board catering daily. As already mentioned, Salzburg Airport W.A. Mozart planned additional investments for 1997. An agreement was reached with the company "*DO&CO*" which exclusively delivered on-board meals for *LAUDA Air* for construction of an additional catering production building. Planning of the new cargo building located in the east of the airport was also completed by the end of 1996. A cargo capacity of 11,500 tons per year was scheduled to be contained in a cargo hall of 2,300 tons and office space was also created in the size of 1,600 square meters.

At year-end 1996 employees at the airport increased the operational results by 10.3 million Austrian Schillings. Passenger volume was also slightly increased to 1.14 million passengers.

Flughafen Salzburg

1997 Fit für Schengen und den Wegfall der Passkontrollen
1997 Ready for Schengen and elimination of passport controls

Bis zum Wegfall der Kontrollen dauerte es für Österreich bis 1. Dezember 1997. Ab diesem Tag entfielen die Personenkontrollen auf Flügen in die damals acht Partnerstaaten. In Abstimmung mit den Behörden mussten dafür aber Umbauten im Ankunfts- und Abflugbereich an sechs Gates durchgeführt werden.

Mit 3. März nahm *Tyrolean* eine Tagesrandverbind nach Hamburg auf. Elfmal je Woche flog ihre *Dash-8/100* von Salzburg aus in die Hansestadt. Ebenfalls am 3. März nahm *Tyrolean* wieder ihre täglichen Flüge nach Paris auf.

Vom 7. bis 9. April fand in Salzburg eine Tagung Europäischer Flughafenvertreter unter dem Motto „Luftverkehr und Umwelt" statt. Ebenfalls am 7. April landete Jose Carreras zu einem Konzertabend in Salzburg und bereits am 13. März traf Sergio Zyman, General Manager von Coca Cola, zu einer Marketingtagung in Salzburg ein.

Unter dem Begriff *„Die Vernunft hat gesiegt"* haben Medien den erfolgreichen Kooperationsvertrag vom 12. März zwischen Austrian Airlines, Lauda Air und Tyrolean Airways kommentiert. Ein ebenso bedeutendes Datum war der 1. April. An diesem Tag trat das dritte Paket zur völligen Liberalisierung des Luftverkehrs in Europa in Kraft. Die Damen und Herren der Salzburg Air Services erhielten zu Beginn der Sommersaison schicke neue Uniformen. Der 100%igen Tochter der Salzburger Flughafen Betriebs GmbH. war das einheitliche Erscheinungsbild ihrer Mitarbeiter schon immer ein großes Anliegen.

Mitte Juni war Baubeginn für den neuen, 70 Millionen Schilling teuren Luftfracht-Terminal, der 1998 fertiggestellt wurde.

It took Austria until December 1st, 1997, to discontinue controls. As of that day, there were no longer controls for passengers on flights within the eight member countries. In accordance with demands by the governing authorities, restructuring of six gates in the arrival and departure areas had to be performed.

On March 3rd, Tyrolean started to offer an end-of-day connection to Hamburg. Eleven times per week, a Dash-8/100 flew from Salzburg to Hamburg. Also on March 3rd, Tyrolean restarted the daily connection to Paris.

Between April 7th and 9th, a meeting of European airport representatives took place under the title "Air Traffic and the Environment". Also on April 7th, Jose Carreras arrived in Salzburg for a concert and already on March 18th, Sergio Zyman, general manager of Coca Cola arrived in Salzburg for a marketing conference.

The press entitled the successful cooperation contract between Austrian Airlines, Lauda Air and Tyrolean Airways which was signed on March 12th as "Good Sense Prevailed".

On this day the third step of total liberalization of air traffic in Europe went into effect.

Salzburg im Landeanflug
Salzburg from the view of an approaching flight

Unter strengster Bewachung und von Scharfschützen begleitet, begann am 13. Juli Hillary Clintons dreitägiger Salzburg Besuch. Landeshauptmann Franz Schausberger empfing die First Lady und ihre Tochter Chelsea, bevor sie in der Panzerlimousine stadtwärts entschwand.

Neu am Flughafen war auch der Last Minute-Spezialist „Die Reisebörse". Damit war Österreichs größter Anbieter von Last Minute Flügen auch im Abfluggebäude des Salzburg Airports mit einer Filiale vertreten.

Der Sommerflugplan in diesem Jahr war so umfangreich, dass er gleich mehrere Seiten einnahm. Neben dem ausgeweiteten Liniennetz wurden zusätzlich 40 Ziele im Charterverkehr von Salzburg aus direkt angeflogen. Zusätzlich flog die *Lauda Air* regelmäßig Puerta Plata und Punta Cana in der Dominikanischen Republik und Cancun in Mexico an.

Neu war auch, dass *Eurowings* ab Sommer mit einem in Salzburg stationierten *Airbus A 319* Ziele im Mittelmeerraum anflog.

Ab 26. Oktober galt die bereits erwähnte neue Betriebszeitenregelung.

Diese besagte, dass zwischen 21 Uhr und 22 Uhr nur Flugzeuge geplant werden, die mehr als 60 Prozent geringere Schallimmissionen aufweisen als die entsprechenden *ICAO* Grenzwerte. Dasselbe galt für die Zeit von 6 Uhr bis 7 Uhr, jedoch nur für Starts.

Am 17. November wurden notwendige Sanierungsarbeiten am Tower abgeschlossen. Glasflächen mussten wegen zu großer Angriffsflächen bei Wind geteilt und das Dach erneuert werden.

Was heute als selbstverständlich klingt, war noch im November 1997 eine Pionierleistung. Unter *www.salzburg-airport.com* war der Airport weltweit im Internet vertreten.

Am 16. Dezember wurde Günther Auer, Geschäftsführer des Salzburg Airport W.A. Mozart mit dem Silbernen Ehrenzeichen des Landes Salzburg ausgezeichnet.

Im Betriebsjahr 1997 konnte der Salzburg Airport W.A. Mozart mit 1,19 Millionen Passagieren (+4,3%) seine Stellung als größter Regionalflughafen Österreichs behaupten. Der Mitarbeiterstand lag Ende 1997 beinahe unverändert bei 194.

The employees of Salzburg Air Services received fancy new uniforms. The company which was a 100 percent subsidiary company of Salzburg Airport Management LLC took great care in maintaining a cohesive appearance of its employees. In mid-June construction of the new air cargo terminal started which cost 70 million Austrian Schillings and was scheduled to be completed in 1998.

On July 13th, Hillary Clinton arrived for a three day state visit under strict guarding and surveillance by snipers. Governor Franz Schausberger welcomed the First Lady and her daughter Chelsea before they got into their armored limousine to drive into the city.

Also new at the airport was the last-minute travel specialist "Travel Exchange" ("Die Reiseboerse"). Thereby, Austria's largest last-minute travel agency was present with a branch in the departure hall of Salzburg Airport.

The summer flight schedule this year was so extensive that it involved several aspects. Besides the expanded scheduled flight network, 40 destinations were serviced by charter flights from Salzburg. In addition, Laud Air offered flights to Puerta Plata and Punta Cana in the Dominican Republic and Cancun in Mexico regularly.

Another new connection was offered by Eurowings starting in the summer with an Airbus A 319 stationed in Salzburg which flew to destinations in the Mediterranean area.

Starting on October 26th, the already mentioned new regulation of operating hours went into effect. The regulation demanded that only airplanes that met the ICAO threshold of 60 percent less noise emission were allowed to service Salzburg between 9:00 to 10:00 pm. The same rules applied for the morning hour between 6:00 to 7:00 am but only for take-off.

On November 17th, the necessary renovation of the tower was completed. Glass surfaces were separated because of incompatibility with high winds and the roof was renovated.

All seems easy today but required a major effort in 1997. Through the link *www.salzburg-airport.com* the airport was now present on the internet.

On December 16th, Guenther Auer the director of Salzburg Airport W.A. Mozart was awarded the silver medal of the Province of Salzburg.

In the operational year of 1997, Salzburg Airport W.A. Mozart defended its position as Austria's leading provincial airport with an increase in passenger volume by 1.19 million (+4.3%). The number of employees remained unchanged with 194 people in 1997.

Flughafen Salzburg

1998 Wieder ein neuer Passagierrekord
1998 Another passenger record

1998 sollte trotz verschärftem Konkurrenzdruck, auch unter den Flughäfen und der Liberalisierung in der Europäischen Luftfahrt, ein gutes Jahr werden. Für Salzburg nicht gerade förderlich war die große österreichische Luftfahrtlösung mit dem Wegfall der *Lauda-Air* Linienverbindungen. Die Vorschau auf das laufende Geschäftsjahr ließ dennoch eine moderate Steigerung erwarten, denn die Salzburger Flughafen Betriebs GmbH, hat sich für die bevorstehenden Veränderungen gut vorbereitet, um weiter zu den besten und qualitativ hochwertigsten Verkehrsflughäfen in Österreich zu zählen.

„Die Russen kommen", hieß es auch in diesem Winter, als Aeroflot mit insgesamt 28 Flügen tausende Wintersportler von Moskau nach Salzburg brachte. Geflogen wurde ausschließlich mit lärmarmen Kapitel 3 Flugzeugen.

Auch die polnische Fluglinie *LOT* eröffnete im Jänner mit einer Erstlandung eine Schiluftbrücke aus Warschau.

Am 15. März präsentierte Hermann Maier nach seiner Ankunft am Airport stolz seine drei Weltcup-Kristallkugeln, die er aus Crans Montana nach Hause brachte.

Am 28. April 1998 wurde in der Abflughalle am Flughafen ein Schalter von Istanbul Airlines und Reiseveranstalter Pegasus eröffnet.

1998 appeared to be a good year for the airport despite increased competition between airports due to the liberalization of European aviation. The Austrian solution to eliminate one large local airline, Lauda Air, was not beneficial for Salzburg. Expectations for the new year still showed a moderate increase because the Salzburg Airport Management LLC had been prepared for the changes and maintained its status among Austrian airports as the best and most qualified airport.

"The Russians are coming" was the saying again this winter when Aeroflot transported 1000 winter sportsmen on 28 flights from Moscow to Salzburg. Quiet airplanes, as mentioned in chapter 3, were used exclusively.

The Polish airline LOT started a skiing connection from Warsaw to Salzburg.

On March 15th, Hermann Maier arrived at the airport and proudly presented his three world-cup crystal balls which he brought home from Crans Montana.

Herman Maier mit Kristallkugel flankiert von Günther Auer (l.) und Roland Hermann
Herman Maier with crystal ball accompanied by Guenther Auer (left) and Roland Hermann

1990 bis 1999

Seit dem 6. Mai werden im neuen Cateringgebäude am Ostrand des Salzburger Flughafens Bordmenüs auf höchstem Level gekocht. Im neuen DO&CO Zentrum West wurden auf mehr als 17.000 Quadratmeter neben Bordmenüs für die Lauda Air auch das Catering für zahlreiche Events vorbereitet.

Nach Wien, Mailand und London entstand somit in Salzburg die 4. Gourmetküche des bekannten Wiener Catering Unternehmens. Im Bereich Airline Catering werden vom neuen Standort DO&CO West auch die Flughäfen Linz und Innsbruck beliefert.

Nach dem Wegfall von Lauda Air gesellten sich u.a. Fly Niki und AUA zu den Stammkunden des Unternehmens. Heute produzieren etwa 30 Mitarbeiter täglich bis zu 8.000 Bordmenüs.

Mit THC (The Holiday Company), Transeuropa und Hansemann Touristik starteten drei neue Reiseveranstalter in den Sommer 1998. THC und Transeuropa hatten ihre Ziele vornehmlich in Griechenland und Hansemann deckte die Bereiche Italien, Kroatien und Zypern ab.

Insgesamt flogen 18 Airlines für große Reiseveranstalter zu Zielen vor allem im Mittelmeerraum. Weiter unverändert wurden von Salzburg aus Langstreckenflüge in die Karibik angeboten.

Seit Anfang Juni 1998 werden im Flughafenrestaurant „Amadeus" die Gäste in gehobenem Ambiente verwöhnt. Fünf Millionen Schilling investierte der Restaurantbetreiber Airest in den Umbau der bisherigen Restauranttypen „Le Gourmet" und „Bistro".

1998: Airport als fahrradfreundlicher Betrieb ausgezeichnet, Dir. Auer (l.) mit LR Robert Thaller

1998: The airport was honored for its bicycle-friendliness. Dir. Auer (left) with LR Robert Thaller

On April 28th, 1998, counters for Istanbul Airlines and the travel agency Pegasus were opened in the departure hall of the airport.

As of May 6th on-board catered food was prepared at highest standards in the new catering building at the eastern border of Salzburg Airport. The DO&CO Center West operated on 17,000 square meters and prepared meals for Lauda Air but also catered food for numerous events.

After Vienna, Milan and London, Salzburg was the fourth place where the well-known Viennese caterer was stationed. Airline Catering also serviced Linz and Innsbruck from its new location at DO&CO West. Following the discontinuation of Lauda Air, Fly Niki and AUA became regular customers. Today 30 employees produce around 8,000 meals daily for on-board catering.

The new travel agencies THC (The Holiday Company), Transeuropa and Hansemann Touristik started in the summer of 1998. THC and Trans-

Papst Johannes Paul II. mit Bundespräsident Thomas Klestil am 19. 6. 1998
Pope John Paul II. with Federal President Thomas Klestil on June 19th, 1998

Noch eine Eröffnung fand wenige Tage zuvor, am 25. Mai statt, als das neu errichtete Cargo-Terminal offiziell in Betrieb genommen wurde. Mit einem finanziellen Aufwand von 80 Millionen Schilling wurde ein modernes Frachtgebäude, das auch den Anforderungen kommender Generationen gerecht werden sollte, seiner Bestimmung übergeben. Das Terminal hat eine Lagerfläche von 2.300 und 1.600 Quadratmeter Bürofläche und bot neben dem Airport Salzburg Platz für acht Speditionen, zwei Airlines *(Lufthansa und AUA)* und die Zollabwicklung.

Papst Johannes Paul II, Oberhaupt der römisch katholischen Kirche, kam am 19. Juni an Bord einer MD 82 der Alitalia zu seinem zweiten Besuch auf dem Salzburg Airport an. Begrüßt wurde der Pontifex von Bundespräsident Klestil, Mitgliedern der Bundes- und Landesregierung sowie der österreichischen Bischofskonferenz.

Frisch aus Toulouse kam der *Airbus A 330*, das neue Großraumflugzeug der Austrian Airlines am 11. August zu seiner Erstlandung nach Salzburg. Nicht viel später gab es innerhalb weniger Tage auf dem Salzburg Airport zwei erfreuliche Erstlandungen der neuen *Boeing 737-800*. *Lauda Air* und *Sabre Air* flogen seit Mitte August mit diesem neuesten Flugzeugtyp nach Salzburg. Die *B737-800* zählte damals zu den leisesten Typen ihrer Klasse.

Am 24. September traf der Britische Thronfolger Prinz Charles zu einem Kurzaufenthalt ein. Er hielt einen Gastvortag beim Salzburg Seminar in Schloss Leopoldskron.

Am 12. September feierte der „*1st Austrian DC-3 Dakota Club*" die Fertigstellung seines restaurierten Oldtimers. Die Taufe der *DC-3* auf den Namen „*Arizona Lady*" nahm Generalvikar Hans Paarhammer vor.

europa offered flights mainly to destinations in Greece, and *Hansemann Touristik* covered Italy, Croatia and Cyprus.

A total of 18 airlines operating on behalf of large travel agencies offered flights to destinations especially in the Mediterranean area. Still unchanged were long-distance flights taking-off from Salzburg to the Caribbean.

Since the beginning of June 1998, customers at the airport restaurant *"Amadeus"* enjoyed the fancy atmosphere. Five million Austrian Schillings had been invested by the restaurateur *Airest* for renovation of the restaurants *"Le Gourmet"* and *"Bistro"*.

Another opening took place a few days prior on May 25th, when the newly constructed cargo terminal officially went into operations. With an investment of 80 million Austrian Schillings, a modern cargo terminal was opened which would last for generations to come. The terminal had storage space of 2,300 square meters and office space of 1,600 square meters and offered space for eight hauler companies, two airlines (Lufthansa and AUA), and customs processing at Salzburg Airport.

Pope John Paul II, leader of the Roman-catholic church, arrived on board of a MD82 operated by Alitalia at Salzburg Airport for his second visit. He was welcomed by Federal President Klestil, members of the federal and provincial governments as well as the Austrian Bishops Conference.

The new wide-body jet Airbus A 330 of Austrian Airlines arrived directly from Toulouse in Salzburg for its first landing on August 11th. Not much later, there were two more first landings in Salzburg by new Boeing 737-800. *Lauda Air* and *Sabre Air* used this newest airplane model for flights to Salzburg as of mid-August. The *B737-800* was the quietest model of its kind.

The British successor to the throne, Prince Charles, arrived for a short visit. He gave an invited talk at the Salzburg Seminar at Castle Leopoldskron.

On September 12th, the *"1st Austrian DC-3 Dakota Club"* celebrated the completed restoration of an old-timer. The baptism of the DC-3 to the name of *"Arizona Lady"* was performed by the General Vicar Hans Paarhammer.

Zwischen September und Dezember führte der Airport die bisher umfangreichsten Schulungsmaßnahmen des Unternehmens seit Einführung der EDV durch. Als erstem Bundesländerflughafen gelang es noch Ende 1998, eine neue Gebührenordnung im Rahmen des neuen FBG (Flughafen-Bodenabfertigungsgesetz) bewilligt zu bekommen. Die Wirtschaftsplanung für 1999 konnte bereits auf Basis dieser neuen Methoden erstellt und vom Finanzausschuss des Aufsichtsrates genehmigt werden.

Das letzte Strategiekonzept wurde fünf Jahren zuvor erstellt und in großen Teilen auch umgesetzt. 1998 legte das Flughafenmanagement in einem neuen Strategiekonzept die Erwartungen für die nächsten zehn bis 12 Jahre fest. Als strategisch wichtig erachtet wurde die Überarbeitung des Leitbildes. Anzustreben war auch die Stärkung der Regional-Hub-Position sowie die Bereitstellung aller Voraussetzungen zur Anfliegbarkeit nach neuesten technischen Maßstäben. Geprüft sollte auch die Frage der Abfertigungskapazitäten an Spitzentagen und im Wintercharterverkehr werden. Unter dem Begriff „*Rightsizing*" verstand man die Steigerung von Rentabilität und Liquidität sowie punktuelle Verbesserungen im Flughafenbetrieb.

Die Entfernungen am Airportgelände absolvierten viele Mitarbeitern mit Diensträdern. Auch deshalb wurde der Flughafen Salzburg im Dezember von Landesrat Robert Thaller als fahrradfreundlicher Betrieb ausgezeichnet.

Ein Meilenstein im Investitionsbereich war die Verbesserung der Anfliegbarkeit des Salzburger Flughafens von *CAT I* auf *CAT III*.

Between September and December, the airport carried out the most extensive training of the company since introduction of computers. Salzburg Airport was the first federal airport to succeed in obtaining authorization to implement a new fee schedule according to the new law on airport processing procedures (FBG) at the end of 1998. Economic plans for 1999 were already based on this new method and were approved by the finance department of the board.

The last strategic concept had been developed five years ago and had been implemented for the most part. In 1998 airport management developed a new strategic concept for the expectations of the next ten to twelve years. Strategically important was the redevelopment of the model. Furthermore, the airport was striving to maintain its strength as regional hub. Its focus was on the implementation of the newest technical standards which were a prerequisite for safe accessibility of the airport. The question of processing capacity on peak days and during winter charter air traffic was also examined. The term "Rightsizing" indicated the increase of profitability and liquidity as well as local improvements in the operation of the airport.

Many employees covered long distances on company-own bicycles. This was one reason why the airport was recognized by provincial representative Robert Thaller as bicycle-friendly company.

A milestone in the area of investment was the improvement regarding the approach to Salzburg Airport via CAT I toward CAT III.

Boeing 737 der Trans European Airways
Boeing 737 operated by Trans European Airways

Flughafen Salzburg

Sabre Airways Boeing 727-2D3(A)
Boeing 727-2D3(A) operated by Sabre Airways

Diese für den Flugbetrieb so wichtigen Baumaßnahmen konnten noch vor Beginn der Wintersaison 98/99 abgeschlossen werden. Ab 3. Dezember waren auf dem Salzburg Airport somit Anflüge in Pistenrichtung 16 bei Nebelwetter und Sichtweiten von nur 200 Metern, entsprechend *CAT III* möglich. Mit dieser Verbesserung schloss Salzburg hinsichtlich der Flugbetriebskategorie zu Wien, Linz und Graz auf. Dazu mussten 44 Kilometer Rohre und 75 Kilometer Flughafen-Spezialkabel, 31 Kilometer Verbindungsleitungen und fünf Kilometer Erdungsseile verlegt werden. Ebenso waren 591 Unterflurfeuer und 55 neue Rollwegweiser zu installieren.

Kurz vor dem Jahresende, am 23. Dezember, eröffnete die *AUA* ihren umgebauten Ticketschalter in der Abflughalle.

Der Salzburg Airport, Österreichs zweitgrößter Flughafen, konnte 1998 die Zahl der abgefertigten Passagiere auf 1,23 Millionen steigern und erreichte somit das höchste Passagieraufkommen seines Bestehens. Die Flugbewegungen stiegen um drei Prozent auf 26.756, wobei der Tyrolean Regional Hub, eines der größten Erfolge des Jahres 1997, gemeinsam mit dem Wiedereinstieg der *Lufthansa* in Salzburg dazu beitrug, dass das Passagieraufkommen im Linienverkehr um 7,3 Prozent gestiegen ist. Insgesamt wurden 506.464 Linienpassagiere gezählt.

Die Betriebsleistung konnten im Geschäftsjahr 1998 gegenüber dem Vorjahr um rund 23,7 Millionen auf 484,5 Millionen Schilling gesteigert werden. Im Berichtsjahr wurden allein durch *CAT III*, Fracht-und und Cateringgebäude von *DO&CO* Projekte im Gesamtwert von 180 Millionen Schilling fertiggestellt und in Betrieb genommen.

Die Salzburg Airport Services GmbH als Tochtergesellschaft der Salzburger Flughafen Betriebs GmbH hat im selben Geschäftsjahr 692.090 Passagiere im Traffic-Handling abgefertigt.

The very important construction project was finished before the beginning of the winter season 98/99. As of December 3rd, landing at Salzburg Airport was now possible in the direction of runway 16 even during foggy weather and visibility of only 200 meters in compliance with *CAT III*. This improvement enabled Salzburg to catch up to the same category as Vienna, Linz and Graz. This project necessitated the laying of 44 kilometers of pipes and 75 kilometers of specialized airport cables, 31 kilometers of connecting cables and five kilometers of ground wiring. In addition, 591 inset warning lights and 55 new runway signs were installed.

On December 23rd AUA opened a renovated ticket counter in the departure hall.

Salzburg Airport as Austria's second largest airport increased passenger volume in 1998 to 1.23 million processed passengers and accomplished the highest passenger numbers since its founding. Air traffic increased by three percent to 26,756 flights. *Tyrolean Regional Hub* as the biggest success of 1997 and Lufthansa's reconnection with Salzburg contributed to a passenger volume increase by 7.3 percent for scheduled flights. A total of 506,464 passengers were counted on scheduled flights.

Operational capacity was increased from about 23.7 million in 1998 to 484.5 million Austrian Schillings. This year projects such as *CAT III*, the cargo and catering building construction of *DO&CO* valued at a total of 180 million Austrian Schillings were completed and put into operations.

Salzburg Airport Services LLC as a subsidiary company of Salzburg Airport Management LLC processed 692,090 passengers the same year.

1999 Neustrukturierung
1999 Reorganization

Wie befürchtet gestaltete sich das laufende Jahr ausgesprochen durchwachsen und schwierig: Der Wegfall der *Lauda Air* Linienflüge war immer noch zu spüren, die Zukunft einer der wichtigsten Einnahmequellen, des Duty Free Shops -, war ungewiss und das neue Flughafen-Bodenabfertigungsgesetzes *(FBG)* barg Unwägbarkeiten. Dazu kamen der Krieg im Kosovo und die, wegen der Verhaftung des Kurdenführers Öcalans, angespannte Lage in der Türkei.

Das neue Bundesgesetz bezüglich der Öffnung zum Markt der Bodenabfertigungdienste *(FBG)* auf Flughäfen und die darin enthaltenen Leistungen machten auch auf dem Salzburg Airport organisatorische Anpassungen notwendig. Unter dem Schlagwort „Spezialsierung mit Augenmaß" wurden die Aufgaben neu strukturiert. Die Neuorganisation trat mit 1. Februar in Kraft.

Eine Jury des internationalen Fachmagazins *Air Transport World* wählte die *Tyrolean* am 17. Februar zur Regional Airline of the Year.

Cirrus Airlines nahmen mit Februar an den Wochentagen den Linienverkehr von Leipzig via Dresden nach Salzburg auf.

Der schwedische König Harald und seine Gattin Sonja landeten am 18. Februar in Salzburg und reisten anschließend zu den Eröffnungsfeierlichkeiten der nordischen WM in die Ramsau weiter.

Seit 1988 war der Flughafen Salzburg unter *www.salzburg-airport.com* im Internet jederzeit aufrufbar. Im April erhielt der Airport eine vollkommen überarbeitete, moderne Hompage. Die Umstellung auf das Jahr 2000 warf bereits ihre Schatten voraus. Deshalb mussten, um Ausfälle und eventuelle Haftungsansprüche zu vermeiden, die gesamten EDV-Systeme auf ihre Sicherheit überprüft werden. Am 30. September war die Großüberprüfung abgeschlossen.

Am 25. März wurde im Beisein von Eliette von Karajan, der Witwe Herbert von Karajans, der

As anticipated, business of this current year was rather difficult. Discontinuation of *Lauda Air's* scheduled flights still had negative impact on business, especially the substantial revenues from the Duty Free Shop were uncertain and the new law on airport processing procedures (FBG) carried uncertainty as well. At the same time, there was war in Kosovo and tensions with Turkey following the arrest of the Kurd's leader Oecalans. The new law on airport processing procedures (FBG) necessitated organizational changes at Salzburg Airport. With the motto "Specialization with a Sense of Proportions" the challenges were newly interpreted. The reorganization went into effect on February 1st.

A jury of the international journal *Air Transport World* selected *Tyrolean* as the Regional Airline of the Year on February 17th.

Cirrus Airline offered scheduled flights from Leipzig via Dresden to Salzburg on weekdays.

The Swedish King Harald and his wife Sonja landed in Salzburg on February 18th. They continued their journey to the Nordic Word Championships at the Ramsau.

Through the link www.salzburg-airport.com the airport had been present on the internet since 1988. In April the airport's website was completely revised. The switch to the year 2000 already cast its shadow on the airport's computer systems. Therefore, the entire computer system had to be inspected to prevent computer outages and possible insurance claims. The inspection of the computer system was finished on September 30th.

McDonnell Douglas MD-83 der Paramount Airways
McDonnell Douglas MD-83 operated by Paramount Airways

vollkommen neu gestaltete „Herbert von Karajan General Aviation Terminal" am Salzburg Airport feierlich eröffnet.

Bei dem Festakt wurden sowohl die künstlerischen Leistungen als auch das mediale Image, das Karajan mit seinen unzähligen Starts und Landungen dem Flughafen beschert hatte, gewürdigt. Im neuen VIP-Terminal fanden Fluggäste eine behagliche Lounge und die Cockpit Crews einen Aufenthaltsraum vor, in denen die Erinnerung an den berühmten Dirigenten und Piloten durch Großfotos im Mittelpunkt standen. Zusätzlich wurde vom Künstler Milos Borc in der Lounge eine Büste des Maestros enthüllt. Salzburg verfügte somit über das vornehmste und schönste Gebäude für Privatflieger in Österreich.

Mit 30. Juni musste der Duty-Free-Handel im EU-Raum aufgrund eines Vetos von Dänemark eingestellt werden. Das Airport Management entschloss sich, den Wegfall durch großzügige Erweiterungen in den Ladenbereichen zu kompensieren. Baubeginn war am 28. September und schon Mitte Dezember konnten die Läden von den Pächtern bezogen werden. Die dafür erforderliche Investitionssumme dafür wurde mit etwas mehr als 30 Millionen Schilling veranschlagt.

Die Salzburg Flughafenfeuerwehr erhielt am 13. August einen Panther. Dabei handelte es sich um ein ultramodernes Großlöschfahrzeug der Firma Rosenbauer.

Das Tiroler Unternehmen, das als *KLM Alps* dreimal täglich im Liniendienst von Salzburg nach Amsterdam flog, führte ihre Passagierabfertigung mit Beginn der Wintersaison 1999/2000 mit eigenem Personal durch und eröffnete zugleich einen Ticketschalter am Salzburger Flughafen.

British Airways, Europas größte Fluggesellschaft, nahm Salzburg am 19. November wieder in ihr Linienstreckennetz auf. Im Winterflugplan waren vorerst vier wöchentliche Flüge von London Gatwick nach Salzburg und retour vorgesehen. Zum Einsatz kam eine *Boeing 737-400*. Die Verbindungen ermöglichten ausgezeichnete Anschlüsse an das weltweite British Airways Streckennetz. Für den Salzburg Airport war die neue Linienverbindung im Rahmen der „One World Allianz" ein riesiger Marketingerfolg. Der Salzburg Airport war übrigens damals der einzige Bundesländerflughafen Österreichs, der von allen fünf europäischen Airline-Allianzen, der *Star Alliance, Qualiflyer Group, Global Alliance, Oneworld* und *Wings (KLM Alitalia)* angeflogen wurde.

Am 25. November landete der „Pechvogel der Nation", Alexandra Meissnitzer, nach ihrer in Kanada erlittenen Trainingsverletzung in Salzburg,

On March 25th, the completely renovated *"Herbert von Karajan General Aviation Terminal"* of Salzburg Airport was formally opened in the presence of Eliette von Karajan, Herbert von Karajan's widow.

During the ceremony the artistic accomplishments and the medial image that Karajan bestowed upon the airport through his numerous take-offs and landings was honored. The new VIP terminal contained a comfortable lounge for passengers and a recreational room for the cockpit crew. The interior displayed large pictures in memory of the famous conductor and pilot. In addition, a bust of the Maestro by Milos Borc was unveiled in the lounge. Salzburg now owned the most prestigious and most beautiful building for private flight processing in Austria.

As of June 30th, Duty Free commerce was discontinued in the EU following a veto by Denmark. Airport management decided to compensate the discontinuation of Duty Free through broad expansion of the shopping area. Construction started on September 28th and in mid-December the tenants moved into their shops. The investment was estimated to require 30 million Austrian Schillings.

The Salzburg Airport fire brigade received a *"Panther"* on August 13th. A "Panther" is an ultramodern fire truck built by the company Rosenbauer.

The Tyrolean business *KLM Alps*, which serviced a scheduled flight from Salzburg to Amsterdam three times daily, processed its passengers with its own employees with the beginning of the winter season 1999/2000 and also opened a ticket counter at Salzburg Airport.

British Airways, Europe's largest airline company, reestablished scheduled flights to Salzburg again on November 19th. During the winter season, four weekly flights were offered between London Gatwick and Salzburg. A *Boeing 737-400* was used for this connection. This connection offered excellent contiuation to British Airways destinations worldwide. It was a major marketing success for Salzburg Airport to be included into the scheduled flight network of *"One World Alliance"*. Salzburg Airport was the only provincial airport in Austria that was serviced by all five European airline alliances which included *Star Alliance, Qualiflyer Group, Global Alliance, Oneworld* und *Wings (KLM Alitalia)*.

On November 25th, Alexandrea Meissnitzer, named "The Jinx of the Nation", arrived in Salzburg following her injury during a practice run in Canada to seek medical treatment.

1989 Die Concorde der British Airways in Salzburg
1989: The Concorde of British Airways in Salzburg

um sich hier in ärztliche Behandlung zu begeben. Die 1999 gegründete Salzburger Flughafen Sicherheitsgmbh erzielte schon im ersten Jahr ihres Bestehens einen moderaten Gewinn.

Der Betrieb von Flughäfen bringt Gefahren mit sich, deshalb müssen Einsatzkräfte ständig für den Ernstfall gerüstet sein. Am 27. Oktober wurde anlässlich einer Flugnotfallübung am *Salzburg Airport W.A. Mozart* das neue Notfallkonzept öffentlich präsentiert, dabei stand eine koordinierte Zusammenarbeit zwischen Flughafen, Berufs- und Landesfeuerwehren, Polizei, Bundesheer und dem Roten Kreuz im Vordergrund.

Tyrolean Airways, weltbeste Regionalfluggesellschaft des Jahres 1998, wollte auch weiterhin die Ramp Handling Dienste des Flughafens Salzburg beanspruchen. Der Wunsch von Tyrolean, die gewohnt qualitätsvolle Abfertigung zu marktkonformen Preisen zu erhalten, konnte erfüllt werden. Mit Vertragsabschluss am 10. Dezember hat sich Tyrolean für weitere fünf Jahre an die Abfertigungsorganisation des *Salzburg Airport W.A. Mozart* gebunden.

Mit 1.184.500 Passagieren (-3,8%) trotz eines leichten Rückgangs, blieb der Salzburg Airport W.A. Mozart weiterhin Österreichs größter Bundesländerflughafen.

Die Entwicklung resultierte aus dem anhaltend positiven Trend der Märkte Polen und Norwegen. Ebenso erfreulich war die Entwicklung des traditionellen Incoming-Marktes Großbritannien, der mit 217.416 Passagieren weiterhin das wichtigste Herkunftsland war.

51 Prozent aller Flüge von/bis Salzburg führte 1999 *Tyrolean Airways* durch, gefolgt von *Lufthansa* mit 13 Prozent. Tyrolean flog internationale Ziele wie Amsterdam, Brüssel, Düsseldorf, Paris und Zürich an. In Österreich verband Tyrolean Salzburg mit Graz, Innsbruck, Wien, Klagenfurt und Linz.

Zum Stichtag 31. Dezember erfüllten 206 Stammmitarbeiter am Airport ihre Aufgaben. Zu Spitzenzeiten wurden bis zu 93 Aushilfskräfte eingesetzt.

The Salzburg Airport Security LLC which was founded in 1999, achieved a moderate profit in its first year already.

The operation of an airport is dangerous and thus, emergency personnel has to be prepared in case of emergency. For the first time on October 27th, the new emergency plan was presented during an emergency training at the *Salzburg Airport W.A. Mozart*. The main goal was the coordinated cooperation of airport, professional and provincial fire brigades, police, army, and the Red Cross.

Tyrolean Airways, the world's best regional airline company of 1998, still demanded the use of ramp handling services at Salzburg Airport. Tyrolean's desire to use the highly qualified processing system for an affordable price was fulfilled. A contract was signed on December 10th in which Tyrolean committed to five more years of using *Salzburg Airport W.A. Mozart's* ramp handling services

Despite a slight decrease in passenger volume to 1,184,500 (-3.8%), Salzburg Airport W.A. Mozart remained the largest provincial airport. This development was due to a positive trend in travel markets like Poland and Norway. Equally as good was the development of Great Britain, a traditional incoming market that provided 217,416 passengers.

Tyrolean Airways serviced 51 percent of all flights from/to Salzburg in 1999, followed by *Lufthansa* with 13 percent. Tyrolean serviced international destinations such as Amsterdam, Brussels, Dusseldorf, Paris and Zurich. Within Austria, Tyrolean connected Salzburg with Graz, Innsbruck, Vienna, Klagenfurt and Linz.

With deadline December 31st, the airport had 206 employees. At peak times, an additional 93 temporary workers were employed.

Flughafen Salzburg

2000 Gut im neuen Jahrtausend gelandet
2000 Perfect landing into the new century

Der Salzburger Flughafen hat den Wechsel ins neue Jahrtausend ohne Computerprobleme überstanden und am 27. Jänner feierte man am Airport erstmals die Eröffnung der neu errichteten Shops.

Im Februar veröffentliche das ÖKO Team Graz eine von der Salzburger Flughafen Betriebsges.m.b.H in Auftrag gegeben Studie über den Lebensraum Flughafen. Das größte zoologische Fachbüro Österreichs erfasste in seiner Studie u. a. die naturräumlichen Grundlagen, die Lebensraumtypen und erstellte ein Pflanzen- und Tierinventar. Daneben wurden Entwicklungspotentiale und gestaltende Maßnahmen erarbeitet. Die Ergebnisse waren erstaunlich, denn die Studie ergab, dass die Wiesen des Flughafenareals einen überaus artenreichen Lebensraum darstellen. Neben 133 Pflanzenarten wurden auch 310 Tierarten dokumentiert.

Ebenfalls im Februar präsentierte Airline-Boss Niki Lauda seinen neuen Bombardier Global Express Business-Jet.

Am 26. März nahm Swissair ihre Flüge von Salzburg nach Zürich wieder auf und zwar für die Swissair Sabena Organisation.

Der Salzburg Airport probte am 19. Mai den Ernstfall. 268 Personen und 58 Fahrzeuge waren bei der größten Flugnotfallübung in der Geschichte des Flughafens im Einsatz. Übungsannahme war, dass ein Kurzstreckenflugzeug von „Coconut Airlines" mit 46 Passagieren an Bord ihren Start in

Salzburg Airport went into the new millennium without computer glitches and on January 27th, the airport celebrated the opening of the newly constructed shopping area.

In February, the OEKO Team Graz published a new report on the living space around the airport which had been commissioned by the Salzburg Airport Management LLC. The largest zoological authority in Austria described in its report for example the natural habitat, the types of habitats and compiled an inventory on flora and fauna. In addition, potential of development and supportive measures were examined. The results were surprising because the fields around the airport displayed a species-rich habitat. Besides 133 different plants, 310 animal species were documented.

Also in February, the airline boss, Niki Laud, presented his new Bombardier Global Express Business-Jet.

On March 26th, Swissair took up its flights between Salzburg and Zurich again but for the Swissair Sabena organization.

Salzburg Airport practiced a case of emergency on May 19th. At the largest emergency practice session ever at Salzburg Airport, 268 people and 58 vehicle participated. A small plane operated by "Coconut Airlines" with 46 passengers on board was presumed to have discontinued take-off toward the north, skidded of the runway and caught fire. The purpose of the practice session

Der Hangar 7 (l.) vor seiner Fertigstellung
The almost completed Hangar 7 (left)

Richtung Norden abbrach, von der Piste abkam und in Brand geriet. Zweck der Übung war die Überprüfung der Einsatzbereitschaft und die Zusammenarbeit aller Einsatzkräfte. Die Flughafenfeuerwehr setzte erstmals bei einer Großübung ihr neues Löschfahrzeug vom Typ „*Panther*" ein.

Die Vorarbeiten zur Errichtung des *Red Bull Hangar 7* begannen im Juni. Im Osten des Flughafengeländes, musste neben dem Cateringgebäude von *DO&CO* um 21 Millionen Schilling ein 200 Meter langer und 18 Meter breiter Zurollweg von der Piste errichtet werden. Zusätzlich war ein 70 x 100 Meter großes Vorfeld für den *Hangar 7* zu errichten. Mitte Dezember erfolgte der Baustart für das 4.000 Quadratmeter große und 18 Meter hohe Bauwerk. Der Hangar 7 war ursprünglich als Heimat der *Flying Bulls* konzipiert, da für die Flugzeugsammlung am Innsbrucker Flughafen nicht mehr genügend Platz vorhanden war. Dann hat man sich entschieden, für diese Flugzeuge später auch noch einen Hangar 8 zu errichten. Der wohl einmalige *Hangar 7* wurde vom österreichischen Architekten Volkmar Burgstaller geplant.

Ein ganz wichtiges Bauvorhaben wurde weit entfernt vom Flughafen verwirklicht.

Nachdem der Radarturm am Flughafenrand durch die rege Bautätigkeit in seiner Umgebung vermehrt für Störungen sorgte, fand man am Haunsberg bald einen idealen Ersatz für den alten Standort. Das rund 50 Meter hohe Bauwerk wurde von *Austro Control* finanziert, wobei sich der Airport mit zwei Millionen Schilling beteiligte. Die Baufertigstellung war im Herbst und nach dem Aufsetzen der Antennenkuppel sowie dem Einbau der Flugsicherungstechnik war die Inbetriebnahme für 2001 vorgesehen.

was to examine the readiness for an emergency and the cooperation of emergency personnel. The airport fire brigade used its new fire truck *"Panther"* for the first time.

Preparatory work for construction of the *Red Bull Hangar 7* began in June. In the eastern part of the airport area next to the catering building of *DO&CO*, a 200 meters long and 18 meters wide ramp was constructed which cost 21 million Austrian Schillings. A 70 x 100 meters large ramp had to be constructed in the front for Hangar 7. In mid-December construction started for the 4,000 square meters large and 18 meters high building. *Hangar 7* was originally planned to house the *Flying Bulls* because there was not enough space to house the collection at Innsbruck Airport. Thereafter, it was decided to build a *Hangar 8* in addition for these airplanes. The unique *Hangar 7* had been planned by the Austrian architect Volkmar Burgstaller.

A very important building project was created far away from the airport. Since the radar tower was prone to malfunction due to heavy construction, the Haunsberg became the ideal area to construct a replacement. *Austro Control* financed the 50 meters high construction and the airport contributed two million Austrian Schillings. Construction finished in the fall and following the placement of the cupula for the antenna and the installation of the technical equipment for air control, the radar tower was planned to start operating in 2001.

Flughafen Salzburg

Bauarbeiten am Radarturm am Haunsberg
Construction at the radar tower on the Haunsberg

Der Ende Juni stattfindende Osteuropagipfel des *World Economic Forums* wurde eine regelmäßige Einrichtung in der Mozartstadt. Vertreter der Wirtschaft trafen sich in der Residenz. Gastgeber Landeshauptmann Franz Schausberger und Landtagspräsident Helmut Schreiner begrüßten die eintreffenden Politiker am Airport.

Die Salzburger Flughafen GmbH beschloss am 22. August gemeinsam mit *Contipark Continentale Parkgaragen GmbH* das neue Unternehmen *Carport Parkmanagement GmbH.* zu gründen. Die neue Firma, an der die Flughafen GmbH 85 Prozent des Stammkapitals in der Höhe von 1,3 Mio. Schilling hielt, wurde im November protokolliert und übernahm mit 1. Jänner 2001 Organisation und Bewirtschaftung aller Parkplätze am Airport. Zugleich wurde an eine Erweiterung der Parkflächen durch Aufstockung des Parkhauses um drei Stockwerke gedacht. Des Weiteren mussten bestehende Schrankenanlagen und Kassenautomaten durch neue Systeme ersetzt werden.

Am 1. August startete in Salzburg die landesweite Aktion „*Kunst+Kuh Salzburg 2000*". 150 Kunst-

The Eastern European summit of the *World Economic Forum* became a regular feature in Mozart's hometown of Salzburg. Economists gathered at the residence. The hosts, Governor Franz Schausberger and President of the Provincial Government Helmut Schreiner, welcomed the arriving politicians at the airport.

The Salzburg Airport LLC decided on August 22nd to found a new business called *Carport Parking Management LLC* in collaboration with *Contipark Continental Parking Garage LLC.* The company was owned with 85 percent by the Airport LLC by investing 100,000 Euros of original share capital and the ownership was notarized in November. On January 1st, 2001, it took over organization and operations of all parking spaces at the airport. It was also discussed to expand parking by addition of three floors on top of the parking garage. The gate system and the automatic cash register had to be replaced by new equipment.

On August 1st, the nationwide exhibition *"Art+Cow Salzburg 2000"* started in Salzburg. One-hundred-fifty plastic cows were individually designed by 100 artists. Around 140 businesses which included the airport, participated in this spectacular exhibition. Four cows were on display in Salzburg which were decorated by three artists and children from the "School of Fantasy". They were on display until the end of October at several airport locations.

On August 23rd, star tenor Placido Domingo bid his farewell after his performance at the Salzburg Festival and left Salzburg on his private jet.

2000 bis 2009

Hercules Flugzeuge transportierten die Särge der in Kaprun verunglückten Amerikaner
Hercules airplanes transport the coffins of the Americans who perished in Kaprun

stoffkühe wurden von 100 Künstlern zu individuellen Kunstwerken gestaltet. Rund 140 Unternehmen, darunter auch der Airport, nahmen an der spektakulären Aktion teil. Vier Kühe landeten dann auch in Salzburg, um von drei Künstlern und den Kindern der „Schule der Phantasie" bemalt zu werden. Sie „weideten" noch bis Ende Oktober an verschiedenen Standorten am Flughafen.

Am 23. August verabschiedete sich Startenor Placido Domingo nach seinem Festspielengagement von Salzburg und stieg in seinen Privatjet.

Die sieben Kinder der legendären Familie Trapp aus dem Streifen *Sound of Music*, landeten im Oktober nach vielen Jahren wieder in Salzburg.

Traurigen Anlass für vermehrte Flugbewegungen gab es im November. Bei einem Brand in der Gletscherbahn in Kaprun starben am 11. November 155 Menschen. Hercules Flugzeuge transportierten die Särge der verunglückten Amerikaner von Salzburg aus zurück in ihre Heimat.

Verglichen mit dem schwierigen Vorjahr konnten im Jahr 2000 die Rückgänge auf allen Geschäftsfeldern und Leistungssegmenten aufgeholt werden.

Große Bedeutung hatte der Beitritt der Austrian Airlines zur *Star Alliance* im Frühjahr. Im Wegfall wichtiger *Tyrolean* Linien zeigte sich die Problematik eines auf den Hub Wien ausgerichteten österreichischen Verkehrskonzepts. Erfreulich war, dass durch die Aktivitäten von *British Airways, Swissair/Crossair* und *KLM Air Alps* das Gesamtaufkommen im Linienverkehr gehalten werden konnte.

Am 1. April wurde eine Tarifänderung durchgeführt, indem der bisherig Tarif in eine luft- und eine landseitige Komponente zerlegt wurde. Die Erträge lagen im Bereich des Travel Value Shops weit über den Erwartungen.

Die ordentlichen Erträge stiegen auf 475,59 Millionen Schilling und lagen damit deutlich über den Planerwartungen und 4,57 Prozent über den Werten des Vorjahres.

Der Salzburger Flughafen GmbH hielt weiterhin eine 100%ige Beteiligung an der Salzburger

Seven children of the legendary Trapp Family from the movie *Sound of Music* arrived in Salzburg after several years of absence in October.

The tragic reason for increased air traffic in November was fire on the glacier lift in Kaprun where 155 people perished on November 11th. Hercules airplanes transported the coffins of the deceased Americans back to their homes.

In comparison to the previous year, all decline of 2000 was made up in all areas of business and service.

The entry of Austrian Airlines into *Star Alliance* was of major importance. With the discontinuation of several Tyrolean connections, the problems of a Vienna centralized traffic concept became apparent. A pleasant surprise was that with *British Airways, Swissair/Crossair* und *KLM Air Alps* the total volume of scheduled flights was maintained. A new trade agreement went into effect on April 1st which separated the current agreement into an aviation based and a ground based component. The income from Travel Value Shops exceeded expectations.

Die Aktion „Kunst und Kuh" war in ganz Salzburg erfolgreich
The campaign "Art and Cow" was successful all over Salzburg

Airport Services GmbH. Die S.A.S. fertigte im laufenden Jahr 772.501 Passagiere ab. Das entsprach einer Steigerung von 61,2 Prozent. Der Jahresgewinn betrug insgesamt 5,85 Millionen Schilling und wurde an die Muttergesellschaft abgeführt.

Die Anteile am Flughafen Salzburg hielten bis 1997 zu jeweils 25 Prozent Stadt und Land Salzburg und exakt 50 Prozent der Bund. Vollkommen überraschend stand im November 1997 die Übertragung der Bundesanteile an private Investoren auf der Tagesordnung des Ministerates. Der Landeshauptmann Franz Schausberger erzählt: *„Bei uns in Salzburg läuteten die Alarmglocken, wir haben von dem Vorhaben nur durch Zufall erfahren. In einem Schreiben an Bundeskanzler Viktor Klima und Vizekanzler Wolfgang Schüssel, das beide noch vor Beginn der Sitzung erhielten, habe ich gegen den geplanten Verkauf protestiert und schlug eine Nachdenkpause vor. Die Veräußerungspläne verschwanden in der Folge von der Tagesordnung. Damit hat Salzburg eine politische Notlandung absolviert um sich des Flughafens sicher zu bleiben!"*

Ein „Weihnachtspaket" der besonderen Art haben Landesrat Wolfgang Eisl und Landeshauptmann Franz Schausberger dann am 21. Dezember von Verhandlungen aus Wien mitgebracht. In einer Aussendung der Landeskorrespondenz wurde über der erfolgreiche Abschluss des Ankaufs der Bundesanteile am Salzburg Airport gejubelt: *„Das Land Salzburg erwirbt alle Anteile des Bundes an der Flughafengesellschaft, das sind 50 Prozent des Gesellschaftskapitals im Austausch gegen die Landesanteile an der ÖSAG. Zudem leistet das Land eine Baraufzahlung in Höhe von 35 Millionen Schilling. Der Bund ist bereit, der Flughafengesellschaft im Jahr 2001 seine Grundstücksanteile, die für den Flugbetrieb erforderlich sind, um einen Betrag von 85 Millionen Schilling zu veräußern. Die Flughafenbetriebsgesellschaft zahlt das aushaftende Gesellschaftsdarlehen des Bundes im Jahr 2001 vorzeitig zurück".*

Zum Stichtag 31. Dezember war der Salzburger Flughafen GmbH mit 51 Prozent auch Mehrheitseigentümer an der im Jahr 2000 operativ tätig gewordenen Salzburger Flughafen Sicherheitsgesellschaft. Sie verzeichnete einen Jahresüberschuss von über 180.000 Schilling.

Im abgelaufenen Jahr konnte wiederum eine Steigerung der Passagierzahlen verzeichnet werden. Mit 1,26 Millionen Fluggästen wurde das beste Ergebnis seit Bestehen erreicht.

Mit Jahresende beschäftigte der Salzburger Airport 212 Stammmitarbeiter.

Income increased to 475.59 million Austrian Schillings which was 4.57 percent higher than the year before.

The Salzburg Airport LLC still owned 100 percent of the Salzburg Airport Services LLC. The S.A.S. processed 772,501 passengers in the current year. This reflected an increase of 61.2 percent. The annual net profit amounted to 5.85 million Austrian Schillings and was paid out to the parent company.

25 percent of shares of Salzburg Airport were owned by the City of Salzburg and by the Province of Salzburg each and 50 percent by the Federation. Totally unexpected at the November 1997 meeting of the Federal Cabinet, the transfer of federally owned shares to private investors was on the agenda. Governor Franz Schausberger narrates, *"We were alarmed in Salzburg and we only found out about this plan by chance. In a report submitted to both the Chancellor Viktor Klima and the Vice-chancellor Wolfgang Schuessel prior to the meeting, I protested against this plan and suggested a break to reconsider. The transfer plans vanished from the agenda. Salzburg managed to secure the airport."*

The provincial representative Wolfgang Eisl and Governor Franz Schausberger brought a special *"Christmas present"* back from their negotiations in Vienna on December 21st. An official statement by the Provincial Government reported on the successful contract on the purchase of federal shares of Salzburg Airport as follows, *"The Province of Salzburg purchased all federal shares of the Airport Management Company which are 50 percent of total shares in exchange for the Province's shares on the OESAG. In addition, the Province added a cash payment of 35 million Austrian Schillings. The Federation has agreed to transfer all shares to the Airport Management Company, a necessary step for airport operations, in 2001 for the amount of 85 million Austrian Schillings. The Airport Management Company will pay back the credit of the Federation early in 2001."*

With the December 31st deadline, the Salzburg Airport Management Company also owned 51 percent of the Salzburg Airport Security Company which started operations in 2000. It reported a surplus of 180,000 Austrian Schillings.

During the previous year, passenger volume was increased again. With 1.26 million passengers the best results in the history of the airport were reported.

By year-end 212 employees worked at Salzburg Airport.

2001 Der 11. 9. und seine Nachwirkungen
2001 Nine/eleven and its aftermath

Am 6. Jänner, dem russischen Neujahrsfest, war der Airport fest in russischer Hand. Rund 30 Charterflüge wurden neben den regelmäßigen Flügen von Aeroflot noch von *Eastline, KMV, Pulkovo, Tatneftaero* und *Gazpromavia* nach Salzburg durchgeführt. Die gute Entwicklung des Tourismus aus Russland trug auch erheblich zur Steigerung der Incoming Gäste in der Wintersaison bei. In den ersten fünf Monaten wurden insgesamt 505.000 Passagiere abgefertigt. Auch der Sommer sollte vielversprechend beginnen.

Einen durchschlagenden Erfolg feierte das Flughafen-Marketing mit der Aufnahme von *Ryanair* Linienflügen. Der Öffentlichkeit wurde der Deal am 21. Februar vorgestellt. Mit Beginn des Sommerflugplans startete die Irische Fluggesellschaft zweimal pro Tag von London-Stansted nach Salzburg. Geflogen wurde mit einer brandneuen Boeing 737-800.

Am 4. April fuhr der Airport zum Himmel. Der neue Airport Salzburg W.A. Mozart Ballon mit dem Kennzeichen *OE-ZEH* wurde von Dietrich Mateschitz und Ex-Schispringer Hubert Neuper getauft. Im Frühjahr gab es bei der *Airest* ebenfalls Grund zum Feiern. Das Unternehmen beging sein zehnjähriges Bestandjubiläum und konnte zugleich eine ausgezeichnete Bilanz vorweisen. In den vergangenen zehn Jahren wurden fünf Millionen Bordmenüs produziert und drei Millionen Gäste bewirtet. Der Gesamtumsatz betrug 600 Millionen Schilling.

Die Hamburger Fluggesellschaft *Hamburg International* brachte im Auftrag von Eurotours im Frühjahr 3.000 Senioren nach Sizilien und wieder zurück. Die junggebliebenen Reisenden schätzten die unkomplizierte und schnelle Abfertigung auf nur einer Ebene am Flughafen.

Das Flugrettungswesen wurde in diesem Jahr auf neue Beine gestellt. Statt des bisherigen blauen Rettungshubschraubers Martin des Innenministeriums übernahm am 1. April ein gelber ÖAMTC Christophorus Notarzthubschrauber die Aufgaben der Flugrettung. Neben Salzburg übernahm der ÖAMTC auch die Standorte Wien, Klagenfurt, Graz und Linz.

On January 6th for the Russian New Year's celebration, the airport was tightly controlled by the Russians. Around 30 charter flights were offered to Salzburg by *Eastline, KMV, Pulkovo, Tatneftaero* and *Gazpromavia* in addition to the regular flights by Aeroflot. The positive development of tourism from Russia also added to the increase in incoming passengers during the winter season. Within the first five months, 505,000 passengers were processed. The summer season seemed promising as well.

A major success for airport marketing was the initiation of scheduled flights by *Ryanair*. The public was notified about the deal on February 21st. With the start of the summer flight schedule, the Irish airline company offered flights from London-Stansted to Salzburg twice daily. The airline used a brand new Boeing 737-800.

On April 4th, the airport went to heaven. The new Airport Salzburg W.A. Mozart balloon with the license plate OE-ZEH was baptized by Dietrich Mateschitz and ex-ski-jumper Hubert Neuper.

In the spring *Airest* also had a reason to celebrate. The company celebrated its 10th anniversary and provided an excellent balance sheet. Within the past ten years, five million on-board meals had been produced and three million customers had been served. Total sales amounted to 600 million Austrian Schillings.

The Hamburg airline company *Hamburg International* transported on behalf of Eurotours 3,000 seniors to Sicily and back in the spring. The young-at-heart travelers appreciated the easy and fast processing on a single level at the airport.

Air ambulance was renewed this year. In replacement of the blue rescue helicopter Martin operated by the Department of Interior, the yellow *OEAMTC Christophorus* rescue helicopter took over. Besides Salzburg the OEAMTC also serviced from now on Vienna, Klagenfurt, Graz and Linz.

Salzburg Airport had reason to celebrate yet again since 75 years ago an "airport" was founded at this location. The airport organized several events in celebration of this anniversary. Besides

Der Familientag am 24. Dezember hat schon Tradition
The family day on December 24th has become a tradition.

Der Salzburger Flughafen hatte in diesem Jahr wieder einmal Grund zum Feiern, denn 75 Jahre war es her, als an diesem Platz ein „*Flugplatz*" gegründet wurde. Der Flughafen beging dieses Jubiläum mit mehreren Veranstaltungen. Neben einer Briefmarkenschau mit der Präsentation einer Sonderbriefmarke am 20. April fand am 24. Juli im neuen Kongresshaus ein Festakt statt. Am 16. August sorgte ein historischer Flug von München nach Salzburg für große Bewunderung und am Abend des 22. August erinnerte ein Riesenfeuerwerk an die eigentliche Eröffnung des Flugplatzes. In der Folge gab es noch Rundflüge mit historischen Flugzeugen.

Vom 1. bis 3. Juli fand wieder das *World Economic Forum* statt, das in diesem Jahr in Salzburg abgehalten wurde. Die Ankunft der vielen Regierungschefs stellte die Sicherheitsbeauftragten vor eine große Herausforderung.

Im Mai konnte der neue Radarturm am Hausberg in Betrieb genommen werden. Mit dem Aufsetzen des sogenannten Radoms (Radarkuppel) waren die letzten Arbeiten beendet. Die hervorragende Lage des Radarturms nördlich der Alpen erlaubte es, die Signale auch zur Überwachung des Überflugverkehrs heranzuziehen. Die Gesamtkosten betrugen 65 Millionen Schilling, wobei der Airport sich mit zwei Millionen Schilling an den Baukosten beteiligte.

a stamp exhibition with the presentation of a special stamp on April 20th, a ceremony took place at the congress hall on July 24th. On August 16th a historic flight from Munich to Salzburg could be admired and on the evening of August 22nd, fireworks reminded of the actual opening of the airport. This was followed by scenic flights with historic airplanes.

Between July 1st and 3rd, the *World Economic Forum* took place in Salzburg this year. The arrival of many heads of states was quite a challenge for security management.

In May the new radar tower on the Hausberg started operations. The final construction step was the placement of the radar cupula which was called "Radoms" on top. The exceptional location of the radar tower north of the Alps allowed for signals to be monitored of passing flights also. The total costs amounted to 65 million Austrian Schillings whereof the airport covered two million Austrian Schillings of the construction costs. The company Heinemann Salzburg LLC took over the Travel Value and Duty Free Shop including all employees at the beginning of June.

On July 6th, *Air Alps* welcomed its 100,000 passenger, a businessman from Utrecht, on its flight from Amsterdam to Salzburg.

Smoking became more and more restricted in Europe over the past couple of years. A smoking ban on airplanes had been in effect for years already but now at airports including Salzburg Airport, smoking was only permitted in designated smoking areas.

On September 11th, a horrific tragedy shocked aviation and left a worldwide aftermath behind for years to come. Terrorist attacks with four passenger planes on the twin towers of the *World Trade Center* and the *Pentagon* left thousands dead. At Salzburg Airport, security measures were increased and the central infrastructure was reevaluated. The consequences of the recession were reduced by spreading it across several means of traffic. This way Salzburg Airport W.A. Mozart succeeded as the only Austrian airport to increase its passenger volume by 1.5 percent in 2001.

As of October 1st, *Securitas-Vienna* took over security control at Salzburg Airport on behalf of the Department of Interior. Securitas, the worldwide leader in security services, is located in over 30 countries and employs over 200,000 employees.

On December 4th, immediately prior to the winter season, the restaurant tenant Airest opened the self-service restaurant *"Panorama Market Place"*. Customers had 250 seats available to

Die Firma Heinemann Salzburg HandelsgmbH übernahm Anfang Juni den Travel Value und Duty Free Shop mitsamt allen Beschäftigten.

Am 6. Juli begrüßte die Air Alps ihren 100.000sten Passagier –, einen Geschäftsmann aus Utrecht –, auf der Strecke Amsterdam–Salzburg.

Die Möglichkeiten für Raucher ihrem Laster zu frönen, wurden in den letzten Jahren europaweit eingeschränkt. Gab es schon seit Jahren absolutes Rauchverbot in den Flugzeugen, so wurden die Raucher seit 1. August auch am Salzburger Airport – wie auch auf anderen Flughäfen – in eigene Raucherzonen verwiesen.

Am 11. September erschütterte ein furchtbares Ereignis nicht nur den Fliegerhimmel und hinterließ über Jahre hinaus weltweite Nachwirkungen. Die terroristischen Angriffe mit vier Passagiermaschinen auf die Türme des *World Trade Center* und auf das *Pentagon* forderten tausende Todesopfer. Am Flughafen Salzburg wurden daraufhin die Sicherheitskontrollen erheblich verschärft und die zentrale Infrastruktur überarbeitet. Die Folgen der allgemeinen Rezession konnten durch optimale Streuung auf mehrere Verkehrsarten verringert werden. Damit schaffte es der Salzburg Airport W.A. Mozart, im Jahr 2001 als einziger Flughafen Österreichs eine Steigerung des Passagieraufkommens um 1,5 Prozent zu verzeichnen.

Mit 1. Oktober übernahm *Securitas-Wien* die Sicherheitskontrollen am Salzburg Airport im Auftrag des Innenministeriums. Securitas ist mit über 200.000 Mitarbeitern in 30 Staaten Weltmarktführer bei Sicherheitsdienstleistungen.

Am 4. Dezember konnte, kurz vor der Wintersaison, vom Restaurantbetreiber Airest das SB Restaurant „*Panorama Market Place*" eröffnet werden. Den Gästen standen 250 Sitzplätze mit Aussicht auf das Flughafen Vorfeld und die Festung zur Verfügung. Wie bereits erwähnt, erzielte der Airport mit 1.280.245 Passagieren trotz widrigster Umstände einen neuen Passagierrekord. Die Zahl der Stammbeschäftigten sank geringfügig auf 197 Mitarbeiter.

Die drohende Gefahr der Privatisierung des Flughafens konnte ja bereits 1999 abgewendet werden. Am 5. Dezember beschloss der Nationalrat das Bundesgesetz, welches die Übertragung der Eigentumsanteile des Bundes am Salzburger Flughafen an das Land Salzburg ermöglichte. Das sollte auch die wichtigste Herausforderung für das kommende Jahr werden.

Feier anlässlich 75 Jahre Airport
Ceremony honoring the 75th anniversary of the airport

choose from with views at the airport ramp and the fortress. As already mentioned, the airport succeeded in making another passenger record with 1,280,245 passengers despite adverse circumstances. Employee numbers declined slightly to 197 employees.

Imminent danger for the privatization of the airport was averted already in 1999. On December 5th, the National Assembly passed the federal law allowing the transfer of federal shares of Salzburg Airport to ownership by the Province of Salzburg. This became the biggest challenge for the coming year.

Flughafen Salzburg

2002 Wechsel der Besitzverhältnisse

2002 Change in ownership

Nach *9/11* sollte sich bald herausstellen, dass kleinere Regionalflughäfen unter den Auswirkungen weniger zu leiden hatten als die großen transkontinentalen Drehscheiben. Das war schon alleine am boomenden Charterverkehr mit Schiurlaubern zu erkennen. Bis 30. März wurden zahlreiche Flüge u.a. aus Großbritannien, Irland, Skandinavien, Holland, Belgien und Russland verzeichnet.

An manchen Samstagen konnten sogar 89 Flüge mit bis zu 16.000 Passagieren registriert werden. Vom 8. bis 10. Februar stand der Salzburg Airport wieder einmal im Focus der Besucher bei der *„Tourf 2002"* Ferienmesse. Im Februar trat auch ein wichtiger Mentor des Flughafens seinen Dienst an. Leo Bauernberger wurde am 8. Februar vom Aufsichtsrat der Salzburger Land TourismusgmbH zum neuen Geschäftsführer gewählt. Mit Bauernberger bekamen das Tourismusmarketing Salzburgs eine neue Qualität und der Airport einen verlässlichen Partner.

Eine neue Verbindung, die bereits auf der Ferienmesse *„Tourf"* bekannt wurde, begann *Olympic Airways* am 21. März mit Flügen nach Athen. Geflogen wurde jeweils donnerstags und sonntags mit Boeing 737-400.

Der 22. März war *„Schicksalstag"* für den Salzburg Flughafen, denn nach zwei Jahren zäher Verhandlungen mit dem Bund konnte endlich eine vernünftige Basis für die Übertragung der Eigentumsanteile erzielt werden. Gegen einen Abtausch der ÖSAG (Österreichische Autobahnen und Schnellstraßen AG) in der Höhe von 7.267.283 Euro und einem Barbetrag von 2.543.549 Euro sollten 50 Prozent der Bundesanteile am Salzburger Flughafen an das Land Salzburg übertragen werden. Zusätzlich war der Deal an die Bedingung geknüpft, dass der Flughafen ein Gesellschafterdarlehen über 2.234.689 Euro an den Bund zurückzahlen müsse. Damit war endlich der Fortbestand der für Salzburg so wichtigen Verkehrseinrichtung sichergestellt.

Ab April wurde der Travel Value Shop & Duty Free neuerlich umgebaut, um abfliegenden Passagieren noch mehr Service bieten zu können.

After *9/11* smaller reginal airports suffered less compared to large transcontinental airports as it turned out soon. An indication was the booming charter air traffic for ski vacationers. Until March 30th several flights from Great Britain, Ireland, Scandinavia, Holland, Belgium and Russia were noticed. On several Saturdays, 89 flights with up to 16,000 passengers were registered.

Between February 8th and 10th, Salzburg Airport was again the focus for visitors of the vacation fair *"Tourf 2002".* In February an important mentor of the airport started his tenure. The board of the Province of Salzburg Tourism LLC elected Leo Bauernberger as managing director. Bauernberger improved the quality of tourism marketing for Salzburg and was a reliable partner for the airport.

A new connection to Athens was offered by *Olympic Airways* starting on March 21st, which had already been announced at the vacation fair *"Tourf"*. The flight was offered with a Boeing 737-400 Thursdays and Sundays.

March 22nd finally brought an end to the tough negotiations with the Federation for the transfer of airport ownership. In exchange for the OESAG (Austrian Highway and Expressway PLC) in the amount 7,267,283 Euros and the cash amount of 2,543,549 Euros, 50 percent of the federal shares of Salzburg Airport were transferred to the Province of Salzburg. In addition the contract demanded that the airport had to pay back a loan in the amount of 2,234,689 Euros to the Federation. The continuation of this very important traffic facility was finally guaranteed.

Starting in April the Travel Value Shop & Duty Free was again renovated to improve service for departing passengers. In addition, the product line was considerably expanded.

With the beginning of the year, the insolvency of Swissair was made public and on Easter Monday April 1st, 2002, the last *Swissair* scheduled flight *SR145* from Sao Paulo landed in Zurich. 71 years of successful airline history had just ended. However, one day prior on Easter Sunday, the first air-

Außerdem wurde die Produktpalette erheblich erweitert.

Mit Beginn des Jahres wurde die Insolvenz der *Swissair* öffentlich und am 1. April 2002, einem Ostermontag, landete der letzte *Swissair*-Linienflug *SR145*, aus São Paulo in Zürich. Damit endeten 71 erfolgreiche Jahre Luftfahrtgeschichte. Aber schon einen Tag davor, am Ostersonntag hob die erste Maschine der Nachfolgegesellschaft *SWISS* von Zürich-Kloten in eine neue Zukunft ab, wobei der Namenswechsel erst am 1. Juli offiziell vollzogen wurde.

Der Salzburg Airport erhielt als erster Airport am 8. Juli *AED Plus Defibrillatoren*, die sowohl land- als auch luftseitig jederzeit einsatzbereit waren. Nicht benötigt wurden diese für den erfolgreichen Weltrekordversuch am 16. Juli, als der Lungauer *Extrem Strong Man* Franz Müllner einen 70 Tonnen schweren *Airbus A 321* nur mittels Muskelkraft 18 Meter weit bewegte.

Die Jahrestagung der Vereinigung Europäischer Regionalfluglinien *(ERA)* fand von 1. bis 3. Oktober in Salzburg statt. Dieser Kongress mit über 600 Teilnehmern zählte zu den größten Luftfahrtveranstaltungen Europas. Im Zuge der Konferenz wurden am Airport die neuesten Turboprop Modelle vorgestellt.

Im Juli wurde für den Zeitraum bis zum Jahr 2005 eines der größten Investitionsprogramme seit Bestehen des Flughafens mit einer Investitionssumme von 25 Millionen Euro beschlossen. In sieben Phasen sollten die nationalen und internationalen Richtlinien zur Verbesserung der Sicherheit der Luftfahrt und gleichzeitig der Bau eines zweiten Terminals umgesetzt werden. In **Phase 1** mussten die Voraussetzungen zum 100 Prozent *Hold Baggage Screening (HBS)* geschaffen werden. Ein vollwertiges Provisorium dafür konnte nach nur 13 Wochen Bauzeit bereits am 13. Dezember in Betrieb gehen. Schon im Frühjahr wurden in **Phase 2** der Hangar I und die Winterdiensthalle abgerissen und in der **Phase 3** begannen am 14. Dezember die Vorarbeiten für den Bau des *Terminal 2*. Diese sollten bis Ende Februar 2003 abgeschlossen sein. Der Abschluss der **Phase 4** war mit 15. Oktober 2003 anberaumt und beinhalteten den Bau des Terminal 2 und des Kellers für 100% *HBS (Hold Baggage Screening)*. Auf 1.700 Quadratmeter sollten künftig die Röntgen-Detektionsanlagen und die Förderanlagen untergebracht werden. Im neuen Terminal 2 waren 3.800 Quadratmeter Nutzfläche vorgesehen, auf denen mit 12 Check-in Schaltern Spitzenkapazitäten von 600 Passagieren je Stunde abgefertigt werden können. Bis Mitte Oktober 2003

Ryanair-Billigfluglinie
The low-cost airline Ryanair

plane of the successor company *SWISS* took off from Zurich-Kloten but the name exchange did not become official until July 1st.

Salzburg Airport received A*ED Plus Defibrillators* as the first airport on July 8th which were available on ground and in the air at all times. These were not needed on July 16th, when Franz Mueller, the *Extreme Strong Man*, pulled a 70 tons heavy Airbus A 321 with his body strength over a distance of 18 meters.

The annual meeting of the Association of European Regional Airlines *(ERA)* took place in Salzburg on October 3rd. The newest Turboprop model was introduced at the airport during this meeting.

In July the biggest investment program since the founding of the airport was introduced from now until 2005 covering an investment amount of 25 million Euros. The construction contained seven phases which allowed for improvements of aviation safety according to national and international guidelines and the concomitant construction of a second terminal. **Phase 1** was to create the conditions for 100 percent *Hold Baggage Screening (HBS)*. A full functional provisional system went into operations on December 13th after only 13 weeks of construction. As part of **phase 2**, *Hangar I* and the winter service hall were demolished in spring and **phase 3** began on December 14th with provisional construction of *Terminal 2* which was scheduled to be completed

sollte in **Phase 4b** der provisorische Betrieb von Terminal 2 für den Wintercharter 2003/2004 gewährleistet sein. Ein vorgelagertes 1.500 Quadratmeter großes Vorzelt für die Sicherheitskontrolle und den Schi Check-in zählten zum Provisorium. Auch ein neuer Bussteig war in dem Konzept enthalten.

Am heutigen Parkplatz P 3 war in **Phase 4c** bis zum 15. April 2004 ein neues Busdepot vorgesehen.

In der **Phase 5** mussten bis 31. August 2004 alle Provisorien abgebaut und eine neue Halle für das Gerätezentrum Süd (Vorfeld- und Winterdienstgeräte) errichtet sein. Bis zum 15. Dezember 2004 mussten auch die 100 Prozent *HBS*-Anlagen der Phase I abgebaut und das alte Gepäcksortierkarussel gegen eine neue Anlage ausgetauscht sein. Ab Ende Oktober sollte dann das gesamte Großgepäck von beiden Terminals automatisch durchleuchtet werden. In **Phase 6** musste der Terminal 2 für die Wintersaison 2004/2005 vollkommen fertiggestellt sein, allerdings würden noch nicht alle Check-in Schalter zur Verfügung stehen. Die letzte **Bauphase 7** vom 1. April bis 30. November 2004 stand für Anpassungen der Check-in Kapazitäten, dem Einbau der letzten fünf Schalter und für den Ausbau von Ersatzflächen zur Verfügung.

Am 19. Dezember erhielt der Salzburg Airport W.A. Mozart von der *URA Rating Agentur AG München* als Weihnachtsgeschenk das Rating „A". Dem Flughafen wurde das „A" für die straffe, gewinnorientierte Organisation und der hohen Fachkompetenz des Managements, gepaart mit hochmotivierten und bestqualifizierten Mitarbeitern, verliehen. Die Bewertung war auch deshalb bemerkenswert, als erstmals ein Rating für ein österreichisches Unternehmen durchgeführt wurde.

Erheblich erfolgreicher als vermutet verlief das Jahr 2002. Das Wachstum machte sich vor allem bei den Passagierzahlen bemerkbar, die mit 1.326.729 erstmals mit einem Plus von 3,6 Prozent auf über 1,3 Millionen anwuchsen. Die 100prozentige Tochter des Airports, die *Salzburg Airport Services GmbH*, fertigte 2002 958.415 Passagiere ab, das waren 72,2 Prozent des gesamten Passagieraufkommens. Mit Jahresende beschäftigte der Flughafen 200 Mitarbeiter und 102 Aushilfskräfte während der Wintersaison.

by end of February 2003. **Phase 4** was scheduled to be completed by October 15th, 2003, and included construction of Terminal 2 and the basement of the 100 percent *Hold Baggage Screening (HBS)*. An area of 1,700 square meters would house the x-ray machine and the conveyor belts. The new Terminal 2 had 3,800 square meters of usable area which contained 12 check-in counters to process up to 600 passengers per hour at peak capacity. By mid-October 2003, provisional operations of Terminal 2 for the winter charter season of 2003/2004 were scheduled as part of **phase 4b**. A 1,500 square meters large canopy in front of the terminal was part of the provisional structure which allowed for security check and ski check-in. A new bus terminal was also part of the concept. On today's parking lot P 3, a new bus depot was planned for April 15th, 2004 as part of **phase 4c**.

Phase 5 included demolition of all provisional constructions by August 31st, 2004, and construction of a new hall for the equipment center south (ramp and winter service equipment). By December 15th, 2004, the provisional 100 percent HBS system of phase 1 had to be demolished and the old baggage sorting carousel had to be exchanged by a new one.

Starting at the end of October, oversized baggage items from both terminals would be automatically x-rayed. **Phase 6** included completion of Terminal 2 in time for the winter season of 2004/2005 but not all check-in counters would be available. The last construction **phase 7** between April 1st and November 30th, 2004, was scheduled to adapt check-in capacity, to remodel the last five counters and to expand the spare areas.

On December 19th, Salzburg Airport W.A. Mozart received the Rating "A" from the U*RA Rating Agency PLC Munich* as a Christmas present. The airport was awarded for its profit-oriented organization and its highly competent management, paired with its highly motivated and highly qualified staff. This was the first time that an Austrian company had received a rating.

The year 2002 was much more successful than anticipated. Especially passenger numbers reflected growth by an increase to 1,326,729 passengers for the first time which was a plus of 3.6 percent. The 100 percent subsidiary company of the airport, *Salzburg Airport Services LLC* processed 958,415 passengers in 2002 which was 72.2 percent of the total passenger volume. By year-end the airport had 200 employees and 102 temporary workers during the winter season.

2003 Jahr der unerfüllten Wünsche
2003 The year of unfulfilled requests

Die erhoffte Konsolidierungsphase erhielt durch erneute Terroranschläge und den Irakkrieg einen argen Dämpfer. Dazu kamen der hohe Ölpreis und zunehmende Arbeitslosigkeit in Europa und ein subjektiv beeinflusstes Sicherheitsempfinden vor allem im Flugverkehr. Auch die SARS-Epidemie in Asien trug zur allgemeinen Verunsicherung bei. Der Konjunkturaufschwung ließ auf sich warten, Konsumenten und Haushalte änderten ihr Einkaufsverhalten, Einschränkungen auf vielen Ebenen waren die Folge. Mit der Einführung des *„Abfertigungssystem Neu"* am 1. Jänner standen weitere Belastungen im Raum. Trotz intensivsten Bemühungen blieb am Ende des Jahres ein Rückgang der Passagierzahlen um 4,7 Prozent auf 1.236.000 Fluggäste.

Qualität, Komfort und Sicherheit standen im Vordergrund eines großen Investitionsprogramms, das schon im Jahr 2002 beschlossen und begonnen wurde. Mit der Einführung der 100% Großgepäckkontrolle *(HBS)* ab 1. Jänner wurde der Forderung der *ECAC*) termingerecht entsprochen und die Umsetzung der EU-Verordnung A5-0420/2002 wahrgenommen. Mit der neuen Anlage konnten bis zu 1.200 Gepäckstücke pro Stunde automatisch in die detektierende Gepäckprüfanlage befördert werden.

Am 10. Jänner bewarb sich Salzburg gemeinsam mit Kitzbühel für die Ausrichtung der Olympischen Winterspiele 2010. Der Salzburg Airport W.A. Mozart wäre damit auch der offizielle Flughafen der Winterspiele gewesen. Leider blieb die Bewerbung erfolglos...

Zwischen 22. und 23 Mai hatte der Salzburger Landeshauptmann Franz Schausberger einen wahren Begrüßungsmarathon und das Flughafenmanagement viel organisatorischen Aufwand: Auf Einladung von Bundespräsident Thomas Klestil fand das 10. Zentraleuropäische Präsidententreffen *„austrian summit"* in Salzburg statt. Erst-

Landeshauptmann Franz Schausberger empfängt das erfolgreiche Olympiateam
Governor Franz Schausberger welcomes the successful Olympic team

The new consolidation phase was dampened by new terror attacks and the war in Iraq. The high price of oil and increasing unemployment in Europe and subjective interpretation of lack of airline safety added to the poor outlook. The SARS-epidemic added to the insecurities. Economic improvement did not kick in and consumers changed their purchasing habits which resulted in austerities on many levels. The introduction of the "Processing System New" on January 1st introduced more costs. Despite all attempts, a decline of 4.7 percent to 1,236,000 passengers was recorded at the end of the year.

Abschied des Ski Nationalteams
Farewell of the skiing national team

Erstflug der Styrian Spirit
First flight of Styrian Spirit

mals kamen Staatsoberhäupter aus 17 Ländern Mittel-, Ost- und Südosteuropas zusammen, um über die Erweiterung der Europäischen Union zu verhandeln.

Das Umwelt-Managementsystems**) des Salzburg Airport W.A. Mozart wurde Anfang April gemäß EMAS- II ***) Verordnung und ISO 14001 vom TÜV Bayern am 10. und 11. April überprüft. Der Flughafen wurde mit überdurchschnittlichen Bewertungen versehen.

Seit Anfang April verfügt der Salzburg Airport über zwei geprüfte Umweltbeauftragte, die im Auftrag der Geschäftsführung Schulungen durchführen.

Quality, comfort and safety were the main investment goals of the program which had already been agreed on and had started to be implemented in 2002. With the introduction of the 100% oversized baggage control system *(HBS)* starting on January 1st, the demands of the *ECAC**) were complied with on time and the EU-regulation A5-0420/2002 had been implemented. This new system transported up to 1,200 baggage items per hour automatically into the baggage inspection system.

On January 10th, Salzburg in conjunction with Kitzbuehl applied for the Olympic Winter Games of 2010. Salzburg Airport W.A. Mozart would have become the official airport of the Olympics. Unfortunately, the application remained unsuccessful...

Between May 22nd and 23rd, Governor Franz Schausberger had a reception marathon with a lot of organizational effort by airport management: Following an invitation by Federal President Thomas Klestil, the 10th Central European Presidents' Summit called *"Austrian Summit"* took place in Salzburg. Heads of states from 17 middle, eastern and south European countries participated to negotiate the expansion of the European Union.

The environmental management system**) of Salzburg Airport W.A. Mozart was inspected on April 10th and 11th by TUEV Bavaria according to *EMAS-II****) regulations and ISO 14001 guidelines. The airport passed with flying colors.

Blick über das Vorfeld, dahinter der in Bau befindliche Terminal 2
View over the ramp, in the back construction of Terminal 2

2000 bis 2009

Eindrucksvolles Ambiente im Hangar 7
Impressive ambience of Hangar 7

Am 22. August kamen über 10.000 Besucher zur aufsehenerregenden Eröffnungsfeier des *Hangar 7*. In Zusammenarbeit mit den Salzburger Festspielen wurde das neue Kunstwerk aus Glas von Red Bull eröffnet. Das Helikopter Streichquartett, komponiert von Karlheinz Stockhausen, gelangte erstmals zur Aufführung und der *Hangar 7* wurde so auch zum Konzertsaal. Der Salzburg Airport verfügt seit damals über ein architektonisch eindrucksvolles Bauwerk von internationaler Bedeutung mit einer beeindruckenden Sammlung historischer und aktueller Fluggeräte sowie Rennautos.

Die steigende Nachfrage nach Hangarplätze für Flugzeuge der Allgemeinen Luftfahrt war Anlass zur Erweiterung der General Aviation. Dafür musste der ehemalige Aeroclub-Hangar für die Einstellung von Geschäftsreise-Flugzeuge adaptiert und drei Rundhangars mit je acht Einstellpositionen für Flugzeuge des Aeroclubs errichtet

Since the beginning of April, Salzburg Airport employed two certified environmental officers which carried out trainings on behalf of management.

On August 22nd, 10,000 spectators attended the spectacular ceremonial opening of *Hangar 7*. Together with the Salzburg Festival, the new Red Bull glass artwork was opened. The Helicopter String Quartet which was composed by Karlheinz Stockhausen had its world premiere and thereby, *Hangar 7* became a concert hall. Salzburg Airport had an architecturally striking building with international importance which contained

Abtransport einer flugunfähigen Hawker Harrier
Removal of a Hawker Harrier unable to fly

Der tschechische Präsident Vaclav Klaus wird von Landeshauptmann Franz Schausberger empfangen
The Czech President Vaclav Klaus is welcomed by Governor Franz Schausberger

werden. Zwischen Exit 1 und Exit 2 wurde zur Erhöhung der Abstellkapazität für Flugzeuge der Allgemeinen Luftfahrt eine 8.000 Quadratmeter große Abstellfläche geschaffen. Während der Sommermonate und der Festspielzeit konnten hier neun Geschäftsreise-Flugzeuge mit einer Spannweite von bis zu 19 Meter abgestellt werden.

Am 10. Oktober beging der Fan-Club Salzburg Airport mit einer kleinen Feier seinen 200. Clubabend, 150 Gäste sind der Einladung gefolgt

Einen herben Rückschlag verursachte die neuerlich in Schwierigkeiten geratene Swiss Airline. Sie stellte 2003 vollkommen überraschend ihre Linienflüge von Salzburg nach Zürich ein, und zu allem Überfluss wurden auch die täglichen Flüge nach Brüssel und Paris durch *Tyrolean* im Frühjahr vom Flugplan gestrichen.

Bestens ausgelastet war jedoch die *Ryanair* mit zweimal täglich geflogenen Anbindung nach London-Stansted.

Die Insolvenz von *Aero Lloyd,* kurz vor Einsetzen der Wintercharter Saison, verschärfte die ohnehin schwierige Lage.

Damit verschwanden jegliche Möglichkeiten, die Planwerte durch die gewohnt hohen Auslastungswerte im Charter Outgoing noch zu erreichen.

Der Travel Value Shop und der Einzelhandel verzeichneten entgegen dem Trend erfreulicherweise Umsatzzuwächse von 6,5 Millionen Euro (4,5 %).

Die Salzburg Airport Services GmbH, 100prozentige Tochter des Salzburg Airport, fertigte 2003 exakt 915.116 Passagiere ab und erwirtschaftete einen Jahresgewinn von 274.820,82 Euro.

An der Carport Parkmanagement GmbH. ist die Salzburger Flughafen GmbH mit 85 Prozent be-

an impressive collection of historic and current aviation equipment and racing cars.

The increasing demand for hangar spots for airplanes of general aviation resulted in the expansion of general aviation. The former Aeroclub hangar was adapted to house business travel airplanes and three round hangars with eight parking positions each were constructed for airplanes of the Aeroclub. Between exit 1 and 2 an 8,000 square meters large area was created to increase parking capacity for general aviation. During the summer months and time of the Salzburg Festival, nine business travel airplanes with a wingspan of up to 19 meters could be parked here.

On October 10th, the Fan-club Salzburg Airport celebrated its 200s meeting with a small celebration which 150 guests attended.

A huge set-back caused Swiss Airline which was facing trouble yet again. The airline discontinued all scheduled flights between Salzburg and Zurich unexpectedly in 2003 and all daily scheduled flights to Brussels and Paris operated by *Tyrolean* were also cancelled in the spring. Fully occupied, however, were the twice daily *Ryanair* flights to London-Stansted.

The insolvency of Aero Lloyd shortly before the winter charter season aggravated the already difficult situation.

All possibilities to reach the anticipated targets were impossible to meet because of the decline in charter business.

The Travel Value Shop and other retail stores reported an increase in sales of 6.5 million Euros (4.5%) contrary to the overall trend.

The Salzburg Airport Service LLC, 100 percent subsidiary company of Salzburg Airport, processed 915,116 passengers in 2003 and generated a profit of 274,820.82 Euros.

Salzburg Airport LLC owns 85 percent of the Carport Parking Management LLC. This company generated total sales of over 1.8 million Euros.

In record-breaking seven months, construction on Terminal 2 finished and provisional operations started for the winter season of 2003/04. On December 20th, the first passengers set foot into the new Terminal 2. The terminal area measured 3,800 square meters, with a basement housing the public restrooms and other small rooms as

Seeaufklärer „Catalina" landet in Salzburg
Maritime patrol airliner "Catalina" arrives in Salzburg

teiligt. Sie erzielte im abgelaufenen Jahr einen Gesamtumsatz von über 1,8 Millionen Euro.
In rekordverdächtigen sieben Monaten gelang es, das Terminal 2 baulich fertigzustellen und provisorisch für die Wintersaison 2003/04 in Betrieb zu nehmen. Am 20. Dezember betraten die ersten Fluggäste den neuen Terminal 2.
3.800 Quadratmeter Terminalfläche und eine Vollunterkellerung für WC Anlagen samt Nebenräumen, sowie ein mehr als 2.000 Quadratmeter großer Keller für die Prüfung des Großgepäcks, standen ab sofort zur Verfügung.
Für eine Steigerung der Effizienz im Winterbetrieb wurde 2003 ein Landebahn-Enteisungsgerät sowie ein Flugzeug Enteisungsgerät angeschafft.
135 Fluggesellschaften haben im Jahr 2003 den Salzburger Flughafen angeflogen. Im Linienverkehr wurden 47,1 Prozent aller Flüge von und nach Salzburg von der *Austrian Airlines Group* durchgeführt, gefolgt von *Ryanair* mit 36,5 Prozent, danach folgten *AirAlps* und *Swiss*.
Im touristischen Verkehr wurden 22,5 Prozent aller Flüge von *Aero Lloyd* ausgeführt, gefolgt von *AAG* mit 18 und *Sunexpress* mit 5,3 Prozent.
Das Linienangebot von der *Tyrolean Airways* umfasste im Jahr 2003 Flüge von und nach Brüssel, Düsseldorf, Frankfurt, Paris, Graz, Linz und Wien. *AirAlps* flogen von Salzburg nach Amsterdam, *Swiss* und *Hahn Air* nach Zürich, *City Air* nach Rom.
Touristische Flüge bot die *Aero Lloyd* zu Destinationen in Spanien und Griechenland.

*) European Civil Aviation Conference
**) Umweltmanagementsystem (UMS)
***) Evaluierung nach ISO 14001 und/oder der EMAS-Verordnung

well as 2,000 square meters of space for processing of oversized baggage items.
Defrosting equipment for the runway and for airplanes was purchased in 2003 to increase efficiency for the winter season.
In 2003, 135 airline companies landed at Salzburg Airport. The *Austrian Airlines Group* serviced 47.1 percent of all scheduled flights from/to Salzburg, followed by *Ryanair* with 36.5 percent and thereafter *AirAlps* and *Swiss*.
Tourism was covered by 22.5 percent through flights operated by *Aero Lloyd*, followed by AAG with 18 and Sunexpress with 5.3 percent.
Tyrolean Airways offered scheduled flights to Brussels, Dusseldorf, Frankfurt, Paris, Graz, Linz and Vienna in 2003. *AirAlps* serviced Amsterdam from Salzburg, *Swiss* and *Hahn Air* flew to Zurich, and *City Air* to Rome. Touristic flights operated by *Aero Lloyd* were also offered to destinations in Spain and Greece.

*) European Civil Aviation Conference
**) environmental management system (UMS)
**) evaluation according to ISO 14001 and/or EMAS-regulations

Firstfeier des Terminal 2
Topping-out ceremony of Terminal 2

Flughafen Salzburg

2004 Durchstarten
2004 Overshooting

Noch-Aufsichtsratspräsident Anton K. Bucek vermittelte beim Neujahrsempfang des Flughafens im *Hangar 7* Aufbruchsstimmung für 2004 und sein Appell zum Durchstarten blieb nicht ungehört. Zwischen Jänner und Mai wurden um elf Prozent mehr Fluggäste abgefertigt als im Vergleichszeitraum des Vorjahres. Aber es war bereits zu erkennen, dass trotz weltweitem Anstieg der Passagierzahlen, durch das Auftraten von Low Cost Carriern*) ein beinharter Verdrängungswettbewerb eingesetzt hatte. Allianzen sollten gegensteuern, hatten jedoch dazu geführt, dass sich in Europa nur mehr drei bis vier große Player, wie *KLM* oder *Air France* den Kuchen teilten.

Wie schon im Kapitel 2002 ausführlich beschrieben, war auch 2004 der Alltag am Airport von reger Bautätigkeit geprägt. So wurde im Zuge der Errichtung des Terminals 2 auch eine vollkommen neue Großgepäcksortieranlage errichtet. Die Arbeiten dafür waren so weit fortgeschritten, dass die Anlage termingerecht mit Beginn des Wintercharterverkehrs in Betrieb gehen konnte.

Ihren perfekten Service für Kunden hat Salzburg Airport Services mit der Eröffnung des Ticket Center am 1. Juni ausgebaut. Repräsentiert wurden die Fluglinien *HLX, Ryanair, Air France, Styrian, SWISS* und *Air Alps.*

Die von der Wirtschaftskammer und Medien organisierte „Nacht der Werbung" am 4. März

President of the board, Anton K. Bucek, conveyed optimism for 2004 during the airport's New Year's reception in *Hangar 7* and his plea to overshoot was well received. Between January and May, eleven percent more passengers were processed compared to the same time frame last year. It had become obvious that low-cost carriers*) had become tough competition for the worldwide increase in passenger volume. Alliances were created to counter this trend which led to three to four airlines such as *KLM or Air France* competing for the European market.

As already described in chapter 2002 in more detail, construction dominated daily life at the airport again in 2004. As part of construction of Terminal 2, a new oversized baggage sorting system was installed. Construction proceeded as planned and the new system started operations in time for the winter charter season.

Perfect customer service was expanded by Salzburg Airport Services through the opening of the ticket center on June 1st. The airlines *HLX, Ryanair, Air France, Styrian, SWISS* and *Air Alps* were represented.

The Chamber of Commerce together with the press organized a "Night of Commercials" which Salzburg Airport W.A. Mozart received the silver medal of brand awards for. The winner of most popular brands of Salzburg was the brewery Stiegel.

On July 8th, the second fire truck, Panther 8x8, was handed over to the airport fire brigade. The purchase of a second fire truck of the model Pan-

Vollautomatische Gepäcksortierung
Automated baggage sorting facility

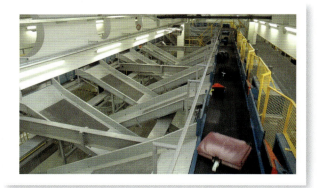

Fly Niki hebt ab
Fly Niki takes off

brachte dem Salzburg Airport W.A. Mozart die Silbermedaille im Marken Award. Gewinner der beliebtesten Marken Salzburgs wurde die Stiegl Brauerei.

Am 8. Juli konnte das zweite Feuerwehrfahrzeug *Panther 8x8* der Salzburger Flughafenfeuerwehr übergeben werden. Die Anschaffung eines zweiten Löschfahrzeuges vom Typ Panther 8x8 war notwendig, weil Salzburg immer öfter von Großraumflugzeugen angeflogen wurde. Der neue *Panther 2* verfügte im Gegensatz zum *Panther 1* über zwei Flugfeldscheinwerfer, ein elektrohydraulisches Kombigerät und eine Wärmebildkamera mit Monitor im Führerhaus.

„Ausverkauft" waren viele Urlaubsflüge in diesem Sommer, trotz Aufstockung der Kapazitäten gab es kurzfristig keine Plätze mehr für Flüge in Richtung Süden. Das hatte zur Folge, dass die Millionengrenze bei Passagieren bereits Mitte August erreicht wurde

Mit Beginn des Winterflugplans flog *Hapag Lloyd Express HLX* von Salzburg aus Köln, Hannover, Hamburg und Berlin an. *Fly Niki* sollte ab Dezember über die Drehkreuze Nürnberg und Palma/Mallorca sonnenhungrige Touristen zu 15 Flughäfen in Spanien transportieren.

Nach einer kurzen Schwächeperiode startete auch *SWISS* wieder durch und die Drehscheibe Zürich gewann wieder mehr an Bedeutung. Im Codeshare**) mit *Styrian* bediente SWISS dreimal täglich die Strecke Salzburg-Zürich und ab Jänner 2005 sollte Styrian Spirit im Rahmen der Skyteam-Allianz wieder Linienflüge nach Paris aufnehmen.

Aus Russland und den GUS-Staaten kamen von 14. bis 17. Dezember 21 leitende Flughafenmanager zum Seminar „*Strategisches Flughafenmanagement*" in das neue Kongresshaus nach Salzburg.

Das Jahr 2004 bescherte dem Salzburg Airport mit 1,422.397 Passagieren ein Plus von 12,6 Prozent. Auch bei den Flugbewegungen konnte eine moderate Steigerung von 3,3 Prozent registriert werden. Der Flughafen Salzburg wurde 2004 von 131 Fluggesellschaften angeflogen. Im Linienverkehr hatte die AUA mit 42,9 Prozent aller Flüge, gefolgt von Ryanair mit 32,7 Prozent, die Nase vorne. Mit dieser bisher größten Steigerung in der Geschichte des Flughafens konnte die Position als größter Regionalflughafen Österreichs nicht nur gehalten sondern auch ausgebaut werden.

*) Billigfluggesellschaft
**) Kooperation

ther 8x8 was necessary, because wide-body airplanes approached Salzburg more frequently. The new *Panther 2* compared to the *Panther 1* was equipped with two airfield spots, an electrohydraulic combi-device, and a thermal imager with monitor in the driver cabin.

Many vacation flights were sold-out during this summer. Despite the increased capacity, there were no more seats on flights toward the south short-term. This meant that the one million passenger threshold had already been reached in mid-August.

With the beginning of the winter flight schedule, *Hapag Lloyd Express HLX* offered flights from Salzburg to Cologne, Hanover, Hamburg and Berlin. *Fly Niki* had plans to transport sun-seeking tourists to 15 airports in Spain via the turnstiles of Nuremberg and Palma/Mallorca as of December.

Following a short period of weakness, *SWISS* continued its business and Zurich became an increasingly more important turnstile. As codesharing**) flights with *Styrian,* SWISS offered the connection Salzburg-Zurich three times daily, and as of January 2005, Styrian Spirit offered scheduled flights to Paris again as a member of the Skyteam alliance.

17 leading airport manager arrived from Russia and the GUS-countries to participate in a seminar entitled "Strategic Airport Management" which took place at the new congress hall in Salzburg from December 14th to 17th.

In 2004 Salzburg Airport registered a passenger volume of 1,422,397 which was an increase of 12.6 percent. A moderate increase in flight movement of 3.3 percent was recorded. Salzburg Airport was approached by 131 airline companies in 2004. *Austrian Airlines* serviced 42.9 percent of all scheduled flights, followed by Ryanair with 32.7 percent. This largest increase in the history of the airport, secured and expanded the airport's position as biggest regional airport in Austria.

*) low-cost carrier
**) cooperation

Flughafen Salzburg

2005 Aufstieg

2005 Further increases

Das Management am Salzburg Airport W.A. Mozart hatte in diesem Jahr gute Gründe für zufriedene Gesichter: Erstmals überstieg die Anzahl der Linienpassagiere die der Charterpassagiere, was auf den gestiegenen Anteil von „Low-Cost"-Airlines zurückzuführen war. Erstmals überstieg die Anzahl der Passagiere die 1,5 Millionenmarke. Auch im Winter-Charterverkehr konnten Zuwächse verzeichnet werden. Verantwortlich für den Höhenflug waren ein wohldurchdachtes Investitionsprogramm und ein der Region entsprechendes Marketing.

Die Definition „Flughafen der Salzburger" hat die Vorteile der leichten Erreichbarkeit – auch für Passagiere aus dem angrenzenden Bayern und Tirol –, mit Anbindung in fast alle Teile der Welt klar ersichtlich gemacht.

Am 2. Jänner landete mit der russischen AN 74 ein höchst „seltsames" Flugzeug in Salzburg. Dieser Typ hatte seine Triebwerke über dem Rumpf in der Flugzeugmitte angebracht.

Am 17. Jänner startete erstmals Styrian in Kooperation mit Air France nach Paris. Davor taufte Erzbischof Alois Kothgasser den Bombardier Canadair-Jet CRJ200 mit dem Kennzeichen OE-LSC auf den Namen „Salzburg Spirit".

Im Sommerflugplan, der am 27. März in Kraft trat, standen für sonnenhungrige Fluggäste zwischen Portugal und Zypern 37 Badedestinationen zur Auswahl.

Die Fertigstellung eines außerordentlichen Bauwerks erforderte ein dementsprechendes Fest. Am 4. Mai feierten 1.000 geladene Gäste die offizielle Eröffnung des Amadeus Terminal 2. „Die Event-Location mit angeschlossenem Flughafen" fand höchste Bewunderung aller Gäste, die den Abend der Superlative und das anschließende Bankett genossen. Der Terminal fasst bis zu 1.700 Personen und ist mit modernster Technik für Events und Seminare ausgestattet.

Schon bei der Planung des Amadeus Terminal 2 ging man von einer Mehrfachnutzung aus. Der Hangar sollte außerhalb der Wintermonate als Veranstaltungshalle genutzt werden. Die attraktive Gestaltung der 720 Quadratmeter großen

Management of Salzburg Airport W.A. Mozart had reason to celebrate this year. For the first time, the number of passengers on scheduled flights exceeded those on charter flights which was the result of increased flights offered by "low-cost" airlines. The number of passengers exceeded 1.5 million for the first time. Winter charter business also reported an increase. Reason for success were an elaborate investment program and accompanied marketing strategies. The slogan "Airport for Residents of Salzburg" made the airport's advantages evident for passengers from Bavaria and Tyrol since it offered easy accessibility with connections to almost all parts of the world.

On January 2nd, with the Russian AN 74, a very peculiar airplane landed in Salzburg. The engines of this airplane model were located on the body in the middle of the airplane.

On January 17th, Styrian took off to Paris in cooperation with Air France. Prior to this, Archbishop Alois Kothgasser baptized the Bombardier Canadair-Jet CRJ200 with the license plate OE-LSC to the name of "Salzburg Spirit".

The summer flight schedule went into effect on March 27th and offered 37 beach destinations between Portugal and Cyprus to sun-seeking passengers.

Completion of an extraordinary building demanded a corresponding celebration. On May 4th, 1000 invited guests celebrated the official opening of the Amadeus Terminal 2. "The event-location with attached airport" was admired by all guests who enjoyed this exceptional evening and the subsequent banquet. The terminal held up to 1,700 people and was furnished with modern technical equipment for events and seminars.

Already at the planning stage, Amadeus Terminal 2 was considered as multipurpose building. The hangar was to be used as event location outside of the winter months. The 720 square meters large glass front was an additional attraction because of views toward Hangar 7, the Gaisberg and the fortress.

Nobelpreisträger Nelson Mandela in Salzburg
Noble Prize laureate Nelson Mandela in Salzburg

Glasfassade mit Durchblick auf Hangar-7, Gaisberg und die Festung waren eine zusätzliche Bereicherung.

Eine enorme Investition in diesem Jahr stellte auch die Aufstockung des Parkhauses um weitere drei, statt der bisher geplanten zwei Etagen dar. Mit den Bauarbeiten wurde Anfang Oktober begonnen. Mit der Inbetriebnahme des gesamten Parkhauses im Sommer 2006 sollten Engpässe der Vergangenheit angehören.

Ebenfalls im Oktober wurden der Check-in Bereich im Terminal 1 auf 26 Check-in Schalter erweitert.

Die Gesamtzahl der Flugbewegungen im Linien- und Charterverkehr stieg um 20,2 Prozent auf 24.554. Es gab eine relativ gute Verteilung des Verkehrs auf die ganze Woche. Im Linienverkehr erhöhte sich die Zahl der Flugbewegungen um 31,3 Prozent auf 17.647 im touristischen Verkehr ergab sich jedoch ein Rückgang um 2,2 Prozent auf 6.208.

Zu den Schwerpunkten im Rahmen der Marketingaufgaben 2005 zählten neben Kooperationen mit Airlines und Reiseankündigungen im Print- und Medienbereich auch die Organisation von Messeauftritten und Präsentationen im In- und Ausland, in Kooperation mit der SalzburgerLand Tourismus GmbH und der Tourismus Salzburg GmbH.

Zum 37. Mal tagte am 25. Oktober die „Kommission zum Schutz gegen Fluglärm und gegen Luftverunreinigung durch Flugzeuge für den Flughafen Salzburg". Der verstärkte Einsatz lärmarmer Flugzeuge hat deutlich dazu beigetragen, dass am Messpunkt Freilassing trotz gestiegener Flugbewegungen zwischen 1990 und 2004 eine Reduktion des Dauerschallpegels von 60 auf 54 dB verzeichnet wurde.

Die Salzburg Airport Services GmbH und der Bodenverkehr der Salzburger Flughafen GmbH wurden 2005 von *Thomas Cook Airlines UK* mit dem *Best Overseas Ground Handling Station Award* ausgezeichnet.

Im Jahr 2005 wurden auf dem Salzburg Airport 1.695.430 Passagiere abgefertigt, das entsprach einer Steigerung von +19,2 Prozent.

Im Linienverkehr stieg das Passagieraufkommen um +49,7 Prozent auf 929.796 Passagiere. Im touristischen Verkehr wurden insgesamt 762.842 Passagiere abgefertigt, das war ein Rückgang von 4,4 Prozent. Der Flughafen beschäftigte mit Stichtag 31. Dezember 214 ständige Mitarbeiter.

An enormous investment this year was the addition of three more floors on top of the parking garage instead of the previously planned two floors. Construction started at the beginning of October. The entire parking garage went into operations during the summer of 2006 which finally made bottlenecks a thing of the past.

Also in October, the check-in area in Terminal 1 was expanded to 26 check-in counters.

The total number of scheduled and charter flights increased by 20.2 percent to 24,551 flights. Flights were evenly distributed over the entire week. The number of scheduled flights increase by 31.3 percent to 17,647 but touristic flights decreased by 2.2 percent to 6,208 flights.

Marketing goals for 2005 were to cooperate with airlines and travel agencies with regard to press releases, organization of presentations at national and international fairs, cooperation with the Province of Salzburg Tourism LLC, and the Tourism Salzburg LLC.

On October 25th, the 37th meeting of the "Commission for Protection against Aviation Noise and against Air Pollution by Airplanes at Salzburg Airport" took place. The use of quieter airplanes led to a decrease of the continuous sound level despite an increase in flight volume from 60 to 54 dB between 1990 and 2004 as measured at the measuring station in Freilassung.

The Salzburg Airport Services LLC and ground traffic of Salzburg Airport LLC were awarded the *Best Overseas Ground Handling Station Award* by *Thomas Cook Airlines UK* in 2005.

In 2005 Salzburg Airport registered a passenger volume of 1,695,430 which was an increase of 19.2 percent.

Scheduled flights accounted for 44.9 percent of the volume with 929,796 passengers. Tourism provided 762,842 passengers which was a decline of 4.4 percent. At the December 31st deadline, the airport employed 214 permanent employees.

Flughafen Salzburg

2006 80 Jahre Erfolgsgeschichte Flughafen
2006 The airport celebrates 80 years

Das Jubiläumsjahr wurde auch gleichzeitig das beste Geschäftsjahr in der Geschichte des Airport. Die bemerkenswerte Zahl von 1,88 Millionen abgefertigten Passagieren konnte trotz rückläufiger kommerzieller Flugbewegungen erreicht werden. Das bedeutete eine Steigerung von 19,2 Prozent gegenüber dem Vergleichszeitraum im Vorjahr und war durchaus logisch, wenn man bedenkt, dass größere Flugzeuge bei gleichzeitig höherer Auslastung eingesetzt wurden. Für das Management Gründe genug, für 2006 vorsichtigen Optimismus zu verbreiten.

Eine neue Baustelle tat sich ab 16. Jänner auf, als der Spatenstich zur Erweiterung der Flugeinsatzstelle getätigt wurde. Der Umbau sollte 750.000 Euro kosten und bereits bis Anfang Juni fertig sein. Zur Unterbringung des ÖAMTC Hubschraubers war ein Rundhangar neben der Flugeinsatzstelle geplant.

Einen Eigentümerwechsel gab es am 22. Februar, als die Airest-Catering GmbH um 30 Millionen Euro an die italienische *SAVE Group* verkauft wurde.

Von 28. bis 29 März veranstaltete die Akademie Schloss Urstein die *Aviation Days* mit Themen wie Management Umfeld und Handling Agent.

Vom 4. bis 5. Mai fand in Salzburg im Zuge der EU-Ratspräsidentschaft Österreichs die EU-Luftfahrtkonferenz „European Aviation Summit" mit über 200 internationalen Teilnehmern statt.

Im Sommerreiseverkehr flogen in diesem Jahr 16 Airlines für 26 Reiseveranstalter vorwiegend Ziele im Mittelmeerraum an. Neu war ab dem 4. April die Verbindung nach Dublin mit *Ryanair*. Daneben flogen noch *Thomsonfly* und *SkyEurope* Ziele auf der Insel an.

Im August kamen sowohl Deutschlands Kanzlerin Angela Merkel zu einem Festspielbesuch nach Salzburg als auch Bundespräsident Horst Köhler.

Ab 12. Oktober war am Airport Schluss mit der aufreibenden Parplatzsuche.

Mit der Aufstockung des bestehenden Parkhauses von vier auf sieben Geschoße konnte die Anzahl der Stellplätze von bisher 1.000 auf insgesamt 1.921 erhöht werden. Die Gesamtanzahl aller

This anniversary year became the most successful business year in the history of the airport. An impressive 1.88 million passengers were processed despite declining commercial flight movements. It was equivalent to an increase of 19.2 percent in comparison to the previous year and was due to the fact that larger airplanes with full utilization were used. Management was cautiously optimistic for the year 2006.

There was a new construction site at the airport on January 16th following the groundbreaking for the expansion of the flight operations hub. The renovation was estimated to cost 750,000 Euros and was scheduled to be finished by the beginning of June. The OEAMTC helicopter was planned to be housed in a round hangar next to the flight operations hub.

Ownership of the Airest-catering LLC changed on February 22nd, when the business was sold to the Italian *SAVE Group* for 30 million Euros.

From March 28th to 29th, the Academy Castle Urstein organized an *Aviation Day* with themes such as management environment and handling agent.

Between May 4th and 5th, the EU aviation conference "European Aviation Summit" took place in Salzburg honoring Austria's EU presidency which more than 200 international participants attended.

The summer flight schedule was dominated by 16 airlines from 26 travel agencies offering destinations in the Mediterranean area this year. *Ryanair* offered a new connection to Dublin as of April 4th. *Thomsonfly* and *SkyEurope* also offered destinations in Ireland.

Germany's Chancellor Angela Merkel and Federal President Horst Koehler arrived for a visit to the Salzburg Festival in August.

As of October 12th, enough parking spots were available at the airport. With expansion of the parking garage from four to seven floors, the number of parking spaces was expanded from 1,000 to 1,921. The total number of parking spots was increased to 3,800. A new parking guidance system facilitated the search for free parking spots.

2000 bis 2009

Das neue siebengeschoßige Parkhaus
The new seven-floor parking garage

Stellplätze konnte damit auf 3.800 erhöht werden. Ein neu geschaffenes Parkleitsystem erleichterte die Suche nach freien Parkflächen.
Anlässlich der Feier zum 80. Geburtstag des Flughafens stellte Prokurist Karl-Heinz Bohl eine bemerkenswerte Rechnung auf: Seit 1955 hat der Flughafen 275 Millionen Euro in seine Weiterentwicklung investiert. Waren es bis 1984 stets Mittel aus dem Treuhandvermögen, so konnten danach Investitionen aus dem „Cash-flow" finanziert werden.
Die Carport Management GmbH, an der die Salzburger Flughafen GmbH mit 85 Prozent beteiligt ist, erzielte 2006 einen Gesamtumsatz von 2.846.743 Euro, was eine Steigerung von 12 Prozent gegenüber dem Vorjahr bedeutete.
Über 50 am Flughafen ansässige Unternehmen und Behörden beschäftigten 2006 mehr als 1.200 Menschen. Damit zählte der Flughafen in seiner Gesamtheit zu den größten Unternehmen in Salzburg. Zum Jahresende beschäftigte das Unternehmen Salzburger Flughafen GmbH 206 ständige Mitarbeiter.

At the 80 year anniversary of the airport, the authorized financial officer Karl-Heinz Bohl presented an interesting calculation: The airport had invested 275 million Euros in development costs since 1955. Until 1984 funds were derived from assets which later changed to cash-flow financing.
The Carport Management LLC which was owned to 85 percent by Salzburg Airport LLC reported total sales of 2,845,743 Euros which was an increase of 12 percent compared to the previous year.
More than 50 companies and agencies, located at the airport, employed more than 1,200 people in 2006. This made the airport the biggest company in Salzburg. At year-end the Salzburg Airport LLC employed 206 employees.

Event im Terminal 2
Event at Terminal 2

Flughafen Salzburg

2007 Knapp zwei Millionen Passagiere
2007 Almost two million passengers

Im Rahmen des gesamtbetrieblichen Projektes „Zukunft Airport" wurde auch die Betriebsleitung neu organisiert. Ziel war die wirtschaftliche und effiziente Bewältigung steigender Anforderungen in den Sicherheitsbereichen und bestmögliche Ausnutzung bestehender Ressourcen. Seit dem 22.12. 2006 wurden also die Sicherheitszentrale mit dem „SAFETY Verantwortlichen" FBL, Vorfeldkontrolle und Feuerwehroffizier (SECURITY Verantwortlichen) reorganisiert. Die Verkehrssicherheit am Vorfeld übernahm die Vorfeldkontrolle, die gleichzeitig als Bindeglied zwischen FBL und Feuerwehroffizier fungierte.

Eine große Marketingkampagne verkündete am 15. Jänner die Verschmelzung der beiden, zum TUI-Konzern gehörenden Airlines Hapagfly und HLX zu TUIfly.

Als „Fest für die Luftfahrt in Salzburg" wurde die Feier zum 20jährigen Jubiläum des FAN-CLUB Salzburg Airport am 9. Februar. In den 20 Jahren seines Bestehens ist ein weltweit bekannter Verein von Luftfahrtbegeisterten entstanden.

Ein betrieblicher Gesundheitsausschuss hat sich am 19. März konstituiert. Hauptziel war „die Förderung des Gesundheitsbewusstseins der Mitarbeiter".

Eine Wirtschaftsdelegation aus der Mongolei besuchte am 10. Mai Österreich. Als Ankunftsflughafen wählten die exotischen Gäste Salzburg, wo sie am Vorfeld mit Mozartkugeln als Willkommensgeschenk empfangen wurden. Nach einem Mittagessen am Wallersee und einer Stadtrundfahrt setzte die Delegation ihre Reise nach Kärnten fort.

Gleich zwei bekannte deutsche Vereinigungen tagten zwischen dem 9. und 11. Mai in Salzburg und Freilassing. Die Arbeitsgemeinschaft Deutscher Fluglärmkommissionen (ADF) und die Arbeitsgemeinschaft Deutscher Verkehrsflughäfen (ADV) waren am 10. Mai Gäste des Salzburger Flughafens.

Ab 4. Juni wurde am Vorfeld des Salzburg Airport W.A. Mozart eine Dornier Do 328 der Cirrus Airlines stationiert. Sie verband seit 4. Juni Salzburg 3mal täglich mit dem Drehkreuz der SWISS Inter-

Part of the overall business restructuring entitled "Future Airport" involved management. The goal was to adapt to economic challenges, to respond to increasing demands of security efficiently, and to utilize existing resources to their full potential. Starting on December 12th, 2006, the security center with the security officials (FBS), ramp control and fire fighters were reorganized. Security of the ramps was taken over by ramp control, which also served as link between FBS and fire fighters.

A large marketing campaign announced on January 15th that the two airlines Hapagfly and HLX had joined the TUI-group to create TUIfly.

A "Celebration of Aviation in Salzburg" became the 20th anniversary of the Fan-club Salzburg on February 9th. Within its 20 years of existence, it had become a group for aviation enthusiasts.

A health committee was established on March 19th. The main goal was to support employees' health awareness.

A delegation from Mongolia visited Austria on May 10th. The visitors chose Salzburg as their destination where they were welcomed with traditional candy from Salzburg, the "Mozartkugeln". The delegates continued their journey to Carinthia after lunch at the Wallersee and a city tour.

Two well-known German associations held meetings in Salzburg and Freilassing between May 9th and 11th. The Association of German Airline Noise Commissioners (ADF) and the Association of German Airports (ADV) were guests at Salzburg Airport on May 10th.

Starting on June 4th, a Dornier Do 328 operated by Cirrus Airlines was stationed at the ramp of Salzburg Airport W.A. Mozart. It connected Salzburg with Zurich, the turnstile of Swiss International Airlines, three times daily. Cirrus Airlines was considered a small, but successful and consistently expanding regional airline with its base in Saarbrucken.

On July 1st, Roland Hermann took over as director, following Guenther Auer, who had managed Salzburg Airport until then. The steady increase

2000 bis 2009

Abfertigung von Winterurlaubern im Terminal 2
Processing of winter vacationers at Terminal 2

national Airlines in Zürich. *Cirrus Airlines* galt als eine kleine, aber erfolgreiche und beständig expandierende deutsche Regionalfluggesellschaft, die ihre Basis in Saarbrücken hatte.

Mit 1. Juli übernahm Roland Hermann die Geschäftsführung von Günther Auer, der bisher die Geschicke des Salzburger Flughafens gelenkt hatte. Der Höhenflug entwickelte sich auch unter der neuen Führung prächtig, denn mit 1,946.422 wurde die Zweimillionengrenze nur knapp verfehlt!

Am 11. Juli traf die Thailändische Königin Sirikit in Salzburg ein und wurde u. a. vom Thailändischen Konsul Alfons Coreth begrüßt.

Rund 500 Gäste waren gekommen, um am 28. Juni den scheidenden Flughafendirektor Günther Auer in den Ruhestand zu verabschieden. Im Rahmen einer festlichen Veranstaltung im Amadeus Terminal 2 waren auch viele Zeitzeugen anwesend, die zu den mehr als 25 Jahren seines beruflichen Wirkens jede Menge Episoden erzählen konnten. Politiker, die Gesellschafter und Vertreter der Luftfahrtbranche gratulierten Günther Auer zum beruflichen Lebenswerk.

Noch vor dem Einsetzen des Wintercharterverkehrs konnte in nur drei Monaten Bauzeit die Hauptzufahrt zum Vorfeld erneuert werden. Das vorhandene Provisorium wurde durch einen

of passengers continued with the new director and the two million passenger threshold was only slightly missed with 1,946,422 passengers.

On July 11th, the Thai Queen Sirikit arrived in Salzburg and was welcomed by the Thai Consul Alfons Coreth.

Flughafen Salzburg

Serviceeinrichtungen im Terminal 2
Service facility at Terminal 2

überdachten Neubau, entsprechend der EU Verordnung 2320/2002 ersetzt. Zusätzlich wurde im Terminal 1 zum Anstellen für die Passkontrollen einreisender NON Schengen-Passagiere ein Anbau samt Überdachung geschaffen. Apropos Winter: Die Billigflugline „Norwegian" flog während des Winters jeden Samstag auch von Warschau noch Salzburg und retour.

Um an den Samstagen im Winter die Organisation am Busparkplatz „Ankunft" besser koordinieren zu können, wurde mit Beginn des Winterflugplans 2007/2008 auch für den gewerblichen Personenverkehr eine Gebührenpflicht eingeführt.

Die Luftfahrt in Europa und vor allem in Österreich hat sich 2007 im Vergleich zum allgemeinen Wachstum überproportional entwickelt. Zurückzuführen war diese Entwicklung auf „Low-Cost-Carrier", die Reisewünsche der Konsumenten zu niedrigen Preisen erfüllten.

1.946.422 abgefertigte Passagiere bedeuteten ein Plus von 3,6 Prozent gegenüber 2006. Der Linienverkehr stieg um 6,5 Prozent auf 1.186.874 Passagiere und im touristischen Verkehr blieb die Zahl von 756.312 Passagieren annähernd gleich.

Bei den Flugbewegungen im Linienverkehr ergab sich eine Zunahme um 3,8 Prozent auf 15.370 und im touristischen Flugverkehr verringerten sie sich um 3,4 Prozent auf 5.690.

226 Mitarbeiter und bis zu 161 Aushilfskräfte waren maßgeblich am Erfolg des Unternehmens beteiligt.

Around 500 guests attended Guenther Auer's retirement party on June 28th. The event took place at the Amadeus Terminal 2 and was attended by many contemporary witnesses who contributed interesting stories about his 25 years of professional life. Politicians, shareholders, and representatives of aviation congratulated Guenther Auer to his life's work.

Before the beginning of the winter charter season, the main access road to the ramp was renovated necessitating only three months of construction time. The existing provisional building was replaced by a new structure with a roof according to EU regulation 2320/2002. Terminal 1 received an addition to create space for non-Schengen passengers to line up for passport control. In addition, this winter the low-cost carrier "Norwegian" serviced the round-trip route Warsaw to Salzburg on Saturdays.

At the beginning of the winter flight schedule 2007/2008, parking fees were charged even for commercial traffic so that it became easier to coordinate arriving passenger at the bus terminal on Saturdays.

Aviation in Europe and especially in Austria showed better development compared to other businesses in 2007. The reason were low-cost carriers, which offered flights to costumers for low prices.

Compared to 2006, 1,946,422 passengers were processed which was equivalent to a 3.6 percent increase. Scheduled flights increased by 6.5 percent transporting 1,186,874 passengers and passengers from tourism remained unchanged with 756,312. Scheduled flight volume declined by 3.4 percent, equivalent to 5,690.

Success was attributed also to 226 employees and 161 temporary workers.

2008 Die Finanzkrise bremste die Luftfahrtbranche

2008 The financial crisis puts a damper on aviation

Das Geschäftsjahr 2007 prolongierte den wirtschafts- und arbeitsmarktpolitischen Erfolgslauf von Österreichs wichtigstem Bundesländerflughafen.
Trotz der sich anbahnenden Verschlechterung der Wirtschaftslage konnte das Unternehmen Salzburg Airport W.A. Mozart auf ein wirtschaftlich positives Jahr zurückblicken. Für die hervorragende Qualität der Abfertigungen von Flugzeugen und Passagieren wurde der *Salzburg Airport Services GmbH* gemeinsam mit dem Bodenverkehrsdienst der Salzburger Flughafen GmbH. von *British Airways der „Gold Award"* für die Winterperiode 2007/2008 verliehen.
Am 11. März fand die Kuratoriumssitzung der Osterfestspiele 2008 in den Räumen am Salzburger Airport W.A. Mozart statt. Dabei präsentierte der Künstler Emil Perauer anlässlich des „Herbert von Karajan-Jubiläumsjahres" sein neues *„Follow-me"* Plakat im General Aviation Center. Neben Karajans Witwe Eliette von Karajan wohnten den Feierlichkeiten Landeshauptfrau Gabi Burgstaller, Bürgermeister Heinz Schaden, Festspielpräsidentin Helga Rabl-Stadler, Sir Simon Rattle und Donald Kahn bei.
Das Thema „Mehr Kaufkraft durch Low-Cost?" stand bei den „Aviation Days", vom 31. März bis 2. April an der Akademie Puch-Urstein zur Diskussion. Schon zum dritten Mal wurden von Persönlichkeiten aus der internationalen Luftfahrtbranche Fragen über Entwicklungschancen von Regionalflughäfen behandelt. Die Delegierten kamen auf Einladung des Flughafens und der Akademie Urstein zum Erfahrungsaustausch nach Salzburg.
Durch den Neubau der Mercedes Pappas Konzernzentrale war der direkte Blick auf den Airport nicht mehr gegeben. Der Salzburger Künstler Johann Weyringer erhielt daher den Auftrag, ein weithin sichtbares Symbol für den Flughafen zu schaffen.

In the business year 2007, the economic and employment success of Austria's most important provincial airport continued. Despite overall economic decline, the business of Salzburg Airport W.A. Mozart had a successful year. British Airways awarded the *"Gold Award"* to *Salzburg Airport Services LLC* and *Salzburg Airport LLC* for exceptional passenger processing and ground traffic control in the winter season of 2007/2008.
On March 11th, a meeting of the Easter Festival Committee 2008 took place at Salzburg Airport W.A. Mozart. On this occasion, the artist Emil Perauer presented his new poster "Follow Me" at the General Aviation Center honoring Herbert von Karajan's anniversary year. The festivities were attended by Karajan's widow, Eliette von Karajan, Governor Gabi Burgstaller, Mayor Heinz Schaden, Festival President Helga Rabl-Stadler, Sir Simon Rattle, and Donald Kahn.
The main topic at the "Aviation Day" organized by the Academy Puch-Urstein was "More Purchase power through Low Cost?". This was the third time that representatives of international aviation discussed the development potential of regional airports. The delegates attended the meeting for exchange of ideas by invitation through the airport and the Academy Urstein.
The new construction of the Mercedes Pappas Group headquarters obstructed the view of the airport. Salzburg's artist, Johann Weyringer, was commissioned to design a visible symbol for the airport. On April 29th, the newest art project, entitled *"The Golden Sky Needle – Via Triformis"* by Johann Weyringer was inaugurated.
On April 30th, 2008, the Austrian AUSTROJET started the route Salzburg to Banja Luka. At 9:00 am the first *Dash 8-100* operated by AUSTROJET landed in Salzburg. Starting on April 30th, AUSTROJET took up a three times weekly connection between Salzburg and Banja Luka.

Am 29. April wurde das jüngste Kunstobjekt „Die goldene Himmelsnadel – via triformis" des Salzburger Künstlers Johann Weyringer mit einem Festakt eingeweiht.

Am 30. April 2008 eröffnete die österreichische AUSTROJET die Strecke Salzburg – Banja Luka. Um 9 Uhr landete die Dash 8-100 von AUSTROJET erstmals in Salzburg. Ab dem 30. April flog AUSTROJET dreimal wöchentlich von Salzburg aus nach Banja Luka.

Die 2. Kinderfestspiele, die vom 14. bis 21. Mai im Amadeus Terminal 2 stattfanden, wurden von den unzähligen Kindern begeistert angenommen. Eine ganze Woche wurde ein buntes Unterhaltungs- und Bildungsprogramm für Kinder angeboten.

Flughafendirektor Roland Hermann stellte bei der Eröffnung der Kinderfestspiele klar, dass Kinder unsere Zukunft sind, und jegliche Bildung und Förderung sollte selbstverständlich sein.

Während der Fußball EM Euro 2008 wollte man am Flughafen Salzburg nichts dem Zufall überlassen und nahm gerüstet diese Herausforderung an. Zu dem Sportgroßereignis wurden schwedische, spanische, griechische und russische Fans und jede Menge Sportjournalisten erwartet. Hauptreisetage waren der 9. und 19. Juni, als jeweils 35 zusätzliche Charterflugzeuge den Flughafen belebten.

Im Zuge der angestrebten Lärmreduzierung informierte 2008 der Flughafen Salzburg alle Partner-Airlines, dass eine Landeerlaubnis für die

Kinderfest im Terminal 2
Children's festival at Terminal 2

The second Children Festival took place at the Amadeus Terminal 2 from May 14th to 21st, which was embraced by numerous children enthusiastically. For a whole week, entertainment and educational programs for children were offered. Director Roland Hermann made clear at the opening of the Children Festival that children are the future and education and stimulation should be natural.

During the European Soccer Cup in 2008, nothing was left to chance since Salzburg Airport was properly prepared. Fans from Sweden, Spain, Greece and Russia were expected to attend this major sports event and also sports reporters arrived. Main travel days were June 9th and 19th, when an additional 35 charter flights arrived at the airport.

Part of ongoing noise reduction, Salzburg Airport informed all partner airlines in 2008 that MD-80 type airplanes were no longer permitted to land in Salzburg. This regulation went into effect on October 5th following the take-off of the last MD-89 operated by Dubrovnik Airlines from Salzburg toward Dubrovnik. It was the strictest regulation in all of Europe. Thereby, airplane models such as *Tupolev* and *MD-80* vanished from Salzburg Airport. At the same time, training hours for helicopter flights were reduced and new take-off and landing procedures became mandatory.

MD-80-Klasse künftig in Salzburg nicht mehr erteilt würde. Diese in Europa einmalige Bestimmung trat nach dem letzten Start einer MD-83 am 5. Oktober der Dubrovnik-Airline von Salzburg nach Dubrovnik in Kraft. Damit verschwanden am Salzburg Airport Flugzeugtypen, wie *Tupolev* und *MD-80* für immer. Zugleich wurden die Ausbildungszeiten für Hubschrauber eingeschränkt sowie neue, lärmmindernde An- und Abflugverfahren angeordnet.

Die niederländische Fluggesellschaft *transavia.com* flog ab 13. Dezember nach Salzburg. Transavia wurde Ende 1965 unter dem Namen Transavia Limburg N.V. von einem belgischen und einem schottischen Privatinvestor gegründet und wurde 1991 als Tochterunternehmen in den Mutterkonzern KLM eingegliedert.

Am 13. Dezember nahm mit „easyJet" ein weiteres Luftfahrtunternehmen seinen Liniendienst mit Salzburg auf. Dreimal pro Woche (MI, SA und SO) verband easyJet Salzburg mit London-Gatwick.

Seit Dezember 2009 wurden am Salzburger Flughafen im Bereich des General Aviation Centers so genannte Fußscanner getestet. Bei diesem Gerät stellt sich der Passagier mit den Schuhen auf eine vorgezeichnete Stelle, wodurch das Gerät aktiviert wird. Zwar wurde der Fußscanner am Salzburger Flughafen einstweilen nur im Bereich des privaten Flugverkehrs eingesetzt, ein Einsatz für den kommerziellen Flugverkehr war jedoch geplant.

Schon seit 20 Jahren konnten Kinder mit ihren Eltern am Airport die Wartezeit auf das Christkind verkürzen. Immer wieder ist „Das Warten

Eine Boeing 757-200 der Privilege-Charter Airline vor dem Abflug
A Boeing 757-200 operated by Privilege-Charter Airline before take-off

The Dutch airline company *transavia.com* flew to Salzburg starting on December 13th. Transavia had been founded by a Belgian and a Scottish private investor under the name of Transavia Limburg N.V. in 1965 and became a subsidiary company of KLM in 1991. On December 13th, another airline company started service between Salzburg and London-Gatwick. This company was called "EasyJet" and offered service three times weekly.

An der Großgepäckkontrolle kommt kein Koffer vorbei
All suitcases have to pass bulky baggage control

Der Terminal 2 vom Vorfeld aus
Terminal 2 viewed from the ramp

aufs Christkind" ein ganz besonderes Ereignis am Flughafen. Die Airport-Mitarbeiter trugen auch 2008 mit Freude dazu bei, dass der Tag für Jung und Alt besonders erlebnisreich und stimmungsvoll wurde. Dafür standen unter anderem eine *AUA Dash 8-400* und 30 Schlittenhunde im „Einsatz".

Das Jahr 2008 ist nicht nur wie im Flug vergangen, es sollte auch ein sehr gutes Geschäftsjahr für den Airport werden. Der Betriebserfolg sank zwar von rund 7,7 Millionen Euro im Vorjahr auf rund fünf Millionen Euro im Jahr 2008, sowie der Jahresüberschuss von 5,2 Millionen Euro auf knapp drei Millionen Euro. Der Gewinn vor Zinsen und Steuern, der *EBIT*, war 2008 mit 10,88 Prozent immer noch zweistellig. Auch der Rückgang bei den Passagierzahlen konnte mit einem Minus von sieben Prozent auf 1.809.601 als moderat verbucht werden. Trotz der beginnenden Finanzkrise und steigender Treibstoffpreise konnte die Führungscrew vorsichtig optimistisch in das kommende Jahr blicken.

Das Jahr war auch von Vorbereitungen für maßgebliche Investitionen in den Ausbau und die Verbesserung der Infrastruktur geprägt: So musste das Frachtgebäude erweitert und ein neuer Tower errichtet werden. Auch der bestehende Ankunfts- Terminal sollte an die veränderten Anforderungen angepasst werden.

Wichtige Veränderung im Management war die Bestellung von Karl-Heinz Bohl zum zweiten Geschäftsführer neben Roland Hermann. Am Jahresende beschäftigte die Salzburger Flughafen GmbH insgesamt 233 ständige Mitarbeiter.

Since December 2009, new foot scanners were tested at the General Aviation Center of Salzburg Airport. The passengers had to stand on specially marked spots with their shoes which activated the machine. At that time only private air traffic used these food scanners, but it was planned to be introduced into commercial aviation business as well.

For the past 20 years, parents shortened the waiting time for Santa Claus to arrive for their children at the airport. "Waiting for Santa Claus" had become a special event at the airport. Airport employees went to great length to make this a memorable day yet again. A *Dash-8-400* operated by *AUA* and 30 sledding dogs were available for this event.

The year 2008 went by in a flash but it also became an excellent year for business at the airport. Turnover declined from 7.7 to 5 million Euros compared to the previous year and profits declined from 5.2 to 3 million Euros. Profits from interest and taxes (i.e. EBIT) maintained a solid 10.88 percent in 2008. The decrease in passenger volume by 7 percent to 1,809,601 was also moderate. Despite the start of the financial crisis and increasing oil prices, management had an optimistic outlook on the upcoming year.

This year was also characterized by preparations for significant investments to expand and improve the infrastructure which included the expansion of the cargo hall and construction of a new tower. The existing arrival terminal was planned to be adapted to changing demands.

An important change in management included the appointment of Karl-Heinz Bohl to second director in addition to Roland Hermann. By the end of this year, 233 permanent employees were employed by Salzburg Airport LLC.

2009 Die Wirtschaftskrise erreicht die Luftfahrtbranche
2009 The economic crisis reaches the aviation industry

Im Zuge der Wirtschaftskrise wurde ersichtlich, wie sensibel die internationale Luftfahrt auf außergewöhnliche Entwicklungen reagiert. Deshalb wurde 2009 auch zum schwierigsten Jahr in der Geschichte des Airports, und gerade deshalb war es wichtig, mit teils Kostensenkungsmaßnahmen und Findung neuer Ertragsquellen gegenzusteuern.

Mehrere neue Airlines stellten sich gleich am Beginn des Jahres 2009 am Salzburger Flughafen ein. Zum Orthodoxen Weihnachtsfest kamen wieder viele russische Gäste und machten Schiurlaub im Salzburger Land. Flugzeugfans lockte besonders Nordwind Airlines Bo757, die erstmals in Mitteleuropa zu sehen war. Neu waren auch die *Tatarstan Bo737-300* und eine leise *Red Wings Tu204*.

19 Salzburger Sportler mit mentaler Beeinträchtigung reisten am 4. Februar nach Boise/Idaho, um an den Special Olympics 2009 teilzunehmen. Bei ihrer Rückkehr am 15. Februar wurden die überaus erfolgreichen Sportler von über 100 begeisterten Anhängern und Fans im amadeus terminal 2 gefeiert.

In einem feierlichen Akt wurde der Salzburger Flughafen GmbH am 26. Februar bereits zum zweiten Mal das BGF-Gütesiegel vom Österreichischen Netzwerk für Betriebliche Gesundheitsförderung verliehen. Dieses Gütesiegel hat eine Gültigkeitsdauer von drei Jahren, danach werden die Aktivitäten der Betriebe neu bewertet.

Am 6. und 7. August überprüfte der TÜV Süd den Salzburg Airport auf Basis der EMAS und ISO 14001 Richtlinien und zertifizierte ihn gemäß den internationalen Umweltstandards neu. Dem Flughafen wurde ein Umweltgebaren auf sehr hohem Niveau attestiert.

The economic crisis revealed how vulnerable international aviation responded to unusual developments. The year 2009 became the most difficult year in the history of the airport and thus, it became very important to reduce costs and find new sources of income.

Several new airlines started service to Salzburg at the beginning of 2009. Many Russian vacationers arrived during orthodox Christmas for skiing in Salzburg. Fans of airplanes were interested in Nordwind Airline's Bo757 which landed in middle Europe for the first time. Other new airlines included *Tatarstan's Bo737-300* and the quiet *Tu204* operated by *Red Wing*.

Nineteen athletes from Salzburg travelled to Boise, Idaho on February 4th to participate in the Special Olympics 2009. When they arrived back on February 15th the most successful athletes were welcomed by over 100 enthusiastic fans at the Amadeus Terminal 2.

During a ceremony the Salzburg Airport LLC received the BGF seal of approval from the Austrian Network for Workplace Health Promotion for the

Studenten aus aller Welt besuchen den Flughafen
Students from all over the world visit the airport

Flughafen Salzburg

Empfang der erfolgreichen Special Olympics Teilnehmer
Welcome ceremony of successful Special Olympians

Reisen mit Austrian wurde in diesem Jahr noch bequemer. Erstmals konnten sich Passagiere ihre Bordkarte einfach per Knopfdruck auf ihr Handy schicken lassen.

Voraussetzung war die Verwendung des benutzerfreundlich gestalteten Web-Check-in und ein Mobiltelefon. Durch die mobile Bordkarte der Austrian Fluggäste entfiel das Ausdrucken der Boardkarte.

Am 17. November landete mit einer gecharterten Boeing 767 Filmstar Cameron Diaz am Salzburg Airport, sie brachte an die 50 Crewmitglieder des Hollywood-Studios 20th Century Fox und eine Menge Ausrüstung mit. Cameron Diaz spielte die weibliche Hauptrolle im Agentenstreifen „Knight and Day", der Salzburgs Altstadt für einige Tage zur Filmkulisse werden ließ. Filmpartner Tom Cruise landete zwei Tage später mit seiner Privatmaschine, einer Gulfstream, in Salzburg.

Zum vierteljährlich stattfindenden *ERA Board Meeting* trafen sich die Mitglieder diesmal in Salzburg. Die ERA*) ist eine Vereinigung von über 200 Unternehmen, die am innereuropäischen Regionalflugverkehr beteiligt sind und vertritt diese in unternehmerischen und politischen Belangen. Der Salzburger Flughafen ist seit 2006 in der ERA vertreten.

Rechtzeitig vor Wintereinbruch konnte eine neue Schneefräse der Firma Kahlbacher am Flughafen in Betrieb genommen werden. Die feierliche Übergabe des bärenstarken Schneeräumungsgerätes fand am 1. Dezember im Amadeus Terminal 2 statt.

second time on February 26th. This seal of approval has to be renewed every three years.

On August 6th and 7th, the TUV South examined and certified Salzburg Airport on the basis of EMAS and ISO 14001 regulations according to international environmental standards. The airport received outstanding marks for its environmental standards.

Travel with Austrian became even more convenient this year. Passengers were able to send their boarding passes directly to their cell phones. It only required a cell phone and the user-friendly web check-in app. Mobile ticketing of Austrian avoided printing of paper boarding passes.

On November 17th, the movie star Cameron Diaz landed at Salzburg Airport on board of a chartered Boeing 767. She brought along about 50 crew members of the Hollywood Studio 20th Century Fox and a lot of equipment. Cameron Diaz played the female main character in the action movie "Knight and Day" which used the old city center of Salzburg as movie set. Tom Cruise landed in Salzburg two days later on board a private Gulfstream airplane.

The quarterly *ERA Board Meeting* took place in Salzburg this time. ERA*) is an organization of over 200 businesses which participate in inner European regional aviation and represents them in business and political aspects. Salzburg Airport had been a member of ERA since 2006.

In time for winter a new snow plow by the company Kahlbacher started operations at the airport. The ceremonial transfer of this powerful snow plow took place at Amadeus Terminal 2 on December 1st.

There were insufficient financial resources available for large investments in 2009. In addition, a notice from the Environmental Senate established that expansion of the infrastructure had to receive environmental approval. Thus, planned construction of the logistics building and the workshops could not get started.

A decline of 14.2 percent and only 1,552,154 processed passengers was an impressive indication of the economic crisis and the consequences for Salzburg Airport. Despite the decline in passenger numbers, the airport maintained its employee volume of 233 people and thus, remained a stable employer. Realistically, 2010 was not anticipated to become a bad year. Optimism was displayed due to a good winter season of 2009/2010 and increases in non-aviation business. Even aviation business started to improve slightly. As of October, *Air Berlin* and *Germanwings* included Salzburg as destination and the

2000 bis 2009

Das Jahr 2009 war schon alleine aus Budgetgründen kein Jahr großer Investitionen. Dazu kam am 26. Februar ein Bescheid vom Umweltsenat, in dem festgestellt wurde, dass geplante Erweiterungen der Infrastruktur einer Umweltverträglichkeitsprüfung zu unterziehen wären. Dadurch konnten geplante Vorhaben wie das Logistikgebäude und auch die Werkstätte nicht realisiert werden.

Ein Minus von 14,2 Prozent und nur 1.552.154 abgefertigte Passagiere belegten eindrucksvoll die Dramatik der Wirtschaftskrise und die Folgen für den Salzburger Flughafen. Ungeachtet des Passagierrückgangs war der Salzburg Airport mit aktuell 233 Mitarbeitern nach wie vor ein verlässlicher und sicherer Arbeitgeber. Realistisch gesehen musste man sich für das Jahr 2010 auch nicht in Bescheidenheit üben. Begründet war der Optimismus durch eine gute Wintersaison 2009/2010 und Zuwächse im Non-Aviation-Bereich. Auch die Luftfahrt trat langsam wieder aus ihrer Erstarrung heraus. Immerhin nahmen mit Oktober die Fluglinien *Air Berlin* und *Germanwings* Salzburg in ihr Streckennetz auf und die staatliche rumänische Fluglinie *Tarom* kam im Winter erstmals von Bukarest nach Salzburg. Der AUA/Lufthansa-Konzern brachte frischen Wind in die österreichische Luftfahrtunternehmen.

*) European Regions Airline Association

federal Rumanian airline *Tarom* serviced Salzburg from Bucharest for the first time this winter. The AUA/Lufthansa-Group brought a breath of fresh air to the Austrian airline business.

*) European Regions Airline Association

iel Flugverkehr im Wintercharter (unten)
A lot of air traffic for winter charter (bottom)

Flughafen Salzburg

2010 Nach der Krise leichter Aufschwung

2010 Slow recovery

Nach den Einbrüchen im Vorjahr überwog am Airport die Hoffnung auf Besserung.
Die Erwartungen für das Jahr 2010 waren getragen von einem kräftigen Wachstum begründet durch Aktivitäten von den Partnern AUA, Air Berlin und Germanwings. Die Hoffnungen sollten sich aber nur teilweise erfüllen...
Der langjährige Präsident des Salzburger Flugringes Herbert Dutka wurde am 29. Jänner im Rahmen einer feierlichen Sitzung als Ehrenobmann geehrt. Er war 33 Jahre lang Obmann des Salzburger Flugringes und hat viel dazu beigetragen, dass das Unternehmen zu einem attraktiven Leistungszentrum für die private Luftfahrt wurde. Er setzte wesentliche Schwerpunkte im Bereich der Aus- und Weiterbildung von Piloten und erweiterte die Flotte auf nunmehr acht Luftfahrzeuge mit unterschiedlichen Ausstattungen.
Am 3. Mai 2010 begannen die Bauarbeiten für das neue Werkstättengebäude, das sämtliche Werkstätten und Wartungsbereiche in einem Gebäude zusammenführen sollte. Logischer Standort war die ehemalige überdachte Abstellhalle für KFZ- und Winterdienstgerätschaften direkt neben der Feuerwehr. Das nach neuestem Stand der Technik erbaute Werkstättengebäude wurde Mitte Dezember bezogen und umfasst rund 1.100 Quadratmeter Nutzfläche, davon 400 Quadratmeter Lagerflächen, 190 Quadratmeter Werkstätten sowie eine 530 Quadratmeter große Wartungshalle. Die Zeltprovisorien aus dem Jahr

The airport was optimistic following the decline of business the year before. Expectations for 2010 were based on business activities by AUA, Air Berlin and Germanwings. Expectations were only partially fulfilled...
The longstanding president of the Salzburg Flight-ring, Herbert Dutka, was elected honorary chairman during a ceremony on January 29th. He had been chairman of the Salzburg Flight-ring for 33 years and he contributed to the success of this business making it into an attractive intensive training center for private aviation. He emphasized training and continuing education of pilots and expanded the airplane fleet to eight differently equipped models.
On May 3rd 2010, construction on the new workshop building started which contained workshops and maintenance shops under one roof. Logically, the best location was the storage facility for cars and snow plows right next to the fire station. The building was constructed according to most modern technical standards and was opened in mid-December. It occupied around 1,100 square meters of useable space whereof 400 square meters were used for storage, 190 square meters as workshop area, and 530 square meters were assigned to maintenance. The provisional tents from 2000 were dismantled following the completion of the workshop building.
Another building was meant to change the appearance of the airport significantly. A joint pro-

Airbus A 380-800 der Lufthansa überfliegt die Flughafenpiste
Airbus A 380-800 operated by Lufthansa flies over the airport's runway

2000 konnten nach Fertigstellung der Werkstätten abgebaut werden.

Ein anderes Bauprojekt sollte das Erscheinungsbild des Flughafens entscheidend beeinflussen. Das Gemeinschaftsprojekt von Austro Control und dem Salzburger Flughafen sollte den über 40 Jahre alten Tower ersetzen. Der alte Tower entsprach nicht mehr den künftigen Anforderungen einer modernen Flugsicherung in Europa und war hinsichtlich der Bausubstanz in die Jahre gekommen. Ein Neubau zur Schaffung einer zeitgemäßen Flugplatzüberwachung war also unumgänglich. Gleichzeitig sollte der neue Tower mit modernster Flugsicherungstechnik ausgestattet sein. Ein EU-weites Ausschreibungsverfahren gab dem Projekt der ARGE Halle 1/Herbrich/ IPC den Vorzug.

Der neue Tower sollte etwa 40 Meter westlich des bestehenden mit einer Höhe von knapp 50 Metern errichtet werden. Der neue Tower würde aus einem dreistöckigen Sockelgebäude herausragen, das von der Austro Control GmbH genutzt werden sollte. Nach den Bestimmungen des österreichischen Luftfahrtgesetzes ist der Salzburg Airport Errichter und Eigentümer des neuen Kontrollturms, Austro Control als Nutzer des Bauwerks müsse dem Flughafen die Selbstkosten rückerstatten. Ohne flugsicherungstechnische Anlagen waren die Investitionskosten zur Errichtung des neuen Towers mit rund zehn Millionen Euro veranschlagt. Nach ausführlichen Feinplanungsarbeiten wurde der Baubeginn für das Frühjahr 2011 festgesetzt, die Inbetriebnahme war für Ende 2012 geplant.

ject by Austro Control and Salzburg Airport targeted the replacement of the 40-year-old tower. The old tower was no longer meeting modern European flight safety standards and the building structure started to crumble. A new construction, meeting current flight safety standards, was unavoidable. At the same time the new tower was to be equipped with modern flight safety systems. Following a Europa-wide request for proposals, it was ultimately decided on the project of ARGE Hall 1/Herbrich/ IPC.

The new tower was scheduled to be erected about 40 meters west of the existing one with a height of 50 meters. The new tower was to be built on top of a three-floor high building which was used by Austro Control LLC. Austrian Aviation Law required that Salzburg Airport was the builder and owner of the new tower and Austro Control as the user of the building had to refund maintenance costs to the airport. The costs for the new tower without technical equipment were estimated at ten million Euros. Following detailed planning, construction was started in spring of 2011 and operations was planned for the end of 2012.

The ticket center in the departure hall had to be adapted in size and arrangement to match increasing demands. On June 7th, the new SAS ticket center was opened. It allowed for improved

Flughafen Salzburg

Landesrat David Brenner empfängt erfolgreiche Sportler: links Marlies Schild, Reinfried Herbst, Marcel Hirscher; rechts: Thomas Morgenstern, Wolfgang Loitzl, Airport Chef Roland Hermann
Member of the provincial government, David Brenner, welcomes the successful athletes: left Marlies Schild, Reinfried Herbst, Marcel Hirscher; right: Thomas Morgenstern, Wolfgang Loitzl, Airport Director Roland Hermann

Das Ticketcenter in der Abflughalle in seiner bestehenden Größe und Anordnung musste räumlich und personell dem stark gewachsenen Bedarf angepasst werden. Am 7. Juni wurde das neu gestaltete SAS-Ticketcenter eröffnet. Es erlaubte besseren Kundenservice, da Business Class und Low Cost nun voneinander getrennt und betreut werden konnten.

Im Beisein internationaler Delegierter fand am 9./10. Juni am Salzburg Airport die Umwelt-EMAS Konferenz 2010 statt. Den perfekten Veranstaltungsrahmen für diese hochkarätige Konferenz mit dem Titel „Nachhaltig wirtschaften mit EMAS III" bot das Amadeus Terminal 2.

Gunnar und Claus Heinemann, die gemeinsamen Eigentümer von Heinemann Duty Free, eröffneten am 1. Juli in Anwesenheit von Flughafendirektor Karl Heinz Bohl den ersten österreichischen Heinemann Duty Free Shop im neuen Markendesign. Neu war aber nicht nur der Name und das Erscheinungsbild, sondern auch ein „Regional-Bereich", der Produkte und Spezialitäten aus dem regionalen Umfeld bevorzugte.

Am 28. Juli konnte man am Salzburger Flughafen mit dem Airbus A-380 ein ganz besonderes Flugzeug bewundern. Das größte Passagierflugzeug der Welt schwebte, von München kommend, förmlich im Tiefflug über die Landebahn des Salzburger Flughafens hinweg. Zahlreiche Schaulustige nutzten die Gelegenheit, den A-380 von der Dachterrasse aus zu bewundern. Gegen 18:00 Uhr passierte der Airbus den Salzburger Flughafen ein zweites Mal in geringer Höhe, um nach einer eleganten Wendung nach München zurückzukehren.

Unter Beteiligung der russischen und österreichischen Luftfahrt-Behörden fanden im November Verhandlungen über die Landerechte österreichischer Airlines in Russland und russischer Airlines in Österreich statt. Als Gastgeber fungierte der Salzburger Flughafen.

Neu im Winterflugplan waren Flüge von Air Berlin, die Salzburg mit Berlin, London Stansted,

customer service because business class and low cost were now separately serviced.

In the presence of international delegates, the EMAS Environmental Conference took place at Salzburg Airport on June 9th/10th, 2010. The perfect ambience for this important meeting entitled "Sustaining Economy with EMASII" offered the Amadeus Terminal 2.

Gunnar and Claus Heinemann, the owners of Heinemann Duty Free, opened the first Austrian Heinemann Duty Free Shop in the presence of Airport Director Karl Heinz Bohl on July 1st. A new name and a new design concept was accompanied by a new product line which offered regional products and specialties.

On July 28th, the new Airbus A-380 was introduced to Salzburg Airport. The largest passenger jet of the world hovered over the runway of Salzburg Airport flying in from Munich. Numerous spectators admired the A-380 from the roof terrace. At 6:00 pm the Airbus flew over Salzburg Airport a second time in low altitude before returning to Munich.

Russian and Austrian aviation officials met in November to negotiate landing rights of Austrian airlines in Russia and vice versa. Salzburg Airport served as host for this meeting.

Air Berlin offered new connections for Salzburg to Berlin, London-Stansted, Hannover, Hamburg and Dusseldorf with the start of the winter season.

Transavia Airlines offered flights to Amsterdam, Rotterdam, Eindhofen, Billund and Copenhagen.

Thomas Gottschalk reist zu den Festspielen an
Thomas Gottschalk arrives for the Salzburg Festival

Hannover, Hamburg und Düsseldorf verband. Transavia Airlines flog neben Amsterdam, Rotterdam neuerdings auch Eindhofen, Rotterdam, Billund und Kopenhagen an. Am 2. Dezember fanden die Air-Berlin Erstflüge von Hannover und London-Stansted statt.

Am 30. November „landete" eine der ältesten Brauereien Österreichs am Salzburger Flughafen. Mit der Eröffnung des Stiegl Terminals setzte die Brauerei Stiegl, gemeinsam mit dem Salzburg Airport, neue Akzente im Bereich des Erlebnis-Shoppings.

Den österreichischen Flughäfen wurde im September 2009 vom *BMVIT**) mitgeteilt, dass für öffentliche Flugplätze mit internationalem Luftverkehr, eine verpflichtende Zertifizierung vorgesehen sei. Inspektoren der Obersten Zivilluftfahrtbehörde waren bei der ersten Zertifizierung von 6. bis 26. Mai 2010 vor Ort, um das erstellte Flugplatz-Handbuch und den Flugplatz zu kontrollieren. Überdies überzeugte sich die Oberste Zivilluftfahrtbehörde von der Effektivität des Sicherheitsmanagement System (SMS). Am 29. Dezember fand die offizielle Übergabe der Zertifizierungsurkunde an den Flughafen Salzburg im Ministerium statt.

Nach einem Jahr der Krise, Behinderung durch eine Aschewolke und nach starken Rückgängen im weltweiten Flugverkehr zog die österreichische Regierung als Bremse für den österreichischen Tourismus eine neue Abgabe aus dem Hut. Nach deutschem Vorbild führte auch Österreich eine Flugabgabe ab Jahresbeginn 2011 ein.

Wirtschaftskrise, Vulkanausbruch und Wetterkapriolen haben 2010 in der internationalen Luftfahrt beträchtliche Spuren hinterlassen und waren für so manche Flugstreichung verantwortlich. Trotzdem konnte der Salzburg Airport W.A. Mozart eine leichte Steigerung verzeichnen. Mit 1.625.842 Passagieren wurden um 4,7 Prozent mehr Fluggäste als im Vorjahr abgefertigt. Auch die Anzahl der Flugbewegungen stieg geringfügig um 3,6 Prozent auf 20.159. Positiv entwickelte sich Fracht- und Postverkehr. Mit 22 Prozent gegenüber dem Vorjahr fiel die Steigerung überproportional aus. Auch das Unternehmen Carport konnte mit einem Plus von 12,10 Prozent aufwarten. Mit Jahresende waren am Salzburg Airport 247 ständige Mitarbeiter beschäftigt.

*) Bundesministerium für Verkehr, Innovation und Technologie

On December 2nd, Air Berlin started its service to Hannover and London-Stansted.

On November 30th, one of the oldest Austrian breweries "landed" at Salzburg Airport. With the opening of the Stiegl Terminal, the brewery introduced the new concept of event-shopping to Salzburg Airport.

Austrian airports were informed by the *BMVIT**) that all public airports servicing international air traffic had to apply for certification. Inspectors of the Supreme Civil Aviation Authority examined the airport handbook and the airport for the first certification which took place from May 6th to May 26th, 2010. In addition, the efficiency of the safety management system (SMS) was tested. On December 29th the certificate was handed over officially to Salzburg Airport by the BMVIT.

After a year of crisis, the obstruction through an ash cloud, and significant decline in worldwide aviation business, the Austrian government imposed a new tax on Austrian tourism. Austria reinstated same as Germany, an airline ticket tax with the beginning of 2011.

Economic crisis, volcanic eruptions and the unpredictable weather left a mark on international aviation in 2010 and were responsible for many cancellations. Although, Salzburg Airport W.A. Mozart reported a slight increase. With 1,625,842 passengers, 4.7 percent more passengers were processed than during the previous year. Number of flights also increased by 3.6 percent to 20,159 flights. Positively also developed cargo and mail transportation with a 22 percent overproportioned increase compared to the prior year. Carport also reported an increase of 12.1 percent. By the end of this year, 247 permanent employees were employed by Salzburg Airport.

*) Department of Transportation, Innovation and Technology

Flughafen Salzburg

2011 Weniger Flüge, mehr Passagiere
2011 Fewer flights, more passengers

Mit Jahresbeginn war als Fortsetzung zum Vorjahr ein weiterer, leichter Aufwärtstrend zu erkennen. Ticketsteuer in Österreich und hohe Treibstoffpreise ließen trotzdem noch keine „Luftsprünge" zu.

Mit 1. Jänner ist das neue Luftfahrtsicherheitsgesetz *(LSG 2011)* in Kraft getreten. Anstelle des Bundesministeriums für Inneres (BMI) waren ab sofort die Salzburger Flughafen GmbH als Zivilflugplatzhalter für sämtliche Sicherheitskontrollen nach EU-Standard zuständig und wurde damit alleiniger Auftraggeber des durchführenden Sicherheitsunternehmens (in Salzburg: Securitas).

Alle österreichischen Flughäfen, mit mehr als 100.000 abfliegenden Passagieren pro Jahr, also alle sechs Verkehrsflughäfen, waren davon betroffen.

Um allen Nutzern des Flughafens das Leben zu erleichtern, scheut man am Salzburg Airport W.A. Mozart auch vor großen Investitionen nicht zurück. Für Menschen mit Mobilitätseinschränkung waren Flugreisen oft nur mit großen Strapazen verbunden. Der Salzburg Airport bot daher seit Mitte Februar beeinträchtigten Passagieren einen zusätzlichen Service an. Ein sogenannter

At the start of the year, the continuation of a slight increase was noticed but the airline ticket tax and high crude oil prices did not spread optimism.

On January 1st the new Aviation Safety Law *(LSG 2011)* went into effect. In replacement of the Department of Interior (BMI), the Salzburg Airport LLC as the owner of the civil airport, was now responsible for all security controls according to EU standards and became the sole employer of the airport's security firm (in Salzburg: Securitas). This went into effect for all six Austrian airports since they all processed more than 100,000 passengers per year.

To make the airport more conveniently accessible, Salzburg Airport W.A. Mozart invested heavily. People with restricted mobility were challenged when travelling by air. Salzburg Airport offered special services to the passengers as of mid-February. A specialized A/C-controlled lifting vehicle called "Ambulift" transported handicapped passengers from the terminal directly into the airplane's cabin and back.

The airport as movie set is always an interesting story. Several scenes of the fourth season of *"Topless" („Oben Ohne")* by Director Reinhard Schwabenitzky which was produced by the Austrian Broadcasting Agency (ORF) were filmed at Salzburg Airport on March 2nd. 35 members of the film crew and many extras transformed the arrival hall into a professional movie set. The turmoil attracted many spectators.

Large quantities of cargo are also transported by plane, however, not noticeable to the public. An important partner for Salzburg Airport is DB Schenker. The office for Salzburg has been located at the airport for the past 35 years. By the end of March 2011, a transfer to a new office at the airport was decided.

Staatsbesuch der Indischen Präsidentin Pratibha Devisingh Pativ
State visit of the Indian President Pratibha Devisingh Pativ

"Ambulift" – ein spezielles, klimatisiertes Hebe-Fahrzeug – sorgt seit damals für den direkten, bequemen Transport vom Terminal bis in die Flugzeugkabine und natürlich auch umgekehrt.
Der Flughafen als Filmkulisse ist immer wieder ein Thema. Für die 4. Staffel der beliebten ORF-Fernsehserie *„Oben Ohne"* von Regisseur Reinhard Schwabenitzky wurden am 2. März einige Szenen am Salzburg Airport gedreht. 35 Mitarbeiter des Filmteams und viele Komparsen verwandelten den Ankunftsbereich in ein professionelles Filmset. Das bunte Treiben lockte auch zahlreiche Schaulustige an.
Abseits aller Öffentlichkeit werden mit Flugzeugen auch große Mengen an Gütern transportiert. Ein wichtiger Partner am Salzburger Flughafen ist DB Schenker. Die Geschäftsstelle Salzburg mit einem Luftfrachtbüro ist seit über 35 Jahren am Airport vertreten. Ende März 2011 wurde die Übersiedlung in ein neues Büro am Flughafen abgeschlossen.
Ein Aufreger in der Reisebranche war 2011 die Einführung der Ticketsteuer. Seit 1. April hob die Republik Österreich, nach Deutschland, eine entfernungsabhängige Ticketsteuer ein. Holland hat eine ähnliche Steuer aus Wettbewerbsgründen wieder abgeschafft. Österreich beschloss 2013 allerdings eine geringfügige Reduktion.
Zur uneingeschränkten Information für seine Kunden hat der Flughafen 2011 eine neue, technisch und grafisch auf dem letzten Stand befindliche Homepage ins Netz gestellt. Informationen gab es in Deutsch und Englisch, kinderleichte Navigation führte zu allen wissenswerten Themen am Flughafen. Unter: *www.salzburg-airport.com* konnte man aktuelle Ankünfte, Abflüge und wichtige News abrufen.
Am 31. Mai lud der Vorstand der Thomas Cook Austria AG, Ioannis Afukatudis, zu einer Pressekonferenz über das Reiseprogramm ab Salzburg. Sie umfasste Reisen künftig in die Türkei, Ägypten, Bulgarien, Tunesien, Griechenland, die Balearen und Kanaren mit Teneriffa, Gran Canaria, Fuerteventura. Zusätzlich gab es neue Ziele auf dem spanischen Festland und Portugal.
Am 21. Juni landete der ehemaliger Gouverneur Kaliforniens, Arnold Schwarzenegger, die „Steirische Eiche", zu einem Kurzbesuch am Salzburg Airport.
Am 12. Juli traf der ICAO *) Beirat ANC**) in Salzburg ein, um in Österreich mit Vertretern aus den Bereichen Luftfahrtindustrie, Flughäfen und Flugsicherung aktuelle Entwicklungen zu thematisieren. In der Rolle eines technischen Experten im ANC besetzte Österreich seit Juli 2009 mit

Bundespräsident Heinz Fischer empfängt den türkischen Staatspräsident Abdullah Gül
Federal President Heinz Fischer welcomes the Turkish President Abdullah Gül

The introduction of the airline ticket tax caused some turmoil in 2011. As of April 1st, Austria, same as Germany, collected a tax on airline tickets independent of flight distance. The Netherlands discontinued this tax because of competition reasons. Austria decided on a small reduction in 2013.
The airport has provided unrestricted information to its customers through a new, technically and graphically up-to-date homepage on the internet since 2011. Information was provided in German and English and the website was easy to navigate. The internet link *www.salzburg-airport.com* conveyed arrival and departure times as well important news.
On May 31st, the Chairman of the Thomas Cook Austria PLC, Ioannis Afukatudis, invited to a press conference to talk about the travel program from Salzburg. This program included destinations in Turkey, Egypt, Bulgaria, Tunisia, Greece, the Balearic Islands and the Canary Islands, Tenerife, Gran Canaria and Fuerteventura. Additional destinations were offered on the Spanish mainland and in Portugal.
On June 21st the former Governor of California, Arnold Schwarzenegger, called the "Styrian Oak", arrived for a short visit at Salzburg Airport.
On July 12th, the ICAO*) advisory council ANC**) arrived in Salzburg to talk with representatives of airline industry, airports and air safety about current developments in Austria. Christian Schleifer had been the technical expert at the ANC since July 2009 which gave Austria a strategic role in the international aviation business.
Hans-Juergen Hofmann, the former president of the Salzburg Airport Fan-club and former chair-

Flughafen Salzburg

Spatenstich für den neuen Tower am 6. Oktober
Groundbreaking for the new tower on October 6th

Christian Schleifer erstmals eine strategische Schlüsselfunktion im internationalen Fluggeschehen.

Hans-Jürgen Hofmann, der ehemalige Präsident des Salzburg Airport Fanclubs und ehemaliger Obmann des Salzburger Flugrings, verunglückte am 4. Oktober bei einer Bergtour am Hohen Göll tödlich.

Ein besonderer Spatenstich für die Zukunft des Airport erfolgte am 5. Oktober.

Fünf Jahre Vorlauf- und Planungszeit waren nötig, um den Neubau des Tower samt neuem Flugsicherungsgebäude, ein Gemeinschaftspro-

man of the Salzburg Flight-ring, was killed in a mountain climbing accident on the Hohen Goell on October 4th.

Important ground-breaking for the airport's future took place on October 5th. Following five years of planning, the construction of the new tower including the air traffic control, was on its way in collaboration with Austro Control. This project intended to replace the 40-year-old tower. Construction costs were estimated at 14 million Euros. Transfer of the tower to Austro Control was scheduled for May 2013 with operations to start in February 2014.

On October 22nd, the Trapp-family landed in Salzburg as welcomed guests. This family had considerably contributed to Salzburg's increase as tourist destination after the war. Leo Bauernberger, the manager of *SalzburgerLand Tourism* welcomed the visitors in person who arrived from the US for the premiere of the musical "Sound of Music".

In collaboration with Porsche Austria, Salzburg Airport introduced a new concept for VIP and business transportation on October 2011. Gerhard Kisslinger, manager of Porsche Salzburg, presented a luxurious VW Multivan Highline to the airport's manager Ing. Roland Hermann.

On December 1st, British Airways had reason to celebrate. Five years prior, the company had re-

Besuch vom Schutzverband Freilassing
Visit of the Association Freilassing

Ballontaufe mit Dietrich Mateschitz (2. v.l.)
Balloon baptism with Dietrich Mateschitz (2nd from the left)

jekt mit Austro Control, in die Spur zu bringen. Damit sollte am Salzburger Flughafen der über 40 Jahre alte Tower ersetzt werden. Die Kosten für die Errichtung waren mit 14 Millionen Euro veranschlagt. Die Übergabe des Kontrollturms an Austro Control war für Mai 2013 geplant und der Betrieb sollte im Februar 2014 starten.

Am 22. Oktober landeten mit der Trapp-Familie gern gesehene Gäste am Salzburg Airport. Die Familie trug wesentlich zur touristischen Aufwärtsentwicklung Salzburgs nach dem Krieg bei. Leo Bauernberger, Geschäftsführer von SalzburgerLand Tourismus ließ es sich nicht nehmen, die prominenten Gäste zu begrüßen, die eigens aus den USA zur Musical-Premiere von „Sound of Music" angereist waren.

In Kooperation mit Porsche Austria wurden Anfang Oktober 2011 am Salzburg Airport neue Maßstäbe im Bereich des VIP-und Businesskundentransportes gesetzt. Ein luxuriöser VW Multivan Highline wurde von Gerhard Kisslinger, Geschäftsführer Porsche Salzburg an Flughafengeschäftsführer Ing. Roland Hermann übergeben.

Am 1. Dezember gab es für *British Airways* Grund zum Feiern: Sie kehrte vor genau fünf Jahren nach Salzburg zurück und bediente seither fünfmal wöchentlich mit einer Boeing 737-400 die Strecke Salzburg–London Gatwick.

Der Salzburger Flughafen wurde 2011 sogar für den europäischen *EMAS***)* Preis nominiert. Als eines der ersten österreichischen *EMAS*-Pilotprojekte für Airports war der Salzburger Flughafen seit 2004 ein eingetragener österreichischer *EMAS* Betrieb.

Auf das Jahr 2011 zurückblickend, konnte am Salzburg Airport festgestellt werden, dass trotz widrigster Umstände, wie Kriege und Umstürze in arabischen Staaten und trotz Einstellungen von Flugrouten, Fusionen und Konkursen von Fluggesellschaften, ein gutes Ergebnis verzeichnet werden konnte. Mit 1.700.983 Passagieren war das Ergebnis um 4,6 Prozent besser als im Vorjahr. Der Rückgang bei Flugbewegungen von drei Prozent auf 19.548 ließ einerseits auf bessere Auslastung, andererseits auf Erhöhung der Sitzplatzkapazitäten schließen. Auch beim Personal gab es zum Jahresende einen moderaten Zuwachs auf 253 Stammmitarbeiter.

*) International Civil Aviation Organization,
**) Air Navigation Commission
***) Eco- Management and Audit Scheme

turned to Salzburg and had started servicing the route Salzburg–London–Gatwick with a Boeing 737-400 five times per week.

Salzburg Airport was nominated for the European *EMAS***)* price in 2011. Salzburg Airport had been a registered Austrian *EMAS* company since 2004 following the first Austrian *EMAS* pilot-project at the airport.

Looking back at 2011, Salzburg Airport reported good results despite adverse circumstance such as wars, revolution in Arabic countries, and discontinuation of flights, as well as fusions and bankruptcies of airline companies. With 1,700,983 passengers, the results were better by 4.6 percent than the previous year. The reduction in flight movements by three percent to 19,548 indicated better usage and increased seating capacity. Employee numbers also moderately increased to 253 permanent employees.

*) International Civil Aviation Organization,
**) Air Navigation Commission
***) Eco- Management and Audit Scheme

Flughafen Salzburg

2012 Stabile Ergebnisse
2012 Stabile results

Entgegen allen Trends konnte der Salzburger Flughafen die Verkehrszahlen 2012 etwa auf Vorjahrsniveau halten.
Mit 1. Januar übernahm *SFC*)* die Verantwortung für die Betankung der am Salzburg Airport ankommenden Flugzeuge. Als Gesellschafter der SFC fungieren zu gleichen Teilen *Shell Austria GmbH, OMV Refining & Marketing GmbH* und *BP Europa SE.*
Die laufenden Bemühungen im Dienste der Mitarbeiterfitness wurden am 9. März 2012 für wei-

Bauarbeiten am neuen Tower und das Aufsetzen der Krone
Construction of the new tower and placement of the crown

Despite negative trends, Salzburg Airport maintained its flight volume similar to the prior year in 2012.
On January 1st, SFC*) took over responsibility for filling up gas tanks for all airplanes arriving at Salzburg Airport. Equal partners of SFC were *Shell Austria LLC, OMV Refining & Marketing LLC* and *BP Europa SE.*
Continuing efforts to improve employees' fitness was rewarded for an additional three years in 2012. For the third time, Salzburg Airport received the seal of approval from the Austrian Network for Workplace Health Promotion on March 9th, 2012.
For the past 25 years, the Fan-club had dedicated its time to the joy of flying and the interests of Salzburg Airport. It took one and a half years of preparation with numerous voluntary hours of work to organize a birthday party for the Fan-club in celebration of aviation in Salzburg on April 20th.
The *T.A.I.* (Tourist Austria & International) is an advertising competition for tourism in the German speaking countries and took place for the 25th time in 2011/12. Salzburg Airport was one of the recipients of a price in Vienna on April 23rd. The homepage of Salzburg Airport W.A. Mozart received second price for web touristic advertising and was awarded the silver medal *Signum Laudis*. Since Salzburg Airport can never get enough awards, it received the next award, the *"Shorthaul Performance Award"* for its exceptional and consistent customer service and operations from British Airways which is a company known for its high quality standards.
The new Air Safety Law of 2011 transferred responsibility for security to airport management. Therefore, the *"Secport Security Services LLC"* was founded as 100 percent subsidiary company of Salzburg Airport LLC. Salzburg Airport LLC added another subsidiary company in addition to the 100 percent of Salzburg Airport Services and 85 percent of Carport. Secport started operations on June 6th and has been responsible to cover all security issues ever since.

tere drei Jahre belohnt. Zum dritten Mal wurde dem Salzburger Flughafen das Gütesiegel für betriebliche Gesundheitspolitik verliehen.

Seit 25 Jahren widmete sich der Fanclub den Freuden der Fliegerei und den Interessen des Salzburger Flughafens. Eineinhalb Jahre Vorbereitung mit unzähligen freiwilligen Arbeitsstunden waren notwendig, um am 20. April eine rauschende FAN-CLUB Geburtstagsfeier zu einem Fest für die Luftfahrt in Salzburg werden zu lassen.

Der T.A.I. (Tourist Austria & International) Werbe Grand Prix ist der härteste, aber auch fairste Wettbewerb für Tourismuswerbung im deutschsprachigen Raum und wurde 2011/12 zum 26. Mal ausgetragen. Bei der Preisverleihung am 23. April in Wien war auch der Salzburger Flughafen unter den Gewinnern zu finden. Die neue Homepage des Salzburg Airport W.A. Mozart erreichte in der Sparte Web Touristik die Medaille Signum Laudis in Silber für den 2. Platz.

Weil man am Salzburger Flughafen mit dem Erreichten nie ganz zufrieden ist, gab es für hervorragende, konstante Leistungen im Bereich Customer Service and Operation von British Airways, die ja bekannt sind für ihre hohen Qualitätsstandards, mit dem „Shorthaul Performance Award" gleich die nächste Auszeichnung!

Das neue Luftsicherheitsgesetz von 2011 hat die Sicherheitsaufgaben an die Flugplatzbetreiber übertragen. Aus diesem Grund wurde am 24. April die „Secport Security Services GmbH" als 100%iges Tochterunternehmen der Salzburger Flughafen GmbH gegründet. Damit hat der Salzburger Flughafen GmbH nach der 100%igen Tochter Salzburg Airport Services und der Tochter Carport mit 85 Prozent Anteilen, eine weitere Tochter bekommen. Mit 6. Juni hat Secport seine operative Tätigkeit aufgenommen und stellt seither sicher, dass sämtliche Sicherheitsaufgaben optimal abgedeckt werden.

Der Tower erhielt eine Krone

Der Neubau des Tower ging zügig voran, und am 25. Juni konnte die 47 Tonnen schwere Kanzel auf den Towerschaft gehoben werden. Das aktuell höchste Bauprojekt in der Stadt Salzburg erhielt bis zum Jahresende mit der Montage der Alu-Verkleidung bereits sein endgültiges Aussehen. Für das Jahr 2013 waren der Innenausbau und die Übergabe an Austro Control vorgesehen.

The tower received a crown

New construction of the tower moved ahead quickly and on June 25th, the 47 tons heavy turret was lifted on top of the base of the building. Aluminum coverage of the entire building completed the outside. The interior was scheduled to be completed in 2013 and transferred to Austro Control thereafter. Operations was scheduled to start in February 2014. A large office building was set up as second large construction project at Salzburg Airport at the Innsbrucker Bundesstrasse, next to cargo building in mid-March. The office building contained 2,400 square meters of office space which was transferred to its users before Christmas. A flight instruction school, an architectural office, a lawyer's office, and a tax accountant office took over as tenants. This construction cost six million Euros.

Flughafen Salzburg

Blick aus dem noch nicht fertigen Tower
View from the uncompleted tower

Die Inbetriebnahme sollte im Februar 2014 erfolgen. Als zweites, großes Bauprojekt am Salzburger Flughafen wurde ab Mitte März an der Innsbrucker Bundesstraße, neben dem bestehenden Frachtgebäude, ein Bürogebäude errichtet. 2.400 Quadratmeter Büro-Nutzfläche konnten sogar noch vor Weihnachten an die Nutzer übergeben werden. Als Mieter haben eine Flugschule, ein Architekturbüro und eine Anwaltskanzlei, sowie ein Steuerberatungsunternehmen die Räumlichkeiten übernommen. Für das Bauvorhaben wurden sechs Millionen Euro aufgewendet.

Das so erfolgreiche Jahr mit mehreren Auszeichnungen konnte mit einem Umweltpreis fortgesetzt werden. So erhielt der Salzburger Flughafen knapp ein Jahr nach der Nominierung zum „Europäischen EMAS Award" am 20. Juni in Krakau den österreichischen EMAS Preis 2012 für sein Umweltmanagement am Salzburg Airport. Nur wenig später wurde der Flughafen jedoch erneut akribisch von zwei Umweltprüfern unter die Lupe genommen.

Etwas früher als sonst, lud am 20. Juli der Salzburger Flughafen langjährige Geschäftspartner und Kunden zum bereits traditionellen Festspielempfang.

Aufgrund einer Gradverschiebung der Pole musste die Lande- und Startbahn 16/34 ab 23. August 2012 umbenannt werden. Aus der Bezeichnung 16/34 (die Anflugrichtung im Verhältnis zum magnetischen Pol) wurde am 23. August *15/33*.

Die alten Bodenmarkierungen im Bereich der Pistenschwellen mussten durch neue ersetzt werden.

This already successful year continued with more accomplishments through an environmental award. Salzburg Airport received the Austrian EMAS award after its nomination for the *"European EMAS Award"* in Krakow for its environmental management on June 20th. Only a little bit thereafter, the airport was examined by environmental inspectors yet again.

A bit earlier than usual, Salzburg Airport invited business partners and customers to its traditional Salzburg Festival reception.

Runway 16/34 for take-off and landing had to be renamed on August 23rd, 2012 because of pole shifting. The name 16/34 which signifies the orientation toward the magnetic pole, was changed to 15/33 on August 23rd. The old runway markings in the area of the threshold had to be replaced.

On October 10th, the airport received another award when the leading companies in the Salzburg region were honored at the Old Residence. The honors were awarded by PWC, the newspaper "Wirtschaftsblatt" and the KSV1870. Salzburg Airport was nominated in the category "Big Player" and received first place under *"Salzburg Leading Companies"*. The two airport directors, Karl Heinz Bohl and Roland Hermann, accepted the certificate which was handed out by the editor-in-chief of the "Wirtschaftsblatt" Esther Mitterstieler and the president of the provincial government, Simon Illmer.

The Polish regional airline Eurolot was another new airline that started service from Salzburg. Starting in the winter season 2011/2012, the low-cost carrier WOW offered the connection Salzburg to Reykjavik. The flights were flown with an Airbus A320-200 once per week from mid-December 2012 to the beginning of March 2013.

As of December 20th, Salzburg was included in the KLM flight network through a direct flight to Amsterdam five times per week offered by Transavia, a subsidiary company of KLM.

Awards and honors continued to be bestowed upon the airport in December. British Airways certified Salzburg to be the *"Best Performing Short-haul Route Airport"*. At the same time, Salzburg Airport and the British national carrier, British Airways, which was also a member of the One World airline group, celebrated together the six-year anniversary of the connection Salzburg–London.

In 2012, 1,666,487 passengers were processed which was a moderate decline of two percent compared to 2011. The trend continued to use

Am 10. Oktober gab es schon wieder eine Auszeichnung, als in der Alten Residenz die führenden Unternehmen der Region Salzburg gekürt wurden. Vergeben wurden die Auszeichnungen von PWC, dem Wirtschaftsblatt und dem KSV 1870. Der Salzburg Airport war in der Kategorie „Big Player" nominiert und erreichte den ersten Platz unter *„Salzburgs Leading Companies".* Die beiden Geschäftsführer des Flughafens Karl Heinz Bohl und Roland Hermann nahmen die Urkunde von Wirtschaftsblatt Chefredakteurin Esther Mitterstieler und Landtagspräsident Simon Illmer entgegen.

Neben der polnischen Regionalfluggesellschaft Eurolot kann sich der Salzburger Flughafen über eine weitere neue Airline freuen. Ab der Wintersaison 2012/13 bedient die Billigfluglinie WOW air die Strecke Salzburg–Reykjavik. Geflogen wird einmal wöchentlich von Mitte Dezember 2012 bis Anfang März 2013 mit einem Airbus A320-200.

Ab 20. Dezember ist Salzburg fünfmal pro Woche durch die Amsterdam-Direktflüge der KLM Tochter transavia an das weltweite Streckennetz von KLM angebunden.

Noch im Dezember setzte sich der Reigen von Auszeichnungen und Ehrungen fort: British Airways bescheinigte dem Salzburger Flughafen *„Best Performing Shorthaul Route Airport".* Gleichzeitig feierte der Salzburger Flughafen gemeinsam mit dem britischen National Carrier und One World Partner British Airways das sechsjährige Jubiläum der Salzburg–London–Strecke.

Im Jahr 2012 wurden 1.666.487 Passagiere abgefertigt, das entsprach einem moderaten Rückgang um zwei Prozent im Vergleich zu 2011. Der Trend, leisere und moderne Flugzeuge mit mehr Sitzplätzen einzusetzen, war auch in diesem Jahr zu bemerken, denn die Anzahl der Landungen im kommerziellen Verkehr sank um 12,4 Prozent. Der Betriebserfolg sank von 9,49 Millionen Euro gegenüber 2011 auf 7,69 Millionen Euro, dennoch konnte ein Jahresüberschuss von 5,77 Millionen Euro erwirtschaftet werden. Annähernd gleich blieb mit 254 ständigen Mitarbeitern die Anzahl des Personals zum Stichtag 31. Dezember.

*) Salzburg Fuelling GmbH

quieter and more modern airplanes with many seats which resulted in a decrease of commercial landings by 12.4 percent. The company's income sank by 9.49 million Euros to 7.69 million Euros compared to 2011, but still meant a profit of 5.77 million Euros. Almost unchanged remained the number of permanent employees with 254 at the December 31st deadline.

*) Salzburg Fueling LLC

Zwei Tower für kurze Zeit gemeinsam
Two towers together for a brief period

Flughafen Salzburg

2013 Zuwächse beim Linienverkehr
2013 An increase in scheduled flights

Der Linienverkehr am Salzburg Airport W.A. Mozart nahm ständig an Bedeutung zu und im Gegenzug war der Charterverkehr kontinuierlich rückläufig. Das waren die Erkenntnisse, die seit einigen Jahren und auch 2013 die Verantwortlichen am Salzburger Flughafen Salzburg beschäftigten. Nachhaltiges Wirtschaften war deshalb auch im Geschäftsjahr 2013 angesagt. Positiv stimmte allerdings, dass renommierte Fluggesellschaften wie Turkish Airlines oder InterSky neuerdings auf den Standort Salzburg setzten. Zwei neue HUB-Verbindungen, nämlich Zürich und Istanbul, garantierten zusätzliche Anbindungen in die ganze Welt.

Für die 42. Alpine Skiweltmeisterschaft, die vom 4. bis 17. Februar im steirischen Schladming stattfand, standen der Salzburger Airport und der Flughafen Graz als offizielle WM-Flughäfen zur Verfügung. Viele der Athleten, Betreuer und Besucher nutzten die Nähe zum Austragungsort und reisten bequem über Salzburg an.

In Salzburg gab es Anlass zur Freude, als bekannt wurde, dass Intersky ab Anfang April täglich dreimal von Salzburg nach Zürich fliegen würde. Begonnen wurde vorerst mit einer *Dash8-300Q* mit 50 Sitzplätzen, es war jedoch geplant, ab Juni 2013 eine fabrikneue *ATR72-600* mit 70 Sitzplätzen einzusetzen.

Neue und kostspielige Verordnungen betrafen Salzburg auch in diesem Jahr, denn mit Wirkung vom 29. April 2013 musste auch die gesamte Luftfracht einer Sicherheitskontrolle unterzogen werden. Für diese aufwändige Prozedur wurde ein geeignetes Frachtröntgengerät mit einer Tunnelöffnung von 1,8 x 1,8 Meter angeschafft und mittels einiger baulicher Adaptierungen in das Frachtgebäude integriert.

Am 21. Mai wurden die beiden Flughafengeschäftsführer Roland Hermann und Karl Heinz Bohl in ihrer Funktion für die Dauer von drei Jahren wiederbestellt. Die Entscheidung der Generalversammlung der Salzburger Flughafen GmbH erfolgte einstimmig. Die beiden wieder bestellten Geschäftsführer konnten sich bald über ein absolutes Highlight freuen, denn *Turkish Airways*

Scheduled flight volume increased steadily at Salzburg Airport W.A. Mozart, but charter flights decreased. These had been the results of the last couple of years and bothered airport management in 2013. Economic success was again priority in 2013. A positive development was that Turkish Airlines and InterSky had selected Salzburg as their main hub. Two new connections to hubs in Zurich and in Istanbul guaranteed connections round the world.

The 42nd Alpine Skiing Championships took place in Schladming, Styria between February 4th and 17th, and both Salzburg Airport and Graz Airport served as official World Championship airports. Many athletes, trainers and visitors used Salzburg's close proximity to the events to their advantage.

Reason for celebration was the announcement by Intersky to offer a flight from Salzburg to Zurich three times daily with the start of April. The connection was started with a *Dash8-300Q* with 50 seats but was planned to be changed to a brand new *ATR72-600* with 70 seats by June 2013.

Salzburg had to face more new and pricy regulations this year which included security control of all air cargo starting with April 29th, 2013. In order to comply with these regulations, a large cargo x-ray machine with a bore size of 1.8 x 1.8 meters was purchased and was integrated into the cargo building following some adaptive construction.

On May 21st, the two airport directors, Roland Hermann and Karl Heinz Bohl, were reappointed for an additional three years. The decision of the general assembly of the Salzburg Airport LLC was unanimous. The next highlight for the two directors was the announcement that *Turkish Airways* had included Salzburg into their flight network. The route Salzburg to Istanbul was offered by Turkish Airways four times per week which allowed for continuation to almost all parts of the world but mainly to the Far East. On May 28th, the first flight from Istanbul operated by Turkish Airlines landed at Salzburg Airport W.A. Mozart.

Spiegelungen im Terminal 2
Mirror images at Terminal 2

nahm Salzburg in ihr Streckennetz auf. Viermal wöchentlich von Salzburg nach Istanbul mit Turkish Airlines bedeutete ein Maximum an Verbindung in beinahe alle Teile der Welt, vor allem aber nach Fernost. Am 28. Mai landeten Turkish Airlines bei ihrem Erstflug aus Istanbul kommend am Airport Salzburg W.A. Mozart.

Ein unangenehmer Streit entbrannte im Sommer, als die Landtagswahlen in Bayern und Salzburg, sowie die Bundestagswahlen in Deutschland von unqualifiziertem Vorwahlgeplänkel geprägt waren, die einzig auf Einschränkungen im Flugverkehr am Salzburg Airport abzielten. Nach den Wahlen ebbten die „Zwischenrufe" zwar ab, geblieben ist ein enormer Imageschaden.

615 Tage nach dem Spatenstich, übernahm Austro Control am 11. Juni vom Bauherrn Salzburger Flughafen den „Goldenen Schlüssel" für den neuen Tower. Das Gebäude war zu diesem Zeitpunkt soweit fertiggestellt, dass mit der Adaptierung der topmodernen Flugsicherungs-Infrastruktur begonnen werden konnte.

Das Salzburg Airport Magazin „SAM" feierte das 20. Jahr seines Bestehens mit einem nostalgischen Rückblick in das Jahr 1993, in dem das Flughafenmagazin zum ersten Mal erschienen ist. Darüber schrieb man damals: „Wir fliegen nach Malta, *KLM/Tyrolean* fliegt täglich nach Amsterdam und der Daily Shop sowie der Cockpit Shop von Airest öffnen ihre Pforten..."

An unpleasant dispute erupted in the summer when provincial elections took place in Bavaria and Salzburg at the same time as elections of the German Federal Government which resulted in discussions about air traffic restrictions for Salzburg Airport. The dispute subsided after the election but Salzburg's image was tarnished.

Austro Control took over the "Golden Key" for the new tower from Salzburg Airport on June 11th which had been completed within 615 days since groundbreaking. The building was completed and the top modern air traffic control infrastructure was ready to be installed.

The Salzburg Airport magazine *"SAM"* celebrated its 20th anniversary with a nostalgic look back at the year 1993 when the magazine was first published. The article stated, "We fly to Malta, *KLM/Tyrolean* flies to Amsterdam, and the Daily Shop and the Cockpit Shop of Airest open their doors..".

On June 4th, 2013, Salzburg Airport together with *PWC Austria,* an accounting firm, organized a joint summer party which took place in the new office building at the Wilhelm-Spazier Street.

The Association of Austrian Commercial Airports (AOEV) elected a new chairman and vice-chairman at the beginning of July. The new chairman

Am 4. Juni 2013 luden der Salzburg Airport und die Wirtschaftsprüfungsgesellschaft *PWC Österreich* zu einem gemeinsam Sommerfest in die neu bezogenen Räumlichkeiten des von der Salzburger Flughafen GmbH errichteten Büro- und Logistikgebäudes an der Wilhelm-Spazier-Straße.

Die Arbeitsgemeinschaft Österreichischer Verkehrsflughäfen (AÖV) wählte Anfang Juli ihren neuen Vorstand und dessen Vertreter. Zum neuen Präsidenten wurde Julian Jäger, Vorstand der Flughafen Wien AG, und zum Vizepräsidenten Karl Heinz Bohl, Geschäftsführer der Salzburger Flughafen GmbH gewählt.

Die Katastrophenschutzübung „*EU Taranis 2013*" fand vom 27. bis 29. Juni unter Mitwirkung der Flughafenfeuerwehr statt. An der Feldübung nahmen ca. 400 internationale und 500 nationale Einsatzkräfte unterschiedlicher Organisationen teil. Die Einsatzorte der Übung waren über das gesamte Bundesland und die Stadt Salzburg verteilt.

Bundeskanzler Werner Faymann und Staatssekretär Josef Ostermayer besuchten in Begleitung von Flughafen-Miteigentümer Bürgermeister Heinz Schaden am 26. Juli den Salzburger Airport und wurden von den beiden Geschäftsführern begrüßt.

Der grüne Fußabdruck des Flughafens

Der Geschäftsführung am Flughafen ist die Balance zwischen Ökonomie und Ökologie besonders wichtig, denn Umwelt- und Ressourcenmanagement werden in der Wirtschaft immer bedeutender. Am 29. August erhielt der Salzburger Flughafen die Zertifizierungsurkunde des *TÜV Süd* gemäß *ISO 50001* Standards überreicht. Mit dieser Auszeichnung ergänzte der Flughafen seine Umweltauszeichnungen um eine weitere ISO-Urkunde.

Im September endete die Funktion von Othmar Raus als langjähriger Vorsitzender des Aufsichtsrates, dem er seit Juni 2004 angehörte. Auf Othmar Raus folgte Finanzlandesrat und Landeshauptmann Stellvertreter Christian Stöckl.

Die 100 Prozent Airport Tochter *Salzburg Airport Services* entwickelte sich in den vergangenen 20 Jahren zu einer imposanten Erfolgsgeschichte. Die im Dezember 1992 vom Aufsichtsrat der Salzburger Flughafen GmbH beschlossene Gründung der 100%igen Tochtergesellschaft sollte sämtliche Traffic-Handling-Aktivitäten übernehmen

became Julian Jaeger, director of Vienna Airport PLC, and as vice-chairman, Karl Heinz Bohl, director of Salzburg Airport LLC was elected.

Disaster management training *"EU Taranis 2013"* took place from June 27th to 29th with participation of the airport fire brigade. Around 400 international and 500 national emergency personnel participated at the field training. Training locations were spread all over the Province and the City of Salzburg.

Chancellor Werner Faymann and State Secretary Josef Ostermayer visited the airport accompanied by the co-owner of the airport, Mayor Heinz Schaden on July 26th and were welcomed by the two directors.

The green footprint of the airport

For airport management the balance between economy and ecology is very important because environmental and resource management gain importance in the business world. On August 29th, Salzburg Airport received the certificate from *TUV South* according to *ISO 50001* standards. The airport had just added another ISO certificate to its collection.

In September Othmar Raus, the long-time director of the board retired which he had chaired since June 2004. He was succeeded by Christian Stoeckl, the former financial officer and vice chancellor.

Salzburg Airport Services, a 100 percent subsidiary company of the airport, had become a success story over the past 20 years. This subsidiary company was founded in December 1992 by the board of the Salzburg Airport LLC and was meant to take over all traffic handling activities. Since 1993 the company had reported successful operations.

In 2013, 1,662,834 passengers were processed at Salzburg Airport which was a small decline of 0.2 percent compared to the previous year. Salzburg strengthened its position as largest provincial airport. Significant increase of passenger volume was reported for scheduled flights with 1,135,639 passengers indicative of an increase by 3.9 percent. According to last year's trend, charter flights were still declining.

Salzburg Airport LLC remained a stable employer for 258 employees at the December 31st, 2013 deadline. This number included three commercial apprentices.

Gepäck der Winterurlauber ist Herausforderung für den Rampservice
Luggage of winter vacationers is a challenge for ramp service

men. 1993, also vor 20 Jahren, begann das Unternehmen mit seinem operativen und bis zuletzt erfolgreichen Betrieb.

Im Jahr 2013 wurden auf dem Salzburg Airport 1.662.834 Passagiere abgefertigt, das entsprach einem minimalen Rückgang von 0,2 Prozent im Vergleich zum Vorjahr Damit konnte Salzburg seine Position als größter Bundesländerflughafen festigen. Deutliche Zuwächse konnten beim Passagieraufkommen im Linienverkehr verzeichnet werden. 1.135.639 registrierte Passagiere bedeuteten ein Plus von 3,9 Prozent! Der langfristigen Entwicklung entsprechend waren die Zahlen im Charterverkehr auch 2013 im Vergleich zum Vorjahr rückläufig.

Die Salzburger Flughafen GmbH blieb dennoch ein verlässlicher Arbeitgeber und beschäftigte per 31. Dezember 2013 insgesamt 258 ständige Mitarbeiter. Darunter waren auch drei gewerbliche Lehrlinge.

2014 Die AUA streicht den Frühkurs und Ticketschalter

2014 AUA cancels the early morning flight and closes the ticket counter

Die Entwicklung des Verkehrsaufkommens im laufenden Jahr war wiederum beeinflusst von weltumspannenden Krisen und Katastrophen. Trotz Nebelwetterlagen samt erzwungenen Ausweichlandungen lag der Airport Salzburg über dem Vorjahr, aber unter dem angepeilten Level.

Leider wurde am 1. April 2014 der Frühkurs um 6:05 Uhr Salzburg–Wien von Austrian Airlines eingestellt. Gleichzeitig kam die Nachricht, dass mit 1. Juli der Ticketschalter am Salzburg Airport geschlossen und auf ein österreichweites Remote-System umgestellt wird. Das bedeutete, dass etwa bei Verspätungen, Flugausfällen oder ähnlichen Vorgängen, nicht mehr die Betreuung der Fluggäste vor Ort, sondern über ein Call Center in Innsbruck vorgenommen wurde. Damit war eine signifikante Verschlechterung der Serviceleistungen zu befürchten und die Geschäftsführung am Airport Salzburg überlegte, im Gegenzug Handlingsaktivitäten für Lufthansa-Flüge, die bisher von Austrian vorgenommen wurden, selbst durch SAS abfertigen zu lassen.

The current year's travel business was again influenced by crises and catastrophes. Fog-induced rerouting of flights had decreased compared to last year but was still above the targeted threshold at Salzburg Airport.

The early morning flight at 6:00 am operated by Austrian Airlines from Salzburg to Vienna was unfortunately discontinued on April 1st, 2014. At the same time, it was announced that the ticket counter was removed and changed to an automated remote system all over Austria as of July 1st. In case of flight delays, cancellations or similar events, customer service was no longer available on site but was handled through a call center in Innsbruck. Airport Salzburg feared that this new system would significantly impair customer service and thus, management considered to take over processing activities for Lufthansa

Die Ryanair zählt zu den wichtigsten Fluglinien in Salzburg
Ryanair is one of the most important airlines for Salzburg

Im Februar konnte Ryanair ein ganz besonderes Jubiläum feiern: Am Salzburger Flughafen wurde der 2,5 Millionste Passagier seit Aufnahme des Flugverkehrs mit Salzburg im Jahre 2001 begrüßt. Der 12. Februar war ein besonderer Tag: Ignatz Kratzer, langjähriger Fluglotse am Salzburg Airport, beging seinen 100. Geburtstag. Der Flughafen lud das rüstige Geburtstagskind, seine Familie und Freunde zu einer Flughafenführung und einer anschließenden Besichtigung des neuen Towers ein.

Am 13. März tagten die Mitglieder der Plattform „Allianz Zukunft Winter" am Salzburger Flughafen und diskutierten die Themenschwerpunkte für die nächste Wintersaison. Wesentlicher Bestandteil der Winterkampagne 2014/15 war erneut die Bewerbung „Skifahren für Wiedereinsteiger". Die Plattform beschäftigt sich insbesondere damit, Wintersport und Tourismus zu fördern.

In den Jahren 2014 und 2015 wurde am Salzburger Flughafen mit der Sanierung der Flughafen-Unterführung ein wichtiges Bauvorhaben umgesetzt. Die 55 Jahre alte Unterführung samt parallelem Fußgängertunnel wurde ab 14. April 2014 stadteinwärts, die zweite, stadtauswärts führende Unterführung, sollte ab 13. April 2015 generalsaniert werden. Im Zuge der Sanierung wurde auch eine neue, energiesparende LED-Beleuchtung installiert.

Gastronomie mit mehr Komfort

Die Gastronomie-Bereiche am Flughafen wurden ebenfalls neu gestaltet. Das „Marktcafé" in der Abflughalle erhielt durch seine Öffnung zum Aufenthaltsbereich die Atmosphäre eines Straßencafes und konnte dadurch das Sitzplatzangebot erweitern Auch der gut frequentierte „Coffee-Shop" in der Ladenstraße wurde um 30 Quadratmeter vergrößert.

Passagiere aus Drittländern konnten ihr Gepäck am Salzburger Flughafen aus zollrechtlichen Gründen nur auf den Bändern 1 und 2 entgegennehmen. Der zunehmende Anteil an Fluggästen aus Drittländern erforderte einen Umbau, der das bestehende Band 3 in die Gepäckrückgabehalle integriert. Die Rückgabefläche wurde durch den Umbau wesentlich vergrößert und damit auch die Wartezeit auf das Gepäck verkürzt.

Seit Anfang 2012 konnten Anrainer des Salzburger Flughafens einen Zuschuss auf Basis neuer Förderungsrichtlinien für den Einbau neuer

flights to be transferred to SAS which were currently performed by Austrian.

Ryanair celebrated a special anniversary in February because 2.5 million passengers had been processed at Salzburg Airport since the airline started its service to Salzburg in 2001.

February 12th was a special day since Ignatz Katzer, a long-time flight controller at Salzburg Airport, celebrated his 100th birthday. The airport invited the jubilarian, his family and friends to a guided tour of the airport and a viewing of the new tower.

The meeting of the platform "Alliance Future Winter" took place at Salzburg Airport on March 13th which focused on topics regarding the next winter season. A main component of the winter campaign for 2014/15 was the renewed application for "Skiing for Returners". The platform was mainly concerned with the promotion of winter sports and tourism.

In 2014 and 2015, the renovation of the airport's underpass was an important construction project at Salzburg Airport. The 55-year-old underpass with paralleling pedestrian tunnel was renovated on the inbound side on April 14th, 2014 and renovations for the opposite side were scheduled for April 13th, 2015. Part of the renovation included the installation of energy-efficient LED lighting.

More comfortable gastronomy

The gastronomy area at the airport was also remodeled. The "Market-cafe" located in the departure hall expanded toward the waiting area and increased the number of seating. The popular "Coffee-shop" in the shopping area expanded by 30 square meters.

Passengers arriving from outside of the EU, could only pick-up their language on carousels 1 and 2 due to customs regulations. The steady increase in those passengers necessitated the incorporation of carousel 3 into the baggage claim hall. The baggage claim area was considerably enlarged which resulted in shorter waiting times.

Since the beginning of 2012, local residents were able to apply for loans on the basis of new funding guidelines to install sound-proof windows. All applications were examined and assessed by a funding agency. A total of one million Euros was set aside for installation of sound-proof windows over a time frame of five years.

Flughafen Salzburg

Schallschutzfenster beantragen. Alle eingehenden Anträge werden von einer Förderkommission begutachtet und beurteilt. Insgesamt wurde über einen Zeitraum von fünf Jahren eine Million Euro für den Einbau von Schallschutzfenstern zur Verfügung gestellt.

Am Flughafen Salzburg hat 2014 mit der Inbetriebnahme des vielleicht modernsten Towers in Europa ein neues Zeitalter begonnen. Mit seiner Höhe von 53 Meter ist er zu einem weithin sichtbaren Wahrzeichen Salzburgs geworden. Anfang Mai fand im Zuge eines Festaktes die Einweihung durch Salzburgs Erzbischof Franz Lackner statt.

Die Rollwege „L", „E" und „F" mussten nach 25 Betriebsjahren und zahlreichen Teilsanierungen einer Generalsanierung unterzogen werden. Das konnte jedoch nur im Zuge einer Totalsperre und in verkehrsschwachen Zeiten durchgeführt werden. Die zum ersten Teil der Rollwegsanierung veranschlagte Bauzeit von eineinhalb Monaten konnten sogar früher abgeschlossen und bereits am 12. Juli wieder in Betrieb genommen werden. Der zweite Bauabschnitt war für 2015 vorgesehen. Zur Verbesserung der Betriebssicherheit wurden die Zapfsäulen der Betriebstankstelle ausgetauscht und mit einem dritten *Panther FLF3* ein dem neuesten Stand entsprechendes Flughafenlöschfahrzeug angeschafft.

Am 30. Juni wurde am Salzburger Flughafen mit dem „BürgerInnenbeirat Flughafen Salzburg" (BBFS) ein neues Bürgergremium ins Leben gerufen. In den ersten Monaten wurden unter der Leitung von Gerd Prechtl viele Vorbereitungen getroffen, um den *BBFS* möglichst effektiv präsentieren zu können. Die Mitglieder des BürgerInnenbeirates setzen sich aus Vertretern der Umland-

Umgestaltung des Restaurantbereichs
Remodeling of the restaurant

The likely most modern tower of Europe started operations at Salzburg Airport in 2014. Due to its height of 53 meters, it has become a visible landmark for Salzburg. At the beginning of May, the tower was inaugurated by Salzburg's Archbishop Franz Lackner.

The taxiways "L", "E", and "F" had to undergo major renovations following 25 years of service and numerous partial renovations. Renovations were only possible while the airport was closed or during periods of little traffic. The first phase of renovations for the taxiways was scheduled to take one and half months but was completed sooner and the taxiway went back into operations on July 12th. For security reasons, the fuel pumps of the gas station were replaced and a third *Panther FLF3* was purchased for the fire station.

On June 30th, the "Citizen Council of Airport Salzburg" (BBFS) was founded. The chairman of the council, Gerd Prechtl, made arrangements to most effectively introduce the *BBFS*. The members of the council were representatives of local communities in Salzburg and Bavaria. Main focus of the BBFS was that Salzburg Airport operated within guidelines which considered all parties' interests and were acceptable for the environment.

Salzburg Airport purchased new vehicles with alternative power sources such as electrical power, more frequently. As an EMAS-certified business, it was in the interest of the airport to operate energy-efficient and resource-conserving. Especially electrically-operated cleaning vehicles are ideal for short distances on the ramp and are eas-

gemeinden in Salzburg und Bayern zusammen. Ziel der Arbeit des BBFS ist es, dass der Flughafen Salzburg nach Richtlinien betrieben wird, die die Interessen aller beteiligten Parteien berücksichtigen und für die Umwelt akzeptabel sind.

Bei der Anschaffung neuer Fahrzeuge wurde am Salzburger Flughafen immer öfter auf alternative Antriebe, vor allem auf Elektromobilität gesetzt. Als zertifizierter EMAS-Betrieb musste besonderer Wert darauf gelegt werden, möglichst energieeffizient und ressourcenschonend zu arbeiten. Besonders die elektrobetriebenen Reinigungsfahrzeuge sind für kurze Fahrten am Vorfeld ideal und können zwischenzeitlich leicht aufgeladen werden. Auch im Parkhaus stehen den Kunden mehrere Ladestationen für Elektroautos zu Verfügung.

Das Jubiläum zum 20. Geburtstag des „*1st Austrian DC-3 Dakota Club*" Anfang Juli stand im Zeichen eines internationalen „*DC-3 Fly-In*". Anlässlich dieses Jubiläums trafen mehrere historisch bedeutende Flugzeuge am Salzburger Flughafen ein. Sogar Rundflüge mit der *Douglas DC-3* oder einer *Li-2* konnten gebucht werden.

Auch in diesem Jahr fand die Leonidas Sportler Gala wieder im Amadeus Terminal 2 am Salzburg Airport statt. Zahlreiche Sportler kamen am 9. April in den Terminal und genossen den spannenden Abend mit kulinarischen Köstlichkeiten und einem bunten Programm. Unter den Gästen waren die beiden Snowboarderinnen Manuela und Claudia Riegler, Rennrollstuhl-Olympiasieger Thomas Geierspichler und Skilegende Franz Klammer.

Die Luftfahrtbranche fand auch 2014 kaum aus der Krise. Die Rahmenbedingungen waren zudem nicht förderlich. Der nahe Osten war krisengeschüttelt und Terroranschläge verunsicherten nicht nur die Branche. Zudem sorgten Streiks der Belegschaften namhafter europäischer Allianz-Carrier für enorme Belastungen in der Branche.

Das Jahr 2014 war aus betrieblicher Sicht kein leichtes, aber trotzdem gutes Jahr. Insgesamt wurden im abgelaufenen Jahr 1.819.520 Passagiere abgefertigt, das bedeutete eine Steigerung von 9,4 Prozent im Vergleich zu 2013. Allein im Linienverkehr stieg das Passagieraufkommen um 16,3 Prozent auf 1.320.660. Auch bei den Flugbewegungen gab es eine ähnliche Entwicklung. Einem Minus von 4,2 Prozent im Charterbereich stand eine Steigerung von 10,3 Prozent bei den Linienflügen gegenüber.

Die Salzburger Flughafen GmbH beschäftigte per 31.12. insgesamt 266 Stammmitarbeiter. Davon sind 158 Angestellte, 104 Arbeiter und vier Lehrlinge.

Airport Urgestein Ignaz Kratzer *1914 † 2016 feiert seinen 100. Geburtstag am neuen Tower
Airport fossil Ignaz Kratzer (1914-2016) celebrates his 100th birthday at the new tower

ily loaded. The parking garage also offers several docking stations for loading of electric cars.

The 20th anniversary of the "*1st Austrian DC-3 Dakota Club*" was celebrated with an international "*DC-3 Fly-In*" at the beginning of July. Several historically important airplanes arrived at Salzburg Airport for this celebration. Sight-seeing flights were provided by the Douglas *DC-3* and a *Li-2*.

Yet again this year, the Leonidas Athletes Gala took place at the Amadeus Terminal 2 of Salzburg Airport. Numerous athletes attended the event at the terminal on April 9th and enjoyed an exciting evening with culinary delicacies and a colorful program. In attendance were the snowboarders Manuela and Claudia Riegler, Para-Olympics winner in wheel-chair racing Thomas Geierspichler and the skiing legend Franz Klammer.

Aviation industry could not find a way out of the crisis yet again in 2014. The circumstances were not supportive. There was turmoil in the Near East and terror attacks unsettled the industry. In addition, crews of European alliance carriers were on strike which caused major stresses and strains for the industry.

The year 2014 had not been an easy year but still turned out to be beneficial. A total of 1,819,520 passengers were processed at Salzburg Airport which was an increase of 9.4 percent compared to the previous year. Significant increase of passenger volume was reported for scheduled flights with 1,320,660 passengers, indicative of an increase by 16.3 percent. The decline for charter flights of 4.2 percent was in opposition to an increase of 10.3 percent in scheduled flights.

Salzburg Airport LLC employed 266 employees at the December 31st, 2013 deadline. This number included 158 staff members, 104 workers and four apprentices.

Flughafen Salzburg

2015 Die Sanierungen sind abgeschlossen
2015 Renovations are finished

Trotz Schneemangels in der Wintersaison 2015/2016 war das letzte Jahr für den regionalen Tourismus ein gutes Jahr. Im Vergleich zu 2014 konnten im letzten Geschäftsjahr um 0,5 Prozent mehr Passagiere am Salzburger Flughafen begrüßt werden. Positiv bemerkbar machte sich auch eine zweistellige Steigerung im Frachtaufkommen. Die Vorschau auf den Sommer stimmte vor allem hinsichtlich der positiven Entwicklung am Liniensektor optimistisch. Neu im Flugprogramm war easyJet nach Hamburg (viermal wöchentlich), *Scandinavian Airlines* flog an Samstagen nach Oslo und die Aufstockung von *Turkish Airlines* von sieben auf zehn wöchentliche Flüge nach Istanbul ergänzten das Angebot.

Ende Jänner 2015 konnte Frau Akman als 100.000 Fluggast einer Turkish-Airlines Maschine aus Istanbul begrüßt werden. Murat Baydar, Direktor Turkish Airlines Salzburg, und Martin Satke, Marketing Turkish Airlines Salzburg, überraschten Frau Akman mit kleinen Geschenken.

Despite lack of snow for the winter season of 2015/2016, the previous year had been a success for regional tourism. In comparison to 2014, 0.5 percent increase of passenger volume was reported for the current business year at Salzburg Airport. Cargo air delivery also reported a positive trend of a double digit increase. The positive development of scheduled flight business led to optimism this summer. A new flight was offered by EasyJet to Hamburg four times weekly, *Scandinavian Airlines* serviced Oslo on Saturdays, and *Turkish Airlines* increased their flights from seven to ten weekly connections to Istanbul.

At the end of January 2015, Ms. Akman was welcomed as the 100,000 passenger on a Turkish Airlines plane. Murat Baydar, Director of Turkish Airlines, and Martin Satke, Marketing Director of Turkish Airlines in Salzburg surprised Ms. Akman with small presents.

Moderne Flugzeuge neben Oldtimern
Modern and old airplanes next to each other

In der zweiten Bauphase wurde die Tunnelröhre der Flughafenunterführung stadtauswärts vom 13. April bis Ende Oktober 2015 generalsaniert. Allerdings musste eine der beiden Röhren nach einer schweren Beschädigung durch einen LKW 2016 wieder saniert werden. Auch die zweite Etappe der Rollwegsanierung konnte 2015 abgeschlossen werden. Die Asphaltierungsarbeiten wurden am 20. April begonnen und waren Ende Juli 2015 beendet. Um den Flugverkehr nicht zu beeinträchtigen, mussten die Arbeiten an den Rollwegen überwiegend nach Ende der Betriebszeiten durchgeführt werden.

Am 16. April feierte man zehn Jahre Amadeus Terminal 2. Anlass für viele Gäste, der Einladung des Salzburger Flughafens zu folgen, zur Jubiläumsfeier am Flughafen Salzburg zu kommen. Die beiden Flughafengeschäftsführer Karl Heinz Bohl und Roland Hermann begrüßten Gäste aus Politik, Wirtschaft, Industrie und Tourismus.

Endlich Business Lounge

Der Salzburger Flughafen erhielt in diesem Jahr endlich eine Business Lounge. Die Bauarbeiten dazu begannen am 13. April und waren bis Anfang Juli abgeschlossen. Nach nur 2 ½ Monaten Bauzeit eröffnete der Flughafen am 7. Juli seine erste Business Lounge. Für den zweitgrößten Flughafen Österreichs gab es schon seit Langem Bedarf für eine Lounge. Fluggesellschaften und Business Passagiere mussten vertröstet werden, eine Realisierung scheiterte lange am Platzmangel.

Um die Anzeigentafeln auf den neuesten Stand der Technik zu bringen, wurden an den wichtigen Positionen 47-Zoll Monitore montiert, aufgeteilt auf die Bereiche Ankunft, Abflug und Werbetafel in der Abflughalle. Jeder der 31 Monitore ist einzeln ansteuerbar, und es können Monitorgruppen zu einem Vollbild zusammengesetzt werden.

Der Salzburg Airport hat es sich seit den 1990er Jahren zur Aufgabe gemacht, Umweltzertifizierungen wie EMAS und die internationale „Schwester" ISO 14001 in der Unternehmenspolitik zu verankern. Diese Umweltleistungen des Salzburger Flughafens mussten jedoch in Abständen von drei Jahren auditiert werden. Deshalb fand Anfang August 2015 eine Neuvalidierung nach EMAS III und eine Neuzertifizierung gemäß ISO 14001 und ISO 50001 statt. Die Experten der Zertifizierungsstelle *TUV Süd,* Geschäftsstelle Österreich, waren mit den Ergebnissen des Audits sehr zufrieden.

The second construction phase involved the renovation of the outbound underpass tunnel between April 13th and end of October 2015. One of the two tunnels had to be replaced a second time after it was severely damaged by a truck in 2015. The second phase of renovation of the taxiway was also completed in 2015. Bituminization was started on April 20th and was finished by July 2015. Renovation of taxiways was mainly performed after hours in order to avoid disruption of aviation business.

On April 16th, the tenth anniversary of Amadeus Terminal 2 was celebrated. On this occasion many guests followed the invitation by Salzburg Airport to attend the celebrations at Salzburg Airport. The two directors, Karl Heinz Bohl and Roland Hermann, welcomed guests from politics, business, industry, and tourism.

Finally a business lounge

A business lounge was finally opened at Salzburg Airport. Construction had started on April 13th and was completed by end of July. Following only two and a half months of construction, the airport opened its first business lounge on July 7th. The second largest airport of Austria was really lacking this lounge. Airline companies and business passengers had been fed with hopes for a long time but implementation failed because of lack of space.

To adapt display to newest technical standards, 47-inch monitors were installed in the arrival and departure areas, and for advertising in the departure hall. Each of the 31 monitors is individually controlled and several monitors can be grouped to create a large image.

Salzburg Airport had started to incorporate environmental certification by EMAS or the international version ISO 14001 into its environmental-friendly business model. The environmental certification had to be renewed every three years, though. Thus, at the beginning of August 2015, reevaluation by EMAS III and certification according to ISO 14001 and ISO 50001 took place. The experts of the certifying authority *TUV South*, Branch Austria, were very impressed by the result of the audit.

Replacement was quickly found for the *RING*-Bakery after its insolvency. The bakery Resch& Frisch expanded its business in Salzburg using the brand-name Floeckner and took over the former Ring-store at Salzburg Airport on August 26th.

Flughafen Salzburg

Ewig jung: JU-52 zu Gast in Salzburg
Forever young: JU -52 visits Salzburg

Nach der Insolvenz der *RING* Bäckerei am Salzburg Airport konnte rasch Ersatz gefunden werden. Das Backwarenunternehmen Resch&Frisch erweiterte in Salzburg unter der Marke Flöckner sein Filialnetz und übernahm am 26. August die ehemalige Ring-Filiale am Salzburger Airport.

Eine neue IGF-Umfrage, die am 8. Oktober präsentiert wurde, stellte dem Flughafen ein sehr gutes Zeugnis aus. Nach zwei Jahren hat der Salzburger Flughafen eine Auffrischung der *IGF*-Umfrage *(Institut für Grundlagenforschung)* in Auftrag gegeben, um die Stimmung innerhalb der salzburger und der bayerischen Bevölkerung gegenüber dem Flughafen Salzburg zu erfahren. Wobei der Fokus nicht auf dem Thema Fluglärm lag, sondern auf allgemeinen Themen wie Service und Komfort. Fazit: Die Menschen rund um den Airport sind mit dem Flughafen Salzburg durchaus zufrieden.

Am 28. November verschwand am Airport ein Stück seiner Geschichte. Es hieß: „Der Tower ist weg!" Gemeint war natürlich der alte Tower, der ja kürzlich durch einen neuen ersetzt wurde. Die Abbrucharbeiten am alten Tower sind für alle sichtbar vorangegangen und bis zur Decke des 3. Obergeschosses vollendet. Für die Abbrucharbeiten waren aufwendige Vorarbeiten nötig.

„Winterpause für Bautätigkeiten", lautete die Überschrift im Flughafenmagazin „SAM". Gemeint war ein Projekt, wofür eine zweijährige

A new IGF-poll was presented on October 8th which gave the airport very good credentials. After two years, Salzburg Airport commissioned a new *IGF*-poll *(Institute for Basic Research)* to determine the atmosphere toward the airport among residents of Salzburg and Bavaria. The focus was not put on airplane noise but targeted topics such as service and comfort. The results indicated that residents around the airport were satisfied with Salzburg Airport.

On November 28th, a piece of airport history vanished; the tower was removed which had recently been replaced by a new tower. Demolition advanced quickly down to the third floor which was visible to everyone. Demolition required elaborate preparatory work.

The airport magazine *"SAM"* entitled a story with "Winter break for Construction". The story was referring to a project which was scheduled to take place over two years. The Central Energy Source Middle took a winter break. Construction of a new central energy source became necessary in order to provide uninterrupted and stable energy to all its customers. Construction of the exterior was completed at the end of October so that winter charter season was not affected and construction equipment was removed from the ramp and from the bus terminal parking lot.

The year 2015 presented more than satisfactory results. Air Berlin established Dusseldorf as hub connection in its new flight schedule. *TUIfly* integrated Hannover into its network. EasyJet connection to Hamburg was a success among pas-

Bauphase vorgesehen wurde. Die Energiezentrale Mitte ging in die Winterpause. Der Bau der neuen Energiezentrale wurde notwendig, um den Anlagen und Energieverbrauchern eine dauerhafte und stabile Versorgung zu gewährleisten. Um den Wintercharterbetrieb nicht zu beeinträchtigen, wurden die Außenarbeiten mit Ende Oktober abgeschlossen und die Baustelleneinrichtung am Vorfeld und am Busparkplatz entfernt.

Das Ergebnis 2015 war also mehr als zufriedenstellend. Airberlin etablierte Düsseldorf als Hubverbindung im neuen Flugplan auf. Ende 2015 wurde von *TUIfly* Hannover ins Streckennetz aufgenommen. Die Flüge von easyJet nach Hamburg wurden von den Passagieren ebenfalls gut angenommen. Neben den Frequenzerhöhungen von British Airways für die London-Gatwick Verbindung wurde erstmals auch London-Heathrow und Glasgow ins Programm aufgenommen.

„Für den Flughafen ist die Entwicklung des Höchstabfluggewichtes (MTOW) interessant, denn dies bestimmt maßgeblich auch den wirtschaftlichen Erfolg des Unternehmens. Auf Grund des moderaten Passagierwachstums von 0,5 Prozent und dem leichtem Anstieg der Flugbewegungen von 1,1 Prozent konnte auch das MTOW 2015 auf 554.460 Tonnen gesteigert werden. In schwierigen und herausfordernden Zeiten ist das ein durchaus erfreuliches Ergebnis.", freute sich Geschäftsführer Karl Heinz Bohl.

Wieder weniger Charterflüge

2015 wurden auf dem Salzburg Airport 1.828.309 Passagiere abgefertigt, das entspricht einer moderaten Steigerung von 0,5 Prozent im Vergleich zu 2014. Im Linienverkehr stieg das Passagieraufkommen um 4,6 Prozent auf 1.381.647. Sowohl im Charter-Outgoing-Bereich als auch im Charter-Incoming-Bereich mussten deutliche Rückgänge zum Vorjahr hingenommen werden. Auch bei den Flugbewegungen war eine ähnliche Entwicklung zu verzeichnen. Mit -9,9 Prozent gab es deutlich weniger Flugbewegungen im Charterbereich, dafür aber eine Steigerung bei den Linienflügen um 3,4 Prozent.

Positiv entwickelte sich das Luftfrachtvolumen, mit einer Steigerung von 6,2 Prozent auf 213 Tonnen und auch die Luftfracht-Ersatztransporte legten um elf Prozent auf 11.067 Tonnen im Vergleich zum Vorjahr zu.

sengers. British Airways offered more flights to London-Gatwick and also to London-Heathrow and Glasgow for the first time.

"The maximum take-off weight (MTOW) is an interesting aspect for the airport since it determines the economic success of the business. Due to a moderate increase in passenger volume of 0.5 percent and a slight increase in number of flights by 1.1 percent, the MTOW was increased to 554,460 tons in 2015. In difficult and challenging times this is a quite gratifying result", proclaimed Director Karl Heinz Bohl.

Again a decline in charter flights

A total of 1,828,309 passengers were processed at Salzburg Airport in 2015 which was an increase of 0.5 percent compared to 2014. An increase of passenger volume was reported for scheduled flights with 1,381,647 passengers indicative of an increase by 4.6 percent. The decline for charter incoming and outgoing flights was significant compared to the previous year. The same was true for overall flight movements. There was a decline in charter flights by 9.9 percent but an increase of 3.4 percent in scheduled flights.

Air cargo volume increased by 6.2 percent to 213 tons and air cargo replacement transportation increased by eleven percent to 11,067 tons compared to the year before.

Flughafen Salzburg

Zeittafel

	1920
25.5.	Beschluss des Gemeinderates: Kontaktaufnahme mit Militärbehörde um provisorischen Landeplatz am Exerzierfeld als künftigen Flugplatz zu übernehmen.
	1922
1.10.	Aufhebung der Zivilluftfahrtbeschränkung für Österreich
	1923
23.5.	Aufnahme des regelmäßigen Passagierfluges Wien-München durch die Österreichische Luftverkehrsgesellschaft (ÖLAG)
	1925
2.5.	Offizielle Eröffnung des Reichenhaller Flugfeldes für den täglichen Passagierflug von München
8.6.	Genehmigung für die Verwendung des Gebietes zu Flugzwecken (Heeresministerium)
24.8.	Kommissionierung für einen provisorischen Flugplatz und zugehörigem Treibstofflager
19.9.	Erste Landung eines Verkehrsflugzeuges (Fokker FII)
31.10.	Erfolgreiche Verhandlung zwischen Gemeinde und Bund zum Eintausch des Flugplatzgeländes
	1926
7.2.	Erste Landung eines Sport Leichtflugzeuges (Hans Guritzer mit Klemm D-818)
10.2.	Beginn der Flugplatz-Planierungsarbeiten durch die Baufirma Crozolli
18.4.	Flugtag der Dornierwerke mit der Landung eines Verkehrsflugzeuges (Komet III)
7.8.	Konzessionsvergabe am Flugplatz für Benzinunternehmen Shell und „Stieglbrauerei" (Ausschankbefugnis für Restaurationshütte)
10.8.	Bestellung des Hauptmannes a. D., Feldpilot Ing. Karl Woral zum Flugplatzleiter
15.8.	Das Bundesministerium für Handel und Verkehr gestattet per Telegramm die Benützung des Flugplatzes.
16.8.	Aufnahme des täglichen Passagierflugbetriebes München-Salzburg-Reichenhall durch die Deutsche Luft Hansa, Flug Nr. 35 (bis 15.10.).
22.8.	Offizielle Eröffnung des Flugplatzes Salzburg Maxglan
6.9.	Hans Guritzer veranstaltet die ersten gewerbemäßigen Rundflüge
1.11.	Erste Landung eines Verkehrsflugzeuges der Österreichischen Luftverkehrs A.G. Probebetrieb Wien-Salzburg-Innsbruck mit Junkers F 13 bis 20.11.
24.11.	Nachträgliche Genehmigung zur Errichtung eines Flugplatzes
	1927
14.4.	Vorläufige Betriebsbewilligung für den Flugplatz
19.4.	ÖLAG Flugverkehr Wien-Salzburg-Innsbruck eröffnet (bis 15.10.) Flugleiter der ÖLAG Ing. Karl Woral.
23.4.	Eintragung ins Handelsregister: Österreichische Fliegerschule Salzburg, Kuhn & Stowasser, sowie Flugunternehmer und Flugzeugbau Guritzer & van Nes
7.5.	Der Hangar der Gesellschaft Guritzer & von Nes errichtet
13.6.	Genehmigung der Flugplatzbetriebsordnung
17.7.	Erstlandung eines dreimotorigen Verkehrsflugzeuges (Junkers G-24)
31.7.	Eröffnung der ÖLAG Fluglinie Salzburg-Klagenfurt bis 1.9. dreimal wöchentlich
1.8.	Wiedereröffnung der Fluglinie München-Salzburg-Reichenhall
4.8.	Verlängerung der Linie Wien-Salzburg-Innsbruck bis Konstanz (bis 17.9.)
14.8.	Großflugtag mit Vorführungen deutscher Kunstflieger
26.10.	Der deutsche Leutnant a. D. Eduard Kuhn absolviert in Salzburg die österreichische Pilotenprüfung, Schein Nr. 20
31.10.	Hangar der Österreichischen Fliegerschule Salzburg fertiggestellt, Betriebsaufnahme mit drei Flugzeugen, Leiter Eduard Kuhn
13.11.	Erste Übertragung von Funkgesprächen zwischen Flugzeug und Bodenstation direkt im österreichischen Rundfunk
	1928
23.4.	Wiederaufnahme der Fluglinie Wien-Salzburg-Innsbruck bis 13.10.
5.6.	Landung des neuen ÖLAG-Großflugzeuges Junkers G 31 (A-46)
23.6.	Genehmigung für Himmelsschrift (Werbung-Persil) und drei Monate später Erlaubnis für Reklameflüge durch Guritzer
28.7.	Der Flugplatz wird zum Zollflugplatz erklärt
	1929
4.3.	Erste Landung eines Verkehrsflugzeuges auf Schneekufen
3.6.	Neueröffnung der Linie Klagenfurt-Salzburg-München
21.6.	Beginn der Aushubarbeiten für das Flugplatzgebäude
1.7.	Die ersten Charterflugzeuge sind gelandet (2 Junkers F 24K)
23.7.	Bruchlandung der ÖLAG Junkers F 13 (A-2) in den Schützengräben des Exerzierplatzes
21.10.	Gründung der Salzburger Flugplatzunternehmung Gesellschaft mbH.
20.12.	Kollaudierung des neuen Flugplatzgebäudes
	1930
15.3.	Inbetriebnahme der Kurzwellen Sende- und Empfangsanlage
1.4.	Das neue Flugplatzgebäude wird in Betrieb genommen
8.4.	Die Flugplatzunternehmung erhält die Gast- und Schankgewerbekonzession
12.4.	Inbetriebnahme der neuen Tankanlage (je 3.000 l Benzin und Benzol)
22.4.	Englische Privatfliegerstaffel (8 Maschinen) gelandet
1.7.	Neue Fluglinie Salzburg-Klagenfurt-Venedig täglich bis Klagenfurt, weitere Schnellfluglinie Wien-Salzburg-Innsbruck-Zürich

28.7.	Erste Segelflugzeuglandung auf dem Exerzierplatz durch ein vom Gaisbergplateau gestarteten Rosenheimer Segelflugzeug
13.10.	Der Bundesminister für Handel und Verkehr Eduard Heinl besichtigt das neue Flugplatzgebäude und die Österreichische Fliegerschule
27.12.	Neues Flugplatzgebäude erhält die Orientierungsnummer Reichsstraße Nr. 40
1931	
2.8.	Großer Flugtag in Salzburg
20.8.	Protest einiger Maxglaner Grundbesitzer gegen die Nachteile der Flughafen Verbotszone
2.10.	Grund und Enteigungsverhandlung für die Errichtung einer Flugpeilstationsanlage am Südostrand des Bischofswaldes
1932	
4.4.	Einschränkung des Flugverkehrs der ÖLAG ab 28.4., die Stieglbrauerei lehnt einen Neubau der Flugplatzrestauration ab.
2.5.	Eröffnung der neuen Fluglinie Wien–Salzburg–München–Zürich im Pool der ÖLAG mit der LUFTHANSA (bis 31.10.)
12.5.	Amtliche Begutachtung des Flugplatzes für die Einebnung zur Landung von Großflugzeugen
30.5.	Luftfahrtbehördliche Genehmigung der Treibstoffanlage
1.6.	Eröffnung Pendelfluglinie Salzburg–Innsbruck
28.6.	Genehmigung des Heeresministeriums für die provisorische Erweiterung der Landewiese um ca. 20.000 m²
15.7.	Absturz von Eduard Kuhn
29.8.	Absturz von Hans Guritzer
5.8.	Bewilligung für Nachtflug-Reklame mit Neonbeleuchtung, mit Saisonende wurde die Linie München–Reichenhall letztmalig beflogen
16.11.	Die Flugplatzpeilstation bei Glanhofen fertiggestellt und am 20.12. kollaudiert
1933	
28.1.	Bescheid des Bundesministeriums über die Festsetzung der Flugplatzzone
1.4.	Wiedereröffnung der Fluglinie Wien–Salzburg–München–Zürich
6.4.	Errichtung eines Sportflugzeughangars der Firma Österreichischer Alpenflug Lanz & Schechner
26.7.	Erstlandung einer Junkers Ju 52 der Deutschen Lufthansa
12.8.	Bundeskanzler Dollfuß versucht mit Dr. Rehrl die Glocknerstraßen-Scheitelstrecke vom Flugzeug aus festzulegen
14.8.	Erster Autoschleppflug der Segelflieger auf dem Flugplatz
20.8.	Probeflug (mit A-22) für eine nächstjährige Fluglinie Salzburg–Klagenfurt–Laibach mit geplanter Weiterführung bis Susak
6.9.	Der Sicherheitsdienst stationiert 3 Polizeiflugzeuge
15.9.	Der Flughafen Ainring wird eröffnet
28.10.	Die Hilfspeilstelle am Bischofswald wird eingerichtet und der zugehörige 500 Watt-Langwellensender in den Wirtschaftsgebäuden von Schloss Kleßheim aufgestellt
1934	
10.5.	Bundeskanzler Dollfuß entgeht einem Anschlag auf dem Salzburger Flugplatz
21.5.	Internationaler Österreichischer Pfingstflug 1934
7.7.	Eröffnung der Linie Salzburg–Klagenfurt–Laibach
	Auf der Pool-Linie Wien–Zürich fliegt im August auch die Swissair
11.7.	Entlassung des Flugplatz- und Flugbetriebsleiters Ing. Karl Woral aus politischen Gründen
12.7.	Der ÖLAG Pilot Karl Luft übernimmt provisorisch die Flugplatzleitung.
1935	
1.3.	Neuer Flugplatzleiter Hauptmann a. D. Feldpilot Max Schoßleitner und neuer ÖLAG Flugleiter wird Hauptmann a. D. Josef Novy
1.4.	Wiedereröffnung der Strecke Wien–Salzburg–München–Zürich mit JU 52
	5. Eröffnung des Buffets im Flugplatzgebäude
1.7.	Sommerfluglinien: Salzburg–Innsbruck–Bregenz–Altenrhein/St.Gallen und Salzburg–Klagenfurt
1.7.	Die Gemeinde Maxglan wird in das Stadtgebiet eingemeindet
22.-29.7.	1. Alpiner Segelflug-Wettbewerb
30.9.	Flughafensubvention des Bundes für 1935 beträgt S 3.000,-
1936	
7.4.	Fernschreiber-Flugmeldedienst Wien–Salzburg
20.4.	Infolge der Eingemeindung übernimmt die Kriminalabteilung der Bundespolizei die Passkontrolle und ab November die Sicherheitswache den Platzdienst
20.4.	Wien–Salzburg–München–Zürich mit JU 52
15.5.	Der erste Segelflug-Schleppkurs in Salzburg-Maxglan
1.6.	Salzburg-Innsbruck mit JU F 13
30.6.	Die ungarische Luftverkehrsgesellschaft Malert beteiligt sich am Pool der Linie Budapest–Wien–Salzburg–München–Zürich mit Junkers JU 52
1.7.	ÖLAG Saisonflug Salzburg–Klagenfurt mit JU G 31
15.12.	Absicht einer Übernahme des Flugplatzes durch die Heeresverwaltung
16.12.	Der Hangar der ehemaligen Österreichischen Fliegerschule wird durch einen Brand zerstört
31.12.	Beschäftigte am Flugplatz: 8 Beamte der Flugfunkstelle, Peilstation, Peilsender und Wetterwarte und 6 weitere Personen bei der ÖLAG Flugleitung
1937	
30.5.	ISTUS startet ein Vergleichsfliegen der Segelflieger. Im Rahmen dieses Vergleichsfluges überqueren 4 deutsche Segelflugzeuge die Alpen und landen in Oberitalien
1938	
28.3.	Wiederaufnahme der Fluglinie Wien–Salzburg–München–Zürich und Wien–Linz–Salzburg
16.1.	Freiflug- und Flugpreis-Ermäßigungsbestimmungen lt. Weisung der Deutschen Lufthansa Aktiengesellschaft
21.5.	Neuer Flugplatz Kommandant wird Obltn. Gustav Hauck und Leiter des Flugplatzes Hptm. a. D. Josef Novy
27.5.	Deutschlandflug 1938 mit jeweils ca. 150 Flugzeuglandungen in Salzburg Ainring
1.7.	Fluglinie Wien–Linz–Salzburg bis München verlängert
5.7.	Bedarfslandungen in Salzburg auf der Lufthansa Linie London–Brüssel–Frankfurt–München–Wien
15.7.	Lufthansa Rundflüge mit dem Hansa-Flugdienst
1939	
6.3.	Der Bürgermeister der Stadt Salzburg ersucht beim Reichsminister der Luftfahrt um Auskunft über das Projekt Großflughafen Salzburg-Berchtesgaden
25.3.	Lufthansa Fluglinien Wien–Linz–Salzburg–Innsbruck–München und Budapest–Wien–Salzburg–München–Zürich werden eingerichtet

Flughafen Salzburg

22.6.	Mietgliederversammlung des Reichsverbandes der Deutschen Flughäfen e. V. in Salzburg
	Gründung der Salzburger Flughafengesellschaft mbH., neuer Geschäftsführer wird Dr. Bruno Schmid
1.9.	Bei Kriegsausbruch wird der Salzburger Flughafen für den zivilen Flugbetrieb gesperrt und dem Luftgaukommando XVII Wien unterstellt

1940
19.11.	Einstellung der Zivilluftfahrt in der Ostmark

1942
6.3.	Neuer Geschäftsführer der Gesellschaft wird Dr. Josef Brenner

1943
6.3.	Fliegerabwehrgeschütze und Vernebelungsapparate werden aufgestellt

1944
	Fertigstellung der Betonpiste 10/28 (1.200x60m) und der betonierten Rollwege zum Scherzerwald (getarnte Abstellplätze), vorübergehende Startbasis für Nachtjäger gegen einfliegende Bomberverbände im Raum München

1945
29.4.	Landung deutscher Turbojäger ME 262 des Jagdverbandes 44
4.5.	Einmarsch amerikanischer Truppen
8.5.	Offizielle und kampflose Übernahme des Salzburger Flughafens durch die Amerikaner

1946
17.7.	Die Salzburger Flughafengesellschaft GmbH. wird zum „Deutschen Eigentum" erklärt

1947
11.8.	Landung des ersten Zivilfluges-DC-3 der PAA

1949
24.8.	Salzburger Flughafen Benützungsbewilligung des Bundesministeriums
22.12.	Der Alliierte Rat erteilt die Flugerlaubnis für Segelflieger
	Vorbereitungen für den Liniendienst ausländischer Flugverkehrsgesellschaften

1950
17.6.	Eröffnung der SABENA Fluglinie Brüssel–Frankfurt–Salzburg (DC-4)
30.07.	Konstituierende Generalsversammlung des Österreichischen Aeroclubs in Salzburg

1951
27.2.	SABENA führt Luftfrachtdienst ein
26.5.	SWISSAIR Fluglinie Zürich–Innsbruck–Salzburg–Linz (DC-3)

1952
21.2.	SAS Erstflug Kopenhagen–Hamburg–Frankfurt–Salzburg (DC3)
	Rampendienst durch Städtische Verkehrsvertriebe
28.5.	KLM Erstflug Amsterdam-München-Salzburg (CV-240)
29.6.	JAT Erstflug Rijeka–Graz–Salzburg (DC-3)

1953
	April Sanierung einer Hälfte der 1.200 m Piste 10/28
	Projekt einer neuen 1.700 m Piste 16/34
	Dezember Funkfeuerstation bei Oberndorf-Lindach
	USFA Hangar an der Innsbrucker Bundesstraße

1954
21.5.	BEA-Probeflug London–Salzburg

1955
22.4.	BEA-Erstflug London–Salzburg
5.5.	Österreichischer Staatsvertrag unterzeichnet
30.6.	Indischer Ministerpräsident Nehru nach Staatsbesuch von Salzburg abgeflogen
25.10.	Ende der militärischen Benützung des Flughafens durch Amerikaner
26.10.	Eröffnung des ersten österreichischen Privat-Flugunternehmers ÖFAG auf dem Salzburger Flughafen
29.10.	Konstituierende Generalversammlung der neuen „Salzburger Flughafengesellschaft m.b.H", neuer Geschäftsführer wird Wirtschaftstreuhänder Dr. Hans Deutsch
4.11.	Regelmäßiger BEA-Luftfrachtdienst London-Salzburg

1956
1.2.	Eröffnung der ÖFAG-Fliegerschule
4.7.	Erstlandung Convair CV 440 der SABENA und von drei Jakowlew Jak-18 des österreichischen Bundesheeres
9.7.	Eröffnung des Flughafenrestaurants und des Fliegerstüberls
3.9.	Probelandung Vikers Viscount V700 der BEA
31.10.	Offizielle Inbetriebnahme der Flugeinsatzstelle Salzburg des Bundesministeriums für Inneres

1957
9.4.	Baubeginn für den Tower
12.7.	Landesregierungsenquete betreffend Flughafenausbau
30.9.	Landung des griechischen Königspaares

1958
4.2.	ÖFAG Projekt-Motor und Sportzentrum
13.2.	Beschluss zum Bau der neuen Piste 16/34 (2.200m) mit Unterführung Innsbrucker Bundesstraße
27.3.	Erstlandung des österreichischen Verkehrsflugzeuges DC-3 des AFD

1958
31.3.	AUA eröffnet den Flugbetrieb mit vier gecharterten Viscounts 779 von Wien in das Ausland
3.5.	Transair Sweden (TRSW) fliegt regelmäßig Charter nach Salzburg

1959
1.2.	Neuer Geschäftsführer d. Salzburger Flughafengesellschaft wird Dipl. Ing. Wilhelm Spazier
17.7.	Baubeginn für die neue Piste u. Unterführung
18.10.	letzter Start eine Verkehrsflugzeuges auf der alten Piste

1960
28.3.	AUA stellt vier neue Vickers Viscount 837 in Dienst
9.6.	Eröffnung des AUA Stadtbüros Makartplatz 1
1.7.	Wiedereröffnung des Salzburger Flughafens mit der Landung einer BEA Vickers Viscount auf der neuen Piste 16/34
3.7.	SABENA Saisonflugeröffnung Brüssel–Düsseldorf–München–Salzburg DC-6B
4.7.	Erstlandung zweier AUA-Viscount im Linienflug Klagenfurt–Salzburg–Frankfurt und Wien–Salzburg–Genf
16.7.	Eröffnung AUA-Linienflug Wien–Salzburg–Stuttgart–Paris

1961
	Regelmäßiger Winter-Charterflug skandinavischer Fluggesellschaften
1.4.	AUA-Erstflug Wien–Salzburg–Genf–Barcelona
1.5.	AUA-Erstflug Frankfurt–Salzburg–Venedig
15.5.	Flughafen Salzburg „Schlechtwetterlandeklar"
20.6.	Erste Nachtlandung mit AUA-Viscount 745

1962
1.4.	AUA übernimmt die gesamte Abfertigung

Zeittafel

14.6.	Beschluss des Generalausbauplanes des Salzburger Flughafens
13.7.	Abflug König Ibn Sauds mit Lufthansa Sondermaschine
20.12.	Freigabe der Abstellflächen-Erweiterung 16.000 qm

1963

29.3.	Erteilung der uneingeschränkten Nachtflugbewilligung
1.5.	Eröffnung AUA-Binnenflugverkehr der DC-3 (Wien–Salzburg–Innsbruck)
4.8.	Abflug des amerikanischen Verteidigungsmisters McNamara
9.9.	Eröffnung der IATA-Konferenz in Salzburg
18.11.	Erstlandung einer BEA Vickers Vanguard
15.12.	Erstlandung der AUA Flugstrecke Salzburg–Innsbruck–London

1964

22.2.	Erstlandung einer AUA-Caravelle
30.3.	Taufe der dritten AUA-Caravelle auf „Salzburg"
19.8.	Baubeginn Fluggast Abfertigungsgebäude
14.12.	AUA Erstflug Salzburg–Innsbruck–Zürich
22.12.	Duty-free Shop vom Bundesministerium für Finanzen genehmigt

1965

1.3.	Schah Reza Pahlevi verlässt Salzburg an Bord der AUA Caravelle „Tyrol"
13.3.	Die BEA Vanguard mit den „Beatles" eingetroffen
13.4.	AUA Erstflug Wien–Salzburg–Amsterdam
1.5.	AUA Erstflug Wien–Salzburg–München
	Erstmals Nachtflüge Salzburg–London
30.5.	Erstlandung der Bac1-11 und Iljuschin 18 im Charter
1.7.	Inbetriebnahme des Hangar II
15.7.	Alter Hangar 1 an die ÖFAG vermietet
24.7.	Gründungsversammlung des Schutzverbandes. Gegen die Gefahren und Ausweitung des Flughafenbetriebes in Salzburg-Maxglan
5.9.	116 Sportflugzeuge auf der letzten Etappe des Europafluges 1965 gelandet
10.9.	Der 100.000 Fluggast des Jahres 1965 eingetroffen
1.5.	AUA Erstflug Wien–Salzburg–München
15.10.	Erstlandung eines Vierstrahligen Passagierflugzeuges
	Versuchslandung einer Comet 4B der BEA (London–Salzburg–Klagenfurt)
12.12.	Inbetriebnahme von 10 hochintensiven Blitzfeuern für Schlechtwetteranflug

1966

5.6.	Verstärkter AUA-Binnenflugverkehr mit den neuen Hawker Siddeley HS 748
25.7.	Feierliche Eröffnung des Fluggast Abfertigungsgebäudes durch Bundespräsident Franz Jonas
	Neues Aufgabenpostamt 5035 Salzburg Flughafen
11.9.	Erster Direktflug von Kanada über Grönland nach Salzburg mit einer Boeing 727 der WARD AIR
27.10.	Inbetriebnahme des Restaurants im Abfertigungsgebäude

1967

18.1.	Erstlandung einer DC-9/32
1.4.	Einbehaltung des Nachtflugverbotes durch Einschränkung der Betriebszeit von 6 Uhr bis 23 Uhr, Reduzierung der AUA-Auslandsverbindungen ab Salzburg
23.5.	Inbetriebnahme der ersten europäischen Mittelstrecken Navigationsanlage Doppler VOR in St. Pantaleon
12.9.	Abriss der alten Wehrmachtsbaracke und des alten Flughafengebäudes

1968

24.4.	Sternflug von 70 Sportflugzeugen nach Salzburg (40. Jubiläum Salzburger Segelfliegerei)
17.5.	Erstlandung einer vierstrahligen Convair 990 der Modern Air
29.6.	Sowjet-Luftfahrtminister Marschall Loginow eingetroffen
27.9.	Erstlandung der Lufthansa Boeing 737 im Charterflug

1969

21.1.	Genehmigungsbescheid für die Pistenverlängerung auf 2.600 Meter
13.4.	AUA-Erstflug Salzburg–Brüssel für den Anschluss an neue AUA-Transatlantik-Linie nach New York (mit SABENA)
9.5.	Königin Elisabeth II. und Prinz Philip verlassen Salzburg an Bord einer BAC Super 1-11
30.9.	Flugsicherung, Wetterdienststelle, Flugberatung und die Büros der Flughafengesellschaft im Neubau bezogen
1.11.	15.000 m² Vorfelderweiterung fertiggestellt
12.11.	Der neue Tower in Betrieb genommen

1970

7.1.	Abrissbeginn des alten Towers, Fertigstellung des Betriebsgebäudes Winterdiensthalle
21.3.	1000. Landung von der Sterling Airways
3.	Beginn der Arbeiten für den Rollweg
21.7.	Inbetriebnahme der UKW-Funkfernschaltung, der Hindernis- und Gefahrenfeuer, der Leitlinienfeuer und Sichtlinienleuchten.

1971

1.1.	Zum Wochenende Silvester/Neujahr landen und starten 35 Verkehrsflugzeuge mit insgesamt über 5.000 Fluggästen
1.4.	AUA-Saisonflug täglich Klagenfurt–Salzburg–Frankfurt und Graz–Salzburg–Zürich
25.6.	Erstlandung einer AUA DC 9/32
2.09.	AUA-Linienflug via Salzburg von Caravelle SE210
2.10.	Absturz einer BEA Vanguard in Belgien auf dem Linienflug London–Salzburg
15.12.	Der Aufsichtsrat genehmigt erstmals Gelder für die Lärmschutzmaßnahmen
31.12.	letzte Landung und Start einer AUA Caravelle, danach Einsatz durch DC 9/32
31.12.	Endgültige Einstellung des Segelflugbetriebes auf dem Flughafen Salzburg

1972

4.2.	Enquete der Landesregierung zum Standort des Flughafens
13.03.	Erstlandung einer DC-8 der Pomair aus Brüssel
4.4.	Saisonflug Salzburg–Wien–Tel Aviv
17.4.	Erstlandung einer Boeing 707
7.5.	Erstlandung einer Lockheed C141A- Starlifter der US Air Force
22.5.	Besuch des amerikanischen Präsidenten Richard Nixon
20.8.	Bruchlandung einer Comet der Dan Air
20.8.	Fürstin Grazia Patricia von Monaco eingetroffen
9.9.	Erweiterung des Betriebsgebäudes
28.10.	entführtes Flugzeug im Luftraum über Salzburg

1973

1.6.	Erstlandung einer Boeing 720 der dänischen Maeresk Air.

Flughafen Salzburg

2.6.	Der „Deutsche Verband zum Schutze des Rupertigaues gegen die Gefahr des Flughafenbetriebes Salzburg" hat beim Bundesverfassungsgericht in Karlsruhe und beim Bezirksgericht Traunstein Klage eingebracht
9.6.	Gleichsichtwinkelbefeuerung Inbetriebnahme der Vasis 16
31.7.	Erstlandung einer BA Hawker-Siddeley Trident Three
1974	
9.1.	Der am 19.12.1967 zwischen Deutschland und Österreich abgeschlossene Vertrag wird als Deutsches Bundesgesetz rechtsgültig
4.2.	Premier Pierre Trudeau (Kanada) und Präsident Leopold Seghor (Senegal) zur Konferenz des „Club of Rome" eigetroffen
14.4.	Erstlandung einer dreistrahligen Jakowlew Jak 40 der russischen Aeroflot
10.6.	Der amerikanische Präsident Richard Nixon trifft ein
25.6.	Inbetriebnahme der neuen Anflugbefeuerung 16 und Verlängerung der Blitzfeuer bis Schwelle 16
13.11.	Inbetriebnahme der Gleitwegsenderanlage und eine Woche später erneuerten Pistenrandbefeuerung
	Annahme des für Salzburg ausgearbeiteten Sicht-Anflugverfahrens seitens der Obersten Zivilluftfahrtbehörde.
1975	
15.3.	Luxemburgs Ministerpräsident Gaston Thorn eingetroffen
	Einführung eines lärmmindernden Abflugverfahrens in Richtung 34 (Freilassing)
1.4.	SWISSAIR eröffnet Linienflug Zürich-Salzburg mit DC-9
25.5.	Investitionsseminar der Welt-Spitzenmanager und Wirtschaftspolitiker in Salzburg
31.5.	US Präsident Gerald Ford und Ägyptens Präsident Anwar Sadat in Salzburg
6.	Inbetriebnahme der Halle B2 für Unterstellung der Feuerwehrgeräte und nicht winterfester Vorfeldgeräte
1976	
25.3.	Airbus A-300 Erstlandung der LUFTHANSA
30.6.	Inbetriebnahme Hangar 2 (Winterdienstgeräte)
12.7.	Das neue Schnellbereitschaftsaggregat geht in Betrieb. Absenkung der Wetterminima für Instrumentenanflug
14.9.	Inbetriebnahme DME-Anlage zum ILS des Landeskurssenders (Entfernungs-Messanlage) und der Großbasispeilanlage
1977	
10.1.	Beseitigung der Luftfahrthindernisse Kendlerstraße
17.5.	Betriebsaufnahme Rollweg Z (Aeroclub-Hangar) und Errichtung des Flughafens Sicherheitszaunes.
1.7.	APCOA übernimmt die Flughafen Parkplatzanlage (450 PKW)
23.7.	Senegals Staatspräsident Leopold Senghor eingetroffen
16.9.	Polens Ministerpräsident Piotr Jaroszewicz eingetroffen
15.10.	Luxemburgs Großherzogspaar Jean und Charlotte abgeflogen
1.11.	SWISSAIR verlängert den täglichen Kurs Zürich–Salzburg–Linz
	Baubeginn Vorbau für Abfertigung General Aviation
3.12.	Wiederaufnahme des AUA-Linienfluges Salzburg–Amsterdam
1978	
11.2.	Besuch der ägyptischen Präsidenten Anwar Sadat zu einem Treffen mit Israels Oppositionsführer Shimon Peres, im Juli nochmals ein Treffen mit Israels Außenminister Ezer Weizmann.
24.3.	Inbetriebnahme der Röntgen-Fluggastkontrolle
30.3.	Erstlandung der DC-10 der SWISSAIR
22.5.	Verkehrsfreigabe der Um- bzw. Unterfahrung Kendlerstraße
15.6.	Freigabe der Piste auf volle 2.200 m und Inbetriebnahme der neuen Anflugbefeuerung 34
14.12.	Inbetriebnahme der Stoppfläche Süd und der RVR Sicht-Messanlage
31.12.	erstmals über 300.000 Passagiere abgefertigt
1979	
5.4.	Das dänische Königspaar Margarethe II und Prinz Henrik in Salzburg gelandet
13.5.	LAUDA AIR-Premierenflug ab Salzburg
17.6.	Vergößerung des Flughafen-Sicherheitsraumes von 150 auf 300 m beiderseits der Pistenachse
16.10.	Fertigstellung Vorfelderweiterung um 23.000 m² und Parkplatzerweiterung 24.10. Ägyptischer Ministerpräsident Mustafa Chalil trifft sich mit Bundeskanzler Bruno Kreisky
22.11.	Genehmigungsbescheid für Verlegung der General Aviation nördlich der Innsbrucker Bundesstraße
1980	
1.4.	Wiedereröffnung des Inlandflugverkehrs mit Swearingen Metro II oder AAS
4.4.	Deutscher Bundeskanzler Helmut Schmidt eingetroffen
29.6.	Erster Einsatz der Österreichischen Ärzteflugambulanz, Zweigstelle Salzburg (Auslands Flugrettung)
1.5.	Erweiterung des Fluggast Abfertigungsgebäudes
30.6.	Baubeginn Rollweg A im Norden
13.11.	DDR-Staatsratsvorsitzender Erich Honecker fliegt ab
21.11.	Fluglärm-Messanlage geht in Probebetrieb
26.11.	Rollweg Teilstück C wird für Betrieb geöffnet
1981	
7.1.	Abflug des kanadischen Premiers Pierre Trudeau
30.1.	Besuch des deutschen Bundespräsidenten Karl Carstens
1.4.	Neuer Geschäftsführer der Salzburger Flughafenbetriebs GmbH wird Dipl. Ing. Günther Auer
29.6.	Benützungsbewilligung Rollweg A-Nord
4.7.	Erstlandung im SWISSAIR Linienflug mit einer DC 9/81
20.10.	Präsentation einer AUA DC-9/81
10.12.	Teilflächenwidmungsplan Salzburg West präsentiert: Vorstellung des künftigen Flughafen Ausbaues
1982	
9.4.	Lärmminderndes An- und Abflugverfahren mit Überwachung an den fünf Lärm-Messstellen rund um den Airport.
20.10.	Besuch des sowjetischen Ministers für Zivilluftfahrt Marschall Boris Bugajew
1.12.	Erste Ausgabe Airportmagazin "Flugblatt"
20.12.	Eröffnung des neuen Self Service Duty free Shops
1983	
3.1.	Fluggast-Informationsschalter eröffnet.
3.4.	Charterflugkette Leningrad/Kiew/Moskau/Salzburg mit Tupolew 123 A der AEROFLOT startet
9.6.	Chartererstflug der TYROLEAN AIRWAYS Salzburg–Zadar mit Dash-7
2.8.	Erstflug im Linienverkehr der TYROLEAN AIRWAYS Innsbruck–Salzburg–Graz mit De Havilland Dash 7
4.8.	Sonderflug Airbus A-310 der SWISSAIR
8.8.	Baubeginn Pistenverlängerung Rollweg F und zwei Lärmschutzwänden im Bereich der Kendlersiedlung
8.8.	Ablehnung der Klage der Stadt Freilassing durch den Bayrischen Verwaltungsgerichtshof

Zeittafel

9.8.	Treffen des deutschen Bundeskanzlers Kohl mit bayerischen Ministerpräsidenten Franz Josef Strauß am Flughafen
1.9.	Inbetriebnahme des neuen Jet A-1-Gesamttanklagers (100.000 Liter) der BP und Shell
12.10.	Prozessions-Instrumentenlandesystem ILS mit mikroprozessorgesteuerten System geht in Betrieb
31.11.	Fertigstellung der Montage einer neuen Gleitwinkelbefeuerung PAPI für Anflug 16/34
1.12.	erste Landung auf der verlängerten, 2.550-Meter-Piste mit AUA DC-9-32
1984	
27.1.	Tagung der Internationalen Industrie Arbeitsgruppe Luftfahrt
15.4.	AEROFLOT eröffnet Saison-Charterflug mit Tupolew 154
23.4.	Das Überschall-Verkehrsflugzeug Concorde der AIR FRANCE landet in Salzburg
29.4.	Erstlandung einer Boeing 767 der BRAATHENS S.A.F.E.
16.7.	ARAMCO Konferenzteilnehmer mit sechs Sonderflugzeugen in Salzburg eingetroffen
9.8.	Britische Premierministerin Margaret Thatcher urlaubt in Salzburg
20.12.	Inbetriebnahme des vergrößerten Abfertigungsgebäudes (Ankunftsbereich mit Busterminal)
1985	
10.2.	Erstlandung Boeing 747 der El-Al
27.2.	10-Jahres Jubiläum des SWISSAIR Liniendienste Zürich–Salzburg (Boeing 747-357)
4.3.	Veröffentlichung der Flughafen Ausbaupläne
18.3.	Baubeginn für die Verlegung der General Aviation
24.3.	Abriss des alten Aeroclub-Hangars
31.3.	Linienflugstrecke der LUFTHANSA Frankfurt–Salzburg startet
2.5.	Eröffnung Linienflug Paris–Salzburg mit Boeing 747 der AIR FRANCE
9.5.	Volle Übernahme der AAS durch die AUA
15.5.	AEROFLOT eröffnet Saison mit Linienflug Kiew–Salzburg
12.6.	Eröffnung des Linienfluges Reykjavic–Salzburg (ICELANDAIR)
27.8.	Thronfolger Prinz Charles zum Festspielbesuch gelandet
10.9.	Baubeginn für die Erweiterung des Abfertigungsgebäudes
12.10.	Tag der offenen Tür
12.12.	Rollweg-Freigabe
19.12.	Erstlandung einer Lockheed Tristar von BRITISH AIRTOURS
20.12.	400.000 Fluggäste nutzten 1985 den Salzburg Airport
30.12.	Inbetriebnahme des neuen Aeroclub Hangars
1986	
15.2.	Airport beteiligt sich bei ersten Internationalen Touristikmesse im Kongresshaus Salzburg
1.4.	Privatbesuch des libanesischen Staatspräsidenten Amin Dschemayel
1.4.	Baubeginn der Stoppfläche Nord (300 M)
18.4.	Concorde Landung in Salzburg (BRITISH AIRWAYS)
26.4.	Super Gau in Tschernobyl-UdSSR
	Schließung des Flughafenhotels (seit 1970 in Betrieb)
16.5.	AEROFLOT Tupolew auf erhöhte Strahlenwerte untersucht
23.7.	Stopffläche Nord freigegeben
13.8.	Festakt 60 Jahre Salzburger Flughafen in der Residenz Salzburg Eröffnung der Ausstellung und Präsentation des Jubiläumsbuches (Autor Friedrich Leitich)
14.8.	Air Festival zum Jubiläum mit Flugschau, Rundflügen, Oldtimern
17.3.	Concorde-Landung in Salzburg
18.10.	König von Nepal eingetroffen
20.10.	Neues Anflugverfahren erprobt, mit Special ILS/DME 16 Herabsetzung der Minima
1.11.	ÖFAG Werftbetrieb wird von Aerotechnik GmbH. übernommen
1987	
12.2.	Notlandung Boeing 720 B der CONAIR (Bugrad eingeknickt)
13.2.	Airport FAN Club Gründung
30.3.	AIR FRANCE führt zusätzlichen vierten Kurs wöchentlich nach Paris
30.4.	Wiedereröffnung des Saison Linienfluges AEROFLOT nach Leningrad
8.5.	Charter Airport Konferenz in Salzburg
21.5.	Premierenflug einer AAT Charterflugkette von Salzburg nach Tunis
26.5.	Concorde Landung in Salzburg
1.6.	Baubeginn Radarturm
15.6.	AERO Charter übernimmt die Aufgaben des ÖFAG Flugdienstes
7.7.	Jubiläumsfest 25 Jahre STERLING AIRWAYS
30.8.	LUFTHANSA Oldtimer Junkers JU 52 bietet zwei Tage lang Publikums-Rundflüge an
30.9.	30 Jahre österr. Luftfahrtgesellschaft AUSTRIAN AIRLINES
20.11.	Sanitätsstation eröffnet (Salzburg-Airport Medical Center)
21.11.	AEROFLOT gibt die Eröffnung seines Flughafen-Büros bekannt
27.12.	Erstlandung MD 87 von AUSTRIAN AIRLINES zu Jahresende Fertigstellung im Abfertigungsgebäude: die Vergrößerung der Ankunftshalle, des Duty Free Shops und Installation einer dritten Gepäckförderanlage
1988	
11.2.	Bekanntgabe der Passagierzahlen vom Jahr 1987 mit 612.000 Fluggästen
16.2.	Der Flughafen-Zoll entdeckt 3kg Kokain im Koffer eines Fluggastes
12.4.	Beginn der Debatten für oder gegen die Verbauung der Stieglgründe östlich des Flughafens
25.4.	Erstlandung einer zweistrahligen Fokker 100 im SWISSAIR Linienflug Zürich-Salzburg
10.5.	Concorde-Landung und Informationsabend der Drakengegner
26.5.	Erstlandung PAN AM Linienflug Berlin–Salzburg mit der zweimotorigen ATR 42
31.5.	Condorde Landung
24.6.	Erster Besuch von Papst Johannes Paul II am Salzburg Airport
28.6.	Erstlandung LAUDA AIR Boeing 767-300 für viermalige Publikums-Rundflüge
20.7.	Landung einer Condorde (BRITISH AIRWAYS)
9.	Baubeginn der Vorfelderweiterung 2. Phase
10.10.	Offizielle Inbetriebnahme des Anflug-Radars
25.10.	Erstlandung von zwei Draken-Abfangjägern des Bundesheeres

26.10.	6 Todesopfer fordert ein Zusammenstoß zwischen einem Reise Jet und einem Sportflugzeug über Käferheim
30.10.	Erster AUA Tagesrandflug früh nach Frankfurt
9.11.	Forderungskatalog der Politik: 14 Punkte Programm zu weiteren Flughafenentwicklung (gegen Privatisierung)
12.	Betriebsgebäude: Fertigstellung Vorderdach für Unterstellen von Geräten, Parkplätze P4 und P5 freigegeben (80 plus 200 Abstellplätze)
	1988 wurden 790.157 PAX abgefertigt

1989

1.1.	Contipark ARGE Parkgaragen übernimmt die Bewirtschaftung der Parkflächen
11.1.	Sondersitzung der Landesregierung: Fluglärm-Gutachten und Anrainerklagen
20.2.	Achtpunkteprogramm der Salzburger Landesregierung zur Bewältigung der Flughafen-Umweltprobleme
29.3.	Flughafen als Drehort der US-Fernsehserie „Dallas"
18.5.	Ainrainerschutzverband wechselt Obmann: Hannes Kittl folgt auf Georg Roider
19.5.	Airport Aufsichtsratssitzung: Absetzung des Tagesordnungspunktes „Absenkung der Autobahnüberdachung"
6.6.	Antrag zur Sperre der Nordanflugroute für Charterflugzeuge vom „Deutschen Verband zum Schutz des Rupertigaues gegen die Gefahren des Flughafens Salzburg"
15.9.	Anbau an das Verwaltungsgebäude (Polizeiwache, Fracht- und Speditionsbüros)
25.9.	Stadtsenat lehnt die Autobahnabsenkung und Überdachung ab
27.9.	Aufsichtsratssitzung: Vertreter von Stadt und Land lehnen Forderung vom Bund für den weiteren Ausbau des Flughafens ab
6.11.	Mitgliederversammlung des Anrainer Schutzverbandes: Zustimmung zur Absenkung und Überdachung der Autobahn bei vertraglich garantierter Zusicherung, die Stoppfläche Nord nicht in die Start-/Landebahn einzubeziehen
12.	Fertigstellung Gerneral Aviation Center mit Kleinflugzeughangar und Betriebsräume für die Flugeinsatzstelle, sowie 25.000 m² Abstellflächenerweiterung mit Zurollwegen. Zusätzlich Unterführungsverlängerung der Innsbrucker Bundesstraße, Aufenthaltsräume und Sanitätsräume sowie Anbau für die Vorfeldkontrolle im Betriebsgebäude
	Eröffnung Auslandsbuffett im Abfertigungsgebäude

1990

1.1.	Fluggast-Aufkommen im Charter- und Linienflug 899.523 Passagiere bei 12.113 Flugbewegungen (Start und Landungen) im Jahr 1989
8.2.	Eröffnung der neuen Flugeinsatzstelle Salzburg
24.3.	LUFTHANSA: letzter Flug Salzburg–Frankfurt
24.3.	Sondersitzung des Altstadt- und Umweltausschusses im Salzburger Gemeinderat über das 170 Millionen Schilling umfassende Ausbauprogramm für das Abfertigungsgebäude
25.3.	SWISSAIR erweitert Flugprogramm: Zum Früh- und Abendflug kommt eine Mittagsrotation Salzburg–Zürich dazu.
25.3.	AUA-Tagesrandverbindung nach Frankfurt eröffnet
26.3.	Wiederaufnahme des SABENA-Linienfluges Brüssel–Salzburg
1.5.	Neue „Lärmzulässigkeitsverordnung" des Verkehrsministeriums tritt in Kraft
9.-10.5.	Der ADF-Fachausschuss „Umwelt" tagt am Salzburg Airport
14.5.	Generalversammlung der Salzburger Flughafen-Betriebs GmbH.: Ausbau Abfertigungsgebäude und Absenkung Autobahn abgelehnt, Einbindung der Flughafenzufahrt über die Kreuzung Loig genehmigt. Einrichtung eines Umweltbeirates.
26.7.	Der tschechische Staatspräsident Vaclav Havel und der deutsche Bundespräsident Richard v. Weizsäcker in Salzburg eingetroffen
1.8.	DDR Ministerpräsident Lothar de Maiziere mit TU-154M abgeflogen
17.9.	Obmann des Salzburger Anrainerverbandes, H. Kittl, wird bei der Generalversammlung abberufen und durch Walter Paldinger ersetzt.
28.11.	Luftfahrtbehördliche Verhandlung über die Grenzen des Flughafens zur Autobahn
31.12.	Fluggast-Aufkommen 1990 von Charter und Linienflug 934.287 Passagiere bei 13.646 Flugbewegungen

1991

1.1.	Vernissage der Mozart-Kunstwerke an der Fassade anlässlich des 200. Geburtstages von W.A. Mozart
13.1.	Ankunft des Saudischen Prinzen Al-Waleed Bin Talal in Abdulaziz in umgebauter Boeing 727
19.2.	Taufe einer TYROLEAN DASH 8 auf den Namen „Salzburg"
27.2.	SWISSAIR landet mit Boeing 747-357 in Salzburg
21.3.	Erste Sitzung des neu gegründeten Umweltbeirates (NUB = Nachbarschafts- und Umweltbeirat)
27.3.	Der italienische Ministerpräsident Giulio Andreotti trifft in Salzburg ein
31.3.	Veränderungen im Sommerflugplan: Anstelle von AUA fliegt TYROLEAN AIRWAYS die Tagesrandverbindung nach Frankfurt und nimmt auch die Linie Salzburg–Amsterdam (dreimal je Woche) auf. SWISSAIR fliegt nicht mehr nach Salzburg, die Strecke Zürich–Salzburg übernimmt viermal täglich die AUSTRIAN AIRLINES
3.4.	10 Jahre Geschäftsführer Dipl. Ing. Günther Auer
12. 5.	Erstlandung Airbus A 320 der AIRFRANCE
17.5.	Erstlandung der spanischen Fluggesellschaft FUTURA
22.5.	Der luxemburgische Ministerpräsident und EG-Vorsitzende Jaques Santer kommt zum Staatsbesuch
29.5.	Bauarbeiten für die neue Energiezentrale
2.6.	Der amerikanische Komponist und Künstler John Cage landet in Salzburg
16.-17.7.	Kindermalakademie
25.7.	Karl Lagerfeld trifft in Salzburg ein
14.8.	Der Duty Free Shop feiert 25. Geburtstag
27.8.	Erstlandung einer MD 11 der SWISSAIR

1992

	Die neuen Verwaltungsräume können bezogen werden.
22.5.	Ankunft des amerikanischen Botschafters in Österreich Mr. Ray M. Huffington
29.5.	Baubeginn der neuen Energie-Zentrale 2.6. Ankunft von John Cage anlässlich seines „Klangmobile" Festivals
16.7.	Kindermalakademie in Zusammenarbeit mit der Kulturabteilung des Landes Salzburg. Betreuung von den Malern Ferdinand Götz und Michael Maislinger
6.8.	Jungfliegertreffen Air Cadets auf dem Salzburger Airport
20.8.	Ozon-Messflüge im Großraum Salzburg
27.8.	Erstlandung MD 11 Swissair

Zeittafel

30.8.	Ausstellung der Amnesty International im Ankunftsbereich des Flughafens
12.9.	Wirtschaftsministertreffen: Schüssel, Möllemann, Delamuraz in Salzburg
17.9.	Ankunft des griechischen Königs Konstantin mit Gattin
22.10.	Weltkongress der IFATSEA in Salzburg
30.10.	TYROLEAN AIRLINES präsentiert die Dash 8-300 in Salzburg
6.11.	Die Raketen-Plastik von Prof. Magnus wird an der neuen Flughafen-Zufahrt errichtet.
6.11.	Ratifizierung eines Umweltabkommens zwischen den Alpenstaaten und den Umweltministern in Salzburg
28.11.	Wird eine Flugwegaufzeichnungsanlage in Betrieb genommen, Erzeuger ist Firma Bruel & Kjaer
28.11.	Innenausbau des Flughafen Salzburg fertiggestellt
11.12.	Fertigstellung des Restaurantumbaus im 1. Obergeschoß: abgesetzt speist man im „Bistro" und „Gourmet". Im Zuge des Umbaus wurde an der Nordseite im 1. OG neue Büroflächen geschaffen.
11.12.	Fertigstellung der Feuerwehrhalle
31.12.	Erstmals in der Geschichte werden mehr als 1 Million Passagiere abgefertigt und im kommerziellen Flugverkehr 18.339 Flugbewegungen gezählt

1993

	Salzburg Airport Mitglied der USTOA United States Tour Operators Association (wichtigste Reiseveranstalter und Fluggesellschaften) Teilnahme an den Touristikmessen wie die Tourf, ITB, WTM, USTOA
	Im gleichen Jahr Baubeginn Parkgarage
19.-21.2.	Erstausgabe von Flughafenmagazin „SAM"
1.3.	Gründung Handling Tochter Salzburg Airport Services (SAS 100-prozentige Tochter der Salzburger Flughafen-BetriebsgmbH)
31.3.	Anerkennungspreis für Umweltaktivitäten und die gute Zusammenarbeit mit unmittelbaren Anrainern
1.5.	Erstmals Abfertigung einer Chartermaschine durch Salzburg Airport Services
	Daily Shop und Cockpit Shop von Airest eröffnen
23.10.	Tag der historischen Luftfahrt am Salzburg Airport
11.12.	Eröffnung der ArtPort Galerie mit Werken des Künstler Michael Maislinger Dezember bis Ende Jänner im Rahmen der artPort
12.	Umgestaltung und Neueröffnung des Duty Free Shops

1994

1.1.	Aus Bundesamt für Zivilluftfahrt wird Austro Control GmbH. (ACG)
2.2.	Eliette von Karajan tauft einen Jet der LAUDA AIR auf Herbert v. Karajan
1.3.	Ab sofort keine Ausnahmegenehmigungen mehr für laute Flugzeuge
13.3.	Flughafenanrainer-Fest
	Letzter Flug eines Kapitel 2 Flugzeugs, einer Boeing 737-200 der Britannia, von Salzburg aus
24.3.	Offizielle Eröffnung des umgebauten „Duty-Free Shop"
28.4.	James Bond Darsteller Roger Moore landet in Salzburg
1.5.	Gründung des „1st Austrian DC-3 Dakota Club"
	Gemeinderat Anton Bucek wird Vorsitzender des Aufsichtsrates
1.7.	Neues Parkhaus (mit vorerst vier Geschoßen und 1.100 Stellplätzen) und Zufahrt in Betrieb genommen
	20 Jahre deutsch-österreichische Fluglärmkommission
12.8.	Bürgermeister Stellvertreter Johann Padutsch stellt neues Lärmgutachten vor
5.11.	LTU startet jeweils an Samstagen von Düsseldorf nach Salzburg
1.12.	Pistenmittellinienbefeuerung und Glatteisfrühwarnanlage installiert
	„Special Merit Award" der Fluggesellschaft Britannia Airways als Anerkennung für besonders kundenfreundliche Abfertigung

1995

1.1.	EU-Beitritt Österreichs
5.-7.5.	Erstes Airport Frühlingsfest mit tausenden Besuchern
5.5.	Enthüllung einer Christian Doppler Büste von Lotte Ranft
19.7.	TYROLEAN präsentiert den neuen 80-sitzigen Regionaljet Fokker 70
1.7.	Air Ostrawa nimmt die Linienverbindung Salzburg–Prag auf
1.11.	Neue Betriebszeiten treten in Kraft

1996

	Im 70. Jahr seines Bestehens wird „Salzburg Airport W.A. Mozart" zum offiziellen Namen (Corporate Design)
	Grenzüberschreitende Bedeutung des Flughafens: Verleihung des „EUREGIO" -Wappens
7.-9.7.	„Central and Eastern European Economic Summit"
14.10.	Millenniums-Flugzeug: Airbus A321 der AUA mit Portraits berühmter Österreicher, wird anlässlich des Jubiläums 1.000 Jahre Österreich auf den Namen „Pinzgau" getauft
10.	Cateringgebäude der Firma Airrest wird in Betrieb genommen

1997

	Flughafen im world wide web: www.salzburg-airport.com
3.3.	TYROLEAN nimmt Tagesrandverbindung nach Hamburg auf
1.4.	Drittes Paket zur völligen Liberalisierung des Luftverkehrs in Europa tritt in Kraft
7.-9.4.	Tagung Europäischer Flughafenvertreter „Luftverkehr und Umwelt" in Salzburg
6.	Baubeginn für den neuen, 70 Millionen Schilling teuren Luftfracht-Terminal
13.7.	Mit der Air force II landet First Lady Hillary Clinton (Boing 707) in Salzburg
1.12.	Keine Kontrollen mehr für Schengen-Passagiere

1998

15.3.	Hermann Maier landet mit drei Weltcup-Kristallkugeln in Salzburg
25.5.	Das neu errichtete Cargo Terminal wird offiziell in Betrieb genommen
1.6.	Salzburg Airport erhält den „Papageno" Landespreis für Marketing, Kommunikation & Design, für das neue CI/CD Konzept W.A.Mozart. Neues Cateringgebäude DO&CO Zentrum West am Ostrand des Salzburger Flughafens in Betrieb genommen
19.6.	Zweiter Besuch von Papst Johannes Paul II. Er wird von Bundespräsident Thomas Klestil empfangen
11.8.	Erstlandung Großraumflugzeug AUA: Airbus A-330
12.9.	Der „1st Austrian DC-3 Dakota Club" feiert die Fertigstellung seines restaurierten Oldtimers DC-3

Flughafen Salzburg

24.9.	Britischer Thronfolger Prinz Charles trifft in Salzburg ein
12.	Airport erhält Auszeichnung als fahrradfreundlicher Betrieb
3.12.	Salzburg bekommt CAT-II/III Allwetterflugbetrieb für Anflüge in Richtung 16
1999	
18.2.	Der norwegische König Harald und seine Gattin Sonja landen in Salzburg (Eröffnung der nordischen WM Ramsau)
25.3.	Eliette von Karajan, eröffnet das vollkommen neu gestaltete „Herbert von Karajan General Aviation Terminal"
30.6.	Der Duty-Free-Handel im EU-Raum muss aufgrund eines Vetos von Dänemark eingestellt werden
13.8.	Salzburg erhält als erster österreichischer Flughafen ein Rosenberger Großlöschfahrzeug vom Typ Panther 8x8
10.12.	Vertragsabschluss mit TYROLEAN für weitere fünf Jahre Abfertigung durch Salzburg Air Service
2000	
27.1.	Eröffnung der neu errichteten Shops in der Ladenstraße und des erweiterten Ankunftswartebereichs im Terminal
1.2.	Präsentation der Umweltstudie „Fauna und Flora am Salzburg Airport"
26.3.	Swissair nimmt ihre Flüge von Salzburg nach Zürich wieder auf
	Neuer Rollweg „Sierra" mit modernster Rollwegbefeuerung geht in Betrieb
1.4.	Tarifänderung durch Splittung der bisherigen Tarife in luft- und landseitige Komponenten
19.5.	Größte Flugnotfallübung in der Geschichte des Flughafens mit 268 Personen und 58 Fahrzeugen
1.8.	Art-Projekt des Landes Salzburg: Kunst und Kuh am Airport
22.8.	Carport Parkmanagement GmbH gemeinsam mit Contipark Continentale Parkgaragen GmbH gegründet
12.	Baubeginn für Hangar 7
31.12.	Erstmals über 1,2 Millionen Passagiere abgefertigt
2001	
21.2.	Präsentation der geplanten Ryanair Linienflüge
1.4.	Ein gelber ÖAMTC-Christophorus Notarzthubschrauber übernimmt die Aufgaben der Flugrettung
4.4.	Fertigstellung und Inbetriebnahme Hangar-9 für die allgemeine Luftfahrt. Taufe des neuen Airport-Heißluftballons (Didi Mateschitz)
1.5.	Inbetriebnahme des Radarturmes am Haunsberg
1.6.	Die Firma Heinemann Salzburg HandelsgmbH übernimmt den Travel Value und den Duty Free Shop
1.-3.6.	„World Economic Forum": Herausforderung für die Sicherheit
24.6.	Festakt im neuen Kongresshaus anlässlich 75 Jahre Flughafen Salzburg
1.8.	Airport Salzburg wird zum Nichtraucherflughafen
22.8.	Ein Riesenfeuerwerk erinnert an die eigentliche Eröffnung des Flugplatzes
11.9.	Terroranschlag in den USA, die Welt ist erschüttert
1.10.	Securitas übernimmt die Sicherheitskontrollen am Flughafen
4.12.	Restaurantbetreiber Airest eröffnet anlässlich 10 Jahre Airrest den Umbau des neuen Airest-Restaurants „Panorama-Market Place"
2002	
21.3.	Olympic Airways beginnt mit Flügen nach Athen
22.3.	Bund verkauft 50% Flughafen-Anteile an das Land Salzburg. Neue Besitzverhältnisse: 75% Land, 25% Stadt Salzburg

1.4.	Insolvenz der SWISSAIR
1.-3.10.	Jahrestagung der Vereinigung Europäischer Regionalfluglinien (ERA)
1.7.	Investitionsprogramm in 7 Phasen beschlossen
	Erstmals Ausbildung zum Umweltbeauftragten
14.12.	Beginn der Vorarbeiten für den Bau des Terminal 2.
19.12.	Der Salzburg Airport W.A. Mozart erhält von der URA Rating Agentur AG München als Weihnachtsgeschenk das Rating „A"
2003	
	10 Jahre Airport-Services GmbH (SAS)
1.1.	Installation der Großgepäckkontrolle
	Errichtung von Solaranlagen auf den Dächern der Hangars und dem Frachtgebäude
1.4.	der Salzburg Airport verfügt über zwei geprüfte Umweltbeauftragte
10.-11.4.	Das Umwelt-Managementsystems des Salzburg Airport wird gemäß EMAS-II Verordnung und ISO 14001 vom TÜV Bayern überprüft.
22.-23.5.	10. Zentraleuropäisches Präsidententreffen „austrian summit" in Salzburg
22.8.	10.000 Besucher beim Opening des Hangar 7
20.12.	Nach nur 7 Monaten Bauzeit betreten die ersten Fluggäste den neuen, noch provisorischen, Terminal 2
2004	
1.	Neujahrsempfang im Terminal 2
4.3.	Salzburg Airport W.A. Mozart erhält die Silbermedaille im Marken Award
1.6.	Salzburg Airport Services eröffnet Ticket-Center
	Ersteintrag in das EMAS-Register beim Lebensministerium
14.-17.12.	21 Flughafenmanager aus Russland und den GUS-Staaten reisen zum Seminar „Strategisches Flughafenmanagement" per Flugzeug an
31.12.	Vollautomatische Gepäcksortier- und Förderanlage geht in Betrieb
2005	
2.1.	Mit der russischen Antonow An-74 landet ein seltenes Flugzeug in Salzburg
17.1.	Styrian startet erstmals in Kooperation mit Air France nach Paris
4.5.	1.000 geladene Gäste feiern die offizielle Eröffnung des Amadeus Terminal 2
1.10.	Erweiterung der Check-in Schalter von 21 auf 27 im Terminal 1
1.10.	Baubeginn der Parkgaragenaufstockung auf 7 Ebenen
2006	
16.1.	Spatenstich zur Erweiterung der Flugeinsatzstelle
22.2.	Airest-Catering GmbH wird die italienische SAVE Group verkauft
4.-5.5.	EU-Luftfahrtkonferenz „European Aviation Summit" in Salzburg mit über 200 internationalen Teilnehmern
1.6.	Fertigstellung Erweiterung der Flugeinsatzstelle
12.10.	Eröffnung des von 4 auf 7 Geschoße aufgestockten Parkhauses mit nun 1.921 statt bisher 1.000 Stellplätzen
2007	
6.2.	„Fest für die Luftfahrt in Salzburg" als Feier zum 20jährigen Jubiläum des FAN-CLUB Salzburg Airport
19.3.	Konstituierung eines betrieblichen Gesundheits-Ausschusses zur Förderung des Gesundheitsbewusstseins der Mitarbeiter"

10.5.	Die Arbeitsgemeinschaft Deutscher Fluglärmkommissionen (ADF) und die Arbeitsgemeinschaft Deutscher Verkehrsflughäfen (ADV) sind Gäste des Salzburger Flughafens
4.6.	Eine Dornier Do 328 der Cirrus Airlines wird am Airport stationiert und verbindet Salzburg dreimal täglich mit dem Drehkreuz Zürich
1.7.	Ing. Roland Hermann übernimmt die Geschäftsführung von Dipl. Ing. Günther Auer
11.7.	Die Thailändische Königin Sirikit trifft in Salzburg ein
	Fertigstellung des luftseitigen Ankunftsbereiches im Terminal 1
	Weiterführung der Umweltstudie „Fauna und Flora am Airport Salzburg"
29.10.	Hauptzufahrt zum Vorfeld mit überdachter Kontrollzone geht in Betrieb
31.12.	Erstmals werden 1,9 Millionen Passagiere abgefertigt
	„Station oft he Year"-Award, verliehen von Scandinavian Airlines
	Quality Count (Best Performing Station) SILVER und BRONZE, verliehen von British
	TAI Werbe Grand Prix: Bronze Award der Fachjury für www.salzburg-airport.com

2008

29.4.	Einweihung des Kunstobjekts „Die goldene Himmelsnadel – via triformis" des Salzburger Künstlers Johann Weyringer
30.4.	Die österreichische AUSTROJET eröffnet die Strecke Salzburg–Banja Luka. Landeverbot für laute Flugzeuge der Typen Tupolew 154M und der MD80-Serie
	Quality Count (Best Performing Station) GOLD verliehen von British Airways
14.-18.5.	2. Kinderfestspiele im Amadeus Terminal 2
13.12.	„easyJet" nimmt Liniendienst mit Salzburg auf und fliegt dreimal pro Woche nach London–Gatwick
24.12.	20. Familientag am Airport

2009

4.2.	19 Salzburger Sportler reisen zu den Special Olympics 2009 nach Boise/Idaho und werden bei der Rückkehr am 15.2. für ihre Erfolge von Fans im Amadeus Terminal 2 gefeiert
	Neues Bordkarten Lesesystem und modernes Zeiterfassungssystem wird eingeführt
	www.salzburg-airport.com beste Homepage aller heimischen Flughäfen, verliehen von Austrian Aviation Net
26.2.	Bereits zum zweiten Mal wird dem Airport Salzburg das BGF-Gütesiegel vom Österreichischen Netzwerk für betriebliche Gesundheitsförderung verliehen.
6.-7.8.	TÜV Süd überprüft den Salzburg Airport auf Basis der EMAS und ISO 14001 Richtlinien
17.11.	Filmstar Cameron Diaz kommt zu Dreharbeiten für den Agentenfilm „Knight and Day" nach Salzburg
1.12.	Neue Schneefräse der Firma Kahlbacher am Flughafen feierlich übergeben

2010

1.1.	Entscheidung Österreichs zur Einführung einer Flugverkehrsabgabe ab 2011
	„Internet for Free" ab sofort für alle Passagiere
3.5.	Baubeginn für neues Werkstättengebäude Zusammenführung sämtlicher Werkstätten und Wartungsbereiche in ein Gebäude
7.6.	Das neu gestaltete SAS Ticketcenter wird eröffnet
1.7.	Eröffnung des ersten österreichischen Heinemann Duty Free Shops im neuen Markendesign
28.7.	Airbus A-380, größtes Passagierflugzeug der Welt „besucht" Salzburg
30.11.	Eröffnung des Stiegl Terminals setzt neue Akzente im Bereich des Erlebnis-Shoppings
	Ausschreibung für den Tower Neubau

2011

1.1.	Das neue Luftfahrtsicherheitsgesetz (LSG 2011) tritt in Kraft. Anstelle des Bundesministerium für Inneres (BMI) übernimmt ab sofort die Salzburger Flughafen GmbH
15.2.	Neuer „Ambulift" zum bequemen Aus- und Einsteigen für Menschen mit Handicap
1.4.	Flugverkehrsabgabe wirksam
21.6.	Arnold Schwarzenegger, ehemaliger Gouverneur Kaliforniens und Filmstar, landet in Salzburg
6.10.	Spatenstich für neuen Tower
	Nominierung für den EMAS Award 2011
	Die neu gestaltete Hompage geht online
	Shorthaul Performance Award, verliehen von British Airways
	TAI Werbe Grand Prix-Silber Award der Fachjury für www.salzburg-airport.com

2012

1.1.	Salzburg Fuilling GmbH übernimmt die Verantwortung für die Betankung der am Salzburg Airport ankommenden Flugzeuge
20.6.	Salzburg Airport erhält in Krakau den österreichischen EMAS Preis 2012 für sein Umweltmanagement
23.8.	Aufgrund einer Gradverschiebung der Pole muss die Lande- und Startbahn auf 16/34 umbenannt werden
	Einführung des Self Check-In Systems (Common Use Self Service CUSS)
	„Best Performing Shorthaul Route Airport" verliehen von British Airways
10.10.	Der Salzburg Airport erhält Wirtschaftspreis in der Kategorie „Big Player": Erster Platz unter „Salzburgs Leading Companies"

2013

1.4.	Intersky fliegt täglich dreimal von Salzburg nach Zürich
29.4.	Sicherheitskontrollen auch für die Luftfracht-Anschaffung eines Frachtröntgengerätes
21.5.	Die beiden Flughafengeschäftsführer Roland Hermann und Karl Heinz Bohl werden in ihrer Funktion für die Dauer von drei Jahren wiederbestellt
28.5.	Turkish Airlines landet bei ihrem Erstflug aus Istanbul kommend
11.6.	Austro-Control übernimmt den neuen Tower
	Das Flughafenmagazin „SAM" feiert sein 20jähriges Bestehen
	20 Jahre ArtPort Galerie
27.-29.6.	Katastrophenschutzübung „EU Taranis 2013" unter Mitwirkung der Flughafenfeuerwehr
29.8.	Der Salzburger Flughafen erhält Zertifizierungsurkunde des TÜV Süd gemäß ISO 50001 Standards als erster Regionalflughafen im deutschsprachigen Raum
1.9.	Othmar Raus tritt als Vorsitzender des Aufsichtsrates zurück, sein Nachfolger wird Christian Stöckl
	Salzburg Airport Services GmbH – 20 Jahre erfolgreiches Handling

Flughafen Salzburg

	2014
	Bestehendes Band 3 wird in die Gepäckrückgabehalle integriert
	Erweiterung der Sicherheitskontrollstraßen
12.2.	Ignatz Kratzer, langjähriger Fluglotse am Salzburg Airport, feiert 100. Geburtstag am neuen Tower
9.4.	Leonidas Sportler-Gala wieder im Amadeus Terminal 2
14.4.	Beginn der Sanierung der Flughafenunterführung stadteinwärts
7.5.	Der neue Tower wird in Betrieb genommen
30.6.	Mit dem „BürgerInnenbeirat Flughafen Salzburg" (BBFS) wird eine neue Ära der Anrainerbeziehung eingeleitet
12.7.	Abschluss des ersten Teils der Sanierungsarbeiten der Rollwege
	Im Parkhaus stehen den Kunden mehrere Ladestationen für Elektroautos zu Verfügung
13.6.	20. Geburtstag des „1st Austrian DC-3 Dakota Club"
	Mit dem dritten Panther FLF3 wird ein dem neuesten Stand entsprechendes Flughafenlöschfahrzeug angeschafft
	Airrest Gastronomie im neuen Glanz, Neugestaltung aller Restaurant- und Cafebereiche
31.12.	1.819.520 abgefertigte Passagiere bedeuten eine Steigerung von 9,4 Prozent im Vergleich zu 2013
	2015
13.4.	Bis Oktober zweite Phase der Sanierung Flughafenunterführung stadtauswärts
16.4.	Zehn Jahre Amadeus Terminal 2
20.4.	Zweite Etappe der Rollwegsanierung Ende Juli abgeschlossen
7.7.	Flughafen erhält nach nur 2 ½ Monaten Bauzeit eine Business Lounge
8.10.	Präsentation der neuen IGF-Umfrage, stellt dem Flughafen ein sehr gutes Zeugnis aus
28.11.	Abriss des alten Tower
31.12.	Am Salzburg Airport werden 2015 mit einem Plus von 0,5 Prozent gegenüber dem Vorjahr 1.828.309 Passagiere abgefertigt

Quellen

Bundesarchiv Berlin, Landesarchiv Salzburg, Stadtarchiv Salzburg, Staatsarchiv Wien, Archiv Airport Salzburg, SAM-Flughafenmagazin, Friedrich Leitich „Städtischer Flugplatz-Airport Salzburg", Hanus Salz und Harald Weizbauer „Im Flug über Salzburg"- Schriftenreihe des Salzburger Landespressebüros, Roland Floimair „Verkehrsland Salzburg"- Schriftenreihe des Salzburger Landespressebüros. Maria Franziska Wiesinger „Die Entwicklung des Flugverkehrs in Salzburg", Magistrat Salzburg, Salzburger Nachrichten, Salzburger Volksblatt, Salzburger Chronik, Salzburger Zeitung

Kurt Wolfgang Leininger

Kurt Wolfgang Leininger wurde 1948 in Pressbaum bei Wien geboren. Neben seiner Ausbildung zum technischen Zeichner erlernte er auch die Berufe Offsetdrucker und Fotograf. Seit 1974 arbeitet er in Salzburg als selbstständiger Fotograf und seit 1999 auch als Journalist und Buchautor. Kurt W. Leininger hat bisher mehrere Bücher über die Stadt und das Land Salzburg herausgebracht. Daneben hat Leininger zwei Bücher Themen, wie der Euthanasie im Schloss Hartheim und der Drogenprävention, gewidmet. Die Mystik und die Schönheit schützenswerter Landschaften hat Kurt W. Leininger in dem Buch „Geheimnis Moor" beschrieben.
Der Autor und Fotograf wohnt und arbeitet heute in Laufen.

Danksagung

Herzlich bedanken möchte ich mich bei
Günther Auer, Direktor der Salzburger Flughafen GmbH. i.R.,
Landesarchivdirektor Dr. Oskar Dohle und seinem Team, dem Stadtarchiv Salzburg,
Elisabeth Hornegger für Schreibarbeiten und Organisation, Pressestelle Airport Salzburg,
Fan-Club Salzburg Airport, Richard Schano.

Bildquellen:

Landesarchiv: Seite 15, 16, 17, 19, 20, 21, 22, 23, 24, 25, 25, 29, 31, 32, 33, 34, 36, 36, 37, 38 (3x), 39, 40, 41, 42, 43, 43, 46, 46, 47,47, 49, 50, 51, 52, 53 (2x), 54, 55, 56 (3x), 57, 58, 59, 60, 61, 62, 63, 64, 65, 66, 67, 68, 69, 70, 71, 73, 74, 74, 75, 77, 78, 79, 80, 81, 82, 83, 84, 85, 87, 88, 89, 91, 92, 93, 94, 95
Gretl Herzog: Seite 18
Nachlass Hildtmann/Landesarchiv: Seite 27
Bundesarchiv Berlin: Seite 35
Archiv Salzburger Flughafen Gesellschaft: Seite 45, 59, 97, 99, 100, 104, 107, 108, 110, 111, 114, 116, 117, 118, 119, 121, 122, 123, 125, 126, 127, 128,129, 130, 131, 132, 133, 135, 136, 137, 139, 140, 141, 142, 143, 147, 149, 151, 152, 153, 154, 155, 157, 158, 159, 161, 162, 165, 166 (2x),167, 169 (2x), 170, 171, 172, 173, 174, 175, 177, 179, 180, 181, 182, 184, 185, 186, 187, 189, 190, 191, 192, 193, 194, 195, 197, 198, 199, 200, 200, 201, 202, 203, 203, 204, 205, 207, 208, 209, 211, 212, 213, 216, 217 (2x), 218, 219, 220, 221 (2x), 222, 223, 224, 225, 226, 227, 229, 231 (2x), 232 (2x), 233, 234, 235, 236, 237, 239, 241, 242, 243, 244, 245, 246, 247, 249, 250, 252, 253, 254, 255, 256, 257, 259, 261, 262, 263 (2x), 266, 267, 269, 271, 271, 272, 272, 273, 274, 275, 275, 277, 279, 281 (2x), 286, 287, 289, 290, 294, 295, 296, 297, 298 (2x), 299, 300, 302
Hagen Bilderdienst: Seite 98
Brenner: Seite 103
Meßner: Seite 105
Photo A Scope Salzburg: Seite 109
Stadtarchiv Salzburg: Seite 113
Landesarchiv/Vuray: Seite 137,144, 145,146,163
unbekannt: Seite 148, 164
Landesarchiv/Anrather: Seite 222
L´Osservatore Romano: Seite 225
Leininger: Seite 273, 276, 283, 284, 287, 288, 291, 303, 305, 307, 308, 311, 312, 314,
Salzburger Flughafen Gesellschaft/Lagger: Seite 293
Salzburger Flughafen Gesellschaft/Resl: Seite 310

Impressum:

© 2016 by Salzburg Airport W.A. Mozart, Salzburger Flughafen GmbH,
Innsbrucker Bundesstraße 95, 5020 Salzburg

Kein Teil des Werkes darf in irgendeiner Form (durch Fotografie, Mikrofilm oder ein anderes Verfahren) ohne schriftliche Genehmigung des Verlages reproduziert oder unter Verwendung elektronischer Systeme verarbeitet, vervielfältigt oder verbreitet werden.

Script und Organisation Elisabeth Hornegger
Übersetzung: Univ.-Doz. DDr. Barbara Friehs, Philipp Hlatky M.A.
Korrektorat: Mag. Theresia Geiger
Gesamtbetreuung: Verlagsagentur Mag. Michael Hlatky, 8076 Vasoldsberg
Covergestaltung:
Innenlayout: Andrea Malek, malanda-Buchdesign, Graz
Druck: Medienfabrik, Graz
Vertrieb an den Buchhandel: Leykam Buchverlagsgesellschaft m.b.H. Nfg. & Co. KG, Dreihackengasse 20, 8020 Graz/Austria

ISBN 978-3-7011-8003-5

VOM FLUGFELD ZUM AIRPORT

1947
1958

1958
1969